전략국가의 탄생

이 도서의 국립중앙도서관 출판예정도서목록(CIP)은 서지정보유통지원시스템 홈페이지(http://seoji.nl.go.kr)와
국가자료공동목록시스템(http://www.nl.go.kr/kolisnet)에서 이용하실 수 있습니다.
CIP제어번호: CIP2015034768(양장), CIP2015034769(반양장)

전략 국가의

새로운 역사를 위한 외교안보 비전과
민생주의 패러다임

탄 생

이교관
지음

한울

차례

머리말

　오늘날 동아시아와 서태평양 지역의 해양 패권을 둘러싸고 치열한 경쟁을 벌이고 있는 미국과 중국의 전략가들 간에 한 가지 공통점을 발견할 수 있다. 그들이 사숙私淑(가르침을 직접 받지는 않았으나 그 사람의 학문을 본받아 배움)하고 있는 전략가들이 19세기 말 당시 서구에서 해군력에 관한 담론 시장을 주도하던 인물들이라는 사실이다.

　중국 전략가들이 최근 수년간 가장 공들여 읽고 있는 책은 앨프리드 머핸 Alfred Thayer Mahan이 1890년에 펴낸 『해양력이 역사에 미치는 영향The Influence of Sea Power upon History, 1680~1783』이라는 제목의 전략서다. 머핸은 미 해군 대령 출신으로 사후 해군 소장에 추증된 인물이다.

　반면 머핸의 지혜를 빌려 강력한 해군력 구축에 투자함으로써 20세기 초부터 오늘날까지 글로벌 패권을 잡는 데 성공해온 미국은 예전만큼 머핸을 공들여 읽지 않는다. 그들은 대신 머핸과 동시대를 살았던 영국의 해군 역사가 줄리언 코빗Julian Corbett이 1911년에 출간한 『해양전략론Some Principles of Maritime Strategy』을 손에서 놓지 않고 있다. 중국 전략가들이 머핸을, 미국 전략가들이 코빗을 가까이하는 것은 국력의 변화에 따라 각각 다른 국가 전략 목표를 갖고 있기 때문이다.

　이 두 사람의 전략이 어떻게 다르기에 급부상하는 중국은 머핸을, 상대적으로 쇠퇴하는 미국은 코빗을 선호하고 있는 것인가?

이 의문은 우리의 운명과도 맞닿아 있다. 대한민국이 중국의 해군력 증대에 맞서 주권적 이익을 지켜내면서 강국으로 도약할 수 있느냐 없느냐는 머핸과 코빗의 전략을 우리의 해군 전략에 얼마나 지혜롭게 활용하느냐 여부에 달려 있기 때문이다. 본문에서 자세하게 설명하겠지만, 흥미로운 사실은 코빗의 '현존함대fleet in being'라는 방어 전략이 임진왜란 때 이순신 장군의 승리를 견인했던 전략이라는 것이다.

국제통화기금IMF의 발표를 보면 중국은 2014년 현재 구매력을 기준으로 국민총생산GDP이 17조 6000억 달러를 기록해 미국보다 2000억 달러가 더 많았다. 현실주의 패러다임에서 보면 이 같은 막대한 경제력을 군사력으로 전환해 동아시아와 서태평양에서의 패권을 미국으로부터 가져오겠다는 전략 목표를 세우는 것은 중국으로서는 너무나 당연한 수순일 것이다.

문제는 그 패권을 장악할 수 있는 최적의 경로가 무엇이냐는 것이다. 중국 전략가들은 그 해답을 머핸에게서 찾았다. 머핸은 장래의 경쟁국들에 맞서 결정적인 전투에서 승리함으로써 국가적 위대성을 보장해주는 것은 바다의 통제권이며, 이를 확보할 수 있는 길은 해군력의 건설 외에는 없다고 주창했다.

중국에서의 머핸에 대한 관심은 열광적이라는 것이 영국의 글로벌 경제지 ≪파이낸셜타임스≫의 베이징 특파원을 지낸 제프 다이어Jeoff Dyer의 관찰이다. 다이어가 2014년 펴낸 그의 저서 『세기의 결전The Contest of the Century』에 의하면, 머핸이 중국의 해군 전략에 미치고 있는 영향을 추적해온 미국 해군대학 교수 제임스 홈스James Holmes와 토시 요시하라Toshi Yoshihara는 이렇게 말했다. "해군력에 관한 머핸의 철학은 최면을 일으킬 정도로 관심을 끌고 있다. 국가적 위대함은 해군력에서 나온다는 머핸의 개념은 많은 중국 전략가를 현

혹시키고 있다."

실제로 지난 십여 년간 중국의 해양 전략에는 머핸의 그림자가 길게 드리워져 있다. 서태평양의 통제권을 장악하기 위해서는 전투기들과 구축함들을 앞세워 전투력을 투사project할 수 있는 항공모함의 보유가 필수다. 서태평양은 한반도와 일본 열도 주변 해역을 포함해서 동중국해와 남중국해 등 중국과 대만, 베트남, 필리핀, 인도네시아, 말레이시아 근해를 아우르는 광대한 해역이다. 미국과 멕시코, 쿠바와 남미 국가들이 인접한 동태평양보다는 서태평양의 이해 당사국들이 훨씬 더 많다. 항공모함을 보유하기 위해 중국은 구소련에서 구입한 퇴역 항공모함을 14년간 정비한 끝에 항공기 50대 탑재 능력을 갖춘 랴오닝호로 탈바꿈시켜 2012년 9월 시험 취역했다.

그 후 중국은 꾸준한 훈련을 통해 랴오닝호의 실전 배치 준비를 거의 끝낸 것으로 보인다. 중국 언론은 이 항모가 2015년 6월 12일 훈련과 과학연구 테스트를 위해 출항했다고 보도했다. 중국은 다롄 조선소에서 제2항모를 자체 기술로 건조하고 있는 것으로 알려지고 있다. 랴오닝호의 실전 배치가 임박함에 따라 중국은 최남단인 하이난도에 항모와 잠수함 기지를 구축했다.

중국은 2013년 11월 일본의 방공망식별구역JADIZ과 일부 겹치는 동중국해상 구역에 자신만의 방공망식별구역CADIZ을 설정했다. 중국은 또 남중국해 남사군도 암초 지대 위에 비행기 이착륙이 가능한 인공섬 건설에 박차를 가하고 있는데, 그 때문에 미국으로부터 그 인공섬이 남중국해상의 항해의 자유를 침해한다는 강력한 항의를 받고 있다. 중국은 이미 남중국해 서사군도에 군함 정박과 전투기 이착륙이 가능한 시설을 완공했다. 이후 동중국해와 남중국해의 해상과 해저를 비교적 자유롭게 왕래하던 미 해군의 항모와 군함과 잠수함은 강력한 견제를 받기 시작했다. 이 같은 전략은 중국이 해로와 원유 수송로의 안전을 보장함으로써 안정적이고 지속적인 경제 발전을 추구하고, 또 동아시아와 서태평양의 패권 확보하기를 위해 머핸에게서 배운 것이다.

반면 미국의 해군 전략가들이 코빗을 주목하는 까닭은 그가 바다에서 더 적은 수의 군함들로 더 많은 일을 할 수 있는 전략을 제시하고 있다는 데서 찾을 수 있다. 1890년 머핸의 책이 나올 때만 해도 브라질과 아르헨티나보다 약한 해군을 보유했던 미국은 머핸의 전략에 따라 파나마 운하를 만들어 대서양 함대가 남미 최남단을 우회하지 않고 곧바로 태평양으로 올 수 있도록 하는 등 강력한 해군력 건설에 나섰고, 그 결과 국력이 쇠퇴하면서 군함 수를 줄여야 했던 영국으로부터 바다의 통제권을 물려받았다. 19세기 말의 미국은 현재의 중국과 같은 입장이었던 것이다.

그러나 이제 경제력이 쇠퇴하면서 군함 수를 점차 줄여야 하는 미국은 머핸의 전략보다는 코빗의 전략을 따를 수밖에 없는 처지가 됐다. 코빗에 의하면 한 나라가 바다의 통제권을 잃는다고 해서 반드시 다른 나라가 그것을 확보하는 것은 아니다. 미국의 국제정치학자인 로버트 캐플런Robert D. Kaplan은 2014년에 출간된 그의 저서 『지리의 복수The Revenge of Geography』에서 코빗의 철학을 다음과 같이 평가한다. 적국의 함대에 비해 비록 동맹국들의 함대들이 약하고 분산된 것처럼 보일 수 있을지라도, 동맹국들 간에 함대 연합이 제대로만 구축된다면 바다의 통제권을 확보할 수 있는 현실적인 힘을 충분히 갖출 수 있다는 것이다.

코빗은 그의 명저 『해양전략론』에서 동맹국들 간의 이 같은 연합 함대를 '현존함대'라고 불렀다. 압도적인 우위를 지닌 적국 함대를 상대로 재빨리 통합 함대로 뭉칠 수 있는 동맹국 간 군함들의 모음이라는 의미다. 적국 함대가 압도적인 우위를 가지고 있는 만큼 현존함대는 적국 함대와 비슷한 전력을 갖추기 전까지는 굳이 결전을 시도할 필요가 없다. 현존함대가 자국 기지를 유지하고 요충지를 검문하는 것만으로도 충분한 방어가 되기 때문이다. 적국 함대는 압도적인 우위를 갖고 있음에도 언제 현존함대의 공격을 받을지 몰라 항상 긴장해야 한다. 그래서 적국 함대로서는 현존함대가 지키는 영토를 마음대로 파괴하거나 점령할 수 없다.

이처럼 기만하는 능력을 갖춘 현존함대는 제한된 방어의 수준에서 적극적이고 강력한 역할을 수행할 수 있다는 것이 코빗의 주장이다. 현존함대의 개념을 올바로 이해한다면 해전의 방어 개념에 대한 중요성을 이보다 더 완전히 표현한 문구를 찾을 수 없을 것이라고 코빗은 말한다.

코빗에 따르면 현존함대라는 방어 전략이 서구 해전에서 처음으로 사용된 것은 1690년 6월 10일 영국이 네덜란드와 동맹을 맺고 프랑스와 벌인 해전인 '비치 헤드 전투Battle of Beachy Head'에서였다. 당시 프랑스 함대는 극히 우세한 해군력으로 영국 함대를 영국 해역 안에 갇히게 만드는 상황을 조성했다. 이에 영국의 토링턴Torrington 제독이 프랑스의 투르빌Tourville 제독과 결전을 벌이고자 함대를 출항시켰다. 하지만 그는 프랑스 함대의 월등한 우세만 확인한 뒤 다른 제독들의 함대와 합류해 새로운 증원 함대가 올 때까지 방어 태세로 전환하기로 하면서, 당장 전투를 벌이는 것은 적 함대의 계획을 따라 행동해주는 것이라고 판단했다. 토링턴 제독은 영국 정부에 보낸 서신에서 "만약 지금 결전을 해 프랑스 함대에 패한다면 프랑스 함대는 절대적인 제해권을 확보하게 되는 만큼 결전은 피해야 한다"라고 말했다. 영국 함대가 새로운 함대들이 증원되어 충분히 공세로 전환할 수 있을 때까지 전투를 피하되 정찰과 감시를 하는 것만으로도 프랑스 함대는 어떤 일도 자유롭게 할 수 없을 것이라고 그는 부연했다.

그러나 영국 정부는 토링턴 제독의 이 같은 현존함대 개념을 고작 템스강 항구로 안전하게 후퇴하는 것으로 오해했다. 이에 수상은 함대가 템스강 항구에 정박하면 함대는 안전할지 모르지만 국토는 프랑스 함대의 파괴에 고스란히 노출될 것으로 판단하고 토링턴 제독에게 결전을 벌이거나 서쪽으로 항해하도록 지시했다. 토링턴 제독은 답신에서 이렇게 밝혔다. "영국 함대가 프랑스 함대와 결전을 피하더라도 감시하게 되면 그들로서는 커다란 위험을 무릅쓰고 영국 함정이나 해안에 대하여 어떤 행동도 취할 수 없으나 만약 우리가 결전에서 패배한다면 모든 것은 그들의 자비심에 맡겨지게 될 것이다." 그 다음 날 영국 함대는 프랑스 함대의 공격을 받았다. 그러나 토링턴 제독은 프랑스 함대가 결전을 벌이지 못하도록 바람이 허락하는 한 적 함대와의 거리를 벌렸다. 그 결과 토링턴 제독의 현존함대 전략은 성공을 거두었고, 프랑스 함대는 끝까지 바다의 통제권을 장악하지 못했다. 나중에 투르빌 제독과 프랑스 정부는 영국이 열세한 해군력으로 함대 결전을 거부한 것을 알았을 때 그때 과시된 현존함대라는 해전 방법의 효과에서 큰 감명을 받았다는 것이 코빗의 설명이다.

이순신 장군이 임진왜란 때 압도적인 우위를 지닌 왜 수군을 맞아 승전을 거둘 수 있었던 결정적인 전략이 바로 토링턴 제독의 현존함대 전략이다. 이순신 장군은 당시 이길 수 있을 때까지 결전을 피하다가 이길 수 있다고 판단되는 시간과 장소에서 왜 수군과의 결전을 벌였다. 그 결과 43전 38승 5무라는 세계 해전사에서 전무후무한 전과를 올릴 수 있었던 것이다. 진린陳璘 도독이 이끌고 온 명나라 수군과의 연합 함대를 구축한 것도 현존함대 전략과 똑같다. 이순신 장군과 진린 도독이 깊은 우의를 다졌다는 것은 조명 연합 함대가 성공적이었다는 것을 의미한다.

그러나 16세기 말에 우리의 현존함대 파트너였던 중국은 21세기 현재 우리가 이순신 장군의 현존함대 전략을 써서라도 싸워야 할지 모르는 국가로 부상하고 있다. 반면 임진왜란 때 우리 현존함대가 맞서 싸워 물리친 일본은 21세기 현재 미국과 함께 우리의 현존함대 파트너가 될 가능성이 높아지고 있다. 이것이 동아시아 해상에서 우리가 직면하는 역사의 아이러니인 것이다.

　　20세기 들어 날로 경제력이 쇠퇴하던 영국은 군함 수를 대폭 줄여야 했다. 영국 왕립해군은 당시 성장하고 있던 해양 강국인 미국, 일본과 연합을 맺고 이를 지렛대로 삼고 나서야 비로소 군함 수를 감축할 수 있었다. 그리고 나서 1911년 코빗의 책이 출판됐다. 미국의 해군력 건설을 주도한 머핸과 달리 코빗은 조국인 영국의 해군력 감축 기조 수립에 별 기여를 하지 못한 것이다. 그러나 코빗의 전략은 오늘날 미국 해군의 전략 변화에 더없이 큰 도움이 되고 있다. 미국의 군함 수는 1980년대 600척에서 1990년대에는 350척, 2000년대 들어서는 280척으로 급속하게 감소하고 있다. 따라서 미국으로서는 급성장하는 중국의 해군력에 맞서서 적은 수의 군함으로도 동아시아와 서태평양의 제해권을 유지하기 위해 코빗의 전략을 수용하지 않을 수 없는 상황이다. 이 지역의 동맹국인 한국이나 일본과의 연합 함대를 꾸려야 할 시점이 미국에게 다가온 것이다. 미 해군은 2007년에 이미 코빗의 정신이 반영된 "21세기 해양강국을 위한 협력 전략"이라는 보고서를 내놓았다. 어떤 나라도 바다에서 안전을 제공하는 데 필요한 자원을 홀로 보유하고 있지 않은 만큼, 서태평양과 인도양 등의 전략적으로 중요한 해역에서는 동맹들과 협력해야 한다는 내용이다.

　　그런데 여기서 한 가지 의문이 생긴다. 머핸과 코빗의 전략 담론을 둘러싼 국가적 전략 논의가 왜 한국에서는 이루어지지 않느냐는 것이다. 중국의 급부상과 미국의 상대적 쇠퇴로 일어난 동아시아와 서태평양의 급속한 안보 정세 변화 속에서 삼면이 바다에 접해 있는 해양국가로서 해군력을 어떻게 발전시킬 것인지와 이에 따라 육군력과 공군력을 어떻게 맞춰나갈 것인지를 범국가적으로 치열하게 고민하는 것은 아무리 강조해도 지나치지 않다. 한 나라의 독립과 안보는 최종적으로 국방력에 달려 있기 때문이다. 하지만 그 같은 고민은 중국과 미국의 생각을 정확하게 읽어내는 노력이 함께 수반되어야만 결실을 맺을 수 있다.

한국이 중동에서 원유를 도입하는 항로와 중동과 유럽 지역으로 상품을 수출하는 항로는 동중국해와 남중국해를 가로지른다. 어느 중국 전략가의 말처럼 외국과의 해상 교역으로 번영하는 나라가 그 교역로의 안전을 다른 나라 함대의 손에 맡겨둔다는 것은 자신의 목을 다른 사람의 칼 밑에 놓는 것이나 마찬가지다.

그렇다면 중국이 머핸의 전략을 바탕으로 해군력을 강화하고 있는 것에 대해 한국이 어떻게 대응해야 할 것인지 정부와 학계, 언론에서 담론 수준으로 정밀하게 다루어야 하는 것이 마땅하다.

미국이 군함 수의 감축으로 나타나는 전력 공백을 메우고자 동맹국들과의 연합 함대를 구축하는 방향으로 전략을 바꾸고 있다면 그것 또한 재빨리 읽어내고 적극적으로 대처해야 한다. 더군다나 코빗의 전략은 미국과 같은 강대국에만 필요한 것이 아니다. 한국 같은 중견국의 처지에서는 다른 나라와 연합 함대를 구축하는 것이 세계 1위 경제대국을 넘보는 중국의 막강한 해군력을 견제할 수 있는 유일한 길인 것이다.

미국의 현실주의 국제정치학 대가였던 한스 모겐소Hans Morgenthau는 그의 명저 『국가 간의 정치Politics Among Nations』에서 "동맹은 정교함을 요구한다"라고 지적했다. 한미 양국은 동맹이니까 모든 것이 잘되지 않겠느냐는 추상적인 낙관론 아래서 협력한다는 총론적인 합의만으로는 문제가 해결되지 않는다.

정교함의 방향은 두 가지다. 첫째, 미국이 연합을 하고 싶을 정도의 해군력과 공군력이 어떤 수준인지를 정확하게 가늠한 뒤 그 수준을 확보하는 것이다. 물론 그 같은 해군력과 공군력의 강화는 한국의 경제력이 감당할 수 있는 범위 내에서 이루어져야 한다. 둘째, 군사 부문의 연합뿐만 아니라 외교 부문의 연합도 정밀하게 이루어져야 한다.

중국이 남중국해에 건설하고 있는 인공섬에 대해, 그것이 항해의 자유를 침해한다는 입장을 중국 정부에 표명할 것을 미 행정부가 우리 정부에 요구했는지 여부가 2015년 여름에 언론에서 논란이 된 적이 있다. 이때 우리 정부가 미국의 의도를 충족시켜주지 못한 데 따른 '외교적 부채'는 그로부터 두어 달 후 미국 대통령이 직접 갚을 것을 요구하는 사태로 비화됐다. 10월 16일 워싱턴에서 박근혜 대통령과 버락 오바마Barak Obama 미국 대통령 간에 한미 정상회담이 개최됐는데 그 직후 열린 기자회견에서 오바마 대통령이 한국에 바라는 것은 중국이 국제 규범과 규칙을 준수하지 않을 때 미국처럼 목소리를 내달라는 것이라고 대놓고 요구하고 나선 것이다. 이 같은 상황은 남중국해를 중심으로 한 서태평양의 통제권을 장악하려는 중국의 전략에 맞서 한국이 외교 부문에서 미국과의 연합을 정교하게 추진하지 못하고 있다는 것을 방증한다. 동아시아와 서태평양의 급속한 안보 변화에 대응하는 군사 및 외교정책에 대한 논의가 국내에서 주도면밀하게 이루어지지 않고 있는 것이다.

르네상스 시대 이탈리아 학자 잠바티스타 비코Giambatista Vico에 의하면 진실은 객관적이라기보다 사회적·경제적·역사적 조건을 통해 구성된다. 하나의 현상 또는 결과는 어떤 객관적인 요인이 아닌 다양한 사회적·경제적·역사적 조건이나 힘이 작용했기 때문에 나타난다는 것이다. 대한민국이 현재 직면한 도전과 위기는 크게 세 가지인데 이들 모두 비코의 패러다임으로 접근해야 비로소 진실을 알 수 있다.

첫 번째 도전과 위기는 부의 불평등 심화이다. 이 문제를 초래한 원인은 어떤 객관적 요인이 아니라 보이지 않는 여러 가지 힘과 조건으로 구성되어 있는 진실에서 찾아야 한다. 그 진실은 바로 금융자유화의 확산과 고용의 유연성 심화에 의해 부의 양극화를 낳은 신자유주의 세계화다. 이와 함께 기술 혁신에 따른 중산층 일자리 감소도 부의 불평등을 심화시키고 있다. 생명공학의 발전 덕분에 인구가 늘어나고 있지만 일자리는 찾기 어려워지고, 환경 파괴에 의한 식량난까지 보태어져 더욱 먹고 살기 힘든 '맬서스적 사회'로 전락하고 있는 것이다.

문제는 해법이다. 그것은 신자유주의의 폐해와 기술 혁신의 부작용을 극복할 수 있는 새로운 시장경제 패러다임이 되어야 한다. 이 점에서 필자는 '민생주의'를 대안 패러다임으로 제안한다. 민생주의는 성장이냐 분배냐의 이분법을 넘어 민생을 제1의 가치로 삼으면서 소득 상위계층과 하위계층 간에, 자본가와 피고용자 간에, 지역 간에, 성별 간에, 대기업과 중소기업 간에 공감을 제2의 가치로 삼는 것이다.

두 번째 도전과 위기로는 외교안보와 대북 정책 분야의 세 가지를 꼽을 수 있다. 하나는, 미국으로부터의 사드THAAD(고고도미사일방어체계) 도입 문제와 중국 주도의 아시아인프라투자은행AIIB 가입 문제 등 주권적 사안에서 중국에 의해 점차적으로 독립성을 위협받는 '핀란드화Finlandization'가 심화하고 있다는 것이다. 다음은, 미중 양국과의 관계를 어떤 방향으로 재정립해야 한국의 독립과 안보를 유지함과 동시에 국익을 최대화할 수 있느냐는 문제이다. 마지막으로, 북한 핵 위기가 북한에 의한 핵 공갈에 우리가 굴복하게 되는 상황으로 악화하지 않고 조속히 해결되려면 어떤 전략이 필요하냐는 것이다. 핀란드화 심화의 경우 그 원인을 중국의 급부상이라는 객관적 요인에서만 찾으면 문제의 심각성을 인식하는 데 실패할 뿐만 아니라 처방도 잘못될 수 있다. 중국이 급부상한다고 해서 '친중親中'하고, 상대적으로 쇠퇴하고 있는 미국에 '원미遠美'하는 것으로 핀란드화가 해결되지는 않는다. 핀란드화는 자유민주주의와 시장경제라는 가치를 공유하는 한미 전략동맹의 강화를 통해 동아시아의 세력 균형 체제가 안정화될 때 해결 가능하다.

그렇다고 중국에 대한 관여를 포기해서는 안 된다. 중국이 패도적인 패권을 추구하지 않고 동아시아의 공생에 기여하도록 유도하는 한중 관계의 '의제동맹agenda alliance'이라는 미지의 영역을 개척해야 한다. 이 같은 맥락에서 2015년 9월 3일 중국의 전승절 열병식에 참석해달라는 시진핑習近平 주석의 초청을 받아들여 박근혜 대통령이 자유민주주의 국가 진영에서 유일하게 참석한 것은 의미가 있다. 동아시아의 미래 질서가 이 지역 국가들 간에 공생이 이루어지는 방향으로 수립되도록 중국이 기여하게끔 중국과의 정상외교가 더 적극 추진되어야 하는 것이다. 미국과 전략동맹 관계에 있다고 해서 중국의 정중한 초청을 거부하는 것은 공생의 동아시아 미래 질서에 기여할 수 있도록 중국을 변화시키기 위한 관여 전략을 포기하는 것이나 마찬가지다.

이 같은 대중 관여 전략을 유연하게 추진하기 위해서는 역설적으로 한미 정상외교가 더욱 솔직하고 진정성 있게 이루어져야 한다. 아무래도 중국과 직접적으로 외교와 군사, 경제 등 각 분야에서 경쟁하고 갈등을 벌이는 미국으로서는 중국을 변화시키기 위한 유연성을 발휘하기가 쉽지 않다. 전승절 열병식 같은 계기를 활용해 중국 지도부에 관여할 수 있다면 그 일은 한국 정상이 맡는 식으로 한미 정상 간에 전략적 역할 분담이 이루어져야 한다.

핀란드화 위기와 미중 양국과의 21세기 관계 설정 문제만큼이나 중요한 것은 북한 핵 위기의 해결에서 한국이 주인의식을 갖는 것이다. 남북대화와 6자 회담을 통해 압박과 대화를 병행하는 전략적 관여strategic engagement 기조를 추구해야 한다. 그렇게 할 때 북한 문제와 관련해 중국에 대한 과도한 의존을 피할 수 있게 되고, 중국의 요구로부터 벗어날 수 있을 것이기 때문이다. 중국에 북한의 4차 핵실험을 막아줄 것을 요청한 후 중국이 우리에게 들이미는 계산서에 적힌 가격이 턱없이 높아져왔다. 사드 도입과 AIIB 가입 등의 문제를 계기로 핀란드화 위기가 고조된 것도 이 때문이다. 미국 워싱턴 조야에서 한국이 친중 노선으로 흐르고 있는 게 아니냐는 우려가 확산되어온 데는 일본의 보이지 않는 손이 작용했다는 의혹이 많다. 최근 한미 관계가 불안정한 느낌을 주게 된 데는 이런 배경이 있는 것이다. 따라서 한국이 전략적 관여의 기조 아래 주도적으로 북한의 핵 개발과 장거리 미사일 문제를 풀어간다면, 친중과 원미를 넘어, 21세기 '용중用中'과 '용미用美'는 물론이고, 일본을 상대로 했을 때는 '혐일嫌日'을 넘어 '용일用日'도 가능할 것이다. 그래야만 한국 주도의 평화통일을 실현할 수 있다.

세 번째 도전과 위기는 정부와 국회로 대표되는 국가 리더십과 통치govern-ance 구조의 위기다. 국가 리더십의 최대 위기는 보수 진영과 진보 진영 간에 국가 경영의 기회를 독점하기 위해 합의보다는 갈등을 일삼는 '수정주의 영합게임 정치revisionist zero-sum game politics'에 매몰되어 있다는 것이다. 수정주의 영합게임 정치는 북한을 어떻게 인식하느냐에 따른 정치권과 국민의 분열, 남한 내부를 적화시키기 위한 통일전선전술을 끊임없이 펴고 있는 북한의 대남전략, 그리고 지역주의 등에 의해 심화해오고 있다. 이런 상황에 놓여 있는 국회에서 위의 도전과 위기를 해결하기 위한 정치권의 합의를 이루어낸다는 것은 불가능하다.

국민의 대표기관인 국회가 국민의 생명과 자유 그리고 재산권(행복추구권)을 위해危害하는 나라 안팎의 도전과 위기를 해결하는 데 앞장서지 않는 행태를 계속 보인다면 방법은 하나밖에 없다. 존 로크John Locke와 토머스 제퍼슨Thomas Jefferson이 주창한 바와 같이 국민이 심판해야 하는 것이다. 그러나 총선과 대선이라는 선거는 더 이상 심판의 계기로서 유효성을 잃어가고 있다. 그렇다면 국민 심판권으로서의 국민소환이 검토될 수밖에 없다. 국회와 정부가 국민소환을 면하려면 어떻게 해야 하는가? 정부와 국회의 구성원들이 직업적 안정성이 주는 안온함을 과감히 떨치고 일어나서 저마다 민족의 일원이라는 사명감으로 국가적 도전과 위기 극복에 매진해야 한다.

하지만 그것만으로는 위의 세 가지 도전과 위기를 극복하기가 쉽지 않다. 특히 외교안보와 대북 분야의 도전과 위기는 오토 폰 비스마르크Otto von Bismarck의 전략적 리더십을 좇아야만 극복할 수 있을 것이다. 그래야만 19세기 프로이센이 프랑스와 오스트리아라는 강대국들을 제압하고 독일 통일을 달성한 것처럼 우리도 중국과 일본이라는 강대국들의 견제를 물리치고 통일과 함께 21세기 강국의 지위를 달성할 수 있을 것이다. 국가 리더십을 구성하고 있는 정부와 국회의 주요 구성원들이 그러므로 비스마르크의 전략적 리더십을 갖춰야 한다. 이와 함께 정부와 국회는 물론 국민과 혼연일체가 되어 국가를 이끌 수 있는 비스마르크 같은 '전략리더'가 출현해야 한다.

문제는 21세기 강국으로의 도약을 어떻게 이루어낼 수 있느냐다. 이를 위해서는 강대국의 길을 먼저 걸어간 나라들로부터 거시적인 국가 발전 전략과 함께 경제 발전 전략, 포용적 정치·경제 체제 수립 노하우 등을 배워야 한다.

노르웨이 경제학자 에릭 라이너트Erik Reinert는 그의 저서 『부자나라는 어떻게 부자가 되었고 가난한 나라는 왜 여전히 가난한가How rich countries got rich…… and why poor countries stay poor』에서 데이비드 리카도David Ricardo의 비교우위론에 저항해서 산업화를 추구하고 포용적인 정치경제 제도를 구축하는 것이 경제 강국에 이르는 지름길이라고 말한다. 제조업 중심의 산업화는 후방 파생 효과가 커서 수많은 업종과 일자리를 만들어내지만 서비스업은 그렇지 못하다는 것이다.

중진국의 덫에 걸려 1인당 국내총생산 2만 달러대에서 옴짝달싹 못하고 있는 지금, 강대국으로의 도약을 가르는 관건은 서비스업으로의 경향적 이행에서 제조업 중심의 산업화로 돌아가는 것이다. 프린스턴대학교 교수이며 노벨 경제학상 수상자인 폴 크루그먼Paul Krugman은 중산층이란 시장 자율적으로 만들어지는 결과물이 아니라 국가가 창조하는 것이라고 그의 저서 『폴 크루그먼 새로운 미래를 말하다The Conscience of A Liberal』에서 역설한다. 라이너트의 의제와 크루그먼의 통찰은 강대국 도약 경제 발전과 중산층 회복을 위한 전략인 것이다.

위의 세 가지 국가적 도전과 위기의 극복과 함께 21세기 강대국 도약은 대한민국이 하나의 나라가 되지 않고는 달성하기 어려운 과제다. 모든 국민이 하나의 나라가 된다는 것은 계층, 세대, 지역, 성, 학력이라는 차이를 넘어서는 일이다.

국가 경영의 기회를 둘러싸고 경쟁하는 보수 진영과 진보 진영 간에는 갈등이 있을 수밖에 없지만, 적어도 하나의 나라를 이루는 데는 힘을 합쳐야 한다. 이 점에서 보수 진영과 진보 진영은 모두 개혁되어야 한다.

보수 진영에서 가장 바뀌어야 하는 점은 무엇인가. 월스트리트 초국적 자본의 전 세계적 이해를 도모하기 위한 패러다임과 전략 로드맵인 신자유주의 세계화와 워싱턴 컨센서스Washington Consensus를 보수의 정체성으로 자임하는 태도를 버리는 것이다. 1997년 외환위기 때 신자유주의의 전도사로 자처했던 국제통화기금마저 2008년 글로벌 금융위기 이후 워싱턴 컨센서스를 버렸다. 오바마 대통령도 2009년 월스트리트 초국적 금융자본들을 '살찐 고양이'로 비유하면서 이들을 먹여 살리려고 집권한 것이 아니라는 점을 분명히 했다. 이는 클린턴 행정부와 W. 부시 행정부와 달리 오바마 행정부가 신자유주의 세계화를 무리하게 추진하지 않겠다는 신호로 평가받는다. 이 때문에 대한민국의 보수 진영이 행여나 한미 동맹에 부담을 줄까 우려한 나머지 신자유주의와 워싱턴 컨센서스를 마치 보수의 전유물인 양 고수하고 있다면 그것은 시대착오적인 생각이다.

진보 진영은 어떤 점을 가장 시급하게 개혁해야 하는가. 일단 분배만이 부의 양극화 같은 모든 경제 문제를 해결할 수 있다는 사회민주주의적 분배결정론에서 벗어나야 한다. 동시에 북한에 지속적으로 지원과 교류를 하면 핵문제나 미사일 문제 등은 자연스럽게 해결된다는 햇볕정책의 허구적 신화에서도 탈피해야 한다. 북한이 핵무기와 장거리 미사일을 포기하고 국제사회의 책임 있는 일원으로 나올 수 있도록 압박과 제재를 대화와 지원과 병행하는, 제3의 대북 정책으로서 '전략적 관여strategic engagement'를 지지해야 한다.

대한민국이 하나의 나라가 되어 위의 세 가지 국가적 도전과 위기를 극복하고 21세기 강국으로의 도약을 실현하는 데 요청되는 패러다임이자 새로운 사회경제 발전 모델은 위에서 언급한 민생주의다. 보수 진영과 진보 진영이 경제 패러다임과 대북 및 외교안보 정책에서 각자 안고 있는 문제점을 개혁하면 바로 이 지점에서 만날 것이다.

이제 답을 준비해야 한다. 우리는 지금 어떤 중대한 도전과 위기에 직면해 있는가? 그 도전과 위기를 극복할 방안은 무엇인가? 21세기 강국 도약의 비전과 전략은 무엇인가? 이 세 가지 질문은 국가적 도전과 위기를 직간접적으로 다루는 정부와 학계의 전문가들이 '직업인'이 아니라 '민족의 구성원'으로서 사무사思無邪의 정신을 가지고 접근할 때 비로소 그 해답을 찾을 수 있다.

필자는 지난 시간 언론과 정부에서 일하면서 외교안보, 남북관계, 정치, 경제 등 주요 국정 분야와 관련해 대한민국이 직면한 문제들을 복합적으로 인식하고 고민할 수 있는 소중한 기회를 가질 수 있었다. 이 같은 경력의 한가운데에서 늘 잊지 않고 찾으려 노력해온 것이 이들 세 질문에 대한 답이다. 민족의 구성원으로서 긴장을 놓지 않고 공부하겠다는 각오를 이어가기가 쉽지 않았으나 그 마음가짐은 지키고자 애써왔다. 이 책은 다양한 이론칙과 경험칙을 쌓으며 수도 없이 질문을 던지고 그 해답을 찾기 위해 부족하나마 노력해온 여정의 기록이다.

그동안 필자는 세 권의 책을 냈다. 첫 번째 책은 1997년 외환위기로 국제통화기금 구제금융을 받아야 했던 'IMF 사태'가 월스트리트 초국적 금융자본을 앞세운 미국의 신자유주의적 금융 세계화 때문에 발발할 수밖에 없었다는 것을 규명한 『누가 한국경제를 파탄으로 몰았는가?』였다. 오늘날 한국 경제가 부의 불평등 심화라는 위기를 겪게 된 데는 당시 김대중 정부가 국제통화기금이 구제금융 제공 조건으로 요구한 고금리 정책과 정리해고 등 고용 유연성 제고를 수용한 것이 결정적인 역할을 했다. 이 같은 요구들은 미국의 신자유주의 세계화의 전략 로드맵인 워싱턴 컨센서스에 따른 것이다.

두 번째 책은 김대중 전 대통령이 2000년 6월 15일 평양에서 김정일 국방위원장과 가진 남북 정상회담을 중심으로 김대중 정부의 대북 정책에 숨은 도전과 위험을 분석한 『김대중 정부의 위험한 거래』였다.

이 두 책은 김대중 전 대통령의 경제정책과 대북 정책을 각각 비판하고 분석한 책으로 김대중 전 대통령이 현직에 있을 때 출간되었다. 결단이 필요했을 때 소명을 놓지 않았기에 나올 수 있었던 책들이다.

세 번째 책은 북한의 핵무기 개발 과정을 추적하면서 그 목표가 어디에 있는지를 분석하고, 북한에 대한 한국과 미국의 정책 변화와 미군의 '군사변환 military transformation'이라는 국방 개혁 등 동아시아 정세에 따른 시나리오별 미국의 대응 전략을 다룬 『레드 라인』이었다.

지금까지는 이렇게 경제 부문, 대북 부문, 외교안보 부문을 각각 다룬 책을 썼으나, 이번에는 이들 세 가지 분야에 정치 부문과 리더십 부문을 더한 책을 내놓는다. 그래서 어려웠다. 하지만 나라 안팎으로 직면한 위기는 외교안보, 대북, 정치, 경제, 리더십 등의 분야가 복합적으로 상호 작용하면서 발생하고 있다. 그렇기 때문에 한 책에서 이 모든 분야를 종횡으로 다루지 않고는 비코의 말처럼 진실을 제대로 구성할 수 없을 것이라고 판단했다.

다른 사람들이 구축한 체계 전반을 비판하는 사람은 자신의 체계를 대안으로 제시하지 않으면 안 된다고 비코는 말했다. 진실을 구성한 뒤 새로운 대안을 제시하는 것은 결코 쉽지 않았으나 천명天命이라고 여겼다.

2016년 1월

이교관

제1장

민생과 공감의 나라

01_ 새로운 역사의 시작

'새로운 역사'의 시작인가? '끝났던 역사'의 귀환인가?

오늘날 전 세계 자본주의 국가들이 직면한 가장 큰 도전을 꼽는다면 그것은 단연코 부富의 불평등일 것이다. 갈수록 부의 불평등이 심화하면서 그 해결 방안을 둘러싸고 계층 간 갈등과 대립이 격렬해지고 있다. 이 때문에 한 나라의 지속적인 발전 여부는 물론이고 나아가 자본주의라는 경제 체제의 운명까지도 부의 불평등 심화라는 세기적인 도전을 얼마나 빨리 그리고 원만하게 극복하느냐에 달려 있다.

최근 부의 불평등 심화에 관해 가장 깊이 있는 통찰을 던진 현자는 미국의 국제정치학자인 프랜시스 후쿠야마Francis Fukuyama다. 그는 2014년에 출간된 그의 저서 『정치 질서와 정치 쇠퇴Political Order and Political Decay』에서 부의 불평등 심화가 인류의 미래에 암울한 그림자를 드리울 가능성이 높다고 경고했다. 그는 앞으로 기술 진보에 따른 경제적 이득이 계층 간에 공유되지 못할 경우, 다시 말해서 부의 불평등이 더욱 심화될 경우 인류의 미래는 인구 증가율이 식량 증가율을 넘어서는 '맬서스적 사회'로 전락하게 될 것이라고 전망했다(맬서스적 사회에 대한 구체적 내용은 271쪽 참조).

영국의 고전파 경제학자 토머스 맬서스Thomas Malthus는 1798년에 출간한 저서 『인구론An Essay on the Principle of Population』에서 식량은 산술급수적으로 늘어나는 반면 인구는 기하급수적으로 늘어난다고 경고하면서 인구 조절의 필요성을 역설했다. 그의 예측은 기술 진보에 따른 식량 증대 덕분에 현실화하지 않았다. 그런데 그로부터 200여 년이 지난 지금 후쿠야마는 기술 진보가 실업의 증대를 초래하고 이것이 부의 불평등 심화로 이어지면서 맬서스의 우려가 현실화할 수 있다고 경고하고 나선 것이다. 후쿠야마는 만약 그 같은 맬서스적 사회가 출현하면 사람들이 마치 투자를 하는 것처럼 남의 재산을 강탈하게 될 것이라고 어두운 미래를 전망한다.

후쿠야마의 이 같은 전망과 경고는 그가 1989년 여름 미국의 ≪내셔널인터레스트≫에 기고한 '역사의 종말The End of History'이라는 제목의 글에서 자유민주주의가 인류 역사에서 최종 승리를 차지했다는 주장과 함께 선언했던 '역사의 종말' 담론과는 정면으로 배치된다.

1989년 11월 베를린 장벽이 무너지면서 동구 공산권이 몰락하고 뒤이어 소련의 공산당 체제마저 붕괴하면서 소비에트연방이 해체되자 후쿠야마가 언급한 역사의 종말론은 신의 예언처럼 전 세계적으로 떠받들어졌다. 그로부터 3년 뒤 그는 이 글을 보강해 출간한 저서 『역사의 종말The End of History and the Last Man』에서 서로 다른 이데올로기 간의 대립과 갈등으로서의 역사는 자유민주주의와 자유시장경제체의 최종 승리로 종언을 고했다고 선언했다.

후쿠야마의 역사의 종말 담론은 프랑스의 러시아계 철학자인 알렉상드르 코제브Alexandre Kojeve가 독일 철학자 게오르크 헤겔G. W. F. Hegel의 『정신현상학Phenomenology of Spirit』을 '주인과 노예의 변증법'이라는 패러다임을 통해 해석한 데서 기원한다. 코제브가 1930년대에 파리 사회과학고등연구원에서 강의한 헤겔 철학에 관한 내용을 레몽 크노Raymond Queneau가 엮어 출간한『헤겔 독해 입문Introduction to the Reading of Hegel』에 따르면, 인간의 본질적인 욕구는 상대방에게서 인정recognition을 획득하는 데 있기 때문에 인류의 역사는 생사를 건 인정투쟁struggle for recognition의 과정이라고 코제브는 해석했다. 인류 최초의 투쟁에서 목숨을 건 사람은 주인이 됐고 그렇지 못한 사람은 노예가 됐다는 것이다. 하지만 그 지배와 예속의 관계가 영원한 것은 아니다. 따라서 남들을 지배하고 싶어 하는 주인의 욕구인 '우월욕망megalothymia'과 남들과 대등해지고 싶어 하는 노예의 욕구인 '대등욕망isothymia' 간의 치열한 투쟁이 인류 역사에서 벌어져 왔다는 것이 코제브의 해석에 바탕을 둔 후쿠야마의 역사 인식이었다. 인류가 프랑스대혁명과 미국 독립혁명에 이어 오늘날의 자유민주주의를 이룩함으로써 전제주의에 이어 공산주의마저 물리치고 자유와 평등의 세상을 실현할 수 있었던 데는 대등욕망의 실현을 역사적 임무로서 추구해온 부르주아 계층, 즉 중산층의 역할이 결정적이었다고 그는 평가했다. 냉전에서 자유민주주의와 자본주의가 공산주의와 계획경제를 물리치고 승리를 거두었다는 것은 대등욕망이 우월욕망을 물리쳤다는 것을 의미한다는 것이었다. 우월욕망과 대등욕망 간의 오랜 투쟁으로서의 역사가 끝났다는 점에서 역사는 종말을 고했다는 것이 그가『역사의 종말』에서 내린 결론이었다.

그런데 오늘날 자유민주주의 국가들에서 부의 불평등이 심화되면서, 점차 사회가 1%의 최상위 소득 계층과 나머지 99% 중하위 소득 계층으로 양극화되고 있다는 사실은 무엇을 의미하는가?

프랑스대혁명, 미국의 독립혁명, 그리고 냉전에서 대등욕망이 물리친 우월욕망은 정치적이고 권력적인 맥락에서 남들을 지배하고 억압하려는 주인의 욕망이었다. 그러나 21세기 들어 자유민주주의와 자본주의 체제에서 다시금 대두하고 있는 우월욕망은 부의 불평등한 독점을 기반으로 해서 남들을 지배하고 억압하고자 하는 새로운 형태의 주인의 욕망이다. 이에 맞서 정치적 권리 부문에서 이미 우월욕망을 물리친 대등욕망도 부의 불평등 독점을 통해 새로운 지배와 예속의 관계를 만들어내고 있는 우월욕망과 투쟁을 벌이고 있다. 부의 상대적 평등이 21세기 대등욕망의 새로운 목표가 된 것이다. 바야흐로 '새로운 역사'가 시작된 것이다.

이 같은 새로운 역사가 시작되었다는 것은 프린스턴대학교 경제학과 교수인 앵거스 디턴Angus Stewart Deaton의 2015년 노벨경제학상 수상 소감에서도 간접적으로 읽을 수 있다. ≪조선일보≫의 보도에 따르면(2015년 10월 14일), 디턴 교수는 수상자 발표 직후인 10월 12일에 한 회견에서 "부자들이 규칙을 정하게 되는 세계가 정말로 걱정스럽다"라고 말했다. 불평등 경제학의 대가로도 평가받는 디턴 교수의 이 같은 우려는 그의 저서 『위대한 탈출The Great Escape』에서도 발견된다. 그는 이 책에서 "불평등이 증가한 나라는 미국만이 아니며 최근 많은 나라가 소득 불평등을 겪고 있다"고 지적했다. 그는 이어서 "부의 엄청난 집중 현상은 성장을 가능하게 하는 창조적 파괴의 숨통을 막아 민주주의와 성장의 기반을 약화시킬 수 있다"며 "그만한 불평등은 앞선 탈주자들(경제 성장 덕택에 가난에서 탈출한 사람들을 가리킨다)이 뒤에 남겨진 탈출 경로를 막도록 장려할 수 있다"라고 주장했다.

부자들이 규칙을 정하는 세상에 대한 우려를 담은 디턴 교수의 수상 소감이 보도된 당일, 이를 뒷받침하는 주장이 미국 민주당 대선 후보 경선 토론회에서도 나왔다. 부의 양극화 해소와 월스트리트 개혁을 주창해온 버니 샌더스Bernie Sanders 상원의원은 토론회에서 "내 견해로는 의회가 월스트리트를 규제하는 것이 아니라 월스트리트가 의회를 규제한다"라고 말했다(CNN, 10월 14

일 방송).

그러나 두 사람 간에는 인식 차이가 있다. 디턴 교수가 부자들이 규칙을 제정하는 세상이 올까 봐 걱정하고 있다면, 샌더스 의원은 이미 그런 세상이 현실화되었다며 이를 개혁해야 한다고 주장한다. 월스트리트의 초국적 금융 거부巨富들이 미 의회에 압력을 행사해 미국과 글로벌 금융 시장의 규칙을 제정하고 있고 그 결과 부의 불평등이 심화하며 미국의 중산층이 무너지고 있다는 것이 샌더스 의원의 인식인 것이다.

후쿠야마에 의하면 기술이 진보하면서 미숙련 노동자들이 점차 사라지고 고도의 숙련 노동자들만이 살아남게 되어 부의 불평등이 심화하고 있다. 그렇다면 이러한 부의 불평등 심화를 어떻게 인식하고 해결할 것인가?

노예의 상태에서 해방되고자 '목숨을 건' 시민, 특히 중산층의 대등욕망에 의해 자유민주주의가 최종적인 승리를 거둔 이후 적어도 자유민주주의와 자본주의 체제의 국가에서는 정치적이고 권력적인 측면에서 타인을 지배하며 주인이 되고자 하는 우월욕망은 '제도적으로' 종식되었다. 이런 상황에서 대등욕망과 우월욕망 간의 투쟁으로서의 역사가 오늘날 자유민주주의와 자본주의 국가에서 다시금 재개된 것은 오로지 최상위 소득 계층 1%에 의한 부의 불평등한 우월욕망과 중산층 중심의 나머지 계층 99%에 의한 부의 상대적 대등욕망 간에 벌어지고 있는 대립과 갈등에서 비롯된다. 이것이 새로운 역사의 본질인 것이다.

이 같은 새로운 역사 담론을 제기하지 않더라도 후쿠야마의 역사의 종말론은 훨씬 이전부터 심각한 도전을 받아왔다. 공산당 1당 지배체제의 강화를 통해 사회주의 시장경제를 추진해온 중국이 미국과 더불어 글로벌 양강 체제인 이른바 G2로 급부상했기 때문이다. 자유민주주의와 자유시장경제 체제인 미국과 공산주의와 사회주의 시장경제의 중국이 패권 경쟁을 벌이는 마당에 후쿠야마의 담론은 더 이상 설 자리가 없어진 것이다.

이 때문에 미국에서는 역사의 종말론에 대한 비판이 본격적으로 이루어졌다. 대표적인 비판은 미국의 신보수주의 국제정치학자 로버트 케이건Robert Kagan에 의해 제기됐다. 그는 2008년 출간한 저서 『돌아온 역사와 깨진 꿈The Return of History And The End of Dreams』에서 냉전 이후 국제사회의 정치 및 경제 체제가 자유민주주의와 자유시장경제로 수렴될 것이라는 이른바 '수렴의 시대the age of convergence'에 대한 기대는 신기루였다고 지적했다.

케이건에 따르면 오늘날 국제무대에 돌아오고 있는 갈등과 대립의 역사는 다음과 같이 세 가지로 나눌 수 있다. 첫째는 국제사회의 지위와 영향력을 둘러싸고 미국, 중국, 러시아, 유럽, 인도, 일본 등 강대국들 간에 권력 정치power politics의 경쟁이 귀환하고 있다는 것이다. 둘째는 자유주의와 전제주의 간의 오래된 경쟁이 재부상하고 있다는 것이다. 셋째는 인류 역사에서 더 오래된 투쟁인 근본주의 이슬람주의자들과 현대적 세속 문화 강대국들 간 갈등이 심화하고 있다는 것이다.

따라서 오늘날 국제사회는 '수렴의 시대'에서 다시금 '분기의 시대the age of divergence'로 이행하고 있다는 것이 케이건의 주장이다. 냉전 직후 수렴의 시대가 올 것이라는 기대 자체가 인간의 본성을 제대로 간파하지 못한 상태에서 나온 환상이었다고 그는 말한다. 인간 본성상 권력 정치를 특성으로 한 갈등과 대립이 국제사회에서 사라질 수 없다는 것이다. 미국의 현실주의 국제정치학자인 모겐소는 어느 시점에 마지막 커튼이 내려오고 권력 정치 게임이더 이상 작동하지 않을 것이라고 상상하는 것에 대해 경고했다. 미국의 외교전략가인 헨리 키신저Henry Kissinger 전 국무장관도 냉전이 종식된 직후 나타난 국제적 환경들은 지속될 수 없으며, 국제적인 경쟁은 인간 본성에 내재된 것인 만큼 다시 돌아올 것이라고 경고했다. 이 점에서 케이건은 자유민주주의와 자유시장경제가 정치 및 경제 체제들을 통일시킴으로써 모든 나라가 경제적 경쟁만 벌일 것이라는 기대는 이 시대의 커다란 오류라고 말한다.

그렇다면 케이건의 주장은 후쿠야마가 종말을 고했다고 주장한 '역사'가 돌아오고 있다는 것인가? 오늘날 급속한 경제 성장과 군사력을 바탕으로 동아시아의 우월적 지위를 둘러싸고 미국과 대결을 벌이고 있는 중국만 놓고 본다면 그렇다고 볼 수 있다. 중국은 공산당 1당 지배체제와 사회주의 시장경제를 정치 체제와 경제 체제의 근간으로 삼고 있는 반면 미국은 자유민주주의와 자유시장경제 체제의 국가이다. 그런 만큼 최소한 형식적인 측면에서 상이한 이데올로기 간의 갈등과 대립으로서의 역사가 돌아온 것은 맞다.

그러나 중국의 정치 체제가 본질적인 측면에서는 복수 정당 제도에 의한 자유민주주의가 아니지만, 그렇다고 전형적인 공산주의 체제라고 분류하기에도 다소 애매하다. 중국 공산당이 국가로서의 역할을 수행하면서 1978년 개혁과 개방을 단행한 이후 중국의 1인당 국내총생산이 급속도로 높아지고 있다. 이에 따라 중국 국민들의 정치적 다원주의pluralism 욕구가 높아지자 중국 공산당은 민족주의 분위기의 확산을 통해 그 같은 욕구가 분출되게끔 유도함으로써 1당 지배체제를 유지해오고 있는 상황이다. 사회주의 시장경제 체제라는 것도 일종의 제한된 시장경제로서 계획경제와는 질적으로 다르다.

더군다나 최근 중국에서도 지역 및 계층 간 부의 불평등이 심화하고 있는 상황이다. 이 점에서 중국이 상이한 이데올로기 간의 갈등과 대립이란 후쿠야마식의 '구舊 역사'를 귀환시킨 장본인이라고 단정하기에는 무리가 있다. 그보다는 부의 불평등 심화를 초래하는 원인과 대응 방안을 둘러싸고 벌어지는 새로운 역사의 물결에 중국도 휩쓸리고 있다고 보는 것이 타당하다. 이런 상황은 미국과 함께 세계무대에서 강대국 권력 정치 게임을 벌이고 있다고 케이건이 지목한 러시아, 유럽, 일본, 인도 등도 예외가 아니다. 이 같은 맥락에서 최근 후쿠야마도 '구 역사의 종말론'에서 자본주의 내에서의 부의 불평등 심화를 둘러싼 우월욕망과 대등욕망 간의 투쟁이라는 '신新 역사의 시작'으로 오늘날 세계의 중심 갈등에 대한 관점을 바꿨다고 볼 수 있다.

후쿠야마는 그의 저서 『정치 질서와 정치 쇠퇴』에서 부의 불평등을 심화시키는 요인으로 기술의 진보와 이에 따른 자동화를 꼽으며 다음과 같이 설명한다.

산업혁명 초기 기술 진보는 낮은 기술 노동자들을 위한 일자리를 창출했으나 최근 정보통신 기술의 진보는 매우 다른 사회적 영향을 가져오고 있다. 자동화는 수많은 저低 기술 조립 라인의 일자리를 없애고, 해가 갈수록 증가하는 새로운 스마트 기기들의 출현으로 이전 중산층 근로자들에 의해 수행되던 많은 일자리들이 사라지고 있다. 그 결과 중산층으로 가기 위한 사다리는 한층 더 높아졌다. 세계화와 기술을 분리하는 것은 불가능하다. 이 과정에서 파괴되는 저기술 일자리들은 새로운 고임금의 일자리로 대체되고 있다. 재능과 성격의 자연스러운 차이는 언제나 불평등으로 이어져왔다. 그러나 오늘날 기술 세계는 그 같은 차이를 엄청나게 확대하고 있다. 19세기 수학 천재는 그 재능으로 수입을 확대할 기회가 많지 않았으나 오늘날 그들은 금융 마법사, 유전학자, 또는 소프트웨어 엔지니어가 되어 국가 전체의 부 가운데서 전에 없이 많은 비중을 집으로 가져가는 것이다.

이 같은 분석은 자본주의가 기술 진보 때문에 부의 불평등 심화라는 위기에 처했고, 그 결과 중산층이 붕괴하게 된다면 역시 승리자인 자유민주주의도 안전하지 못하다는 것을 의미한다. 그렇다면 그의 경고를 주의 깊게 들어볼 필요가 있다.

만약 기술 변화가 폭넓게 공유되는 경제적 이득을 낳는 데 실패할 경우 또는 그 같은 이득의 전반적인 증가율이 둔화할 경우 현대 사회들은 민주주의의 활력에 큰 의미들을 갖게 될 하나의 맬서스적인 사회로 내던져질 위험을 감수해야 한다. 이득이 공유되는 성장의 세계에서는 모든 사람이 궁극적으로 혜택을 보기 때문에 일반적으로 자본주의에 불가피하게 수반되는 불평등성들은 정치적으로 관용될 수 있다. 그러나 인구 증가율이 식량 생산 증가율보다 높아 굶어 죽는 사람들이 생겨나는 맬서스적인 사회에서는, 개인들은 한 사람이 이익을 보면 다른 사람은 손해를 보는 제로섬 관계에 있다. 이런 환경에서 강탈은 생산적인 경제 행위들에서의 투자와 같이 자기 풍요를 위한 실행 가능한 전략이 될 것이다.

도대체 21세기에 전 세계 자본주의와 자유민주주의는 어떤 위기에 직면해 있는 것인가? 부의 불평등 심화가 자유민주주의 사회를 붕괴시킬 수 있다는 것인가? 다시 말해서 부의 불평등적 우월욕망과 부의 상대적 대등욕망 간의 투쟁이라는 새로운 역사에서 우월욕망이 최종 승리를 차지할 수도 있다는 것인가?

후쿠야마에 의하면 두터운 중산층의 존재는 자유민주주의를 실현하기 위한 충분조건도 필요조건도 아니지만, 자유민주주의를 지탱하는 데 엄청난 도움이 된다. 선진국에서 카를 마르크스Karl Marx가 예언한 공산주의 유토피아가 실현되지 않은 것은 세계적으로 프롤레타리아가 중산층으로 전환되었기 때문이라는 것이 그의 지적이다. 인도네시아, 브라질, 터키 같은 개발도상국에서는 중산층이 새롭게 출현함으로써 민주주의를 촉진해왔다. 후쿠야마는 중국에서 권위주의 질서가 전복된다면 그 역할을 해낼 수 있는 것도 중산층이라고 말한다. 그런데 이 같은 흐름이 되돌려지고 축소된다면 자유민주주의에 어떤 일이 벌어질 것인지 상상할 수 있다는 것이다. 불행하게도 소득 불균형에 따른 중산층 감소 흐름이 1980년대 이후 미국을 중심으로 한 선진국에서 대규모로 나타나고 있다는 것이 그가 관찰한 내용이다.

문제는 이 같은 거대한 흐름을 초래하는 원인을 후쿠야마가 말하는 기술 진보에 따른 중산층 일자리 감소로 국한시킬 수 없다는 데 있다. 왜냐하면 오늘날 거의 모든 사람이 당연한 것으로 여기는 세계화globalization가 그 근본 원인이기 때문이다. 당초 세계화의 본래 의미는, 국가 간에 재화와 서비스 그리고 인력이 자유롭게 이동하는 것이었다. 그러나 오늘날 우리가 목도하고 있는 세계화는, 정리해고제와 파견근로제의 도입 등으로 고용 시장의 유연성을 제고하고 금융과 외환시장의 완전한 개방하는 신자유주의적 세계화로 진화했다. 이 덕분에 미국 월스트리트의 초국적 금융자본trans-national financial capital들은 국경을 자유롭게 이동하면서 손쉽게 엄청난 이익을 얻고 있다.

이 같은 세계화의 교범은 1990년대 초 미국 클린턴 행정부가 세계화의 로드맵으로 삼았던 '워싱턴 컨센서스'였다. 워싱턴 컨센서스는 미국의 경제학자 존 윌리엄슨John Williamson이 냉전 종식 이후 미국의 세계 경제 전략으로서 제시한 비전이다. 윌리엄슨이 1993년 펴낸 저서 『정책 개혁의 정치경제The Political Economy of Policy Reform』에는 워싱턴 컨센서스가 주창하는 작은 정부와 고용의 유연성, 공기업 민영화 등 신자유주의 경제정책 프로그램들이 모두 담겨 있다. 워싱턴 컨센서스에 의한 세계화의 대표적인 경로는, 외환위기를 겪는 나라에 미국이 국제통화기금을 통해 구제금융을 제공해주는 대가로 그 나라의 사정에 맞는 경제제도를 미국의 경제제도로 획일화시키는 과정이다. 1997년 외환위기 때 한국에 강요된 IMF 구조조정 프로그램도 워싱턴 컨센서스의 교리를 충실히 따랐다.

오늘날 한국을 비롯한 전 세계의 경제 문제는 바로 이 같은 신자유주의 세계화가 확산되어온 결과이다. 중견국가와 개발도상국은 언제 금융위기가 발생할지 몰라 매일 외환보유고를 확인하는 등 전전긍긍하고 있다. 2007년 서브 프라임 모기지론sub-prime mortgage loan(비우량 주택 담보 대출) 대부 업체들의 파산 사태에 이어 2008년 세계 4위의 대형 투자은행 리먼 브러더스의 파산으로 금융위기를 겪은 미국도 이제는 이러한 흐름에서 예외가 아니다. 프린스턴대학교의 저명한 세계화 전문가 해럴드 제임스Harold James 교수는 2009년 출간한 『가치의 창조와 파괴The Creation and Destruction of Value』에서 "세계화는 평화를 가져오는 것으로 자주 여겨지지만 실제에 있어서 상품과 자본 그리고 사람들의 세계화는 종종 폭력의 세계화globalization of violence로 이어진다"라고 주장한다. 그리고 전 세계의 중산층 근로자들은 기술 혁신에 따른 피해자로 전락하고 있다. 어느 날 갑자기 기업주가 임금 비용을 줄이기 위해 소수의 고숙련도의 엔지니어들에게만 의존해도 되는 선진 기술을 도입함에 따라 중산층 일자리들이 대거 사라지고 있는 것이다. 이 또한 정리해고제만이 경제 성장을 가능하게 한다고 외쳐온 워싱턴 컨센서스 때문이다. 이 같은 관점은 하버드대학교 대니 로드릭Danny Rodrik 교수와 노르웨이 경영대학원 요르겐 랜더스Jorgen Randers 교수 등 서구의 많은 주류 경제학자들에 의해 공유되고 있다.

특히 미래학의 세계적인 권위자인 랜더스는 신자유주의적 세계화가 인류가 직면한 모든 재난의 원인이라고 잘라 말한다. 랜더스에 의하면 서구the West 등에서 거듭되는 재난(금융위기의 반복과 부의 불평등 심화 등)의 원인은 미국 연방준비제도이사회FRB, 미국 재무부, IMF, 유럽중앙은행 같은 신자유주의 기관들의 지원과 교사에 있다. 이는 기업 및 금융 과두세력의 정부 점령을 동반하는 금융자본주의의 승리를 의미한다고 자신의 저서『더 나은 미래는 쉽게 오지 않는다2052: A glabal forecast for the next forty years』에서 주장한다. 빈부 격차를 확대하고 있는 신자유주의적 세계화의 문제점과 대응 방안은 18번 글에서 더 상세하게 다루겠다.

이제 신자유주의적 세계화와 함께 기술 진보에 의한 중산층 일자리 감소에 따라 한국을 비롯해 전 세계적으로 부의 불평등이 얼마나 심화한지를 살펴보아야 한다. 새로운 역사가 시작된 것이 사실인지 확인해볼 필요가 있다.

먼저 미국의 진화생물학자이자 문명사가인 제레드 다이아몬드Jared Diamond가 역사상 많은 나라의 붕괴 원인을 고찰한 뒤 정리한『문명의 붕괴Collapse』를 살펴보는 것이 유용하다. 이 책은 붕괴 위기에 대응하는 국가의 역할에 대한 특별한 성찰의 기회를 제공한다. 역사상 사라진 많은 나라들의 궁극적 붕괴 원인에서 발견되는 한 가지 공통점은 그 나라의 리더십이 위기를 인식하고 대처하지 못한 데 있다는 것이 다이아몬드가 강조하고 있는 메시지이다. 몇 년 전 이 책의 원서를 읽으면서 필자는 우리가 처한 전체적인 상황을 다시 바라보게 되었다. 한국은 국내와 한반도와 동아시아 그리고 글로벌 무대에서 어떤 위기에 직면하고 있는지, 혹시 붕괴의 길로 가고 있는 것은 아닌지, 만약 그렇다면 국가가 그것을 인식하고 대비하고 있는지 생각하게 된 것이다.

그 후 2012년 미국에서 대런 애쓰모글루Daron Acemoglu와 제임스 로빈슨

James Robinson이 함께 쓴 『국가는 왜 실패하는가Why Nations Fail』가 출간되면서, 필자는 다이아몬드의 책을 다시 들춰보게 되었다. 마야의 붕괴에 대한 애쓰모글루와 로빈슨의 분석이 다이아몬드의 견해와는 달랐기 때문이다.

다이아몬드가 『문명의 붕괴』에서 주장하는 마야의 붕괴 원인은 다음의 세 가지다. 첫째로 자원은 제한되어 있는데 그 자원으로는 감당하기 어려울 정도로 인구가 증가했다. 둘째로 인구와 자원 간 비대칭으로 너무 많은 곳에서 너무 많은 농업 인구가 너무 많은 작물을 재배하다 보니 숲의 황폐화와 산기슭의 침식이 심각해졌다. 셋째로 한정된 자원을 둘러싼 전쟁이 많이 발생했다.

그러나 애쓰모글루와 로빈슨은 마야의 붕괴가 불평등inequality에서 비롯되었다고 지적한다. 서기 100년경 왕을 정점으로 귀족이 자리한 수직 구조의 새로운 형태의 왕조가 등장하면서 마야의 경제적 번영은 시작되었다. 하지만 서기 810년 코판이라는 도시에서 왕이 죽은 후 더 이상 왕이 탄생하지 않으면서 중앙집권적인 정치제도가 몰락했고, 이것이 경제 위축과 인구의 감소로 이어졌다는 것이 애쓰모글루와 로빈슨의 결론이다. 마야에서 부는 도시의 번성을 가능하게 했지만, 부를 낳은 수탈 제도는 사회체제를 불안으로 내몰았다는 것이 이들의 주장이다. 수탈 제도는 경제적 불평등을 야기했을 뿐만 아니라 국민에게서 수탈한 부를 통해 이득을 얻는 사람들 간에 대립도 심화시켰고 이 같은 갈등은 결국 마야 문명의 붕괴로 이어졌다는 것이다.

결론적으로 말한다면 다이아몬드는 인구 증가에 따른 환경파괴와 자원을 둘러싼 전쟁을 국가의 붕괴 원인으로 제시하는 반면, 애쓰모글루와 로빈슨은 경제적 불평등의 심화에서 그 원인을 찾고 있다.

그렇다면 마야의 붕괴 원인에 대한 이들 두 가지 상반된 견해 중 어느 것이 더 적절할 개연성이 높은가? 부의 불평등 심화는 국민 간에, 국민과 집권 엘리트층 간에, 그리고 집권 엘리트층 간에 갈등과 반목을 더욱 조장한다. 이런 점에서 마야 문명의 궁극적인 붕괴 원인을 한 가지로 압축한다면 부의 불평등 심화일 가능성이 높다. 마야의 왕들과 귀족들이 마야 문명의 붕괴를 막지 못한 것은, 결국 경제적 불평등에서 생겨난 마야 구성원들 간에 갈등과 반목 때문일 것이다.

역대 왕들과 귀족들이 문명의 붕괴를 막지 못한 것은 환경 악화와 잦은 전쟁 등 마야 사회를 약화시키는 문제들을 인식하고 해결하려 하기보다는 자신들의 부를 증대시키고 기념물을 세우거나 전쟁을 개시하는 등 단기적인 관심사들에만 주의를 기울인 결과이다.

한국이 직면한 위기를 인식하고 해결하는 데는 애쓰모글루와 로빈슨의 통찰이 더 유용하게 보인다. 기술 진보에 따른 자동화와 그 결과로서의 일자리 감소, 중산층 붕괴, 부의 불평등 심화는 전 세계 자본주의의 심각한 문제라는 것이 후쿠야마의 묵시록적 경고이다. 이 관점에서 보면 그 어느 때보다 부의 불평등이 심각한 한국 사회도 결코 예외가 아니기 때문이다.

≪중앙일보≫가 한국조세연구원의 2006년 국세통계연보 분석 결과를 인용해 보도한 바에 의하면(2012년 4월 23일), 소득 상위 1%가 한 해 버는 돈이 38조 4790억 원으로 전체 소득(231조 9560억 원)의 16.6%를 차지하는 것으로 나타났다. 상위 1%의 기준은 연 소득액 1억 원 이내로 모두 18만 명으로 추산됐다. 이명박 정부 이후 부의 양극화가 가속화돼 2012년 현재 소득 상위 1%가 전체 소득에서 차지하는 비중은 2006년도에 비해 수 배 내지 열 배 이상 차이가 있을 것이라고 기사는 예상했다. 2006년도 국세통계연보가 활용된 이유로 조세연구원은 2006년 자료가 다른 나라와의 객관적 비교에 쓸 수 있는 신뢰도 높은 유일한 자료이기 때문이라고 설명했다. 이와 함께 ≪중앙일

보≫는 소득 상위 1%의 최근 모습을 추정하기 위해 통계청의 2011년 가계금융조사를 분석한 결과 상위 1%는 평균 연령 51.3세의 남성으로서 이들은 '연평균 3억 3728만 원의 소득'을 거뒀다고 밝혔다.

미국에서 소득 상위 1%가 전체 국민 소득에서 차지하는 비중은 2006년 17.7%에서 2010년에 이르러 23%로 치솟았다. 캘리포니아대학교 버클리캠퍼스 교수인 로버트 라이시Robert Reich는 2010년 출간된 그의 저서 『위기는 왜 반복되는가After Shock』에서 1929년 대공황과 2008년 미국 금융위기의 발발은 모두 미국 내 소득 상위 1%가 전체 소득에서 차지하는 비중이 23%가 넘었기 때문이라고 주장한다. 1990년대 초반 클린턴 행정부에서 노동부 장관을 지낸 라이시가 그동안 보여온 진보적liberal 성향 때문에 그의 견해가 미국과 서유럽에서 비주류일 것이라고 오해해서는 안 된다.

영국의 경제지 ≪파이낸셜타임스≫의 경제 분야 수석 칼럼니스트로서 세계 경제 담론 시장의 중심적인 위치에 있는 마틴 울프Martin Wolf도 2013년 1월 칼럼에서 미국 경제의 두드러진 특징 중 하나로 경제적 불평등을 지적했다. 울프가 이 칼럼에서 인용한 한 연구에 따르면, 1979년에서 2007년까지 미국 상위 1% 인구가 전체 소득에서 차지하는 비중이 10% 정도에서 20%가 넘는 수준으로 두 배 이상 증가했다. 이 때문에 그는 상위 1%에 대해 지금보다 많은 세금을 걷는 것은 정치적으로 불가피한 일 같다고 했다.

미국의 일간지 ≪USA투데이≫는 라이시와 울프의 주장을 더욱 구체적인 수치로 뒷받침하는 기사를 실었다(2013년 9월 10일). 미국의 소득 상위 1%의 가계소득이 2012년 미국 전체 가계소득의 19.3%를 차지함으로써 지난 100년간 가장 높은 것으로 조사됐다는 연구 결과를 보도한 것이다. 이 같은 조사는 미국 버클리주립대학교, 영국 옥스퍼드대학교, 프랑스 파리경제학교 등 3

개 대학 공동 연구팀에 의해 이루어졌다. 이 연구팀에 따르면 그 이전의 최고 치는 1927년의 18.7%였다.

미국에서 최근 부의 양극화가 꾸준히 심화해왔다는 것이 이 조사를 통해 구체적인 수치로 확인된 것이다. 1993에서 2000년 사이 소득 상위 1%의 가계 소득은 86%나 증가했으나 나머지 99%는 고작 6.6% 늘어나는 데 그쳤다는 사실은 부의 양극화 정도를 여실히 보여준다.

서구 자본주의 국가들에서 부의 불평등이 본격적으로 심화하기 시작한 계기는 2008년 글로벌 금융위기였다. 그 후 부의 불평등이 심화하고 있다는 담론이 전 세계적으로 확산되는 데 결정적 기여를 한 것은 2014년 출간된, 프랑스 경제학자 토마 피케티Thomas Piketty의 저서 『21세기 자본Capital in the Twenty-First Century』이다. 피케티는 이 책에서 자본수익률이 언제나 경제 성장률을 앞지르기 때문에, 즉 상속으로 돈이 생겼든 투자 성공으로 돈을 벌었든 돈이 돈을 버는 속도가 경제 성장에 따라 임금이 올라가는 속도보다 빠르기 때문에 부의 불평등은 심화될 수밖에 없다고 주장했다. 이 때문에 등장한 신계급사회인 세습자본주의가 건강한 자본주의 체제를 위협하지 못하도록 하려면 최대 80%에 이르는 누진적 소득세를 부과함으로써 부의 불평등을 완화하고, 글로벌 자본세를 부과해 나라 간 불평등도 완화해야 한다고 역설했다. 그가 제시한 미국의 부의 불평등 수치는 라이시와 울프가 인용한 것과 거의 같다.

그러나 《파이낸셜타임스》의 이의 제기를 시작으로 '자본수익률이 언제나 경제 성장률을 앞지른다'는 피케티의 명제는 신자유주의 경제학자들의 집중적인 견제를 받았고, 이 과정에서 그가 자신의 명제에 일부 오류가 있을 수 있다고 인정했다는 오보 소동이 2015년 초에 발생하기도 했다. 이 같은 논란이 있었음에도 피케티는 자본주의가 부의 불평등 심화로 위기에 직면해 있다는 생각에는 변함이 없다는 입장을 고수했다.

후쿠야마도『정치 질서와 정치 붕괴』에서 라이시와 울프, 피케티와 같은 주장을 편다. "미국의 소득 상위 1% 계층이 1970년에는 국민총생산에서 9%를 가져간 반면 2007년에는 그 비중이 23.5%로 크게 늘어났다. 이 시기 경제 성장의 많은 몫이 소수에게 돌아갔다는 사실은 1970년대 이후 중산층 소득이 침체되는 현상의 이면이다." 라이시, 울프, 피케티, 그리고 후쿠야마로 이어지는, 부의 불평등 심화가 자본주의 국가에 자유민주주의 위기를 초래하고 있다는 경고 담론은 한국에도 예외 없이 적용된다. 마야 붕괴, 대공황과 마찬가지로 현재 진행되고 있는 세계 금융위기도 부의 불평등 심화에 따른 위기라는 점에서 미국과 부의 불평등 수준이 비슷한 한국 역시 위기인 것이다.

문제는 왜 부의 불평등 증가가 국가의 붕괴를 초래한다고 볼 수 있느냐는 것이다. 미국의 진화생물학자이자 문명사가인 피터 터친Peter Turchin에 의하면, 부의 불평등이 너무 불거지면 사람들의 협력 의지를 갉아먹어 사회가 집단행동을 할 수 있는 역량이 손상된다.

그러한 사례가 있다. 미국의 노트르담대학교 교수 맷 블룸Matt Bloom이 미국 메이저리그 야구단 28개 팀 1600명 이상의 선수들을 9년 넘게 조사·연구한 결과, 선수들 간에 소득 차가 적은 팀일수록 소득 차가 큰 팀보다 훨씬 좋은 성적을 낸다는 사실이 발견됐다고 리처드 윌킨슨Ricard Wilkinson과 케이트 피킷 Kate Pickett이 그들의 공저『평등이 답이다Spirit Level』에서 보고한다.

야구팀을 사회의 축소판이라고 단정할 수 없다. 그럼에도 맷 블룸의 연구 결과는 국민 간 소득 격차가 적은 나라일수록 협력의 수준이 높을 수 있다는 것을 유추할 수 있게 한다.

이러한 점에서 두터운 중산층이 형성돼야만 국민 간 협력이 잘 이루어질 수 있고 그 결과 자유민주의가 지탱될 수 있다는 후쿠야마의 주장은 전적으로 옳다고 볼 수 있다.

부의 불평등 증가는 빈곤층과 부유층 간의 계급 전쟁을 격화하는 데서만 문제를 일으키는 것은 아니다. 터친은 그의 저서 『제국의 탄생War and Peace and War』에서 계급 내부의 불평등도 증가하게 된다고 지적한다. 요컨대 경제적 불평등이 심화할수록 소득 상위 계층, 중산층, 서민층 등 각 계층의 내부 갈등도 더욱 격화한다는 것이다.

그렇다면 한국은 어떻게 해야만 부의 불평등 심화에 따른 자유민주주의 체제의 위기를 극복할 수 있을까?

국가의 붕괴를 피하려면 국내외적으로 닥쳐오는 도전과 위기를 이겨내기 위한 국가의 역할에 대해 국민적 합의가 있어야만 한다는 것이 다이아몬드가 『문명의 붕괴』에서 제시하는 교훈이다. 어느 특정 계층이나 세력의 리더십에만 의존하고 기대해서는 그 도전과 위기를 극복할 수 없기 때문이다.

그러므로 국민들 간에 국가의 역할에 대한 철학적 논의가 깊은 나라일수록 나라의 위기 극복 능력이 높을 수밖에 없다. 국민들이 평상시 국가의 역할뿐 아니라 위기 시 국가의 역할까지 합의해두었다면 실제 위기가 발발했을 때 국민 간에 갈등과 반목이 상대적으로 작아 위기 극복 가능성이 높을 것이기 때문이다.

국가의 역할은 국민의 민생을 해결하고 외부 위협으로부터 안보를 철저하게 지키는 데 있다는 것이 15~16세기 사상가들의 인식이었다. 사회철학의 방향은 수 세기에 걸쳐 니콜로 마키아벨리Niccolo Machiavelli와 토머스 모어Thomas More가 제기했던 두 논점 - 이웃의 손에 의한 폭력적 죽음과 기아와 빈궁에 의한 죽음 - 에서 더 나아간 것이 없다고 독일 철학자 위르겐 하버마스Jürgen Habermas

는 그의 저서 『이론과 실천Theorie und Praxis』에서 말한다. 마키아벨리는 어떻게 하면 삶의 재생산을 정치적으로 확보할 수 있느냐고 묻고, 모어는 어떻게 하면 삶의 재생산이 경제적·사회적으로 확보될 수 있느냐고 묻는다는 것이 하버마스의 지적이다. 이들 사상가가 각각 쓴 고전 『군주론The Prince』과 『유토피아Utopia』는 이 같은 질문에 대한 그들의 답이라는 이야기다. 하버마스에 의하면, 권력을 얻고 유지하는 성공적 기술에 의해서만 인간이 타인에 의한 공격의 공포로부터 해방될 수 있다는 것이 마키아벨리 사상의 핵심이고, 사회라는 것을 조직할 때 비로소 인간이 기아와 빈궁으로부터 해방될 수 있다는 것이 모어 사상의 정수라는 것이다.

국가의 핵심 역할을 민생과 안보에 두어야 한다는 이들 두 고전의 교훈은 시간과 공간을 넘어서 한 번도 변한 적이 없다. 부의 불평등 심화로 인한 자본주의 사회의 위기 상황에서도 마키아벨리와 모어의 문제 인식만큼은 여전히 힘을 발휘하는 것이다. 강대국이나 강대국으로 발전한 국가들은 예외 없이 이 같은 교훈에 충실했던 반면, 건국 이후 조기에 쇠망한 국가는 그 교훈을 가슴에 새기지 않았다는 것을 동서고금의 역사는 말해준다.

사실 국민의 삶이라는 관점에서 국가의 역할에 대한 근본적인 성찰을 한 사람은 고대 그리스 철학자 아리스토텔레스Aristoteles였다. 아리스토텔레스는 『정치학Politics』에서 "국가는 단순한 생존을 위해 형성되지만 훌륭한 삶을 위해 존속하는 것"이라고 말했다. 아리스토텔레스가 말한 '훌륭한 삶'이란 무엇인가? 그는 완전하고 자족적인 삶을 국가의 궁극적인 목적으로 보았고 행복하고 훌륭하게 사는 것이 그 같은 삶을 뜻한다고 설명한다. 요컨대 마키아벨리와 모어가 갈파한 바와 같이 훌륭한 삶이란 국민이 민생과 안보에서 아무런 걱정 없이 편안한 삶을 영위하는 상태를 가리킨다.

오늘날 대한민국에 요청되는 21세기 국가론 역시 이와 다르지 않다. 민생과 안보는 어느 때 어느 곳을 막론하고 항상 국가의 최우선 의제이기 때문이다. 특히 민생은 무엇보다 중요한 과제이다.

앞에서 잠시 살펴본 바와 같이 오늘날 대한민국이 직면한 민생 위기는 최상위 소득 계층 1%에게 국가 전체 소득의 20% 안팎이 편중되고 있는 데서 비롯된다. 부의 불평등에 따른 양극화가 심화하고 있는 것이다. 그 결과 중산층이 붕괴하고 한계가구(금융자산을 처분해도 빚을 갚지 못하는 가구로서 2015년 137만 가구 추산)를 비롯한 위기 계층이 급증하고 있다.

일자리 감소 문제도 심각하다. 박병원 전 청와대 경제수석(현 경영자총연합회 회장)에 의하면 2000년 이후 10년간 우리 기업들의 해외투자 총액인 500억 달러와 외국인에 의한 국내 투자 총액인 100억 달러 간에 생기는 400억 달러의 차이만큼 일자리가 감소했다. 이는 외국인 투자가 400억 달러 늘어나거나 해외로 나간 우리 기업 또는 그만큼의 자본이 다시 국내로 돌아오지 않으면 일자리가 확대될 가능성이 낮다는 것을 의미한다.

실제로 정부의 적극적인 일자리 증대 정책으로 늘어난 고용의 상당수는 비정규직이다. 우리 기업들이 해외로 나가면서 줄어든 일자리는 대부분 정규직이었던 반면, 정부의 예산 투입으로 조금 늘어난 일자리는 거의 모두 비정규직인 것이다. 한국 기업들의 해외 이전이 40~50대 가장들의 실직으로 이어지고 그 결과 중산층이 한계가구로 탈락하는 사례가 증가하고 있다.

20세기까지 한국은 성장을 주로 하면서 민생을 챙겼다. 그러나 '선先성장 후後민생' 노선으로는 오늘날 부의 불평등과 이에 따른 민생 문제를 해결하기 어렵다. 민생과 성장을 동시에 추구하지 않으면 민생이 악화해 성장 기반이 약화함으로써 성장마저 힘들어지는 악순환이 계속되는 것이다. 다만 20세기 국가 경영 세력에게서도 배워야 할 것이 있다. 그것은 재정이 어려운 환경에서도 건강보험과 의무교육 등 민생 과제를 챙겼다는 것이다. 이는 21세기 대한민국이 계승해야 할 노선이다.

국가가 수행해야 하는 안보는 어떻게 진화했는가? 북한의 도발과 주변 국가들로부터의 안보는 물론이고 학교 폭력과 조직 폭력의 위협을 막아내고 지구온난화 억제, 생태계 보존 등 인간 안보까지 아우르는 것이 21세기 안보의 개념이다.

특히 동아시아가 쇠퇴하는 미국과 급부상하는 중국 간 패권 경쟁의 무대가 되고 있다는 점에서, 국가의 안보 유지 역할은 더욱더 지혜로워져야 한다. 미국의 국제정치학자인 케네스 월츠Kenneth Waltz가 그의 저서 『국제정치이론 Theory of International Politics』에서 제시한 바와 같이 국가 전략의 의미가 현재의 파트너를 만족시키고 잠재적 파트너를 즐겁게 해주는 것이라면 우리 정부가 과연 그같이 복합적인 전략을 가지고 미국, 중국과의 관계를 관리해나가고 있는지 따져봐야 한다.

민생과 안보에 대한 국가의 역할이 이와 같이 더한층 중요해지는 상황인데도 한국의 야당과 진보 진영은 복지 확대만을 국가의 유일무이한 역할인 양 주창한다. 복지 중심의 분배 담론에 민생과 안보가 함몰되어 있는 것이다.

특히 안보라는 국가의 중심 역할이 진보 진영의 21세기 국가론에서 빠져 있다. 지금 우리 안보에 위협이 되는 것은 북한의 핵무기와 장거리 미사일 개발만이 아니다. 동아시아 질서는 미중 간 패권 경쟁의 격화에 의해 변화하고 있고 이에 따른 안보 위협도 간과할 수 없는 현실이다. 하지만 이러한 위협에 대응하는 국가의 역할에 대해서는 진정성을 담은 담론을 거의 내놓지 않고 있는 것이다.

결국 모든 문제의 원인은 정치에 있다. 노벨경제학상을 수상한 주류 경제학자로서 부의 불평등을 해소해야 한다는 담론을 적극 주창해온 컬럼비아대학교 조지프 스티글리츠Joseph E. Stiglitz 교수도 2012년 펴낸 그의 저서『불평등의 대가The Price of Inequality』에서 그 같은 부의 불평등은 정치의 실패에서 원인을 찾아야 한다고 역설했다. 미국에서 2008년 발발한 금융위기를 계기로 거품이 꺼지고 몇 해가 지나면서 정치 시스템이 그 같은 위기의 발발을 막는 데 실패했다는 것을 미국인들은 분명하게 깨달았다는 것이 그의 주장이다. 미국인들은 또한 자신들의 정치 시스템이 부의 불평등 심화의 저지, 하위 계층 보호, 그리고 기업들에 의한 약탈적인 관행 차단에도 실패했다는 것을 알아차렸다. 정치 시스템이 '1인 1표one person one vote'의 원리보다는 '1달러 1표one dollar one vote'의 원리에 동화되면서, 시장의 실패를 바로잡지 못할 뿐 아니라 오히려 시장의 실패를 심화시키고 있다는 것이다. 요컨대 미국의 부의 불평등은 소득 상위 계층에 더 많은 발언권을 주는 방향으로 변질되는 정치 시스템으로 더욱 심화하고 있다는 것이 스티글리츠의 얘기다. 이 책의 초고를 쓰고 있던 해 여름 미국을 방문했던 필자는 막 출간된 스티글리츠의 책을 통해 부의 불평등 해소를 위한 대한민국 민생주의의 대안과 관련해 많은 깨달음을 얻었다.

부의 불평등 심화에 대한 스티글리츠의 우려는 2015년에 출간된 저서『거대한 분할The Great Divide』에서 더욱 강하게 드러난다. 그는 이 책에서 부의 불평등을 야기하는 근본적인 원인은 바로 우리의 민주주의를 상품화하고 부패시켜온 불공정한 정치와 정책들이라고 주장한다. 이 점에서 부의 불평등 심화는 진정한 현실 정치의 문제라고 역설한다. 불변의 경제 법칙들에 의해서가 아니라 우리 자신이 만든 법에 의해 부의 불평등이 확대되고 깊어진다는 것이 그의 인식이다. 그는 빈곤 척결에 대한 새로운 전쟁보다는 중산층을 보호하기 위한 전쟁이 필요하다고 제안한다.

민생주의가 지향하는 국가의 핵심 역할 중에는 민생과 안보 외에 한 가지가 더 있다. 국민들의 가슴을 뛰게 만드는, 민족과 국가의 명확한 미래 비전을 제시해야 한다는 것이다. 진보 진영은 복지와 분배만 역설할 뿐 국민들을 설레게 하는 어떠한 미래 비전을 제시하지 못하고 있다.

16세기 말 조선 중기의 위대한 정치가이자 학자인 율곡栗谷 이이가 목숨을 걸고 선조에게 건의한 개혁의 핵심도 바로 민생과 안보였다. 한영우의 『율곡 이이 평전』에 따르면, 그는 선조에게 올린 『동호문답東湖問答』과 『만언봉사萬言封事』 등 여러 글과 상소문에서, 지금 민생이 초췌하여 머지않아 나라가 토붕와해土崩瓦解(흙벽이 무너지고 기와가 깨지는 위기)의 형세가 올 것으로 보인다면서 세금 문제의 개혁을 통한 민생 안정과 군정의 개혁을 통한 국방 강화를 역설했다. 이이의 개혁 사상인 경장更張(사회적·정치적으로 부패한 모든 제도를 개혁하는 것을 가리킨다)의 핵심 담론이 바로 민생과 안보임을 알 수 있다.

그러나 선조는 토붕와해의 국난 위기를 인식하지 못하고 끝내 이이의 경장 요구를 외면했다. 이 때문에 마음과 몸이 병든 이이는 1584년 49세 일기로 세상을 떠났다. 이처럼 민생과 안보를 소홀히 했던 조선은 8년 뒤 이이의 예견대로 임진왜란이라는 절체절명의 국난에 직면하고 말았다. 이이가 오늘날 우리에게 주는 교훈은 민생과 안보를 핵심으로 하는 21세기 경장을 해낼 수 있느냐 여부가 오늘날의 부의 불평등 심화에 따른 국가 붕괴 위기를 극복하고 강대국으로 도약할 수 있느냐를 좌우한다는 것이다. 결국 민생과 성장의 동시 실현, 국내외 모든 형태의 위협으로부터의 안보 확보, 그리고 민족과 국가의 미래 비전 마련과 추진 등 세 가지 국가의 역할을 담은 21세기 새로운 국가론의 마련이 시급하다. 그 같은 21세기 국가론에 대한 국민적 합의가 이루어질 때 비로소 대한민국의 부의 불평등 심화에 따른 중산층 궤멸과 그 결과로서의 자유민주주의 붕괴 위기를 극복할 수 있는 역량을 갖출 수 있기 때문이다.

서유럽에서는 이미 21세기 국가론을 둘러싼 담론 경쟁의 막이 올랐다. 영국의 경제 주간지인 ≪이코노미스트≫의 존 미클스웨이트John Micklethwait와 에이드리언 울드리지Adrian Wooldridge는 2014년에 함께 펴낸 저서 『제4의 혁명The Fourth Revolution』에서 오늘날 시대적 과제는 위축된 개인의 자유를 회복하는 것이라고 주장했다. 국가가 부풀려졌고 상호 모순적인 목적들에 의해 방향성을 잃어버린 채 자유의 적이 되고 있다는 것이 이들이 제시한 역설이다. 개인의 자유가 침해당하고 있는 대표적인 사례로, 이들은 도시 곳곳에 설치된 CCTV와 함께 저소득층의 복지 재원을 마련하기 위해 인상된 소득 상위 계층의 소득세를 꼽는다. 저자들의 주장대로 자유민주주의와 시장경제 체제를 채택한 나라에서 정부로 대표되는 국가의 규모와 역할이 커진 것은 사실이다. 따라서 정부는 21세기 변화된 환경에 맞추어 개혁되어야 한다. 마찬가지로 개인의 자유도 아직 더 향상되어야 한다.

그러나 과연 국가가 자유의 적이 되었다고 말할 수 있는가. CCTV의 확산이 개인의 사생활을 침해하는 측면이 있다고 하더라도 그 덕분에 개인의 안전이 예전보다 더 확보되었다는 평가는 어떻게 보아야 할 것인가. 더군다나 소득 상위 계층에 대한 소득세 인상은 부의 불평등이 심화하고 있는 나라의 정부가 저소득층의 복지 재원을 마련하기 위해 불가피하게 취하고 있는 조치로서 시대정신에 가까운 조세정책으로 평가받는다. 물론 오늘날 생산 활동의 정점에서 부를 끌어모으고 있는 정보통신IT이나 금융 부문의 기업가들, 고난도 기술을 지닌 엔지니어들의 의욕을 저해할 정도로 지나치게 높은 인상은 자제해야 한다. 그런데 소득 상위 계층이 일정한 수준의 소득세 인상을 거부해서 정부가 저소득층의 복지 재원을 마련하는 것이 어려워진다면 어느 국가든 공동체 붕괴 위기에 직면할 수 있다. 공동체가 붕괴할 경우 어떤 계층도 생산 활동을 할 수 없게 돼 소득을 올리지 못한다. 이와 함께 무정부 상태가 출현하면 그나마 가진 개인적인 자유도 보장되지 않는다. 그렇다면 소득세 인상을 '내 돈 내 마음대로 벌지도 못하느냐'며 재산의 자유라는 개인적 자유에 대한 침해로 보는 것은 너무 협량하고 이기적이지 않은가. 그들의 주장은 소득세 인상으로 부의 불평등한 독점이라는 우월욕망의 자유가 억압당하고 있다는 것이다. 추후에 살펴보겠지만 부유한 사람들이 더 많은 세금을 내게 해달라는 청원서를 낸 일군의 부유층도 출현하고 있다는 점에서 소득세 인상을 자유의 침해로 보는 시각은 안타깝게 여겨진다. 따라서 소득 상위 계층은 소득세 인상을 저소득층의 민생과 복지를 도와 공동체가 붕괴되지 않게 함으로써 자신들의 전반적인 자유가 보장되게끔 하는 데 도움이 된다고 인식할 필요가 있다. 이 같은 인식은 조금만 더 생각한다면 쉽게 할 수 있다.

그런데도 이들의 책이 개인의 자유 회복과 국가의 축소를 이 시대의 주요 의제로 제기하고 있는 것은 소득세 인상 담론의 확산에 대한 초국적 금융자본과 소득 상위 계층의 우회적인 대응이라는 측면에서 읽을 필요가 있다. 부의 불평등 심화라는 도전에 대응하는 차원으로 각국에서 법인세 인상과 함께 부유층의 소득세 인상을 추진하는 흐름이 나타나자 초국적 금융자본과 소득 상위 계층은 그 같은 흐름이 자유를 위축시키는 것이라 인식하고 전 세계 차원의 여론 형성에 나서고 있다. 부의 불평등한 독점이라는 우월욕망을 추구하는 초국적 금융자본과 최상위 소득 계층이 부의 상대적 평등이라는 대등욕망을 실현하려는 중산층과 서민 계층과의 담론 경쟁을 전 지구적 차원에서 벌이기 시작한 것이다. 이 같은 담론 경쟁은 역사의 종말론이 역사의 뒤안길로 사라지고 새로운 역사가 본격적으로 전개되고 있다는 것을 보여준다.

그런 징후들은 곳곳에서 포착되고 있다. 신자유주의가 글로벌 금융위기로 폐기될 위험에 직면하고, 부의 불평등 심화를 해소하고 중산층을 회복하기 위해 소득세와 법인세 인상과 함께 국가의 역할이 확대되는 추세가 본격화되면서 월스트리트의 초국적 금융자본을 중심으로 개인의 자유 회복과 국가의 역할 축소야말로 시대적으로 요구되는 의제라는 주장이 제기되는 것이다.

빈곤층을 돕기 위해 부유층에게 과세하는 것이 자유를 감소시키고, 자유에 대한 모든 자그마한 공격이 하나의 큰 공격으로 누적됨을 인식해야 한다는 미클스웨이트와 울드리지의 주장도 같은 맥락에서 읽을 수 있다. 미클스웨이트는 이 책을 내고 난 뒤 얼마 지나지 않아 미국의 경제 전문지 ≪블룸버그≫에 스카우트됐다. 흥미로운 것은 이들이 19세기 영국의 자유주의자인 존 스튜어트 밀John Stuart Mill과 토머스 매콜리Thomas Macaulay의 정신을 회복하자고 주장하면서 인용한 매콜리의 말이다. "자본은 그것의 가장 유리한 경로를 찾도록 내버려두고 상품들은 그들의 공정한 가격이 매겨지도록 내버려두라." 이는 이미 틀린 것으로 입증된 '시장은 완전하다'는 신자유주의의 철학과 같다.

소득 상위 계층에게 더 많은 세금을 부과해서는 안 된다는 주장 중 대표적인 것은 '파레토 최적Pareto Optimal'이다. 미국 노스웨스턴대학교 켈로그경영대학원 석좌교수인 필립 코틀러Philip Kotler는 2015년 출간된 그의 저서 『필립 코틀러의 다른 자본주의Confronting Capitalism』에서, 백만장자에게 1달러를 빼앗아 굶주린 사람이 식량을 사는 데 보태 쓰라고 준다고 하더라도 전체 사회경제 시스템의 총만족도는 증가하지 않는다는 것이 이탈리아 경제학자 빌프레도 파레토Vilfredo Pareto의 주장이라고 평가한다. 누군가 이득을 얻으려면 또 다른 사람에게는 피해가 간다는 것이 파레토 최적의 논리라고 코틀러는 지적한다. 만족감은 주관적 상태이기 때문에 백만장자가 1달러를 통해서 얻는 만족도는 굶주린 사람이 1달러로 음식을 살 때 느끼는 만족도와 동일한 수준이거나 그 이상이 될 수도 있다는 것이다. 파레토 최적은 부자들을 통제해서는 안 되고 빈곤층은 빈곤 상태로 놔둬야 한다고 주장하는 부자들을 옹호하는 이론이라는 것이 코틀러의 결론이다.

최상위 소득 계층인 '슈퍼 리치super rich'들은 대부분 일반 월급쟁이보다 더 낮은 세율을 적용받는다. 자본소득에 대한 세율이 낮기 때문에 미국의 억만장자 투자자인 워런 버핏Warren Buffet과 미국 공화당 전 대선 후보로서 역시 억만장자인 미트 롬니Mitt Romney는, 소득에 대비했을 때 심지어 자신의 비서들보다 세금을 더 적게 낸다. 코틀러가 지적하는 두 사람 간의 차이는, 버핏은 롬니와 달리 낮은 자본소득세가 옳지 않다며 슈퍼 리치들이 더 많은 세금을 내야 한다는 입장을 갖고 있다는 정도이다.

바야흐로 전 세계 자본주의 사회 내에서 부의 불평등 심화의 원인에 대한 인식과 대응 방안을 둘러싸고 국가 간에 그리고 계층 간에 벌어지기 시작한 갈등과 대립이라는 새로운 역사가 본격적으로 전개되고 있다. 미클스웨이트와 울드리지의 책은 그것을 알리는 신호탄의 성격이 짙다고 할 수 있다. 이 싸움에서는 모든 자본주의 국가가 승자가 될 수 있고 또 패자가 될 수 있다.

한 가지 분명한 것은 강대국이라 해서 승리할 가능성이 높고 중견국과 저개발국이라 해서 그러한 가능성이 낮은 것은 결코 아니라는 것이다. 마찬가지로 해당 국가의 국력과 관계없이 소득 상위 계층과 중산층 그리고 저소득층 모두 승자가 될 수 있고 또 패자가 될 수 있다.

새로운 역사에서 승리하기 위한 전제는 오로지 부의 불평등을 초래하는 원인을 인식하고 그에 대응할 방안을 논하는 데 열린 마음으로 다가가야 한다는 것이다. 그에 따른 승리는 이 문제를 자본주의와 자유민주주의의 가치들이 훼손되지 않는 방향으로 완화시키는 데 성공하는 국가로 돌아갈 것이다.

승리에 따른 보상은, 중견국가라면 강대국으로 발돋움할 결정적 계기로 나타날 것이다. 부의 양극화 해소에 따른 계층 간 협력의 증대 덕분에 국가의 단결력이 크게 향상될 것이기 때문이다.

그렇다면 대한민국은 이 새로운 역사에서 승리하기 위한 전략을 마련하고 있는가?

02_ 민생·공감 강국이 진짜 강대국이다

2010년에 한국에서는 마이클 샌델Michael Sandel 하버드대학교 교수가 쓴 『정의란 무엇인가What is Justice』라는 책이 돌풍을 일으켰다.

이 책의 내용은 꽤 어렵다는 평을 듣는다. 사놓고도 읽지 않은 사람이 더 많다는 얘기가 공공연히 돌아다닐 정도다. 그럼에도 이 책은 독서 인구가 줄고 있다는 한국에서 베스트셀러가 됐다. 느닷없이 '정의'에 관한 연구 붐이 한국에서 일어난 까닭은 무엇일까? 당시 다수의 공감을 샀던 설명은 그해 광복절 경축사에서 이명박 대통령이 '공정사회'라는 의제를 제시한 것과 맞물려 폭발적인 관심을 받았기 때문일 것이라는 분석이다.

그러나 그보다 근본적인 이유는 앞에서 살펴본 대로 부의 불평등한 독점을 추구하는 우월욕망과 부의 상대적 평등을 이루고자 하는 대등욕망 간의 투쟁으로서의 새로운 역사가 시작된 데서 찾아야 한다. 2008년 글로벌 금융위기를 전후로 더욱 표면화된 부의 불평등 심화라는 위기 속에 민생이 피폐해지면서, 많은 중산층과 서민층 사이의 지배적인 정서는 '뭔가 정의롭지 않은 일이 벌어지고 있다'는 의혹이었기 때문이다. 따라서 그 답을 찾기 위해서, 혹은 위안을 삼고자 그 책을 구입했다고 보는 편이 더 설득력을 갖는 것이다.

샌델 교수가 국내 최대 포털인 네이버와 한 인터뷰에 따르면 그가 정의라는 화두를 공부하게 되는 데 영향을 끼친 서양 고전 중의 하나는 아리스토텔레스의 『정치학Politika』이다. 그는 헤겔의 『법철학Grundlinien der Philosophiie des Rechts』과 칸트의 『순수이성비판Kritik der reinen Vernunft』 등 몇 권과 함께 이 책이 청년 시절에 정의의 문제를 연구하는 데 많은 영향을 끼쳤다고 말한다.

마케도니아 알렉산더 대왕의 스승으로도 유명한 아리스토텔레스가 『정치학』에서 펴는 주장 중 가장 관심을 끄는 대목은 앞에서도 잠시 살펴본 바와 같이 '국가國家, the state'는 으뜸가는 '선善, the good'을 실현하는 으뜸 공동체라는 언명이다. 이 책에 나와 있는 이 언명을 포괄하는 문장은 다음과 같이 쓰여 있다. "모든 공동체는 선을 실현하기 위해 구성되는데 모든 공동체 중 으뜸인 국가야말로 으뜸가는 선을 실현한다."

아리스토텔레스에 의하면 국가의 궁극적인 목적은 완전하고 자족적인 삶이고 그런 삶이란 행복하고 훌륭하게 사는 것을 뜻한다. 국가 공동체가 존재하는 것은 사람들이 단지 모여 살기 위해서가 아니라 훌륭하게 살아가기 위해서라는 것이 그의 결론이다. 그런 공동체에 가장 많이 기여하는 자가 신분과 부에서만 우월한 사람보다 국가에서 더 큰 몫을 차지한다고 그는 말한다. 그리고 시민의 평등 또는 불평등의 기준은 국가의 궁극적인 목적에 부합해야 한다고도 덧붙인다. 즉, 시민이 완전하고 자족적인 삶을 통해 행복하고 훌륭하게 살아간다면 평등한 것이고 그렇지 않다면 불평등하다는 것이다.

국가라는 정치 사회의 목적은 경제 교환을 용이하게 하거나 국내총생산을 극대화하는 데 있는 것이 아니라 시민이 좋은 삶을 살도록 해주는 데 있다고 샌델은 설명한다. 이 목적을 이루기 위해서는 공익에 대한 고민을 통해 시민의 인성과 미덕을 배양하는 사회를 만들어야 한다는 것이다.

아리스토텔레스와 샌델이 한국 사람들의 이목을 끄는 것은 갈수록 심화되는 경제적 어려움, 다양하고 강도 높은 폭력의 위협 때문이다. 국가가 이들 위기를 극복해서 국민들이 선한 삶을 살 수 있도록 도와야 하는데 그렇지 못하다는 불만을 많은 국민이 갖게 되면서 이들의 통찰에 대한 수요가 높아지고 있는 것이다. 국가가 발전하면 할수록 국가가 국민을 위해 실현하는 선의 수준도 발전할 수밖에 없다. 이 점에서 국민은 국가가 실현하는 선이 더욱 확대되기를 원한다. 국민의 바람이라는 관점에서 국가의 발전은 계속 이루어져야 하고, 이때 국가의 발전은 그 자체로 선인 것이다.

그러나 국가의 발전은 자연적으로 이루어지지 않는다. 어느 국가든 발전하려면 국민 모두가 한뜻으로 추구하는 꿈과 목표가 있어야 한다. 그래야만 국민들이 단결해서 꿈과 목표를 달성하고자 노력하게 되고 그 결과 국가가 발전하게 된다.

그런데 국가 발전에 따른 선, 즉 혜택의 수혜와 관련해 분명히 해둘 것이 있다. 국가가 으뜸가는 선을 실현하는 으뜸 공동체가 되어야 한다는 아리스토텔레스의 언명과 달리 오늘날 국가의 발전에 따른 혜택이 편중적으로 배분되고 있다는 논란이 끊이지 않는다..

이 같은 논란은, 정부와 민간 간, 여·야 간, 좌·우파 간, 계층 간, 지역 간, 세대 간, 성별 간, 대기업과 중소기업 간의 '8대 갈등 관계'를 중심으로 벌어지고 있다. 논란의 핵심은 수혜의 공정성이다. 요컨대 계층 간, 지역 간, 세대 간, 성별 간, 대기업과 중소기업 간 등 '5대 수혜 경쟁 대상'들에 국가 발전에 따른 수혜가 공정하게 돌아가고 있느냐는 것이다.

따라서 오늘날 국가의 발전을 이루기 위해서는 국가의 발전에 따른 혜택이 특정한 정파, 계층, 지역, 세대, 성에만 국한하지 않고 모든 국민에게 골고루 돌아가야 한다는 데 국민적 합의가 이루어져야 한다. 그러나 그 같은 합의가 이루어진다고 해도 국가가 단일한 꿈과 목표를 가진다는 것은 결코 쉬운 일이 아니다. 개인과 달리 한 국가 안에는 이념ideology, 출생 지역birth place, 계층class, 세대generation, 성gender 등 다양한 기준에 따라 세상을 서로 다르게 바라보는 국민과 정파들이 존재하기 때문이다. 한국이 단일한 꿈과 목표를 갖기 어려운 까닭은 여기에 있다.

1945년 8월 15일 광복을 맞은 이래 정부와 민간 간, 여·야 간, 좌·우파 간, 지역 간, 세대 간, 계층 간, 성별 간, 대기업과 중소기업 간의 갈등과 반목이 하루도 잠잠한 날이 없다. 이 같은 갈등과 반목이 심화해온 데는 분단 체제가 결정적인 역할을 해왔다. 정파와 국민 여론의 분열에는 북한에 대한 인식의 차이가 비중 있게 자리 잡고 있었기 때문이다. 이는 북한이 남한 사회를 공산화하겠다는 통일전선전술을 지속적으로 추진해온 것에 기인하는 바가 크다. 그 결과 국민적 합의를 바탕으로 한 국가 목표가 설정되지 못한 채 정권 목표만 제시되어왔다.

이런 상황에서 오늘날 나라 안팎의 사정은 국민들이 국가 발전 전략 목표를 차분하게 꿈꾸기에 녹록치 않다. 국내적으로 가장 큰 도전은 역시 계층 간의 갈등과 반목을 부추기는 부의 불평등 심화이다. 부의 불평등한 독점을 욕심내는 우월욕망과 부의 상대적 평등을 추구하는 대등욕망 간의 투쟁으로서의 새로운 역사에서 한국 또한 자유로울 수 없는 것이다. 이 문제는 여·야와 좌·우 그리고 세대 간의 충돌까지 더욱 조장할 우려가 높다는 점에서 향후 국가적 위기로까지 대두할 개연성이 높은 인화성 강한 사안이다.

대북 분야에서는 역시 북핵 위협이 현실화할 가능성이 높아지고 있다는 것이 가장 큰 도전이다. 최근 북한이 핵무기의 소형화, 경량화 그리고 다종화에서 진전을 보이고 있다는 평가가 제기되면서 우리 사회가 북핵에 사실상 인질 상태로 떨어지는 것이 아니냐는 우려가 높다. 북한 노동당 제1비서인 김정은은 2014년 신년사에서 핵 참화 협박을 서슴지 않았다. 그는 "사소한 전쟁도 일어나면 핵 재난이 일 번져 핵 참화가 들씌워질 것이며 미국도 무사하지 못할 것"이라고 주장했다. 북한은 2016년 1월6일 첫 수소탄 시험에 성공했다며 자신들이 수소탄까지 보유한 핵보유국의 반열에 올랐다고 주장했다.

북한의 잠수함발사탄도미사일SLBM도 심각한 안보 위협이다. 북한은 2015년 5월 9일 SLBM 시험 발사에 성공했다고 주장했다. 북한의 발표에 다소 과장이 있긴 하지만 이날 발사된 모의탄이 150미터나 날아갔다는 한국과 미국 정부의 결론으로 미루어볼 때 시험 발사 자체는 성공한 것으로 보인다. SLBM이 상대에게 위협이 되는 가장 큰 이유는 바다 밑의 잠수함에서 발사되는 만큼 지상의 미사일 기지나 폭격기에 의해 발사되는 탄도미사일에 비해 은밀성이 보장된다는 것이다. 공격 목표에 가까이 근접해 발사할 수 있어 사정거리가 비교적 짧다는 점도 공격 대상 국가의 미사일 요격망을 피하는 데 유리하다. 발사기지인 잠수함의 이동 능력 때문에 공격 대상 국가의 전략 공격 시에도 살아남을 가능성이 높은 전략적인 무기로 평가받는다. 우리의 안보 지형이 북한의 SLBM 시험 발사 성공 이후 달라졌다는 평가가 나오는 것은 이 때문이다.

상황이 이렇게까지 악화한 것은 6공 이후 등장한 4개 정부 모두 문제를 해결하겠다는 강력한 의지를 보이지 않았기 때문이다. 이들 중 어느 정부도 북핵 문제의 해결을 위한 전략적 로드맵을 마련해 한미 동맹의 바탕에서 남북관계와 국제관계를 동시에 해결하려 하지 않았던 것이다. 김영삼 정부는 북핵 협상의 주도권이 미국으로 넘어가면서 임기 중 북핵 문제 해결의 주도적 역할을 하지 못했다. 김대중, 노무현 정부는 북핵 문제를 남북회담의 실질적 의제에 올리지 않고 교류, 경제협력, 인도적 지원에만 집중하는 '햇볕정책'에 몰두하는 잘못을 범했다. 이명박 정부는 이전 두 개 정부와 달리 북한에 '퍼주기'식 지원을 하지 않았다는 점에서 긍정적 평가를 받는다. 하지만 압박에만 집중한 결과 북핵 문제 해결을 위한 어떠한 관여 전략도 추진하지 못했고, 그 결과 보수 정부로서 북한 문제를 잘 다루는 유능함을 발휘할 것이라는 기대를 충족하지 못했다. 박근혜 정부가 직면한 도전도 이것이다(이명박 정부와 박근혜 정부의 대북·외교안보 정책 문제는 8장에서 다룬다).

대외 관계에서도 상황이 긴박하게 돌아가고 있다. 중국이 동아시아에서 미국의 군사적 우월 체제에 도전하면서 이 지역의 안보 질서가 매우 유동적인 상황으로 변화하고 있다. 이런 상황에서 한국이 주권 사안과 관련해서 중국의 노골적인 간섭을 받는, 이른바 '핀란드화' 위기에 직면하기 시작했다는 우려가 높아져 왔다. 2014년 6월에 미국의 군 고위 인사가 북한의 핵미사일 위협에 맞서 주한미군의 안전을 지키기 위해 한국에 사드를 배치하겠다고 말한 것이 발단이다. 그 후 중국은 최고위급 리더들에서부터 학계 전문가들까지 나서서 우리 정부와 학계를 상대로 사드 배치에 반대한다는 목소리를 전달해 왔다.

국내와 남북관계, 대외 관계에서 대한민국의 운명은 마치 뱃사람들이 가장 무서워하는 삼각파도pyramidal wave의 위기를 맞은 어선과도 같은 형국이다.

그러나 '부의 불평등 심화', '북한 핵 위협에 의한 인질 위기', '중국에 의한 핀란드화 위기'라는 3대 도전과 위기에 임하는 한국의 모습에는 그다지 긴장 감이 엿보이지 않는다. 정말 위기인지 제대로 인식하고 있지도 못할 뿐만 아니라 인식하고 있다고 하더라도 대응 방안을 둘러싸고 갈등과 반목에 허송세

월하고 있다. 이래서는 난파당할 우려가 크다.

사람은 전혀 새로운 사실도 유사해 보이는 기존의 개념 안에 가두어 해석하는 오류를 범한다. 최초의 사건은 그것이 최초임에도 대체적으로 기존의 '지시 프레임reference frame', 즉 무엇이 옳고 그른지를 알려주는 인식틀에 의거해 파악되기 때문에 지각되지 않는다고 독일 사회심리학자 하랄트 벨처Harald Welzer는 그의 저서 『기후전쟁Klimakriege』에서 주장한다. 대부분의 사람은 이미 획득한 인식의 범위를 넘어서지 못하는 것이다. 바로 이런 이유로 많은 유대계 독일인은 나치 때 자신들이 다른 독일인들로부터 배제되는 과정이 지니는 의미를 인식하지 못했고, 그 결과 희생되었다는 것이 벨처의 지적이다.

벨처의 설명을 따르자면 우리 사회가 앞의 세 가지 위기와 도전에 정교한 전략으로 대응하지 못하고 있는 까닭은 기존의 지시 프레임으로 이들 위기와 도전이 가지는 진정한 의미를 지각할 수 없기 때문이다.

그렇다면 한국이 이같이 중차대한 위기들을 슬기롭게 극복할 수 있는 방안은 무엇인가? 그 답은 역사에서 찾아야 한다. 임진왜란과 일제강점기, 외환위기 등 숱한 도전과 위기를 끝내 극복할 수 있었던 우리 국민의 동력은 하나의 꿈과 목표를 기어이 이루어내겠다는 단결에서 찾을 수 있다.

앞서 살펴본 바와 같이 우리 국민이 차분하게 21세기 국가 발전 전략 목표와 비전을 모색하지 못하는 일차적 이유는 위의 3대 도전과 위기의 정체에 대한 인식에 국민적 일치를 보지 못하고 있는 데서 찾을 수 있다. 쉽지 않지만 설령 인식에서 합의를 본다손 치더라도 그 국민의 실체라는 것이 국가의 혜택을 둘러싸고 갈등과 반목을 거듭하고 있는 개인과 집단들인 만큼 단일한 목표와 비전에 합의하기란 결코 간단치 않다. 오히려 21세기 국가 발전 목표와 비전이 위기 극복이라는 국가적 명분 아래 언론을 비롯한 각종 담론 시장에서 제시되고 논의되는 과정에서 국민적 공감대를 수렴할 수 있다면, 그때 비로소 국민이 단결해 국내외 도전과 위기를 헤쳐나갈 수 있을 것이다.

국제 경제와 외교안보라는 약육강식의 대양大洋에서 정확한 해도海圖에 바탕을 둔 전략 로드맵 없이는 어떤 국가도 항해할 수 없다. 그러나 국민적 합의를 통한 21세기 국가 발전 전략 목표의 수립은 너무나 오랜 시간이 걸리는 만큼 수립될 즈음에 가서는 정작 나라 자체가 존재하지 않을지도 모른다는 우려가 실제로 가능하다. 따라서 담론 시장에서 먼저 21세기 국가 발전 전략 목표에 대한 논의를 모색한 뒤 국민적 공감대를 모으는 것으로 순서를 바꾸어야 한다.

그렇다면 대한민국이 추구해야 하는 바람직한 21세기 국가 전략 목표는 무엇일까? 결론부터 말한다면 그것은 '현의국賢議國, smart agenda-setting power'으로의 도약이 되어야 한다.

현의국이란, 글로벌 수준의 민생과 안보 능력을 갖추고 세계와 동아시아의 의제를 주도하는 강국인 전략국가戰略國家, strategic nation를 가리킨다. 현명함 smartness이 강함strongness이라고 한다면 의제議題, agenda를 설정하고 주도하는 현명하고 강한 현의국이야말로 21세기 강대국의 진정한 모습일 것이다. 동아시아와 세계무대에서 의제 설정을 주도한다는 것은 동아시아와 세계가 직면한 문제점을 늘 연구하고 대안을 마련하는 것을 의미한다. 경제력과 군사력에서 강대국의 지위에 올라 있지 않으면 수행하기 어려운 역할이다.

국제사회가 무정부 상태를 벗어나지 못했다고 해도 21세기에는 강대국과 약소국 간 공감과 배려와 소통이 중요해졌다. 봉건제 또는 군주제에서나 쓰이던 제국帝國이라는 용어는 21세기 들어서서 더 이상 유효하지 않은 상황이다. 제국과 함께 폭력적인 느낌이 연상되는 강대국이라는 용어도 시대정신에 맞게 대체하는 것이 바람직하다. 새로운 명사名詞를 만들어낼 줄 아는 민족이 강한 민족이다. 19세기와 20세기 사이 근대화 과정에서 서구의 새로운 개념 들을 한자어로 된 명사로 만들어 동양에 전파한 것은 일본이었다. 일본이 동 양에서 가장 먼저 근대화에 성공한 것도 자기 언어로서 새로운 시대적 흐름 에 정확하게 대처하는 전략과 비전을 수립할 수 있었기 때문이다.

　바로 이 점에서 대한민국이 위의 3대 도전을 극복하고 국가 발전을 이룩하 기 위해서는 어떤 나라가 되어야 한다는 목표를 개념적으로 수립할 필요가 있다. 부의 상대적 평등을 이루고자 하는 대등욕망과 부의 불평등한 독점을 추구하는 우월욕망 간의 투쟁으로서의 새로운 역사라는 정치경제적 도전뿐 아니라, 북한의 핵무기·장거리 미사일 인질 위기와 중국의 부상에 의한 핀란 드화 위기라는 외교안보적 도전을 극복할 수 있는 국가의 모습을 그려야만 그런 국가가 될 수 있다. 이러한 도전과 위기 모두를 이겨낼 수 있는 국가는 강한 국가great power 이전에 지혜로운 국가smart power여야 한다. 지혜로우면 강 할 수 있기 때문이다. 이 같은 의미에서 지혜로움이라는 기반 위에 건설된 강 한 국가인 현의국이 우리가 21세기 중반에 달성해야 할 강대국의 모습인 것 이다.

　그렇다면 현의국을 뒷받침하는 힘의 실체는 무엇인가? 그것은 세 개의 힘, 즉 하드 파워hard power와 소프트 파워soft power, 네트워크 파워network power의 조 화이다.

　19세기와 20세기의 강대국과 달리 21세기를 주도해나갈 수 있는 현의국은 경제력과 군사력을 뜻하는 하드 파워에서 다른 강대국들과 균형을 이루거나 조금 뒤처지더라도, 소프트 파워와 네트워크 파워를 통해 글로벌 전략 의제 를 설정하고 동아시아의 미래 질서architecture를 주도하는 나라가 될 것이다.

네크워크 파워, 즉 연결의 힘은 이미 21세기 들어서 강대국의 위상을 결정하는 글로벌 표준이 되고 있다. 미국의 오바마 행정부 1기에서 초대 국무부 정책기획실장을 지낸 앤마리 슬로터Ann-Marie Slaughter 프린스턴대학교 교수는 『축의 이동Shift of Axis』에 실린 ≪아사히신문≫ 전 주필인 후나바시 요이치船橋洋一와의 인터뷰에서 "21세기에는 세계와 가장 잘 연결된 국가가 최강의 파워를 가지게 될 것"이라고 말했다.

현의국은 국내적으로는 서민과 중산층의 삶이 안정된 '민생 강국'이어야 한다. 중산층을 두텁게 하고 서민과 한계 계층이 중산층으로 복원될 수 있도록 주거, 교육, 근로, 노후 등 민생 4대 분야에서 세계 어떤 강국보다 세심하게 보살피는 민생 강국이 되어야 하는 것이다. 이와 함께 계층 간, 성별 간, 세대 간, 지역 간, 대기업과 중소기업 간 공감과 배려가 이루어짐으로써 갈등과 반목이 해소되는 '공감 강국empathic power'이 되어야 한다. 민생 강국도 5대 갈등 관계에 있는 국민들이 서로 상대방의 처지를 공감할 수 있을 때 가능하다고 본다. 이 점에서 현의국의 길은 공감 강국이 선행되고 그에 기초해 민생 강국으로 발전하는 과정이 될 것이다. 부의 상대적 평등을 이루려는 대등욕망의 구현체로서 새로운 역사를 승리로 이끌 수 있는 나라가 민생 강국이자 공감 강국인 현의국이다.

그렇다면 과연 공감 강국이 가능할 것인가? 답은 인간의 주된 본성을 무엇으로 보느냐에 따라 달라진다.

근대 국가론의 효시인 『리바이어던Leviathan』을 쓴 토머스 홉스Thomas Hobbes와 『종의 기원The Origin of Species』으로 인간의 진화의 비밀을 밝혀낸 찰스 다윈Charles Darwin을 통해 우리는 이기심과 경쟁심이 인간의 주된 본성이라고 믿어왔다. 홉스는 리바이어던이라는 절대 국가가 등장하기 전 인간 사회는 이기심으로 인해 만인의 만인에 대한 투쟁 상태에 있다고 했고, 다윈은 인간의 진화의 역사를 이끌어가는 운전사는 협력이 아니라 경쟁이라고 했다.

그러나 최근 인간의 주된 본성은 공감 능력이라는 주장이 더 설득력을 얻고 있다. 영국의 젊은 철학자 로먼 크르즈나릭Roman Krznaric은 그의 저서『공감하는 능력Empathy』에서 인간은 '이기적인 존재Homoselfcentricus'가 아니라 '공감하는 존재Homoemphaticus'라고 했다. 크르즈나릭에 의하면 애덤 스미스Adam Smith는『국부론The Wealth of Nations』을 쓰기 7년 전에 펴낸『도덕감정론The Theory of Moral Sentiments』에서 세계 최초의 공감 존재론을 주장했다. 스미스는『국부론』에서 빈부 격차 등 초기 상업 사회의 폐해를 극복하기 위해서는 경제에 대한 정치권력의 제약을 제거하고 인간의 본성인 이기심과 경제적 본능이 자연스럽게 활동할 수 있게 하자고 강조해, 인간을 이기적인 존재로 보는 것으로 이해되어왔다. 그러나 그는『도덕감정론』에서 인간은 공감하는 존재라고 주장하며 이렇게 말했다. "정상적인 인간이 아무리 이기적인 존재로 간주되더라도 인간의 본성 속에는 어떤 명백한 원칙들이 있다. 그래서 인간은 타인이 행복한 모습을 보고 자신에게 돌아올 이익이라고는 보는 즐거움 외에 아무것도 없을 때조차 타인의 행운에 관심을 가지며 자신에게도 그런 행복이 필요하다고 여긴다." 특히 인간은 타인들의 처지에 서보는 능력을 타고났는데, 상상 속에서 고통 받는 자와 처지를 바꿔보는 그것이 공감이라고 그는 덧붙였다.

크르즈나릭이 주목하는 또 다른 사람은 아나키스트 혁명가이자 저명한 과학자였던 러시아의 표트르 크로포트킨Pyotr Kropotkin이다. 크로포트킨은 1902년에 출간한 그의 명저『만물은 서로 돕는다Mutual Aid』에서 협력과 상호적 지원이 진화 과정에서 경쟁에 못지않게 중요하다고 주장했다. 경쟁이 인간의 진화의 역사를 밀고 나간다고 보는 다윈, 그리고 재능과 우월성을 가진 부자들이 돈을 더 많이 버는 것에 죄의식을 가질 필요가 없다고 인식하는 허버트 스펜서Herbert Spencer를 넘어서는 새로운 지평을 크로포트킨이 제시한 것이다. 그의 연구에 따르면 개미, 펠리컨, 다람쥐, 인간에 이르기까지 거의 모든 동물 종種은 식량을 나눠 먹거나 포식자로부터 서로를 지켜주는 등의 협력적 성향을 나타내며 이런 성향 덕분에 그들 종이 살아남고 번성할 수 있었다는 것이다. 예를 들어 야생마와 사향소는 늑대가 공격해오면 동그랗게 진을 치고 어린 짐승들을 중간에 넣어 보호하면서 싸운다고 한다.

최근 크로포트킨의 후예로서 주목받는 학자는 네덜란드의 영장류 동물학자 프란스 드 발France de Waal이다. 드 발은 1990년대 중반 이후 인간을 포함해 고릴라, 침팬지, 코끼리, 돌고래 같은 동물들을 광범위하게 연구해서 이들에게 공감 능력이 있다는 것을 보여주었다. 이로써 홉스와 다윈의 인간 본성관을 뒤집고 우리가 호모셀프센트리쿠스Homoselfcentricus가 아니라 호모엠파티쿠스Homoemphaticus라는 것임을 자각하도록 일깨우는 데 큰 기여를 했다고 크르즈나릭은 평가한다. 그가 주목하는 드 발의 다음과 같은 통찰은 우리를 공명하게 만든다. "공감은 우리에게 제2의 천성이다. 공감 능력이 결여된 사람은 누구의 눈에도 위험하고 정신적으로 병이 있는 사람으로 보일 정도다."

드 발에 의하면 이젠 다른 동물 종에도 공감 능력이 있다는 증거를 외면할 수 없다. 침팬지에게서 위로 행동이 관찰된 사례만도 수천 건이다. 인간에게 공감 능력이 발달한 이유는 두 가지라고 한다. 하나는 자손들의 요구에 확실하게 부응하기 위해서다. 포유류가 진화해온 지난 1억 8000만 년 동안 자식의 요구에 잘 부응한 암컷들이 냉담하고 소원하게 대처한 암컷보다 더 많은 자손을 남겼을 것이다. 두 번째는 개인과 집단이 생존하려면 서로 돕는 관계가 필요하다는 것이다. 가령 원시 시대에는 혹독한 환경에서 살아남기 위해 인간들은 공감 능력을 발휘했고, 그 덕분에 협력해서 공동체 전체가 먹을 식량을 확보할 수 있었다는 것이다. 효율적인 협력은 타인들의 감정 상태나 목표와 정교하게 조화를 이루어야 가능하다는 것이 드 발의 인식이다.

드 발의 주장은 자유시장경제가 공감 경제로 진화되어야 한다는 의미를 내포한다. 그는 "자유시장경제를 자연적인 것으로 보는 견해는 오류"라면서 "사실 극단적인 자본주의적 입장에 도달하려면 인간을 세뇌시켜 공감 능력부터 박탈해야 한다"라고 주장한다. 다시 말해서 피도 눈물도 없이 이기심에만 의존해 이윤을 추구하면서 남의 고통에 공감하지 못하는 것이 자유시장경제의 원리라고 한다면, 공감이라는 제2의 천성을 가진 인류에게 그 천성을 박탈하지 않고는 그런 경제 체제에 도달하지 못한다는 것이다. 요컨대 시장경제는 공감을 통한 모든 계층의 민생이 살아나는 민생·공감의 성격을 가져야만 인간의 본성에 맞는다고 할 수 있는 것이다.

스미스만큼이나 경제에서 차지하는 공감의 중요성을 주목한 또 다른 학자는 영국의 프랜시스 에지워스Frances Edgeworth다. 에지워스에 의하면 시장은 계약의 과정인데 계약자들 간에 공감이 증가할수록 공리주의적 지점 가까이에서 계약이 수렴된다. 다시 말해서 계약자들이 서로 공감할수록 합의된 거래 가격이 서로에게 이롭다는 것이다. 스테파노 자마니Stefano Zamagni와 루이지노 브루니Luigino Bruni는 『21세기 시민경제학의 탄생Economia Civile』에서, 에지워스가 계약에서 균형으로 수렴하는 과정의 중요성을 서술하면서 스미스의 공감 개념을 끌어온다고 지적한다. 그에게 경제 행위는 사람들 간의 만남이며, 결과는 그 사람들의 성격과 공감에 달렸다는 것이다. 따라서 거래는 그저 상품들의 만남이나 익명의 비인간적 개인들의 만남이 아니라 인간적 요소가 모두 작동하는 살아 있는 장이다.

크르즈나릭은 스미스가 세계 최초의 공감 이론을 제시했다고 말하지만, 사실 공감적 존재로서의 인간에 대한 철학은 기원전 5세기 공자에게서 시작된다. 공자와 제자들 간의 대화들을 담은 『논어論語』의 「위령공衛靈工」 편을 보면, 제자 자공子貢이 평생 어떤 덕목을 추구하면서 살아왔느냐고 질문했을 때 공자는 '서恕'라고 대답한다. 여기서 서의 의미는 '내가 하고 싶지 않은 일을 남에게 시키지 않는다己所勿欲 勿施於人'는 것이다. 이것이 바로 공감이다. 공자는 서와 함께 충忠도 평생 추구해온 덕목이라고 고백했는데, 이 둘은 상호 연결된다고 볼 수 있다. 진실로 마음을 다해 최선을 다한다는 의미를 갖는 충은 공감했을 때 가능한 모습이기 때문이다. 공자는 공감의 철학자이고 유학儒學은 공감의 철학인 것이다. 현실 정치에서는 실패한 공자가 수많은 인재를 길러낼 수 있었던 것은 백성의 삶에 대해서는 물론이고 제자 한 사람 한 사람에 대해 공감했기 때문일 것이다.

정운찬 전 총리는 ≪중앙일보≫의 '나의 인생을 흔든 시 한 줄'이란 글에 구약 룻기에 나오는 구절의 일부를 추천했다(2015년 4월 15일). 이 시대에 필요한 공감이란 이런 것이라는 걸 금방 깨닫게 해주는, 여운이 남는 글이라는 것이 그의 추천 사유였다. "저 여인이 이삭을 주울 때에는 곡식단 사이에서도 줍도록 하게. 자네들은 저 여인을 괴롭히지 말게. 그를 나무라지 말고 오히려 단에서 조금씩 이삭을 뽑아 흘려서 그 여인이 줍도록 해주게(룻기 2장 15~16절)."

정운찬 전 총리는 어릴 때 경제적으로 불우해서 프랭크 스코필드F. W. Scofield 박사에게서 등록금을 지원받아 중고등학교를 다녔다. 그때는 1960년 대 경제 성장 시기였는데 정운찬 전 총리는 스코필드 박사가 자신에게 한국에서는 부자가 가난한 사람을 눈곱만치도 배려하지 않는다고 개탄하곤 했다고 기억한다. 1919년 3·1독립만세운동을 주도한 민족 대표 33인에서 '제34인'

으로 불리는 영국 태생의 캐나다인이었던 스코필드 박사는 정운찬 전 총리에게 대학에서 경제학을 공부해 앞으로 더 악화될 빈부 격차를 줄이는 데 힘쓸 것을 당부했다. 그러면서 스코필드 박사는 정운찬 전 총리에게 부자 보아스가 자기 밭의 보리 이삭을 일부러 흘려 가난한 이웃인 룻이 주울 수 있도록 도왔다는 룻기의 글을 들려주었다는 것이다.

현의국은 이론적으로는 하드 파워와 소프트 파워 그리고 네트워크 파워 등 3대 권력을 갖추어야 도달할 수 있는 경지의 국가라고 할 수 있을 것이다. 그러나 국내적으로 민생 국가와 공감국가로 거듭나지 않으면 현의국으로 도약할 수 없고, 설령 도약한다고 해도 그 지위가 유지될 수 없다. 중산층이 두텁고 서민이 희망을 갖는 나라로서 국민들 간에 공감과 배려가 충만해야만 경제가 발전하고 국론이 단결돼 진정한 의미에서 현의국이 될 수 있는 것이다.

그렇다면 공감 강국으로 이르는 길은 무엇일까? 공감 강국으로 도약하기 위해서는 무엇보다도 '공감국민emphatic people'이 탄생해야 한다. 다시 말해서 국민 모두가 서로 다른 처지의 상대방에게 공감할 수 있을 때 비로소 '공감국가'로 나아갈 수 있는 것이다. 공감국민은 앞서의 8대 갈등 관계 간에 대화를 통해 서로의 생각을 경청할 때 탄생할 수 있다. 고 강원용 목사의 회고록『역사의 언덕』을 보면 그가 생전에 헌신했던 아카데미 운동이라는 이름의 대화 운동도 이 같은 문제의식에서 비롯됐다. 나는 이 점에서 '민생주의'와 함께 '대화주의'가 이 시대에 필요한 가치라고 믿는다.

'민생'과 '공감'은 또한 대한민국이 현의국으로 도약해서, 또는 도약하는 과정에서 추구해야 할 소프트 파워의 핵심 가치여야 한다. 국제적인 차원에서 민생 문제가 아프리카와 동남아 등 저개발 국가들을 지원해 개발도상국으로 발전시키는 것을 의미하는 것이라면, 현의국은 글로벌 빈곤과 저개발 문제 해결에 앞장섬으로써 다른 국가에 모범이 될 필요가 있다.

공감과 배려의 리더십을 발휘하지 않으면 세계무대와 동아시아 무대에서 의제를 설정하고 주도하는 국가로 성장하기란 불가능하다. 대표적인 사례가 바로 이웃나라인 일본이다. 일본은 오늘날 미국과 중국에 이어 세계 3위 경제 강국이다. 그러나 일본은 과거사 문제와 영토 문제 등에서 주변국과의 공감과 배려를 주고받으며 소통하는 데 실패해오고 있다. 그 결과 일본은 글로벌 무대와 동아시아 무대에서 의제 설정을 주도하는 리더 국가가 되지 못하고 있다. 이웃 국가로부터 존경을 받지 못하는 국가는 리더가 될 수 없다는 것을 일본이 보여주고 있는 것이다.

따라서 대한민국이 현의국으로 도약한 뒤 글로벌 무대에서 지향해야 하는 공감과 배려의 길은 배타적이고 억압적인 다른 강국들을 견제해 세계가 평화와 번영하에 공생할 수 있도록 리더십을 발휘하는 것이 되어야 한다.

03_ 중국 부상에 의한 안보 위기의 정체: 캐플런, 다이어, 하딕

　마키아벨리는 저 유명한 『군주론』에서 16세기 이탈리아가 외세에 영토를 빼앗기고 사분오열된 까닭으로 크게 두 가지를 제시했다. 첫 번째는 나폴리와 밀라노의 군주들이 평상시에 군사적 대비를 튼튼하게 해놓지 않은 실책을 저질렀기 때문이고, 두 번째는 국민들의 증오를 샀기 때문이라는 것이다.

　미국의 정치철학자 레오 스트라우스Leo Strauss는 그의 저서 『마키아벨리 Thoughts on Machiavelli』에서 마키아벨리를 역사상 처음으로 군주는 '조국을 위해서는 선악을 구별하지 말아야 한다'고 가르친 현실주의 정치사상가로 평가했다. 마키아벨리는 "군주는 빼앗은 땅을 안전하게 지키고 싶다면 이전 지배자의 친족을 남김없이 학살해야 한다"라고 말하는 등, 조국의 안녕을 위해서 필요하다면 군주가 악을 행해야 한다고 가르친 '악의 교사'였다는 것이다. 그럼에도 그의 사상이 오늘날 보편적으로 인정되는 것은 그가 자신의 영혼보다는 조국을 구하는 일에 더 관심을 가졌기 때문이다. 그렇게 조국을 위했던 마키아벨리가 목도한 당대 이탈리아 군주들의 죄악은 한마디로 '정치적·군사적 실책'으로 정리할 수 있다는 것이 스트라우스의 지적이다. 나폴리나 밀라노의 군주들이 국민들이 충분히 먹고살 수 있도록 정치적으로 잘 통치하고 군사적 안보를 철통같이 해놓았다면 그들이 국민들의 증오를 받거나 프랑스, 스페인 같은 강대국들에 영토를 빼앗겼을 리 없다고 마키아벨리가 봤다는 것이다.

같은 맥락에서 일제 때 나라를 빼앗긴 것은 민생을 외면하고 안보를 등한 시한 무능한 지배층의 정치적·군사적 죄악이었다. 문제는 이 같은 죄악이 21세기에는 더 이상 되풀이되지 말아야 한다는 것이다. 그러기 위해서는 나라의 장래를 비전과 능력이 의심스러운 정치권에만 의존해서는 안 된다. 국민들이 먼저 민생과 안보에 힘쓰는 민생·공감 강국으로 도약하는 것을 21세기 국가 전략 목표로 삼아 합심해서 정치권을 견인하는 것이 마키아벨리의 지혜를 따르는 길이다.

요컨대 부의 불평등 심화, 북한의 핵 위협에 따른 인질 위기, 중국에 의한 핀란드화 위기 등 삼각파도와 같은 세 가지 국내외의 위기와 도전을 성공적으로 극복하기 위해서는, 대한민국을 국민 주도 아래 민생과 안보 두 부문의 강국으로 도약시키는 것이 최선의 전략이다.

돌이켜보면 한국은 중국 대륙이 통일돼 강국이 되면 중국의 속국으로 전락했고, 일본이 대륙을 넘볼 정도로 힘을 갖추면 일본의 식민지가 되는 고단한 역사를 반복해왔다. 비극의 역사는 되풀이되지 말아야 한다. 이를 위해서는 한 치 앞도 내다보지 못하고 밥그릇 싸움에 여념이 없는 정치권에만 나라의 운명을 맡겨서는 안 된다. 민족과 나라의 밝은 미래를 개척하는 소명은 국민에게 있다.

이 시대는 우리에게 다음과 같이 자문할 것을 요구한다. "우리는 언제까지 이렇게 당하고만 살 것인가?" "이런 숙명을 다음 세대에게도 물려줄 것인가?" 이 물음들은 2008년 미국에서 시작된 글로벌 금융위기를 계기로 미국의 국력이 점차 쇠퇴하면서 더욱 절실하게 다가온다. 동아시아와 서태평양에서 군사적으로 우월한 지위를 유지해온 미국에 맞서 중국은 급속한 경제력 발전을 바탕으로 해군력과 공군력 강화에 박차를 가하고 있다.

스톡홀름국제평화연구소SIPRI는 2012년 중국의 국방비가 2011년 대비 12% 증가한 1660억 달러를 기록했다고 평가했다. 미국에 이어서 세계 2위의 해군력과 국방 예산을 보유한 중국은 특히 해군력 부문에서 미국을 긴장시키고 있다. 영국의 아시아 전문 저널리스트인 빌 헤이튼Bill Hayton은 2014년 출간된 그의 저서 『남중국해The South China Sea』에서 류화칭Liu Huaqing 제독에 의해 시작된 중국의 해군 현대화 프로그램이 1990년대 러시아산 잠수함과 구축함을 도입하는 수준을 넘어서, 이제는 자체적으로 전함과 무기 체계를 디자인하고 만들 수 있는 단계까지 발전했다고 말한다.

미국 국방부의 한 보고서에 의하면 2014년 현재 중국 해군의 전력은 77척의 핵심 수상전함, 60척 이상의 잠수함, 55척의 중간 및 대형 수륙양용 함정, 85척의 미사일 장착 소형 수상 전함, 그리고 2012년부터 시험 가동 중인 항공모함 랴오닝호 등으로 이루어져 있다. 미국 해군은 96척의 대형 수상전함, 72척의 잠수함, 30척의 수륙양용 함정, 26척의 소형 수상 전함, 10척의 항공모함을 보유하고 있다. 미국과 중국 간의 이 같은 해군력 비교를 통해서 알 수 있는 것은 현재로서는 미국이 전반적으로 중국에 앞서 있다는 사실이다.

그러나 문제는 미국의 해군 전력이 전 세계 주요 해역에 분산되어 있는 반면, 중국의 해군 전력은 온전히 동아시아와 서태평양 한 곳에 집중 배치되어 있다는 데 있다. 이 때문에 미국이 오랫동안 유지해온 동아시아와 서태평양 지역에서의 해군력 우위가 흔들리고 있는 것이 아니냐는 평가가 워싱턴 조야에서 제기되는 것이다.

하지만 정작 최근 몇 년간 워싱턴의 안보 전략가들이 우려하고 있는 시나리오는 해군 전력의 차이에서 말미암는 것이 아니다. 이들은 그보다 중국이 사거리가 긴 탄도미사일로 공격할 경우를 걱정하고 있다. 왜냐하면 중국이 탄도미사일로 동아시아와 서태평양 국가들에 위치한 미군 기지들을 공격할 경우 미국으로서는 순식간에 이 지역에서 유지해온 억지력을 상실하기 때문이다.

그래서 2009년 미국 국방부는 당시 로버트 게이츠Robert Gates 장관의 지시에 따라 미 해군과 공군의 대응 전략 마련에 착수했다. 그 결과 같은 해 9월 중국의 탄도미사일 공격에 대응하기 위한 작전 개념으로서 '공중-해상 전투 개념Air-Sea Battle Concept'이 채택됐다. 펜타곤을 지휘한 지 6년만인 2011년에 국방장관직에서 물러난 게이츠 전 장관은 2014년에 출간된 자서전 『의무Duty』에서 이 작전 개념과 관련한 중국의 전략에 대해 이렇게 설명했다. "그들(중국)은 글로벌 무대에서는 미 해군에 훨씬 뒤처지지만 동북아와 동남아에 있는 우리(미국)에게 심각한 도전이 될 수 있는 해군을 건설하고 있다." 이어서 그는 중국이 건설하고 있는 해군에 의한 위협의 핵심이 바로 동아시아와 서태평양 지역의 미군 기지들에 대한 탄도미사일 공격이라는 것을 사실상 인정하는 언급을 한다. "그들은 우리의 강점이 아닌 약점을 타깃으로 삼는 능력들을 개발하는 데 선별적으로 투자하고 있다."

헤이튼은 위의 책에서, '공중-해상 전투 개념'의 핵심은 중국의 'A2/ADAnti-Access/Area-Denial[반(反)접근/지역 거부)]'를 극복하기 위해 전장battlefield에서 멀리 떨어져 있는 적의 지휘통제센터를 공격하는 것이라고 설명한다. A2/AD는 지대함 탄도미사일 위협을 통해 근해인 동중국해와 남중국해로의 미 해군과 공군의 접근과 진입을 차단하는 중국의 전략이다. 헤이튼은 이를 위해 미 국방부가 해군과 공군력의 통합적 네트워크를 양성하는 'NIA/D3' 계획을 수립해 추진하고 있다고 부연한다. 이는 후방에 있는 적의 지휘부를 분쇄하고 파괴해서 패배시킬 수 있는 이른바 '깊숙한 공격attack-in-depth'을 목표로 하는 계획이다. 중국과 미국이 이처럼 상대방에게 치명적인 군사전략을 수립해놓고 있다는 사실은 동아시아와 서태평양에서 이들 두 강대국 간 군사적 충돌이 언제 일어날지 알 수 없다는 것을 의미한다.

미 국무부 부장관을 지낸 제임스 스타인버그James Steinberg는 미국과 중국은 그 같은 위험의 현실화 가능성을 인식하고 신중한 전략과 정책을 추진해야 한다고 제안한다. 그는 2014년에 브루킹스연구소의 마이클 오핸런Michael E. O'hanlon과 함께 펴낸 『21세기 미중관계Strategic Reassuarance and Resolve』에서 미국과 중국은 상호 협력할 의도를 갖고 있다는 점을 상대방에 재보장함과 동시에 필요시 핵심 이익을 지키기 위한 능력과 결의를 갖고 있다는 점을 과시할 필요가 있다고 주장한다. 그러나 중국의 패권 추구 욕구가 너무나 큰 만큼 스타인버그의 이 같은 아이디어가 실현되기는 요원해 보인다. 따라서 미국과 중국 간에 협력적 의도에 대한 재보장 노력은 지지부진하고, 유사시 핵심 이익을 지킨다는 결의만 도드라져 보이는 것이 오늘날 동아시아와 서태평양의 불안한 안보 상황인 것이다.

이 때문에 정부 수립 이후 한미동맹을 축으로 한 안보에 의존해온 한국으로서는 절체절명의 안보 위기에 직면했다는 우려가 높아지고 있는 것이다. 본격적인 위기는 앞으로 10년 내에 온다는 것이 미국의 군사 전문가 로버트 하딕Robert Haddick의 전망이다. 하딕은 2014년에 출간된 그의 저서 『해상의 포화Fire on the Waters』에서 중국 지도자들은 다음 10년 내에 동아시아와 서태평양 지역에서 확전우위escalation dominance의 위치를 차지하는 나라가 미국과 미국의 동맹국들이 아니라 중국이 될 것으로 믿고 있다고 말한다. 확전우위는 위기 발발 시 확전을 무릅쓰고 그 위기를 더욱 고조시킴으로써 적에 대한 군사적 우위를 확보하는 전략이다. 중국이 미국과 미국의 동맹국들로부터 확전우위의 위치를 빼앗아올 수 있다고 자신하는 수단은 탄도미사일이다.

동아시아와 서태평양 지역의 미국 동맹국들에 위치한 미 해군 및 공군 기지들과 해상의 미군 전함들을 목표로 중국 대륙에 위치한 미사일 기지에서 탄도미사일 공격 위협을 고조시킬 경우 미국이 이에 맞서기 힘들다는 것이 하딕의 지적이다.

미 해군과 공군의 접근을 거부하기 위해 중국 내륙에서 발사될 수 있는 탄도 미사일의 위협이 존재하는 서태평양으로 해군력과 공군력을 파견하는 것을 미국의 군사 전략가들이 달가워할 리가 없다는 것이다.

문제는 미국의 '공중-해상 전투 개념'이라는 전략이 탄도미사일 위협을 통한 확전우위를 추구하고자 하는 중국을 저지시킬 수 있느냐에 있다. 2차 세계대전 이후 줄곧 유지해온 확전우위의 위치를 적에게 빼앗긴다는 것은 미국으로서는 한 번도 밟아본 적이 없는 '낯선 영토'에 들어가는 것이다. 그렇기 때문에 미국이 확전우위를 둘러싸고 벌어질 중국과의 군사적 위기에서 고비용을 쏟아붓는 계산 착오를 범하거나 전격적인 양보를 할 가능성이 있다는 것이 하딕의 우려다. 그가 생각하는 가장 위험한 시나리오는 미국과 중국 양측 모두 확전에서 이득을 얻는다고 판단해 확전을 불사하는 상황이다. 중국이 탄도미사일과 우주 무기를 동원해서라도 미국으로부터 확전우위를 빼앗으려 하고 미국의 전략가들은 중국 내륙에 위치한 탄도미사일 기지를 폭격해서라도 확전우위를 지키려 할 경우, 동아시아는 물론 전 세계가 위기에 처할 가능성이 높기 때문이다. 미국과 중국이 모두 확전을 감행하는 사태만큼 한국의 국익에 위협이 되는 상황은 또 있다. 그것은 바로 미국이 중국의 탄도미사일 위협에 굴복하는 시나리오다. 그렇게 되면 우선 한국으로서는 마라도 남단의 이어도를 둘러싼 영해 문제에서 서태평양 지역의 해군력의 우위를 차지한 중국이라는 새로운 패권국에 밀릴 우려가 높다. 이런 상황이라면 남중국해를 지나 믈라카 해협과 인도양을 거쳐 중동과 유럽을 오가는 무역과 원유 도입 노선의 안정성마저 위태롭게 될 가능성이 적지 않은 것이다.

그렇다면 우리는 이 대목에서 한 가지 근본적인 질문을 던져야 한다. 중국이 약 10조 5000억 달러라는 세계 2위 국내총생산 규모의 경제력을 바탕으로 군사력을 강화하면서, 동아시아와 서태평양 국가들이 느끼고 있는 안보 위기의 정체는 무엇인가?

그 답은 중국의 목표가 무엇인지 정의할 때 비로소 나온다. 중국은 덩샤오핑鄧小平, 장쩌민江澤民, 후진타오胡錦濤에 이어 2012년 출범한 시진핑 체제에 이르기까지 '화평굴기和平崛起'와 '신형대국관계新型大國關係', '중국몽中國夢' 등 수많은 수사를 동원해 주변국들을 불안하게 하지 않고 공존하겠다는 이야기를 해오고 있다. 주변국들과의 공존을 위한 메시지로서 주목해서 볼 것은 시진핑 주석이 2015년 3월 28일 '아시아판 다보스포럼'으로 불리는 보아오포럼 개막식의 기조연설에서 제시한 비전이다. 바로 아시아가 운명 공동체로 나아가면서 미래를 개척하자는 것이다. 이를 위해 그는 2020년까지 한·중·일 3국과 아세안ASEAN을 포괄하는 동아시아 경제 공동체 건설을 위해 두 개의 프로젝트를 추진하고 있다고 밝혔다. 하나는 육·해상 신실크로드로 추진하고 있는 '일대일로一帶一路'이고, 다른 하나는 미국과 일본 주도로 진행되는 아시아개발은행ADB과 별도로 아시아 지역의 사회간접자본 건설을 위한 금융기관으로 창설하려 하는 아시아인프라투자은행이라는 것이다. 이 같은 청사진을 설명하면서 그는 맹자의 "부물지부제, 물지정야夫物之不齊, 物之情也(천지에 같은 것이 없다는 것은 자연의 이치)"라는 표현을 인용해 자신의 공존의 철학을 제시했다. 맹자의 이 같은 언명은 '서로 다른 문명 사이에 우열은 없다. 오직 특색의 차이가 있을 뿐'이라는 의미를 담고 있다고 그는 설명했다. 서로 다른 문명이 대화·교류하며 상대의 장점을 취하면서 인류 사회의 발전과 세계 평화를 추구해나가야 한다는 것이다.

하지만 현실주의 관점에서 본다면 중국이 원하는 것은 '중국이 지배하는 동아시아'로, 미국과의 충돌이 불가피하다는 데 시카고대학교 존 미어샤이머John Mearsheimer 교수 등 강대국 정치를 연구해온 국제 학계의 평가가 모아진다. 즉 미국이 맡아온 동아시아의 안보와 경제 관련 규범norm과 규칙rule의 제정 및 운영을 자신들이 책임지는 데 중국의 목표가 있다는 것이다. 이는 2014년 5월 상해에서 중국 주도로 개최된 제4차 아시아 교류 및 신뢰구축회의CICA 정상회의에서 시진핑 중국 국가주석이 제시한 '아시아의 안보는 아시아인의 손으로 하겠다'는 의제에서 어렵지 않게 읽을 수 있다. 안보뿐만 아니라 경제 개발을 중국이 주도하겠는 의지도 드러냈다. 미국 주도로 설립되어 아시아의 저개발 국가들에 대한 개발 지원을 담당한, 아시아개발은행과 같은 역할을 하는 AIIB의 설립을 이 회의에서 발표한 것이다. 미국은 아시아 국가가 아닌 데다 경제력도 쇠퇴해서 더 이상 동아시아와 서태평양에서 군사적 우월 체제를 유지할 수 없는 만큼, 이 지역의 안보와 경제 분야 리더십은 중국이 맡겠다는 것이 시진핑 주석이 밝힌 메시지인 것이다.

중국이 현재와 같이 매년 7% 안팎의 경제 발전을 유지하면서 그 같은 경제력을 기반으로 군사력 증강을 계속할 경우, 21세기 중반에 이르러 동아시아와 서태평양에서 군사적 우월 체제를 유지해온 미국의 현 지위를 이어받을 가능성이 적지 않다는 관측들이 나오고 있다. 중국으로서는 그 같은 야망을 실현하기 위해 현 패권국인 미국과의 협력이 절대적으로 필요하다. 거기에는 두 가지 이유가 있다.

첫 번째는 중국의 입장에서 봤을 때 연 7% 안팎의 고속 성장을 안정적으로 유지해야만 2050년 전후 국내총생산 기준으로 세계 1위에 올라서면서 자연스럽게 글로벌 패권국의 지위를 차지할 수 있고, 이를 위해선 세계무역기구WTO와 국제통화기금, 세계은행IBRD 등 국제 무역기관 및 금융기관을 통해 전 세계 경제 체제를 주도하고 있는 미국과의 관계 안정이 불가피하게 요구되기 때문이다. 중국의 고속 경제 성장도 미국이 2001년 중국의 WTO 가입을 지지했기 때문에 가능했다. 두 번째는 경제와 안보, 기후변화 등 전 분야에 걸쳐 세계가 직면한 위기와 도전을 미국과 함께 긴밀하게 해결해나가고, 그 리더십에 대해 긍정적인 평가가 나왔을 때 나중에 미국을 제치고 패권국 지위를 차지하더라도 국제적인 동의를 받을 수 있기 때문이다.

그래서 시진핑 중국 국가주석이 2013년 6월 오바마 미 대통령과의 정상회담 때 새로운 강대국 관계의 모델로서 제시한 것이 바로 '신형대국관계'라는 것이다. 왕이王毅 중국 외교부장은, 신형대국관계의 네 가지 원칙으로 불충돌 nonconflict, 불대립non-confrontation, 상호존중mutual respect, 상생협력win-win cooperation 을 들었다. 그보다 구체적인 의미에 대해서는 양제츠楊潔篪 중국 외교담당 국무위원이 2014년 7월 9일 미중 전략·경제대화S&ED에서 한 얘기를 살펴볼 필요가 있다. 이날 양제츠는 이번 전략경제대화가 신형대국관계를 건설하는 주제에 초점을 맞춰야 한다고 한 뒤 그 이유로 세 가지를 들었는데, 여기에서 신형대국관계를 추진하는 중국의 의도가 모두 드러난다. 첫 번째는 양국 간에 공통된 이해가 있는 몇몇 전략적 사안들을 직접 토론하기 위해서이다. 두 번째는 양국 간에 수렴되는 이익을 적극적으로 모색하고 상호 오해와 의심을 줄여서 합의와 협력을 확대하기 위해서이다. 세 번째는 양국 관계에 긍정적인 에너지와 새로운 자극을 주기 위해 가능한 한 많은 성과를 촉진하기 위해서이다.

2009년 닻을 올리고 출범한 오바마 행정부는 미국의 글로벌 금융위기를 수습하는 데 전력을 기울여야 했다. 미국의 금융위기는 조지 워커 부시George W. Bush의 임기 마지막 해인 2008년에 발발한 세계 4위의 투자은행 리먼 브러더스의 파산 사태로 시작된 것이었다.

오바마 행정부는 이처럼 정권 이행기에 금융위기 수습에 전념한 결과 중국의 급속한 부상으로 인한 동아시아와 서태평양의 안보·경제 질서에서 나타나기 시작한 변화에 적극 대처하지 못했다. 출범 3년 차인 2011년에 가서야 아시아와 태평양 지역에서 경제와 안보 분야의 지위를 더욱 강화해야 한다는 판단을 내렸다. 미국이 아시아와 태평양 지역에 경제력과 군사력을 더욱 집중해야 한다는 절박성을 느낀 까닭은 서태평양의 안보 정세가 급변하고 있었기 때문이다. 서태평양의 동중국해와 남중국해에 각각 위치한 서사군도Paracel Islands와 남사군도Spratly Islands의 영유권을 둘러싸고 중국이 베트남과 필리핀 등과 자주 충돌함으로써 이 지역에서 항해의 자유가 위태로워지고 있었던 것이다. 당시는 중국에서 시진핑 체제가 출범하기 전이었기 때문에 앞에서 살펴본 바와 같이 아시아 국가들과의 '아시아 운명 공동체'를 추구하겠다는 비전이나 미국과의 새로운 대국관계를 형성하겠다는 '신형대국관계론'도 제시되지 않은 상태였다.

이에 따라 2011년 11월 10일 힐러리 클린턴Hillary Clinton 미 국무장관은 아시아 순방 길의 첫 기착지인 하와이에서 '미국의 태평양 세기'라는 제목으로 그 유명한 '아시아로의 회귀Pivot to Asia'를 선언하는 연설을 했다. 이날 그는 미국이 아시아로 축을 옮기는 것은 오늘날 아시아와 태평양 지역이 직면한 도전들이 미국의 리더십을 필요로 하기 때문이라고 말했다. 그러면서 그는 남중국해상에서의 항해의 자유를 보장하는 것에서부터 북한의 도발과 확산 행위에 대응하는 것과 균형적이고 포용적인 경제 성장을 촉진하는 것에 이르는 이 지역의 여러 도전을 거론했다. 이어서 그는 이 같은 도전들로 미국의 막대한 국익이 위기에 처해 있으며, 미국은 이들 도전에 대응하기 위한 독창적인 능력들을 보유하고 있다고 천명했다. 아시아로의 회귀 전략에 대한 지속적인 공약으로서 그는 '전진 배치 외교forward-deployed diplomacy'라는 외교 전략을 공개했다. 그에 따르면 이 전략은 모든 범위의 외교적 자원을 파견하는 것을 의미한다. 미국의 고위 관리와 외교관, 개발 전문가, 영속적 자산을 이 지역의 모든 나라와 지방 구석구석에 보내겠다는 것이다.

미국이 아시아로의 회귀라는 전략을 선택하게 된 데는 중국이 부상함에 따라 아시아와 태평양에서의 미국의 경제적·군사적 이해가 위기에 처한 것도 한몫을 했지만, 서유럽 위협에 대한 러시아의 위협이 이제 끝났다는 인식이 크게 작용했다. 당시 미국은 러시아가 석유와 천연가스 등 자원 수출 시장경제로 완전히 이행했다고 판단함과 동시에 핵무기 감축 등에서 러시아가 구소련 붕괴 이후 보여준 협력 등을 보았을 때, 이제는 서유럽에 대해 안보 위협을 가할 가능성이 낮다고 인식한 것이다. 이에 따라 미국은 북대서양조약기구NATO라는 서유럽 국가들과의 군사동맹을 통해 러시아의 위협으로부터 서유럽을 지킨다는, 이른바 '유럽 프로젝트'를 마무리한다는 맥락에서 아시아로의 회귀를 시작한 것이다.

여기서 상황을 정리할 필요가 있다. 대체 아시아로의 회귀란 무엇을 말하는 것인가? 힐러리 클린턴의 말대로 미국은 중국의 급속한 경제 발전과 군사력 증강으로 도전받고 있는 동아시아에서, 미국의 경제적 이익과 군사적 우월 지위를 오로지 전진 배치 외교만으로 지켜낼 수 있다고 보는 것인가?

군사력의 뒷받침이 없는 외교력이 무의미하다는 점에서 미국의 아시아로의 회귀는 이 지역에서의 군사적 우월 체제superiority의 유지를 전제로 한다는 점을 분명히 해야 한다. 미국은 천문학적인 재정 적자로 의회로부터 예산 감축을 요구받음에 따라 한정된 국방 예산을 동아시아와 서태평양에서의 군사적 우월 체제를 유지하는 데 투입함으로써 중국이 이 지역에서의 패권을 추구하는 것을 막고 미국의 경제적·군사적 지위를 공고히 지켜내겠다는 전략을 추구하고 있다. 그것이 바로 아시아로의 회귀로 표현된 오바마 행정부의 재균형 전략rebalance strategy의 핵심이다. 재균형 전략에 대해 존 케리John Kerry 미국무장관은 2013년 4월 '21세기 태평양 파트너십'이라는 제목으로 행한 도쿄 연설에서 "오바마 대통령은 아시아에서의 우리의 이익들과 투자들을 다시 균형 잡기 위한 스마트하고 전략적인 공약을 했다"면서 "태평양 파트너십을 갖고 있는 태평양 국가로서 우리는 아시아에서 적극적이고 지속적인 지위를 계속해서 건설해나갈 것"이라고 말했다. 웬디 셔면Wendy Sherman 국무부 차관도 2015년 2월 워싱턴 소재 카네기재단 연설에서 "그것은 현실에 대한 인식으로서 미국의 안보와 번영은 점차적으로 불가분하게 아시아와 태평양에 연결되고 있다"고 말했다.

그러나 오바마 행정부의 집권 2기 중반인 2014년에 발발한 우크라이나 사태 때문에 아시아로의 회귀가 차질을 빚기 시작했다. 러시아가 우크라이나의 유럽연합EU 가입에 따른 지정학적 안보 위협에 대응해 러시아 주민들이 많이 거주한다는 이유로 크림 반도를 복속한 데 이어 러시아계 반군을 통해 우크라이나 동부 지역을 분리시키기 위한 시도에 착수했다. 그러자 미국과 서유럽 국가들은 러시아에 경제 제재를 하면서 우크라이나에는 군사적 지원에 나섰다. 미국으로서는 우크라이나 사태로 러시아에 의한 대 유럽 안보 위협이 여전히 살아 있는 것이 확인된 만큼, '유럽 프로젝트'의 종결을 재고할 수밖에 없는 상황에 처했다. 그 결과 미국은 국방 예산과 외교력 등 제한된 자원을 아시아에 집중시키기 어렵게 된 것이다. 그렇기 때문에 미국이 앞으로 아시아에서의 군사적 우월 체제를 유지하기가 쉽지 않을 수 있다. 유지되지 않을 경우 동아시아와 서태평양의 안보 질서는 미·중·일에 의한 군사적 다극 체제multi-polarity로 이행할 가능성이 높다는 것이 서구 국제정치 전략가들의 전망이다.

문제는 이 같은 군사적 다극 체제가 세력 균형balance of power이 아니라는 사실이다. 미국의 국제정치 전략가인 로버트 캐플런은 2014년 펴낸 그의 저서 『아시아의 용광로Asia's Cauldron』에서 "군사적 다극 체제를 세력 균형으로 혼동하지 말라"면서 "한 지역에서 진정한 군사적 다극 체제는 그 지역에서 지리적으로 가장 중심적인 위치에 있는 국가에만 이득이 된다"라고 했다. 동아시아에서 그 지리적 중심 국가는 바로 중국인 것이다. 그래서 군사적 의미의 '다극 체제의 아시아a multipolar Asia'는 '중국에 의해 지배되는 아시아China-dominated Asia'가 될 것이라는 점이 로버트 캐플런의 주장이다.

로버트 캐플런에 의하면 이 같은 군사적 다극 체제의 어두운 면이 바로 중국에 의한 동남아 지역 서태평양 국가들의 핀란드화다. 즉, 러시아로부터 명목상의 독립을 유지하고 있으나 실질적으로는 러시아가 결정하는 외교안보 규칙들을 준수해야 하는 숙명을 지닌 핀란드처럼 동남아 지역 서태평양 국가들도 겉으로는 독립국으로 행동하지만 실제로는 중국이 정한 외교안보 규칙들을 따를 수밖에 없는 상태에 놓여 있다는 것이다.

로버트 캐플런은 같은 책에서 서태평양 국가들이 천천히 중국에 의해 핀란드화되고 있다는, 워싱턴 소재 전략예산평가센터 소장인 앤드류 크레피네비치Andrew Krepinevich의 경고를 인용하고 있다. 동남아의 서태평양 국가들이 핀란드화되고 있다는 이 같은 평가는 동중국해와 남중국해의 서사군도와 남사군도를 놓고 중국과 소유권을 다투어온 베트남과 필리핀, 타이완 등이 중국의 강력한 군사력에 위축되는 현실을 보여준다.

서태평양 지도를 보면 서사군도는 베트남에 더 가깝고 남사군도는 필리핀에 더 붙어 있다. 그럼에도 중국이 이들 군도에 욕심을 내는 데는 두 가지 목적이 있다. 첫 번째는 이들 군도에 엄청난 규모의 원유와 천연가스가 매장되어 있기 때문이다. 중국은 이곳의 원유와 천연가스만 채굴하면 지금처럼 중동에 과도하게 의존하지 않아도 될 것이라는 희망을 갖고 있다. 원래 서사군도의 섬은 온전히 베트남의 영토였다. 하지만 1970년대 초 미국과의 전쟁으로 관리가 소홀해졌고, 이 틈을 타 중국은 서사군도를 강제로 점유했다. 이미 그때부터 중국은 이곳의 원유와 천연가스를 탐냈다고 볼 수 있다. 베트남과 달리 군사력이 변변치 않은 필리핀으로서는 글로벌 군사 대국으로 올라선 중국의 남사군도 점유 시도를 자력으로 차단하기가 쉽지 않을 것이라고 대부분의 서구 지정학자들은 평가한다.

두 번째 이유는 서사군도와 남사군도가 각각 위치한 동중국해와 남중국해의 전략적 중요성에서 찾을 수 있다. 한국, 일본, 그리고 미국이 인도양을 거쳐 중동으로 이르기 위해서는 반드시 통과해야 하는 바다가 바로 동중국해와 남중국해다.

앞에서도 살펴본 바와 같이 중국의 목표는 동아시아와 서태평양에서 미국의 군사적 우월 체제를 약화시키고 그 지위를 이어받아 이 지역의 국제정치

규범과 규칙을 주도하는 패권국이 되는 것이다. 중국으로서는 어떻게든 동중국해와 남중국해의 영유권을 확보해야만 한다는 절박감이 있다. 중국은 이 두 바다의 영유권을 확보할 때 비로소 동아시아에서의 미국의 지위를 약화시켜 그 자리를 차지할 수 있다고 본다. 왜냐하면 미국이 세계 제1위의 경제대국이 될 수 있었던 것은 바로 동중국해와 남중국해로 대표되는, 서태평양을 거쳐 인도양을 가로질러 중동에 이르는 해양 루트를 기반으로 한 원유 수송과 자유 무역이었기 때문이다. 더군다나 미국이 글로벌 군사적 우월 체제를 차지해올 수 있는 것도 바로 동중국해와 남중국해에서의 자유로운 항해를 통해 동아시아와 중동에 원활하게 해군력을 투사해왔기 때문이다. 따라서 중국은 동중국해와 남중국해의 영유권을 확보해 미국의 경제력 증가와 군사력 투사에 확실하게 제동을 걸겠다는 전략적인 목표를 갖고 서사군도와 남사군도를 점유하기 위해 애쓰고 있다고 보는 것이 정확하다.

미국이 서사군도와 남사군도의 점유권을 놓고 중국과 갈등을 벌이고 있는 베트남과 필리핀에 지원을 강화해오고 있는 것도 이 지역이 미국의 경제력과 군사력 유지에 사활적 이해가 걸려 있다는 것을 인식하고 있기 때문이다. 리콴유李光耀 전 싱가포르 수상은 같은 맥락에서 미국에 충고한다. 그레이엄 앨리슨Graham Allison이 2013년 펴낸 『리콴유가 말하다Lee Kwan Yew』에서 리콴유는 이렇게 말한다. "21세기는 태평양에서 최고 지위를 다투는 경쟁이 될 것인데 그 이유는 그 지역이 성장이 일어나는 곳이기 때문이다. 그 지역은 세계 경제력의 상당 부분이 나오는 곳이다. 만약 미국이 태평양에서 발판을 마련하지 못하면 세계 리더가 될 수 없다. 미국의 핵심 이익은 태평양에서 우월적 강국으로 머무르는 것이다." 앞서 서먼 미국 국무차관도 미국의 안보와 번영은 이 지역과 불가분의 관계에 있다고 했다.

미국의 글로벌 안보 컨설팅 회사 유라시아그룹의 대표인 이안 브레머Ian Bremmer는 그의 저서 『리더가 사라진 세계Every Nation For Itself』에서, 미국이 아시아 전체 무역에서 차지하는 비중이 1990년에는 35%였으나 2008년에는 18%로 절반이나 감소했다고 지적한다. 미국은 아시아가 미국 경제를 다시금 부흥시켜주는 가장 중요한 지역이라고 인식하고 있기 때문에 아시아에서 떨어져 나온다는 것은 상상도 못 할 일이라는 것이다. 오바마 행정부가 아시아 재균형 전략의 일환으로 환태평양경제동반자협정Trans-Pacific Partnership을 추진하는 데 혼신의 힘을 다하는 것은 이 때문이라는 것이 그의 설명이다.

중국이 서태평양과 동아시아 국가들을 핀란드화하는 사태를 막기 위해서는 이 지역을 군사적 다극 체제가 아닌 세력 균형 체제로 이행해야 한다는 것이 로버트 캐플런의 주장이다. 그러기 위해서는 무엇보다도 중국의 지리적·인구적·경제적 이점을 상쇄하기 위해 미국의 군사적 우월성이 요구된다고 역설한다.

그러나 현실은 미국이 동아시아에서 군사적 우월성을 유지하기가 어렵다는 것이다. 미국의 제조업이 부활하고 있다고 하지만 여전히 막대한 재정 적자와 무역 적자를 보고 있는 반면, 중국의 경제는 7% 안팎의 고도성장을 계속하고 있기 때문이다. 미중 양국 간의 경제력과 군사력 차이가 갈수록 줄어드는 상황에서 미국의 단극 체제가 유지될 수는 없는 것이다.

이런 상황에서 중국이 서태평양 지역 전체를 핀란드화하는 것을 저지하기 위해서는 외교에 의한 다양한 동맹 전략을 사용하는 방법밖에 없다. ≪파이낸셜타임스≫의 베이징 특파원을 지내고 워싱턴 특파원으로 있는 다이어는 2014년 펴낸 그의 저서 『세기의 결전』에서 미국의 지배가 점차 불확실한 세력 균형으로 대체되고 있는 세계에서는 자유 무역과 항해의 자유, 열린 정부

등 미국의 가치를 공유하고 있는 국가들 간에 서로 다른 동맹이나 연합을 구축하는 신중한 외교가 결정적인 요소가 될 것이라고 했다.

다이어에 의하면 지난 몇 년간 중국의 호전적 태도로 나타난 안보 위협을 회피하기 위한 방안으로, 서태평양 국가들의 바람에 따라 미국은 이들 국가와의 동맹과 친교를 강화해왔다. 그러나 경제력과 군사력이 쇠퇴하고 있는 미국이 냉전 기간과 중국의 부상 이전에 그랬던 것처럼 서태평양 국가들의 안보를 모두 책임져줄 수는 없다. 그러므로 미국이 동맹을 잘 관리하기 위해서는, 각자 자국 방어를 위해 더 많은 것을 해야 한다고 동맹국들을 설득하는 노련한 외교가 요구된다고 지적한다.

결국 로버트 캐플런과 다이어의 말을 종합해보면 미국이 서태평양과 동아시아에서 예전과 같은 군사적 우월 체제를 유지하지 못하는 상황에서 이 지역 국가들이 제아무리 미국과의 동맹을 강화하더라도 중국에 의한 핀란드화가 어느 정도는 먹혀들 가능성이 있다. 더군다나 우크라이나 사태로 미국이 제한된 자원의 일부를 러시아에 대한 견제에 돌리고 있는 상황에서는 그 가능성을 배제할 수 없는 것이다.

이는 한미 동맹을 축으로 대중 외교를 펴오고 있는 한국도 앞에서 언급한 바대로 이미 사드와 같은 여러 현안에서 중국에 의한 핀란드화 과정에 휘말려가고 있다는 징후가 나타나는 데서 확인된다.

우리가 미국으로부터 사드를 도입하는 것에 중국이 간섭하는 것 자체가 한국이 이미 핀란드화의 단계에 들어섰다는 조짐이다. 발단은 미국 국방부가 2014년 6월 북한의 핵 개발에 따른 미사일 위협에 대비하기 위해 주한미군에 미국 주도의 미사일 방어체계MD의 하나인 사드를 배치하는 것을 검토하고 있다고 언급한 이후부터이다. 이에 우리 국방 당국은 국방장관의 국회 출석 등의 계기를 통해 미국의 MD에 참여하지는 않으나 사드가 주한미군에 배치되면 북한 미사일 위협 대응에 도움이 된다는 입장을 유지해왔다. 사실 김대중 정부 때부터 미국의 MD 체계에 들어가지 않고 한국형 미사일 방어 체계KMD를 독자적으로 갖추겠다는 입장을 표명해온 것부터 중국의 반발을 의식해 내린 결정이었다. 이때부터 이미 한국은 핀란드화의 소용돌이에 말려들었다고 볼 수 있다.

미국이 사드의 주한미군 배치 검토를 발표한 이후, 중국은 사드가 자국을 겨냥한 것이라는 주장을 내세우면서 지속적으로 사드의 한국 배치에 반대해 왔다. 2014년 7월 서울에서 열린 박근혜 대통령과 시진핑 중국 국가주석 간 한중 정상회담에서도 시진핑 주석이 사드 배치와 관련해 신중하게 판단해달라는 요청을 한 것으로 일부 언론이 보도했다. 2015년 2월 초순 방한한 중국의 창완촨常萬全 국방부장도 한민구 국방장관과의 회담에서 사드의 한반도 배치 가능성에 대해 우려를 표명했다. 이어서 3월 중순 방한한 중국 외교부 류젠차오劉建超 부장조리(한국 정부 직제로는 차관보 급에 해당)는 "중국 측의 관심과 우려를 중시해주면 감사하겠다"라며 노골적으로 압박했다. 류젠차오는 같은 해 9월 국가예방부패국 부국장(차관급)으로 영전했다.

중국이 이같이 반대하고 나서는 1차적인 이유는 사드의 레이더 식별 구역이 중국 대륙 일부를 포괄하기 때문이다. 중국은 사드가 한국에 배치될 경우 자신들의 군사 시설이 주한미군의 식별 범위 내에 들어가게 되는 것을 못마땅하게 여기고 있는 것이다. 한마디로 중국은, 미국이 한국에 사드를 배치하는 목적이 북한 핵과 미사일 위협을 대비하는 데 있는 것이 아니라 중국을 군사적으로 견제하려는 데 있다고 보고 있다.

중국이 사드의 한국 배치 문제를 어떻게 보든 자유이다. 한국 정부는 사드 배치를 결정하지 않았으나 이 문제는 북한 핵과 미사일 위협에 대한 대비 차원에서 검토하고 있지 결코 중국을 겨냥하기 위한 것이 아니라는 입장을 분명하게 밝혔다. 그럼에도 중국 정부가 정상, 각료, 차관보 급의 순서로 연이어 우리 정부와 국민을 상대로 반대 의사를 표명한 것은 우리의 주권을 침해하는 행위라고밖에 볼 수 없다. 이 같은 상황 전개는 한국이 마침내 중국에 의한 핀란드화의 위기에 직면한 것이라고 생각할 수 있다. 왜냐하면 독립국으로서 주권 국가인 한국이, 사드와 같은 무기 도입이라는 주권적 사안에 속하는 국방 현안에서 중국으로부터 노골적으로 간섭당하고 있기 때문이다. 미국이 타이완에 무기를 판매하려고 할 때마다 중국이 반대했다는 점에서 중국이 한국을 거의 타이완 수준으로 여기고 있다고 판단한다 해도 지나치지 않다. 적어도 미국이 일본에 사드를 배치한다고 해서 중국이 반대하고 나서지는 않을 것이라고 본다면 중국이 보기에 한국은 핀란드화가 가능한 소국이고 일본은 그럴 염려가 없는 강국인 것이다.

그런데 중국이 사드 배치를 반대하는 근본적인 이유는 무엇인가? 두 가지 이유가 있는 것으로 보인다. 첫 번째 이유는 중국 군부가 한국에 사드가 배치될 경우 지대함 탄도미사일 위협을 통해 동중국해와 남중국해로의 미 해군과 공군의 접근과 진입을 차단한다는 A2/AD 전략이 위협을 받는다고 우려할 가능성이 높다는 데서 찾아야 한다. 미국은 한국에 사드를 배치하고자 하는 이유로 북한의 미사일 위협을 들고 있다. 하지만 중국 군부는 미국의 진짜 의도가 동중국해와 남중국해에서 미군의 군사적 우위 체제를 흔드는 중국의 탄도미사일 위협을 억제하는 데 있다고 판단하는 것 같다. 그렇기 때문에 사드가 한국에 배치되지 않도록 모든 수단을 동원하고 있다고 볼 수 있는 것이다. 다시 말해서 중국의 입장에서 볼 때 사드 배치 문제는 단순히 사드 안테나에 중국 대륙이 포함되느냐 마느냐의 문제가 아니라 서태평양에서 미국의 군사적 우위 체제를 무너뜨리기 위한 A2/AD 전략을 지켜내느냐 마느냐의 문제인 것이다.

두 번째 이유는 중국이 한미 동맹의 균열을 일으켜 동아시아에서 미국의 지위를 약화시키는 전략을 추구하고 있다는 데서 찾을 수 있다. 다시 말해서 중국은 단순히 군사적 다극 체제의 아시아가 아니라 중국의 군사적 우월 체제가 수립된 아시아를 원하는 것이다. 이를 위해서는 미국의 아시아 동맹 체제를 약화시킬 필요가 있다고 중국은 판단했을 것이다. 그렇다고 해서 중국의 입장에서 자신들과 비슷한 국력 수준의 강대국인 일본을 압박해 미일 동맹을 흔들 수는 없는 노릇이므로, 경제력과 군사력이 중국의 1/5에 불과한 한국을 압박한다면 충분히 목적을 달성할 수 있다고 보았을 것이다.

사실 중국 정부가 자신들이 미국에 요구해 합의한 신형대국관계론의 관점에서 사드 문제에 접근할 경우, 사드의 한국 배치 반대 입장을 강요하는 것은 본말이 전도된 것이라고 볼 수 있다. 불충돌, 불대립, 상호존중, 상생협력 등 신형대국관계론의 네 가지 원칙에 충실히 따를 경우 중국은 사드의 한국 배치가 정말로 자국 안보에 우려가 된다면 이들 원칙에 입각해서 미국과 협의해서 해결하는 것이 맞다.

그러나 중국은 그렇게 하지 않고 우리 정부에만 반대 입장을 전달해왔다. 이는 무엇을 의미하는가? 중국이 미국과의 새로운 강대국 관계의 모델로 야심차게 선전해온 신형대국관계론이 사드의 한국 배치 문제 하나 해결하지 못하고 사실상 작동 불능 상태에 빠졌다고 볼 수 있는 것이다. 왜 이런 상태에 놓여 있는가? 강대국의 현실주의적 권력 정치를 연구하는 학자들의 관점은 그 답을 찾는 데 도움이 된다. 중국은 미국을 대신해 동아시아와 서태평양의 안보와 경제 분야의 규범과 규칙을 제정·운용함으로써 이 지역을 자신들이 지배하는 공간으로 만들어가려는 목표를 갖고 있다.

중국이 추구하는 안보 질서와 관련해 게이츠 전 미국 국방장관은 그의 자서전인 『의무』에서 이렇게 말한다. "중국은 남중국해와 타이완 동쪽에 있는 미국의 공군 및 해군 자산들을 견제하기 위해 새로운 군사적 능력과 기술 개발에 쏟아붓는 예산을 늘리고 있고, 그 능력과 기술에는 정밀 대함對艦 크루즈 및 탄도미사일, 디젤 및 핵잠수함, 대인공위성 능력, 그리고 스텔스 전투기가 포함돼 있다. 중국은 국제 영공과 공해상에서 운영되고 있는 미국의 공군과 해군 첩보 활동에도 계속 도전하고 있다." 그런데 미국도 아시아 재균형 전략을 통해 군사적 우월 체제를 계속 유지하고자 한다. 이런 상황에서 중국은 사드 문제를 미중 간에 협의한다고 해도 미국이 양보할 가능성이 없다고 보고 힘이 약한 한국을 상대로 포기시키는 것이 이득이라고 판단했을 가능성이 있는 것이다.

중국의 이 같은 전략과 관련해 주목할 만한 분석이 있다. 다이어가 『세기의 결전』에서 한 말이다. "중국은 서태평양에서의 미국의 해군력을 약화시킴으로써 점차적으로 미국이 다른 아시아 국가들과 맺고 있는 동맹, 특히 한국, 필리핀 그리고 심지어 일본과의 동맹을 은밀히 약화시키기를 희망한다." 요컨대 다이어의 이 같은 관찰에 의존해 분석할 경우 중국이 한국을 상대로 사드 배치를 문제 삼고 있는 저의는 한미 동맹을 약화시키는 데 있다고 볼 수 있다.

중국이 한미 동맹의 약화를 노리면서 핀란드화 분위기를 조장한 또 다른 현안이 있다. 아시아인프라투자은행 설립에 참여하는 문제가 그것이다. 중국이 2014년 5월 CICA 정상회의에서 AIIB 설립 계획을 발표한 뒤 우리 정부에 공식 참여를 요청해왔으나, 우리 정부는 의결 과정을 함께하지 못하면 참여하기 어렵다는 입장을 전달했다. 이에 중국은 나중에 의결 과정에 들어올 수 있으니 먼저 참여부터 할 것을 촉구했다. 그 후 2015년 3월 영국과 호주의 참여가 결정되자 한국의 여론은 머뭇거리다가는 2대 주주의 지위도 놓칠 수 있다는 쪽으로 흘렀고, 그 결과 박근혜 정부는 같은 달 27일 AIIB의 참여를 전격적으로 결정했다.

중국이 AIIB를 설립하려는 명분은 아시아의 낙후된 지역을 개발하기 위한 투자를 지원하는 것이기 때문에 거부하기가 쉽지 않다. 그러나 AIIB의 실제 설립 목적은 우리의 혈맹인 미국이 IMF와 IBRD 그리고 ADB를 통해 누려온 아시아 개발 금융 주도권에 중국이 도전하는 데 있다. 개발 관련 규범과 규칙에서 미국을 대체하겠다는 것이 중국의 의도인 것이다. 2015년 3월 말 현재 영국과 호주, 브라질, 한국 등 전 세계 45개국이 가입을 결정함으로써 이 같은 의도가 어느 정도 현실화하기 시작했다.

이런 상황에서 우리가 AIIB에 참여하기로 한 것은 한미 동맹에 부담이 될 수도 있다. 물론 정부가 미국과 긴밀한 협의를 했을 것이다. 문제는 우방국이 참여하겠다는 결정을 하고 상의를 구하는 만큼 미국이 무조건 반대할 수는 없었겠으나 내심 언짢아했을 개연성이 적지 않다는 점이다. 이는 미국의 최대 동맹국인 영국이 2015년 3월 초에 전격적으로 참여를 결정했을 때 워싱턴 조야에서 격한 비판이 터져 나왔다는 점에서 충분히 짐작할 수 있다.

AIIB 창설에 대한 미국의 분명한 입장은 셔먼 국무차관의 언급에서 엿볼 수 있다. 셔먼은 앞서 언급한 2015년 2월 카네기재단 연설에서 중국이 과연 AIIB라는 국제금융기관을 창설하고 운영할 만한 기준을 갖췄는지에 의문을 제기했다. 셔먼은 "국제금융기관을 새로 만드는 데는 금융 및 재정 관련 글로벌 표준들과 비즈니스 관행들, 관련 글로벌 스탠더드들과 투명성, 국제 규범들이 요구된다"면서 "현재 무슨 일이 어떻게 돌아가는 것인지에 관한 투명성과 책임 그리고 검증이 전 세계 투자자들에게 중요하기 때문에 그와 같은 기준과 규범을 갖추지 못하는 국가들은 국제금융기관의 멤버가 될 수 없다"라고 함으로써 반대 입장을 분명히 했다.

영국과 독일, 프랑스, 호주 그리고 한국 등 미국의 동맹국들까지 AIIB 참여를 결정한 직후인 2015년 3월 30일, 미중 전략·경제대화 준비차 베이징을 방문한 제이컵 루Jacob Lew 미 재무장관은 전 세계 45개국이 AIIB 참여를 결정한 상황에서 현실적으로 창설을 막을 수 없다는 점을 인정했다. 그러나 그는 이 국제금융기구가 금융 분야의 지구 문명 표준들global standards을 충족할 것인지 의구심을 버리지 않았다. 루 장관은 "미국은 중국이 아시아 지역의 사회간접자본 건설에 더 큰 역할을 수행하는 것을 환영한다"라고 말했다. 이어 그는 그 같은 생각을 담아 다음과 같이 촉구했다. "AIIB의 운용이 과연 국제 기준에 부합할지에 대해 의구심이 있는 만큼 이 은행의 대출 기준과 관련해 세계은행과 아시아개발은행 등 기존의 국제금융기관들과 반드시 협조해야 한다."

중국의 AIIB 창설에 대한 미국의 입장은 부정적이었다. 이런 상황에서 한국이 사드 배치를 둘러싸고 보여준 모습은 '전략적 모호성strategic ambiguity' 논란을 불러일으킨 데 이어, 한국은 AIIB 참여를 전격적으로 결정하고 나섰다. 이에 따라 박근혜 정부 출범 이후 워싱턴 조야에서 제기되어온 한국의 친중 성향 논란과 관련한 우려가 더욱 높아질 가능성이 높다.

문제는 상황을 이렇게 관리해서는 안 된다는 것이다. 앞에서 언급한 바 있듯이 월츠에 따르면 국가 전략이란 현재의 파트너를 만족시켜주면서 동시에 잠재적 파트너를 즐겁게 해주는 것이다. 그러나 우리 정부가 AIIB에 참여하기로 한 것은 잠재적 파트너인 중국을 즐겁게 해주는 것이기는 하지만 현재의 파트너인 미국을 만족시켜주는 것은 아니다. 미국을 만족시키려 했다면 AIIB에 참여하지 않는 것이 맞다. 그게 어려웠다면 최소한 전격 참여를 결정하는 과정에서 그 같은 결정의 불가피성에 대해 미국과 충분한 협의를 갖고 양해를 구했어야 했다. 그랬을 가능성을 기대하지만 반대의 경우도 배제할 수 없는 근거가 있다. 우리가 AIIB에 참여한다고 발표하던 시점 전후로 워싱턴 조야에서는 한미 관계가 좋지 않다는 우려가 많아지고 있었다. 그 같은 우려는 셔먼 미 국무부 차관이 2월 27일 워싱턴 카네기재단 연설에서 박근혜 대통령의 대일 정책을 비난하는 뉘앙스의 발언을 하면서 절정을 치달았다. 당시 셔먼은 아베 신조安倍晋三 일본 총리에게 과거사에 대한 진정성 있는 사과와 함께 위안부 문제 해결에 적극 나설 것을 촉구해온 박 대통령을 겨냥해 이렇게 말했다. "민족감정은 악용될 수 있고 정치지도자들이 과거의 적을 비난해서 값싼 박수를 받아내는 일은 어렵지 않다."

당시 AIIB에 참여하지 않기로 한 일본에 대한 미국의 예우가 역대 최고 수준을 넘나들고 있었다는 것도 우리 정부가 미국에 충분한 양해를 구하지 못했을 가능성을 뒷받침해주는 또 다른 대목이다. 미국은 미일 방위협력 수준을 한미동맹 수준으로 격상시키고 일본에 미국의 글로벌 군사 협력 파트너라는 역할을 부여했다. 미국은 오랫동안 이라크전쟁을 비롯한 국제 안보 질서 유지를 위한 전쟁에서 일본이 경제력에 걸맞은 군사적 역할을 분담할 것을 요구해왔다. 따라서 일본이 분쟁 지역에 자위대를 파견하는 등 미국을 돕기로 한 것은 미국의 오랜 요구를 수용한 데 따른 것으로 봐야 한다. 하지만 미국이 일본과의 방위협력을 더욱 강화하고 일본을 글로벌 군사 협력 파트너로 높게 평가하는 데는 다분히 우리 정부가 미국의 양해 없이 AIIB 참여를 결정함으로써 친중 경향을 보이는 것에 대한 불만이 작용했을 수 있다. 미국은 또 4월 말 아베 일본 총리가 방미했을 때 그가 일본 총리로는 처음으로 상하원 합동 의회에서 연설할 수 있도록 해주었다. 그를 위해 오바마 대통령과 케리 국무장관이 각각 별도의 환영 오찬과 만찬을 마련한 것도 최상의 예우였다.

그렇다면 질문은 한 가지로 모아진다. 중국에 의한 핀란드화 위기를 극복함과 동시에 미국이라는 현재의 파트너도 만족시켜주고 중국이라는 잠재적 파트너도 즐겁게 해줄 수 있는 우리의 외교 전략은 무엇인가?

그 답을 살펴보기 전에 다이어가 『세기의 결전』에서 동아시아와 서태평양 국가들과 동맹을 강화하더라도 각자의 안보를 위해 스스로 더 노력하도록 이들 국가를 설득하는 신중한 외교를 펴도록 미국에 권유한 것을 상기해볼 필요가 있다.

한국이 한미 동맹을 강화함과 동시에 자신의 안보를 위해 더 노력하는 차원에서 신중한 외교를 펴야 한다면, 한중 간 전략적 동반자 관계를 적절하게 발전시켜나가는 일을 해야 한다. 한국과 같은 중견국가가 한미 동맹에만 의존하고 한중 관계를 내버려둔다면 그것은 '자해 행위'이기 때문이다.

하지만 한국의 이 같은 지정학적 처지를 모르지 않는 미국이 요즘 보이고 있는 모습은 다이어의 권유와는 완전히 반대이다. 박근혜 정부 출범 이후 한국이 중국과의 관계를 긴밀히 해오게 된 데는 북한의 4차 핵실험을 막기 위해 중국의 지원을 받아야 하는 것과 같은 불가피한 측면이 많이 작용했다. 그렇다면 미국은 동맹국으로서 한국 정부가 한미 동맹을 탄탄하게 유지함과 동시에 대북 정책과 관련해 한중 관계를 중시하는 것을 긍정적으로 평가하는 현실주의적인 면모를 보일 필요가 있다. 그러나 최근 담론시장에서 미국이 보여주는 모습은 실망스럽다. 워싱턴이나 서울에서 열리는 학술 세미나 등에서 미국 학자들을 통해 '한국이 친중 경향을 보인다'며 야유하고 냉소하는 일이 전부인 것이다. 그러면서 동아시아의 주요 국가들과 공감대를 형성하는 데 실패하고 있는 일본 아베 정권과의 협력 강화에 골몰하고 있다. 미국의 전략 수준이 퇴보하고 있다는 것을 보여주는 대목이다. 오바마 행정부의 외교정책이 노련한 현실주의 전략가들이 아닌 이상주의 아마추어들에 의해 주도되고 있는 것이 아니냐는 불안감을 갖게 되는 것은 이 때문이다.

미국은 경제력과 군사력이 쇠퇴하고 있는 만큼 냉전 기간에 했던 것처럼 동맹국이 원하는 수준의 지원을 해주기 어려운 상황이다. 따라서 한국이 한미 동맹을 강화하더라도 이 동맹에 의존하는 것만으로 중국의 군사적 위협을 제어하는 데는 한계가 있을 수밖에 없다는 것을 의미한다.

그럼에도 한미 동맹을 공고히 하는 것은 중국과의 균형을 유지하는 데 기여할 것이라는 점이 지정학자들의 충고이다. 지정학의 권위자인 야쿠브 그리기엘Jakub Grygiel은 그의 저서 『강대국들과 지정학적 변화들Great Powers and Geopolitical Changes』에서 지정학적으로 근본적인 변화가 없는데도 전통적인 동맹이나 기지를 포기하는 전략은 한 국가의 힘을 약화시킨다고 경고한다. 동맹 교체 등 성숙하지 않은 지전략적geostrategic 변화를 피하는 것만이 한 국가를 유지시켜준다는 것이 그의 주장이다.

이와 관련해 이 시대를 대표하는 현실주의 국제정치학계의 거장인 키신저가 2014년 출간한 『세계 질서World Order』에서 귀를 기울일 만한 지혜를 발견할 수 있다. 클레멘스 메테르니히Klemens Metternich와 비스마르크의 전략을 공부한 그는 "질서란 언제나 절제와 힘과 정통성 간의 미묘한 균형을 요구한다"면서 "아시아에서의 질서는 세력 균형을 파트너십의 개념과 결합해야 한다"라고 말한다. 이어서 그는 "균형에 대해 순수한 군사적 정의는 대립으로 이어지고 파트너십에 대한 순수한 심리적psychological 접근은 헤게모니의 두려움을 일으킨다"라고 덧붙인다. 대중對中 균형을 이루기 위해 한미 동맹을 강화하는 것은 좋지만 이것이 지나치게 군사적 협력의 강화로만 이어질 경우 중국과의 대립이 심화될 우려가 있다는 것이다. 아울러 그 같은 동맹이 순수한 심리적 차원의 파트너십으로까지 발전할 경우 중국이 자국에 대한 헤게모니를 추구하는 것으로 여겨 두려워할 수 있다는 것이다.

이 때문에 키신저는 "현명한 정치가는 (대립과 두려움을 촉발시키지 않는) 균형을 추구해야 한다"라고 충고한 뒤 "그렇지 않으면 재난disaster이 손짓한다"라고 경고한다. 물론 그가 경고하는 재난이란 전쟁을 의미한다. 그래서 그가 우리 시대의 목표로 제시하는 것은 전쟁의 참화를 억제하는 것이고 달성해야 할 균형이란 전쟁의 발발을 예방하는 것이다.

키신저가 말하는 균형은, 미국의 대소 봉쇄 정책을 입안해 냉전의 아키텍트architect(설계자)로 평가받는 조지 케넌George Kennan의 "완벽한 승리를 거두는 것은 또 다른 위기를 낳는다"라는 통찰과 맞닿아 있다. 케넌은 그의 저서 『미국 외교 50년American Diplomacy』에서 1차 세계대전 때 연합국이 패전국인 독일에 너무 가혹한 배상을 요구한 결과 2차 세계대전의 씨앗이 잉태됐다고 진단했다. 키신저도 『세계 질서』에서 한국전쟁 당시 중국이 원하는 대로 미군이 평양-원산 라인에서 진격을 멈췄다면 중공군이 개입하지 않았을 것이고 그랬다면 한반도는 통일됐을 것이라며 아쉬움을 표했다. 미국이 완벽한 승리를 원한 결과 한반도 분단이 고착됐다는 것이 그의 주장인 것이다.

키신저와 케넌의 이 같은 통찰은 한미 전략동맹을 강화해 나가면서도 한중 전략적 동반자 관계를 발전시키는 것을 균형적으로 추진하는 데 매우 요긴하게 쓰일 수 있다. 즉, 한미 전략동맹이 가능한 한에서는 중국과 군사적으로 대립하거나 헤게모니에 대한 중국의 두려움을 불러일으키지 않도록 절제와 힘과 정통성 간에 미묘한 균형을 유지해야 한다는 것이다.

그런데 정치가는 이를 역사의 급류 속에서 해내야 한다는 것이 키신저의 말이다. 그래서 어려운 것이다. "역사의 강물은 전에 없이 변하고 있다"라는 그의 언명은 동아시아와 서태평양에서의 안보 질서가 그만큼 급변하고 있다는 것을 대변한다.

04_ GDP 5조 달러로 도약하려면

비스마르크는 역사의 급류에서 신의 발자국 소리를 귀 기울여 듣고 있다가 그 소리가 들리는 그 찰나의 순간에 신의 옷자락을 잡아챔으로써 민족적 과업을 이루어야 한다고 말했다. 하지만 이 말을 실행에 옮기기는 '하늘에 별 따기'일 것이다.

그런데 20세기에 그 별을 딴 정치가가 있다. 독일의 시사 주간지 ≪디자이트≫의 테오 좀머Theo Sommer 전 발행인이 ≪중앙일보≫와의 인터뷰(2014년 10월 10일)에서 지목한 그 문제의 정치가는 헬무트 콜Helmut Kohl 전 독일 수상이다. 좀머에 의하면 1990년 독일 통일 당시, 과도기를 두자는 서독 내부의 여론이나 영국과 프랑스의 반대와 우려가 컸음에도 그가 밀어붙였기에 독일 통일이 가능했다. 독일 통일은 콜이 역사를 지나는 신의 옷자락을 놓치지 않고 잡아채는 것이 정치가의 임무라는 것을 명확하게 인식하고 있었기 때문에 이루어졌다는 것이다.

하지만 당시 서독의 국력을 냉철하게 따져보지 않고, 단지 콜이 자신의 능력만으로 비스마르크가 제시하는 정치가로서의 임무를 수행할 수 있었다고 이해해서는 안 된다. 당시 서독은 경제력에서 영국과 프랑스를 압도했기 때문에 이들 두 나라의 반대와 우려를 넘어설 수 있었고 미국과 협력해 동독을 관리하고 있던 구소련도 차관 제공을 통해 설득할 수 있었다.

이 같은 사실은 한반도 통일을 달성함과 동시에 중국, 일본이라는 강대국들에 의해 다시는 주권과 국익이 침해당하지 않아야만 한다는 엄중한 소명을 안고 있는 우리에게 한 가지 목표를 일깨운다. 그것은 중국과 일본과 대등하거나 이 두 나라를 견인할 수 있는 민생·공감 강국으로 반드시 도약해야 한다는 것이다. 그렇지 않으면 언제 또다시 중국과 일본에 의해 주권을 침해당할지 알 수 없는 것이 한국의 운명이다. 특히 북한 붕괴 사태가 발발할 경우 한국 주도의 한반도 통일이 이들 강대국에 의해 어떻게 간섭당할지 알 수 없는 것이 오늘날 동아시아의 현실이다.

민생·공감 강국 도약이라는 국가 발전 전략 목표는 하드 파워에서부터 밀리지 않아야만 달성할 수 있다. 경제력은 중국이나 일본과 비슷한 수준으로 발전시켜야 하고 군사력은 한미 동맹에 의존하지 않고 육·해·공군 공히 자력으로 이들 강국을 충분히 견제할 수 있는 수준이 되어야 한다.

'소프트 파워'라는 개념을 만든 조지프 나이Joseph Nye 하버드대학교 교수는 그의 저서 『권력의 미래The Future of Power』에서 선진 민주국가들의 상호 관계에서 전쟁은 더 이상 주된 갈등 해결 수단이 아니라고 했다. 그러나 영국의 역사가이자 국제정치학자인 에드워드 카Edward H. Carr가 그의 명저 『20년의 위기 The Twenty Years' Crisis, 1919~1939』에서 "국제관계에서 권력의 궁극적인 시험은 전쟁을 통해서 이루어지기 때문에 군사적 수단이 가장 중요하다"라고 말한 것에 주목해야 한다. 나이가 지적한 바와 같이 전쟁이 갈등 해결 수단으로서 이용되지 않는 관계는 자유민주주의와 자유시장경제 체제에서 선진국들 간의 관계 정도일 것이다.

하지만 공산당 1당 지배체제 및 사회주의 시장경제 체제를 채택하고 있는 중국과 자유민주주의 및 자유시장경제 체제의 미국 간 관계와 같이 서로 다른 체제의 강대국들 간에서는 갈등이 심화할 경우 그 해결 수단으로 전쟁을 선택할 가능성이 항상 존재한다. 에드워드 카의 말대로 군사력에서 밀리면 주권과 국익을 지키기 어렵다. 동아시아와 서태평양에서 미국을 대체해서 맹주가 되겠다고 나서고 있는 중국과 이에 맞서 이 지역에서의 군사적 우월 체제를 공고히 하고 있는 미국 간에 전쟁이 일어날 가능성이 한층 높아지고 있다고 볼 수 있는 것이다.

이 같은 현실은 일본과의 관계에서도 예외가 아니다. 2012년 12월 두 번째로 총리에 취임한 아베 총리와 그의 내각 주요 각료들은 2차 세계대전 전범들의 위폐가 안치된 야스쿠니 신사를 공개적으로 참배해오고 있다. 위안부 문제에서도 진실을 호도하는 등 과거사 반성에 소극적인 모습을 보임으로써 국제사회의 지탄을 받고 있다. 더군다나 아베 정권은 중국의 군사력 증강에 맞선다는 명분으로 매년 국방 예산을 증액함으로써 중국과 함께 지역 내 군비경쟁을 촉발하고 있다. 일본의 군국주의에 대한 우려는 자위대 해외 파병을 위한 안보 법안들이 2015년 7월 15일 중의원에서 가결된 이후 더욱 높아지고 있다. 아베 정권은 이날 중의원 안보법제특별위원회에서 자민당과 공명당 등 연립 여당 단독으로 자위대의 해외 파견을 가능하게 하는 11개의 안보 법안 제정 및 개정안을 상정해 통과시켰다. 그로부터 두 달 뒤인 9월 18일 야당인 민주당과 많은 시민이 격렬한 반대 시위를 했음에도 자민당은 공명당과 함께 참의원에서 안보법제를 밀어붙여 최종 확정했다. 이로써 일본이 지난 70년간 지켜온 '먼저 공격받지 않는 한 무력을 행사하지 않는다'는 이른바 '전수專守 방위'의 원칙이 깨졌다. 일본은 전쟁을 할 수 있는 나라가 된 것이다.

중국과 일본의 이 같은 대외 전략을 미루어본다면 한국이 민생·공감 강국으로 도약하려고 하는 과정에서 어느 날 갑자기 중국과 일본의 폭력에 의해 국력을 시험당할 가능성이 충분히 존재한다. 그렇다면 에드워드 카의 통찰대로 한국은 그 같은 시험에서 자력으로 안보가 가능한 수준의 군사적 수단을 갖춰야 한다. 바로 이 대목에서 "군주가 영토를 잃는 것은 정치와 군사적 실책에서 말미암는다"라는 마키아벨리의 경고를 다시금 되새겨야 한다.

외교안보 전략과 경제 발전 전략이 연계되어야 하는 것은 이 때문이다. 군사력을 증강하고 유지하려면 그에 소요되는 비용을 감당할 수 있는 수준의 경제력이 요구되는데, 이 두 가지 전략을 동시에 고민해야 할 필요가 있는 것이다. 따라서 언제 어느 정도의 군사력을 확보해 어떠한 안보 전략을 추진할 것인지와 그 같은 군사력과 안보 전략을 뒷받침할 수 있는 경제 발전 전략을 어떻게 추진할 것인지를 연계시켜 논의할 수 있는 시스템을 갖춰야 한다.

그러나 짧은 기간 안에 한국이 1조 5000억 달러대의 국내총생산 규모에서 출발해 10조 3000억 달러대의 중국과 4조 8000억 달러대의 일본을 따라잡는 것은 현실적으로 어려운 일이다. 그 대신에 향후 15년 안에 3조 달러 전후로 GDP를 올려놓을 수 있는 경제 발전 전략을 수립해 추진해야 한다. 적어도 3조 달러 전후의 경제 규모에 올라서면 지금의 군사력과는 상당한 차이가 나는 군사력을 보유할 수 있는 만큼, 그때 가서는 중국과 일본도 감히 사드 문제에서와 같이 노골적으로 우리를 핀란드화하려는 시도를 하지 못하게 될 것이다.

한국이 3조 달러 대의 GDP 규모를 갖추는 경제를 달성하기 위해서는 제2의 산업화 또는 경제 혁명이 요구된다. 제2의 산업화의 핵심은 현재의 대기업 독과점 체제에서 탈피해 중소기업과 중견기업 그리고 대기업이 공생하고 내

수 기업과 수출 기업이 상생하는 시스템의 구축이다. 모든 산업에서 중소기업부터 대기업에 이르기까지 수출 경쟁력을 갖춘 기업들이 골고루 성장하고 공생해서 서민이 중산층으로 올라서는 민생 경제가 이룩되어야 비로소 현 GDP 규모의 배가 되는 3조 달러대의 경제가 실현될 수 있다.

15년 뒤인 2030년 전후 3조 달러대에 진입하는 데 성공하면 2045년까지 4조 5000억 달러대로 올라서기 위한 보다 정교한 국가 발전 전략이 요청된다. 적어도 4조 5000억 달러대의 GDP 규모를 실현해야만 중국과 일본과 대등한 수준의 강대국 지위를 갖출 수 있을 수 있기 때문이다. 3조 달러대 진입을 위한 국가 발전 전략을 추진하는 것도 국가 전반에 걸친 환골탈태의 개혁이 요구되지만 4조 5000억 달러대 경제 체제의 실현을 위한 국가 발전 전략은 그보다 훨씬 더 뼈를 깎는 고통이 수반되는 국가와 국민의 자기 개혁을 필요로 한다.

물론 15년 단위로 1조 5000억 달러 안팎의 경제력 발전 계획을 세운다고 해서 그 같은 계획이 쉽게 달성될 가능성은 높지 않다. 그러나 계획을 하는 것이 무엇보다 중요하다. 계획을 하다 보면 어떤 것을 개혁해야 목표를 달성할 수 있는지가 보이고 그 방향대로 노력하다 보면 당초의 목표까지는 아니더라도 그것에 근접하는 성과를 거둘 수 있기 때문이다.

미국 정보기관 출신의 미래학자 매슈 버로스Matthew Burrows는 그의 저서『비밀 해제된 미래The Future, Declassified』에서 계획의 중요성에 대한 드와이트 아이젠하워Dwight Eisenhower 전 미국 대통령의 통찰을 전한다. "모든 계획은 가치 없는 것이나 계획하는 것은 모든 것everything이다." 즉, 계획하는 것이 가장 중요하다는 것이다. 국가론의 아버지인 홉스에게서도 비슷한 아포리즘을 발견할 수 있다. 홉스는『리바이어던』에서 그리스 칠현七賢 가운데 한 사람을 인용해 이렇게 충고한다. "자기의 목적을 항상 명심하라. 그대가 행동할 때는 그대가 목적한 바를 자주 돌이켜보라. 그러면 그것이 그대의 생각을 인도하며 그것을 성취하게 할 것이다." 국가도 항상 목표를 명심하고 자기 개혁을 추구하다 보면 언젠가 그 목표를 달성할 수 있는 것이다.

경제력과 군사력 같은 하드 파워만큼이나 민생·공감 강국으로의 도약 여부를 가름할 수 있는 중요한 요소는 전략적 비전과 리더십을 갖춘 이른바 '전략 리더'의 출현 여부다.

오늘날 한국이 처한 현실이 19세기 중반 프러시아와 꼭 같을 수는 없다. 하지만 동아시아의 급변하는 외교안보 질서에서 살아남아 한반도 통일을 이루고 강대국으로 도약하기 위해서는 독일 통일을 달성한 주역인 프러시아 수상 비스마르크의 리더십이 절실하게 요청된다.

필자는 우리가 배워야 할 비스마르크의 리더십은 두 가지라고 본다. 그는 국내적으로 좌파의 공세를 막아내면서 산업화와 민생 안정을 달성했다. 영국의 저명한 역사가인 앨런 테일러A. J. P. Taylor는 그가 쓴 비스마르크 평전인 『비스마르크Bismark』에서 비스마르크는 정치경제학political economy을 조금밖에 이해하지 못하는 것이 수치스럽다며 정치경제학을 공부했다고 전했다. 사회주의 세력의 공세로부터 강대국 독일을 지키기 위해 건강보험제도와 노년보험법 등 노동자들의 복지체제를 세계에서 처음으로 수립한 데는 이런 공부가 밑바탕이 됐다. 독일에서의 새로운 경제 질서는 온전히 헌법과 법적 질서와 마찬가지로 비스마르크가 주도해 수립된 것이다. 그가 외교안보 정책을 총괄하는 수상과 외무장관 자리를 28년이나 유지할 수 있었던 것은 이처럼 국내 정치에서 탁월한 리더십을 보인 덕분이라는 것이 테일러의 지적이다. 한국의 보수 정치지도자들과 전략가들이 배워야 할 덕목이다. 정치경제학은 진보 진영의 전공 분야로 치부하고 주류 경제학만 경제학으로 인정하는 협량한 태도로는 좌파와의 싸움에서 이길 수 없다는 것을 비스마르크가 몸소 보여준 것이다.

비스마르크가 독일 통일의 주역이라고 불리는 것은 당시 통일을 그다지 원하지 않았으며 강대국이었던 오스트리아와 갈등을 빚는 것도 두려워했던 국왕 빌헬름 1세에 맞서 통일을 적극 추진해 실현시킨 당사자가 바로 그이기 때문이다. 독일 통일에서 국왕은 조연이었고 주연은 비스마르크였던 것이다. 그는 국왕에게 찻잔을 집어던지고 싸우면서까지 외교정책에 있어서 수상이자 외무장관인 자신의 주도권을 확보하고자 했다. 그가 독일 통일을 이룰 수 있었던 비결은 동맹 전략에서 찾을 수 있다. 오스트리아와 프랑스, 러시아를 상대로 능수능란하게 동맹 전략을 펼침으로써 이들 강대국이 독일 통일을 방해하지 못하게 만들었던 것이다.

키신저는 그의 저서 『외교Diplomacy』에서, 1890년 빌헬름 2세에 의해 해임된 비스마르크의 뒤를 이어 수상이 된 레오 폰 카프리비Leo von Caprivi가 어느 자리에서 "자신은 단번에 공 여덟 개를 공중에서 저글링을 할 수 있는 비스마르크의 능력을 가지고 있지 않다"라고 말했다고 썼다. 카프리비의 이 말은 비스마르크의 외교 전략이 그만큼 뛰어났음을 높이 평가한 것이다. 비스마르크는 유럽 열강 간에 복잡한 이해가 얽히고설킨 국제 관계를 꿰뚫어 보고 프러시아에 유리한 방향을 찾아 자유자재로 동맹 전략을 구사하는 위대한 외교 전략가였으나, 카프리비 자신은 그 같은 능력을 갖지 못했다는 것이었다.

비스마르크가 이같이 지혜로운 동맹 전략을 추진할 수 있었던 데는 모든 편견prejudice으로부터 자유로움을 추구한 그의 외교 철학이 한몫을 했다. 각 나라와 그들 정부에 대한 혐오나 애정에 따른 인상으로부터 외교정책 결정이 독립되어야 한다는 것이 비스마르크가 일관되게 견지한 지론이었다.

테일러에 따르면 비스마르크는 어떤 정치가statesman도 혼자서 정세의 흐름을 만들어내지 못한다고 생각했다. 비스마르크는 "역사의 강물은 늘 그러하듯 흐르는데, 만약 내가 그 강물에 손을 담근다면 이는 내가 그것을 나의 의무로 여기기 때문이지 강물의 방향을 바꿀 수 있다고 생각하기 때문은 아니다"라고 말했다. 따라서 정치가는 신의 발걸음 소리가 정세의 흐름 사이로 들릴 때까지 기다렸다가, 그 발걸음 소리를 듣자마자 곧바로 일어나 신의 옷자락의 끝단the hem of God's garment을 단번에 붙잡아야 한다는 것이 비스마르크의 철학이었다. 다시 말해서 정치가는 늘 정세를 잘 살펴서 자신의 나라가 추구하는 전략 목표를 달성하는 데 결정적인 기회가 오면 주저하지 말고 그 기회를 낚아채야 한다는 것이었다.

그러므로 우리에겐 이 복잡한 동아시아의 정세 흐름을 잘 살피다가 한반도의 통일과 강대국으로의 도약이 될 발판을 마련해주는 소중한 기회가 도래하면 민첩하게 그 기회를 잡아줄 비스마르크 같은 리더의 출현이 절대적으로 필요하다.

같은 강물은 두 번 흐르지 않는다. 역사의 강을 항상 편견 없는 자세로 신중하게 주시하다가 때가 왔다고 판단되면 신속하게 그 강물에 손을 담가서 나라와 민족이 바라는 역사적 과업을 달성해야 하는 것이 정치가의 의무라고 키신저는 말한다.

그다음으로 중요한 관건은 역시 동아시아의 미래 질서에 대한 담론에서는 물론이고 당면 현안과 의제에서 한국이 과연 중국과 일본을 견인해내는 소프트 파워와 네트워크 파워를 갖출 수 있느냐의 여부이다.

사실 중국의 부상에 따른 핀란드화와 같은 안보 위협을 미국과의 동맹 강화나 동일한 가치를 추구하면서도 국력이 비슷한 나라들like-minded countries과의 연합을 통한 균형으로만 극복하는 것은 한계가 있다. 중국이 동아시아와 서태평양에서 지역 내 국가들과 공생하는 방향으로 대외 정책을 추진해나갈 수 있도록 중국의 정부와 학계에 관여함으로써 이 같은 한계를 보완해야 한다. 이를 위해서는 중국이 동의할 만큼 매력적인 21세기 동아시아의 미래 질서 architecture에 대한 비전과 담론을 개발해서 중국은 물론 지역 내 다른 국가들과 공감을 제고하는 노력을 정교하게 해내는 것이 필요하다. 그것이 소프트 파워이고 네트워크 파워인 것이다.

마지막으로 관건이 되는 것은 키신저의 통찰대로 중국으로부터 대립과 두려움을 불러일으키지 않는 절제와 힘과 정통성 간의 미묘한 균형에 기초한 질서를 창조할 수 있느냐의 여부이다. 그것은 21세기 동아시아와 서태평양의 새로운 미래 질서 비전에 대한 중국과 지역 내 다른 국가들과의 합의 여부에 달려 있다. 지역 내 모든 국가의 공생을 통한 평화와 번영을 지향하는 공동체로서, 지배와 피지배의 관계가 아니면서도 각국의 국력에 따라 공동체의 발전에 합당한 역할을 부여하는 질서가 되어야 하는 것이다. 외교란 중층적인 주권적 이해들 간의 협상 과정이 아니라 세계 질서에서 자신의 위치를 확인하는 기회를 부여받는 조심스럽게 준비된 일련의 의식들이라고 키신저는 말하지 않았던가.

그 같은 미래 질서의 핵심은 중국이 미국 등 강대국과는 공존하게 하고 한국 등 중진국이나 약소국과는 공생하게 하는 것이다. 마찬가지로 중진국과 약소국은 공생의 동아시아와 서태평양을 위해 미중 등 강대국들의 역할을 인정해야 한다. 이런 비전에 대한 중국과의 '담론 동맹discourse alliance'이 가능하다면 이는 대한민국의 21세기 대중對中 균형 전략의 목표가 될 수 있다.

따라서 민생·공감 강국으로 도약하는 데 요구되는 세 가지 힘, 즉 하드 파워와 소프트 파워와 네트워크 파워를 어떻게 해야만 키울 수 있는지에 대한 국가 전략을 서둘러 마련해야 하는 절체절명의 과제가 우리 민족의 앞길에 놓여 있다.

19세기 말 김옥균, 홍영식, 서광범, 유길준, 서재필 등 개화파와 그 뒤를 이은 이승만과 김구 등 독립지사들이 개화에 목숨을 걸었던 것은 20세기 후손들이 근대화된 나라에서 잘살 수 있도록 하기 위해서였다.

21세기를 살아가는 우리의 소명도 19세기 말 개화파 선배들이나 20세기 초 독립지사들과 다르지 않다. 22세기 후손들이 국제무대와 동아시아를 주도하는 강대국인 '민생·공감 강국의 시민'으로서 당당한 삶을 살 수 있도록 하는 데 목숨을 거는 일이 21세기를 사는 우리 세대의 천명天命인 것이다.

19세기 말과 20세기 초 개화와 독립운동에 헌신한 우리 선배들이 꾸었던 꿈은 100여 년 만인 오늘날에 실현됐다. 한국이 세계에서 일곱 번째로 1인당 GDP 2만 달러와 인구 5000만 명을 함께 달성한 클럽에 가입한 것이다. 우리가 진심으로 노력하고 희생하면 100년 뒤 우리의 후손들도 민생·공감 강국의 국민으로 살아가게 될 것이라고 확신한다. 세계무대를 평화와 번영, 민생과 공감의 세상으로 바꾸어나가는 위대한 역할을 우리 후손들이 주도하게 될 것이다.

05_ 한국이 중국과 일본에 앞서는 이유

 남북한으로 분단된 국토와 함께 강대국인 중국과 일본의 이웃 관계라는 지
정학적 조건은 대한민국이 민생·공감 강국으로 도약하는 데 축복이 될 것인
가, 아니면 저주가 될 것인가?

 민생·공감 강국을 향한 동아시아 레이스에서 가장 앞선 나라는 역시 2010
년부터 국내총생산 기준으로 세계 2위와 3위를 차지하고 있는 중국과 일본이
다. 2014년 중국과 일본의 GDP는 각각 10조 3550억 달러와 4조 7700억 달
러를 달성했다. 반면 대한민국은 1조 4495억 달러를 기록하며 세계 13위에
이름을 올렸다.

 그러나 민생·공감 강국으로의 도약은 하드 파워에 의해서만 결판이 나는
게임이 아니다. 소프트 파워와 네트워크 파워와 함께 앞에서 살펴본 바와 같
이 국내적으로 민생·공감 강국으로서 안정을 이룬 뒤 동아시아와 글로벌 차
원에서 공감 파워도 갖추어 장기간에 걸쳐 노력해야만 달성할 수 있는 지위
가 민생·공감 강국인 것이다. 그렇다면 공감 파워에 기초한 민족 내부의 단결
력이 하드·소프트·네트워크 파워보다 중요하다.

 이 점에서 대한민국, 중국, 그리고 일본 등 3국의 운명을 가늠할 수 있는 기

준이 있다. 그것은 바로 14세기 이슬람 사상가인 이븐 할둔Ibn Khaldūn이 그의 저서인 『무캇디마Muqaddimah』에서 내놓은 개념으로 민족의 단결력을 의미하는 '아사비야Assabiyya'이다. 할둔에 의하면 한 집단의 아사비야는 집단의 구성원들이 하나로 뭉치고 협력하는 능력이다. 이것은 집단이 적에 맞서 자신을 보호할 수 있게 해주고 다른 집단에 자신의 의지를 강요할 수 있게 해준다. 아사비야가 높은 국가가 낮은 국가보다 강대국으로 발전할 가능성이 높다는 것이다.

이제 대한민국, 중국, 그리고 일본 중 어느 민족이 아사비야가 가장 높을지 살펴보자.

터친은 그의 저서『제국의 탄생』에서 높은 아사비야는 초민족超民族 공동체의 변경이라는 지정학적 조건을 갖춘 나라의 민족에게서 발견되고 그런 민족이 강대국을 창조하는데, 그 예가 로마와 러시아라고 했다. 초민족 공동체의 변경은 강대국의 경계가 두 초민족 공동체를 가르는 단층선과 일치하는 지역으로 집단과 집단 간 경쟁이 치열한 곳을 일컫는다.

그렇다면 할둔과 터친의 통찰과 기준에 가장 근접하게 부합하는 민족은 어느 민족일까?

답은 바로 한민족이다. 한민족은 중국, 몽골, 그리고 일본이라는 초민족 공동체의 변경으로부터 오랜 세월에 걸쳐 잦은 외침에 시달려왔다. 동아시아의 대표적인 초민족 공동체의 변경은 중국 대륙과 일본 열도라는 두 초민족 공동체를 가르는 단층선에 위치한 한반도이다. 한민족이 중국에서 명멸해온 강대국들과 일본에서 시대를 달리하며 일어선 팽창 세력들에 의해 시달려야 했던 이유는 여기에 있다.

한민족의 내적 협력 수준이 높아진 것은 바로 이 같은 맥락에서 찾아야 한다. 중국과 일본, 몽골 등 이민족의 잦은 외침과 그에 따른 식민 지배를 비롯한 초민족 공동체 변경으로부터의 엄청난 압력을 극복하는 과정에서 아사비야가 크게 높아진 것이다.

1997년 외환위기 당시 국민들이 자발적인 금 모으기로 위기 극복에 기여한 일은 세계적으로도 그 유례를 찾기 어렵다. 그 전후로 러시아와 남미 등 세계 여러 나라에서 경제 위기를 맞아 국제통화기금으로부터 구제금융을 받았다. 그러나 어디에서도 한국의 금 모으기 운동 같은 사례는 찾아볼 수 없다.

한국에도 아사비야와 같은 정신이 있다. 일제 때 언론인이자 독립지사로서 7년여의 옥고를 치르는 등 민족 독립을 위해 헌신했던 민세民世 안재홍이 제창한 '다사리 정신'이 그것이다. 다사리 정신은 "만인萬人(모든 사람)으로 하여금 말하게 함으로써 그 의사를 국정에 반영하게 해 국가 구성원 모두 골고루 잘 살게 되는 사회를 건설하자"라는 뜻을 갖고 있다.

1592년 임진왜란과 19세기 말 일본의 침탈 시 의병이 전국 방방곡곡에서 일어난 것도 한민족의 높은 아사비야를 뒷받침해주는 사례로서 손색이 없다. 일제 강점 36년간 시인 이육사의 형제 모두가 독립운동에 투신한 사례도 같은 맥락에서 봐야 한다. 이육사의 경우 40세에 베이징 감옥에서 숨을 거둘 때까지 삶의 목표를 오로지 독립에 두고 자신을 돌보지 않는 삶을 살았다. 민족의 독립을 위한 희생으로 점철된 그의 이력은 읽는 사람으로 하여금 눈물을 쏟게 만든다.

특히 임진왜란 당시 의병은 관군이 하지 못하는 역할을 맡아 조선이 국난을 극복하는 데 큰 역할을 했다는 사실을 외국인의 기록에서도 확인할 수 있다. 이민웅 해군사관학교 교수는 그의 저서 『이순신 평전』에서 의병이 향토 방위나 지역 방어에 큰 역할을 했을 뿐만 아니라 왜적의 병참선을 위협할 만큼 세를 과시했다고 말한다. 왜장 고니시 유키나가小西行長의 종군 신부로 참전했던 그레고리우 드 세스페데스Gregorio de Cespedes 신부와 편지를 주고받은 루이스 프로이스Luis Frois는 당시 조선의 의병을 이렇게 묘사했다. "일본군은 해변에서 멀리 떨어진 여러 지역에 나뉘어 있었기 때문에 일본에서 보낸 식량을 받으려면 많은 병사를 보내 운반해야 했다. 조선의 의병들은 소규모로 여러 지역을 다니며 익숙한 지리를 활용해 매복 공격을 가해 일본군을 도륙하고 가지고 있던 것을 모두 취했다."

2차 세계대전 이후 대한민국의 아사비야가 높아지게 된 또 다른 요인은 미국과 소련을 중심으로 자유민주주의와 공산주의 진영 간에 형성된 냉전 질서에서 찾을 수 있다. 냉전 시기에 대한민국은 공산주의권의 맹주였던 구소련과 중국, 북한이라는 북방 3각 동맹과 이들과의 맞댄 국경, 즉 초민족 공동체의 변경으로부터 비롯된 엄청난 압력을 극복함으로써 아사비야를 높일 수 있었다. 그 같은 아사비야가 산업화와 민주화를 잇달아 달성한 원동력이 되었다고 볼 수 있다.

사실 한국은 냉전 시기에 지리적으로 아시아 자유민주주의 진영의 국가로서는 유일하게 공산 진영의 거인들인 중국과 소련, 이들의 위성국가인 북한과 국경을 맞대고 있던 국가였다. 반면 유럽의 자유민주주의 진영에서는 독일, 오스트리아 등 한 나라가 아닌 여러 나라가 소련, 체코, 루마니아, 헝가리등 공산 진영과 국경을 맞대고 있었다. 이 점에서 냉전 시기에 한국이 혼자견뎌내야 했던 압력은 상상을 초월하는 것이었다.

대한민국이 공산주의 강대국들에 의한 엄청난 이념적·군사적 흡수 압력을극복하고 산업화와 민주화에 성공해서 오늘날 1인당 국내총생산이 3만 달러에 가까운 중진국으로의 발전을 이룩한 것은 20세기 세계사의 기적이다.

이 같은 기적을 가능케 한 요인을 좀 더 구체적으로 살펴본다면 그것은 중국이라는 초민족 공동체의 변경에 따른 엄청난 압력이 북한이라는 완충지대 buffer zone를 통해 한 단계 완화됐다는 데서 찾을 수 있다.

미국의 저명한 역사가로서 스탠포드대학교의 교수인 이언 모리스Ian Morris 는 2010년 펴낸 저서『왜 서양이 지배하는가Why the West Rules For Now』에서 이전에는 단점으로 간주되던 지리적 후진성이 사회경제적 변화에 따라 장점으로 변화하는 패턴을 '후진성의 장점advantages of backwardness'으로 불렀다.

모리스에 의하면 사회 발전에서 가장 큰 진전들은 종종 발전된 중심 지역에서 수입되거나 모방된 방법들이 잘 작동되지 않는 지역들에서 온다. 그 까닭은 가끔씩 오래된 방법들을 새로운 환경들에 적응시키기 위한 투쟁으로 인해 사람들이 새로운 돌파구를 만들어내기 때문이다. 그리고 이따금 사회 발전의 한 단계에서는 크게 중요하지 않은 지리적 요인들이 다른 단계에서는 더 중요해지기 때문이다.

모리스에 의하면 5000여 년 전에 포르투갈, 스페인, 프랑스, 영국 등이 당시의 세계 중심인 지중해가 아니라 대서양에 위치했다는 사실은 커다란 지리적 단점이었다. 지중해 지역에 위치해 있는 메소포타미아나 이집트 등 문명의 발상지로부터 멀리 떨어져 있는 대서양의 국가들은 문명 발전과 교역 증대를 이루기에 지리적으로 불리함을 안고 있었다는 것이 그의 설명이다. 그러나 500여 년 전 사회 발전이 많이 일어나면서 지중해와 대서양이 갖는 지리적 의미가 크게 바뀌었다. 통과가 불가능하던 대양을 건널 수 있는 새로운 종류의 선박들이 출현했는데, 이는 대서양에 위치해 있다는 단점을 갑작스레 큰 이득으로 만들었다. 그 결과 아메리카 신대륙과 중국, 일본으로의 항해를 시작한 것은 지중해 지역의 이집트와 이라크 선박들이 아니라 대서양 지역의 포르투갈, 스페인, 프랑스, 영국 배들이었다. 해상 교역으로 세계를 하나로 묶기 시작한 것은 대서양 지역의 서유럽 사람들이었다고 모리스는 말한다. 서유럽의 사회적 발전은 동東 지중해(이집트와 이라크 등 지중해 동쪽의 구세계의 중심 지역)보다 오래된 중심을 따라잡으면서 비약적으로 이루어졌다. 사회적 상황이 변화함에 따라 요구하는 자원들도 역시 변화하고, 한때 중요하게 여겨지지 않았던 지역들이 그들이 안고 있던 후진성에서 장점을 발견할지도 모른다는 것이 그의 통찰인 것이다.

이 같은 문제의 틀에서 보면 한국은 북한이라는 완충지대가 있었기에 안정된 상태에서 아사비야를 높일 수 있었으며, 중국의 직접적인 압력에서 벗어나 해양을 통해 세계를 향한 무역대국으로 성장하는 것이 가능했다고 평가할 수 있다. 한국으로서는 단점이 될 수밖에 없는 분단이라는 후진성을 오히려 경제 성장을 위한 장점으로 전환했다는 것이다.

한민족이 이룬 또 다른 기적은 이민족에게 일관된 관용tolerance을 보여왔다는 사실이다. 중국과 몽골, 일본에 의한 수많은 외침에도 이들 나라와 민족을 적대시하지 않은 것은 물론 보복 침략을 한 적도 없다. 민족 내부의 높은 아사비야와 이민족異民族에 대한 포용 또는 관용은 역사적으로 성공한 강대국들이 출현할 수 있었던 공통된 요인들이라고 터친은 앞선 책에서 지적한다.

스파르타가 강대국을 건설하지 못한 이유는 초민족 공동체의 변경 안에 있지 않았기 때문에 메시니아 사람들을 아무런 거리낌 없이 노예로 삼는 등 이민족에 대한 관용이 부족했다는 점이다. 이웃 민족들과 협력해 맞서 싸워야 할 아주 무섭고 낯선 '타자'가 없었기 때문에 스파르타 사람들은 메시니아 사람들을 '우리'로 보지 않았다는 것이다.

우리 민족이 무수한 외침을 받고도 침탈한 나라에 보복하지 않은 것이나 이민족을 노예로 삼는 행위를 삼갔던 것은 중국, 몽골, 일본 등 아주 무섭고 낯선 타자들이 이웃에 있었기 때문이다. 다시 말해서 우리 민족은 이민족을 그 같은 타자에 맞서 함께 협력해서 싸워야 할 우리로 봤던 것이다.

바로 이 점에서 문명적으로 더 계몽되고 발전된 형태의 강대국으로서의 민생·공감 강국의 지위로 도약할 가능성이 가장 높은 동아시아 국가는 바로 대한민국이라고 볼 수 있다.

중국은 어떤가? 중국 대륙을 계속 지배해온 민족은 한족漢族이 아니다. 한족은 몽골족과 여진족이 한 차례씩 장기간 중국을 지배하는 동안에 적대시되지 않고 중용됐다. 이 때문에 한족이 몽골족과 여진족이라는 초민족 공동체의 변경에서 얻은 아사비야는 상대적으로 높지 않은 편이다.

더군다나 한족이 지배하는 현대 중국은 티베트, 신장, 위구르 등 내부 이민족을 적대시하며 억압하고 있는데, 이는 민생·공감 강국으로 도약하는 데 큰 걸림돌이 될 것이다. 오늘날 중국이 티베트나 신장, 위구르 등에 관용을 보이지 않는 이유는 초민족 공동체의 변경으로부터 제기되는 압력이 없기 때문이다. 최근 중국이 동중국해의 서사군도와 남중국해의 남사군도 영유권을 주장하면서 베트남과 필리핀, 인도네시아 등 동남아국들과의 관계가 긴장되더라도 신경 쓰지 않는 것 역시 같은 맥락에서 볼 필요가 있다.

일본도 예외가 아니다. 일본은 주변 국가들과 화합하기보다는 침략하고 억압하는 역사를 많이 갖고 있다는 점에서 터친이 제시한 위 조건들에 전혀 맞지 않는 나라인 것이다. 일본은 오늘날 경제력과 군사력에서 급부상하고 있는 중국이라는 아주 무서운 타자와 동중국해 센카쿠열도 영유권을 둘러싸고 필연적으로 맞붙을 수밖에 없는 처지에 놓여 있다. 그렇다면 일본으로서는 대한민국이라는 이웃나라를 타자가 아닌 우리로 대하면서 포용하고 협력하는 것이 바람직하다. 그러나 일본은 대한민국을 포용해야 할 필요성을 느끼지 못하고 있다.

20세기 초 한국을 침략하고 식민 지배를 한 사실에 대해 진정한 사과와 반성을 하기는커녕, 오히려 한국 영토인 독도에 대한 영유권을 주장하는 몰상식과 무교양을 보이고 있는 것이 일본이다. 2012년 8월, 당시 이명박 대통령이 현직 대통령으로서는 처음으로 독도를 방문하자 일본 민주당 정부는 이를 문제 삼아 국제사법재판소ICJ에 단독으로 제소하는 방안을 결정하는 등 독도를 분쟁 지역으로 만드는 데 전력을 기울였다. 그러나 글로벌 스탠더드에서 벗어나는 일본의 이 같은 외교는 그해 12월 총선에서 자민당이 압승을 거두면서 아베 전 총리가 다시 총리를 맡은 이후 다소 주춤한 상태다. 그럼에도 독도 영유권을 주장하는 일본의 기조가 바뀐 것은 결코 아니다. 일본 방위성은 2015년 7월에 발표한 방위백서에서 독도를 일본 영토라고 주장했다. 이같은 도발은 11년째 되풀이되고 있는 것이다.

일본이 우리로서는 상식적으로는 도저히 이해할 수 없는 이 같은 행태를 버젓이 보이는 까닭은 무엇일까? 이 역시 일본이 오랫동안 초민족 공동체 변경으로부터의 압력을 받지 않은 사실에 기인한 것으로 분석할 수 있다. 그 결과 주변 국가들을 우리로 보지 못하고, 만만하게 여겨지는 주변국들을 억압하려 하기 때문이다. 이 같은 일본의 모습은 현재 일본이 세계 3위의 경제대국이라 할지라도 민생·공감 강국으로 도약할 가능성이 낮다는 것을 보여준다.

그렇다면 한민족의 아사비야가 중국이나 일본보다 높음에도 낮게 보이거나 국력에서 이들 두 나라에 뒤져 있는 이유는 무엇인가? 한국의 정치 리더십이 한민족의 아사비야를 이끌어내 국가 발전의 동력으로 활용하는 데 아직 미흡하기 때문이다.

임진왜란 때 조선이 국난을 극복할 수 있었던 것은 당시 리더십이 한민족의 아사비야를 이끌어내는 데 성공했기 때문이라는 사실에 주목해야 한다. 그 리더십의 주인공은 서애西厓 류성룡이다. 송복 전 연세대 교수는 그의 명저 『서애 류성룡 위대한 만남』에서, 임진왜란 당시 전시 수상인 영의정과 5도 체찰사를 맡았던 류성룡이 민족의 아사비야를 높이기 위해 천인 계층에게 왜군 수급을 벤 성과에 따라 면천이나 급제, 등용 등의 조치를 취한 점을 높게 평가한다. 그 결과 천인들이 참가하는 의병대가 급증하는 등 국난 극복을 위한 민족의 아사비야가 고조됐고, 이는 왜적을 물리치는 데 큰 힘이 됐다는 것이다. 오랫동안 한족의 명나라와 몽골족의 원나라 등 초민족 공동체의 변경에서 받는 엄청난 압력을 극복하면서 쌓은 한민족의 아사비야는 그동안 폭압적인 신분제 등에 의한 왕과 사대부의 비관용으로 훼손되어 오던 차였다. 병역 의무에서조차 배제될 정도로 국가 구성원으로서 최소한의 지위도 누리지 못하던 천인 계층에 국난 극복에 참여하는 길을 연 류성룡의 조치는 한민족의 아사비야를 크게 높이는 계기가 됐다.

어떤 리더를 만나느냐에 따라 한민족의 아사비야가 발휘될 수 있고 안 될 수도 있는 것이다. 민생·공감 강국으로 도약하려면 한민족의 아사비야를 세계 정상의 수준으로 높이는 것이 절대적으로 중요하다. 이를 위해 민생주의는 민생을 우선시하면서 성장을 추구하는 전략을 마련해야 한다. 서민과 중산층의 민생이 해결되어야 이들 계층의 아사비야가 높아지면서 적극적인 국가 발전의 동력이 될 수 있기 때문이다. 국민 전체의 아사비야를 높이기 위해서는 지도자들과 소득 상위 계층의 희생이 요구된다. 공동 부담의 사안에서 지도자들이 지위나 계급 뒤에 숨지 않고 자기들 몫을 감당할 때 보통사람들도 규정을 어기지 않고 협조를 할 가능성이 높다는 것이 터친의 말이다.

| 제2장 |

강대국으로 가는 길

06_ 국민이 준비해야 하는 것, 국가가 나서야 하는 것

고대 로마의 현자賢者들은 생각과 마음의 중요성을 깨우쳐주는 말들을 많이 남겼다. 로마제국의 5현제 중 하나인 마르쿠스 아우렐리우스Marcus Aurelius의 잠언箴言은 그중에서 특히 유명하다. 그는 그리스어로 쓴 일기인 『명상록Ta eis heauton』에서 "네 마음은 네가 자주 떠올리는 생각과 같아질 것이다. 영혼은 생각에 물들기 때문이다"라고 말했다.

아우렐리우스는 이 책에서 생각의 힘에 대해 이렇게 말했다. "너에게 어떤 일이 어렵다고 해서 인간에게 불가능한 일이라고 여길 것이 아니라, 그것이 인간에게 가능하고 인간의 본성에 맞는 일이라면 너도 틀림없이 해낼 수 있다고 생각하라."

고대 중국의 유학자들도 생각과 마음의 중요성을 강조했다. 특히 공자는 『논어』「자한子罕」편에서 생각의 중요성에 대해 이렇게 말했다. "생각하지 않아서 그렇지 생각한다면 그 무엇이 멀겠느냐?未之思也 夫何遠之有" 이 말의 의미는 생각만 한다면 인仁을 실천하는 것은 어렵지 않다는 것이다. 그럼에도 이 구절은 '하겠다는 생각을 한다면 못할 것이 없다'는, 그보다 보편적인 의미를 내포한다고 할 수 있다.

생각의 중요성을 일깨워주는 대표적인 사자성어인 '극념작성克念作聖'이라는 말은 『천자문千字文』에도 나온다. "능히 생각을 하면(마음먹은 것을 해내면) 성인이 된다"라는 뜻이다. 이 말의 원문은 중국 최고의 정치학 고전인 『서경書經』에 나오는 "성인도 생각하지 않으면 광인이 되고 미치광이도 생각하면 능히 성인이 된다維聖 罔念作狂 維狂 克念作聖"라는 의미의 문장이다.

공자의 언명 중에서 생각의 중요성을 가장 잘 드러내주는 것은 『논어』「안연顏淵」편에 나오는 "내 몸을 이기고 하늘에서 타고난 예로 돌아가는 것이 인이다克己復禮爲仁"라는 말일 것이다. 이 말에서 '몸'은 신체가 아니라 '잡념이나 못된 생각'을 가리킨다. 누구든지 이기적이거나 나쁜 생각을 이겨내고 예로 돌아가면 어짊을 행할 수 있다는 의미이다. 그래서 공자는 『논어』「위정爲政」편에서 "시경에 나오는 시 300수를 한마디로 말한다면 생각함에 간사함이 없는 것詩三百 一言以蔽之 曰 思無邪"이라고 한 것이다.

연암燕巖 박지원도 청나라의 수도 북경과 황제의 피서지인 열하熱河(현재 승덕承德으로 이름이 바뀜)에 다녀오는 길에 쓴 기행문인 『열하일기熱河日記』에서 '극기복례克己復禮'의 중요성에 대해 쓰고 있다. 이는 조선 선비들이 이기적이고 바르지 못한 생각을 이겨내는 마음공부를 수양의 핵심으로 삼았음을 보여준다.

그래서 맹자는 『맹자孟子』의 「고자장구상告子章句上」편에서 공부는 곧 마음을 다스리는 것이라고 한 것이다. "사람이 닭이나 개가 도망을 하였다면 곧 찾을 줄을 알되, 놓아버린 마음이 있으나 구할 줄을 알지 못하나니 학문의 길은 다른 것이 없다. 그 놓아버린 마음을 구하는 것뿐이다人 有鷄犬 放則知求之 有放心 而不知求 學問之道 無他 求其放心而已矣."

개인들이 어떤 생각을 지속적으로 해서 마음이 그 같은 생각으로 채워지게 되면 그들이 속한 민족은 그 생각과 마음이 가리키는 대로 역사를 만들어갈 수 있을 것이다. 일제 때 상해와 북경을 오가면서 독립운동과 함께 중국 대륙에 기원을 둔 한국의 고대사 연구에 일생을 바친 단재丹齋 신채호가 "국민의 생각이 역사를 만든다"라고 말할 수 있었던 것은 바로 이 때문이다. 이는 프랑스 역사가 쥘 미슐레Jules Michelet가 프랑스대혁명을 연구하고 나서 역사의 주연은 지도자가 아니라 국민이었다고 주장하는 것과 일맥상통한다. 20세기 미국 역사가 에드먼드 윌슨Edmund Wilson의 『핀란드 역으로To the Finland station』에 의하면, 미슐레는 역사의 땅속을 깊이 파고들어가면 갈수록 역사의 주연 배우란 국민이 생각하는 바를 표현하는 유력한 연설가들이 아니라 국민이라는 것을 깨닫게 된다고 했다.

대한민국이 민생·공감 강국으로 도약할 수 있는가 하는 문제는 우리 국민의 마음에 달려 있는 것이다. 국민 모두가 민생·공감 강국으로의 도약을 생각하고 그 생각에 물든 마음으로 목표를 세워 간절히 원하고 노력한다면 꿈은 이루어진다는 것이 현자들의 통찰이다.

미국이 쇠퇴하고 있는 것이 아니냐는 논란과 관련해 보수 성향의 미국 국제정치학자 케이건은 『미국이 만든 세계World America Made』에서 이렇게 말했다. "미국이라는 강대국의 흥망에 대한 결정은 미국 국민들의 손에 달려 있다. 찰스 크라우트해머Charles Krauthammer(미국의 보수 성향의 정치 평론가)가 관찰한 바와 같이 쇠퇴는 선택이다." 국민이 어떤 생각과 마음을 갖느냐에 따라 한 국가의 흥망성쇠가 결정된다는 것이 케이건과 크라우트해머의 메시지이다. 한 국가가 쇠퇴하느냐 마느냐는 국민이 쇠퇴한다고 생각하느냐 마느냐에 달려 있다는 것이다.

이와 관련해, 미국의 응용수학자 존 캐스티John L. Casti가 그의 저서 『대중의 직관Mood Matters』에서 제기한 매우 의미 있는 주장을 참고할 필요가 있다. "사람들이 생각하는 방향이 사건을 만드는 것이지 어떤 사회적 사건 때문에 사람들이 미래에 대해 일정한 방향으로 생각하는 것은 아니다."

이에 더해 캐스티는 "국민의 생각이 역사를 만든다"라는 신채호의 말을 뒷받침하는 명제도 내놓는다. "한 집단이 미래를 낙관할 때 발생하는 사건들은 비관적인 분위기가 지배적일 때 발생하기 십상인 사건들과는 질적으로 매우 다르다."

캐스티는 이어서 19세기 프랑스 사회심리학자인 귀스타브 르 봉Gustave Le Bon이 이미 자신과 같은 생각을 했었다는 것을 보여주며 그의 명제를 인용한다. "중대한 역사적 사건은 인간의 생각이 은연중에 변화한 결과가 드러난 것이다."

캐스티와 단재의 주장을 종합해보면 국민이 국가의 미래를 낙관할 때 국가의 발전은 가능하다는 결론이 도출된다.

문제는 한국이 민생·공감 강국으로 도약을 해내야 한다고, 할 수 있다고 국민이 생각하도록 하기 위해서는 어떻게 해야 하느냐는 것이다.

우선은 담론談論, discourse 공간에서 이에 대한 논의가 활발하게 이루어지는 것이 필요하다.

신문과 방송, 인터넷 포털 사이트, 그리고 트위터를 비롯한 소셜네트워크서비스SNS 매체 등 다양한 담론 시장 또는 공간에서 민생·공감 강국으로의 도약이 우리의 국가 전략 목표가 되어야 한다는 데 대한 깊이 있고 폭넓은 논의가 이루어져야 한다.

담론 공간에서 그 같은 논의가 충분히 이루어지면 국민들 사이에서 공감대를 형성할 수 있고 공감대가 높아지면 국민 다수가 민생·공감 강국으로의 도약을 간절히 원할 것이다. 국민이 원하고 국민이 믿으면 한국은 그 길로 나아갈 수 있다.

그러나 국민의 마음만으로는 부족하다. 국민의 마음을 민족 내부의 높은 단결과 협력 단계인 아사비야로 승화시킴과 동시에 그 아사비야를 바탕으로 민생·공감 강국 도약을 주도할 리더가 출현해야 한다. 그래야만 그 같은 국가전략 목표가 달성될 수 있는 것이다.

일본의 글로벌 기업인 교세라의 창업자인 이나모리 가즈오稻盛和夫는 자서전 『좌절하지 않는 한 꿈은 이루어진다稻盛和夫のガキの自敍傳』에서 "생각의 차이가 운명을 바꾼다"라고 했다. 인생의 명암을 가르는 것은 행운이나 불운에 달려 있지 않고 모든 것은 마음먹기에 달려 있다는 것이다.

개인의 인생과 마찬가지로 국가의 미래는 국민의 마음먹기와 그 같은 국민의 마음을 아사비야로 승화시킬 전략적 마인드를 갖춘 리더의 등장에 달려 있다고 볼 수 있다.

국민이 민생·공감 강국으로의 도약을 생각하기 시작하고 그 꿈을 이룰 리더가 등장했다면 이제 리더와 국민이 해야 할 일은 무엇인가? 그것은 정교한 전략을 마련한 뒤 그 전략에 따라 매년 최선을 다해 그해의 목표들을 달성하는 데 집중하는 것이다.

미국의 닉슨 행정부 때 국무장관과 국가안보보좌관을 지낸 키신저는 한 사람의 커리어career라는 것은 결코 관리한다고 해서 관리되는 성질의 것이 아니라고 했다. 자신이 속한 조직이나 추구하는 분야에서 매년 가장 중요한 일을 최선을 다해 이루어나갈 때 원하는 자리에 오를 수 있고 자연스럽게 커리어가 관리된다는 것이다.

국가의 목표도 마찬가지다. 리더와 국민이 그 목표를 이루고 싶다고 생각만 해서는 목표 달성이 불가능하다. 국가 목표를 이루는 데 요청되는 가장 중요한 과제들에 대해 리더와 국민이 전략에 따라 소요 기간을 상정하고 매년 실천하는 데 최선을 다해야 하는 것이다. 그래야만 민생·공감 강국 도약에 성공할 수 있다.

요약하자면 민생·공감 강국 도약은 이에 대한 국민의 생각이 공유됨과 동시에 국민을 이끌 리더의 등장과 전략 마련, 그리고 최선의 실천에 의해서만 달성할 수 있는 것이다.

07_ 강대국 도약을 위한 조건은 무엇인가

"회의에서 이기는 사람은 결론을 염두에 두고 있는 사람이다."

일본의 다키자와 아타루瀧澤中는 그의 저서『그들의 운명을 가른 건 정치력이었다戰國武將の「政治力」』에서 기회가 있으면 도전해본다는 느슨한 생각으로는 예나 지금이나 절대로 정권을 잡을 수 없다고 했다. 단순한 회의조차 결론을 염두에 둔 사람이 주도하는데 하물며 정권을 잡는 문제야 오죽하겠느냐는 것이다. 오다 노부나가織田信長, 도요토미 히데요시豊臣秀吉, 도쿠가와 이에야쓰德川家康 등 16세기 일본의 전국시대 때 차례로 정권을 잡는 데 성공한 이들은 그저 생각만 하면서 기회를 기다린 것이 아니라 직접 부딪혀 정권을 만들었다고 말한다.

하지만 대한민국이 민생·공감 강국 도약이라는 목표를 이루어내는 것은 16세기 일본에서 막부 정권을 창출하는 것보다 훨씬 더 어려운 과제다. 지도자들이 온몸을 부딪혀가며 기회를 만드는 것만으로는 부족하다.

2차 세계대전을 승리로 이끈 윈스턴 처칠Winston Churchill에 의하면 국가가 목표를 달성하기 위해서는 계획을 넘어서는 준비가 필수적이다. 제프리 베스트Geoffrey Best가 쓴 처칠 평전『절대 포기하지 않겠다Churchill』에 따르면 처칠은 이렇게 말했다. "경험에 따르면 예측은 틀리고 준비는 늦기 마련이다. 그럼에도 전쟁을 승리로 이끌려면 기획과 주제가 필요하다."

그렇다. 민생·공감 강국 도약이 전쟁 이상으로 치열한 준비가 있어야 달성할 수 있는 목표인 만큼 처칠의 통찰대로 기획, 즉 전략이 있어야만 한다. 하드 파워와 소프트 파워, 네트워크 파워라는 3대 파워를 발전시킬 수 있는 정교한 국가 전략의 수립과 차질 없는 추진이 뒷받침되어야만 민생·공감 강국으로 도약할 수 있는 것이다.

단단한 동서양 고전 공부와 분쟁 지역 취재를 바탕으로 국제정치 전략가로서 입지를 굳힌 미국의 로버트 캐플런은 그의 저서 『지리의 복수』에서 나폴레옹 보나파르트Napoléon Bonaparte를 인용해 전략이란 군사적·외교적으로 시간과 공간을 활용하는 예술이라고 주장한다. 한 나라의 지리를 아는 것이 그 나라의 흥망을 가르는 외교정책의 핵심이라는 나폴레옹의 관점에 본다면, 지정학은 국가 전략에서 가장 중요한 위치를 차지한다는 것이 로버트 캐플런의 생각이다.

하지만 단순히 전략만으로는 강대국들과의 게임에서 이기기 어렵다. 외교안보 및 경제 분야에서 어떤 의제를 어느 시간과 장소에서 어떤 형태로 설정하고 주도할 것인지에 관한 이른바 '전략적 주도권strategic initiative'을 확보해야 승리할 수 있다. 전쟁에서도 전략적 주도권을 쥔 진영이 시간과 장소와 형태를 선택할 수 있기 때문에 이길 수 있다고 버지니아대학교 교수인 필립 젤리코Philip Zelikow는 말한다. 이는 민생·공감 강국 도약을 이루려면 전략적 주도권을 갖고 추진할 수 있는 국가 전략이 절대적으로 필요하다는 것을 뜻한다.

이에 앞서 동서양의 여러 강대국이 그 같은 지위에 올라서기까지 군사적·외교적으로 시간과 공간, 특히 공간을 어떻게 활용하고 전략적 주도권을 확보했는지 연구해서 국가 전략 수립에 참고할 필요가 있다.

강대국 탄생의 비밀은 무엇인가?

그 같은 비밀을 찾는 데 성공했다고 평가받는 최고의 전문가는 손에 꼽을 정도로 적다. 『제국의 탄생』의 터친, 『니얼 퍼거슨의 시빌라이제이션 Civilization』과 『제국Empire』의 니얼 퍼거슨Niall Ferguson, 『제국의 미래Day of Empire』의 에이미 추아Amy Chua, 『대포, 범선, 제국Guns, Sails, Empires』의 카를로 치폴라 Carlo M. Cipolla, 『아르마다Armada』의 개릿 매팅리Garrett Mattingly가 그들이다.

물론 이들의 통찰만으로 강대국 탄생의 비밀을 완전히 풀어내기란 어렵다. 고전과 지정학이라는 마법의 힘도 필요하다.

마케도니아의 아리스토텔레스에서부터 독일 철학자 헤겔과 영국의 역사학자 아널드 토인비Arnold Toynbee에 이르기까지 그들이 쓴 고전들을 참고해야 한다. 로버트 캐플런과 지정학 권위자인 그리기엘, 니컬러스 스파이크먼Nicholas J. Spyk man의 통찰도 필요하다.

먼저 진화생물학자 겸 역사학자인 터친의 견해를 들어보자. 그는 역사가 과학이 될 수 있다고 주장한다. 역사를 과학적으로 설명하는 것이 가능하다는 얘기다. 강대국의 탄생 요인으로 그는 높은 아사비야와 이민족의 대포용 두 가지를 꼽는다.

로마와 러시아, 미국 등 고대에서 현대에 이르기까지 출현한 강대국 또는 초강대국 모두 주변의 초민족 공동체 변경의 압력에 대응하면서 아사비야로 불리는 민족 내부의 협력 수준이 높아졌고 동시에 이민족에 대한 포용이 가능해지면서 탄생하게 되었다는 것이다.

그는 로마가 갈리아에 적극적으로 대응하면서 비로소 도시국가에서 강대국으로 발전할 수 있었다고 분석한다. 갈리아 사람들이 이탈리아 반도에 침입해 아펜니노 산맥을 따라 초민족 공동체를 가르는 변경을 구축한 것이 로마가 강대국으로 도약하는 데 결정적인 역할을 했다는 것이다.

터친에 의하면 모스크바 공국이 오늘날 강력한 중앙집권 국가인 러시아로 탈바꿈할 수 있었던 것도 초민족 공동체의 변경에 위치하면서 다양한 사회계급이 협력해 영토를 지켰기 때문이다. 제정 러시아 카자흐의 수령인 에르마크 티모페예비치Yermak Timofeyevich가 타타르군을 물리치고 강대국 러시아의 기반을 확보한 것도 적들보다 아사비야가 월등히 높았기 때문이라는 것이다. 전쟁에서의 승리는 적보다 아사비야가 높을 때 오는데, 집단의 결속력이 강한 민족은 전투에 많이 졌다 해도 결국에는 승리하고 강대국을 이룩한다.

단층선을 이루는 변경에 사는 사람들은 협력해서 집단적으로 행동할 수 있는 높은 역량을 갖게 되어 거대하고 강력한 영토 국가를 건설할 수 있다는 것이 터친의 가설이다. 미국이라는 용광로 같은 사회의 출현도 북미 단층선에서의 삶이 낳은 결과 중 하나라는 것이다.

변경의 성격이 약하면 세계 수준의 강대국은 될 수 없으며, 기껏해야 지방 국가밖에 만들어낼 수 없다. 로마 사람들은 변경들이 형성되어 한층 낯설고 무서운 '타자'와 부딪힌 뒤에야 진정으로 강대국을 건설할 수 있는 민족으로 단련될 수 있었다는 것이다.

역사는 대개 직선으로 발전하지 않는다. 기원전 5세기에 로마는 분열의 단계를 겪으면서 붕괴 직전까지 갔다. 로마는 그런 내부 압력이 줄어든 뒤에야 다시 팽창할 수 있었다. 아펜니노 산맥을 따라서 갈리아 사람들에 의해 초민족 공동체의 변경이 구축되자, 귀족과 평민 모두 충격을 받아 외부의 위협에 대처하려면 협력해야 한다는 사실을 깨달았던 것이다. 로마 사회가 머리 가죽을 모으고 늑대처럼 울부짖는 사나운 야만인과 맞닥뜨렸을 때 계층 간의 분쟁은 우선순위에서 뒷전으로 밀렸다.

터친에 의하면 로마제국이 몰락하게 된 결정적인 조건은 로마가 초민족 공동체의 변경에서 압력을 가해 로마 내부의 협력, 즉 아사비야를 높여준 카르타고를 기원전 146년에 공격해 제거한 사건이다. 그는 통합을 유지하도록 해준 외부의 압력이 사라지자 아사비야가 점차 약화하면서 로마가 몰락하기 시작했다고 본다.

카르타고와 함께 로마에 상당한 압력을 가하던 갈리아를 로마가 기원전 2세기 초에 완전히 정복하고 로마가 탄생한 초민족 공동체의 변경에서 완전히 밀어낸 것도 로마의 몰락을 재촉했다고 터친은 말한다. 카르타고의 한니발 바르카Hanibal Barca 군대의 상당수가 갈리아 출신이었다.

로마가 제국으로 도약하게 된 또 다른 지리적 설명은 영국이 낳은 세계적인 역사학자 토인비의 『역사의 연구study of history』에서 찾을 수 있다. 로마가 대제국이 될 수 있었던 것은 살기 좋은 대평원에 터를 잡은 이웃나라인 카푸아와 달리, 환경이 척박했던 탓에 그곳에만 머물지 않고 세계 정복에 나섰기 때문이라는 것이 토인비의 통찰이다. 카푸아는 안온한 삶이 가능한 대평원에 머물다가 이웃나라들에 차례로 정복당하고 말았다. 카르타고의 한니발 군대가 로마군과의 전쟁을 유리하게 이끌다가 결국 패배하고 만 데는 카푸아에서의 월동越冬이 결정적인 요인으로 작용했다고 토인비는 지적한다. 칸나이 전투에서 5만 6000여 명의 로마군을 죽이고 승리한 한니발 군대가, 월동 기지를 내준 카푸아로 가서 겨울에 너무 편안하게 지낸 나머지 사기가 떨어져 끝내는 로마군에 지고 말았다는 것이다.

이 대목에서 토인비는 살기 좋은 땅을 가진 나라가 강대국이 되는 것은 결코 아니라는 키루스 왕의 지적을 상기한다. 키루스 왕은 어떤 사람들이 와서

돌이 많은 현재의 영토를 떠나 더 살기 좋은 땅을 소유할 것을 권유하자, 소원대로 해도 좋은데 그러려면 현재 복속민들의 지위가 바뀔 각오를 하지 않으면 안 될 것이라고 충고한 뒤 온난한 국토는 틀림없이 유약한 주민을 낳는다고 일렀다는 것이다.

그러나 한 가지 오해해서는 안 될 것이 있다. 살기 척박한 땅이라고 기후가 너무 춥거나 더워서는 세계무대에서 강대국으로 도약할 수 없다는 사실이다. 헤겔은 그의 명저 『역사철학강의Vorlesungen über die Philosophie der Weltgeschichte』에서 "자연은 인간이 자유를 획득하기 위한 출발점인데, 이 자유의 획득이 자연의 힘에 의해 방해되어서는 안 된다"라면서 "추위와 더위의 힘이 너무 강렬하면 정신이 자기의 세계를 건설할 수가 없다"라고 말했다. 그는 이어서 "절박한 필연성이 충족된 연후에 비로소 인간은 보편적인 것, 더 높은 것에 눈을 돌리는 법"이라는 아리스토텔레스의 언명을 인용한 뒤 세계사의 참다운 무대는 기후가 따뜻한 지대, 그것도 북부에 한정된다고 덧붙였다.

헤겔과 아리스토텔레스의 이 같은 말에 따르면 로마와 카르타고의 대결은 각자가 위치한 영토의 기후라는 자연적 조건에서 이미 그 결과가 예상된 셈이다. 아프리카 북단에 위치한 카르타고가 로마를 제치고 세계사의 주역으로 올라서기에는 로마보다 더위의 영향을 많이 받았던 것이다. 이 때문에 추운 날씨를 견디기 어려운 태생적 한계를 지닌 한니발 군대로서는 칸나이 전투 직후 겨울이 닥치자 카푸아와 같은 안온한 땅에서 월동할 수밖에 없었고, 그 결과 사기가 퇴락해 전쟁에서 패배하고 말았던 것이다. 반면 로마 군대는 척박한 자기 영토에서 월동하면서도 사기를 잃기는커녕 오히려 칸나이에서의 대패에 따른 충격을 수습하고 반격에 나설 힘을 비축할 수 있었다.

로버트 캐플런은 앞에서 언급한 스파이크먼의 저서를 인용해 역사는 온화한 기후가 승한 위도상의 온대 지역에서 만들어진다고 했다. 여기에 더해 제임스 페어그리브James Fairgrieve는 온대 지역 사람들은 열대 지방에 비해 태양 에너지가 부족하기 때문에 엄청나게 다양한 기후와 싸워야 하고 동시에 파종과 수확을 위해 특정한 시간대를 이용해야 하는 계절의 변화에 대처하면서 더욱더 열심히 일해야 한다고 설명했다. 인간들이 강함에서 강함으로 전진하는 곳이 바로 온대 지역이라는 것이다. 이렇게 본다면 한니발 군대는 로마군에 진 것이 아니라 지리의 복수를 당한 것이다.

"지리가 모든 것이다Geography is everything." 오늘날 미국이 강대국으로 올라설 수 있었던 요인을 한 가지 꼽으라면 역시 지리에서 찾을 수 있다는 것이 세계적인 지정학자 스파이크먼의 주장이다. 그리스가 에게 해 제해권을 지배함으로써 그리스 반도의 효과적인 통제권을 확보했고 로마는 지중해를 지배함으로써 서반구를 정복할 수 있었던 것과 마찬가지로 미국도 카리브 해의 통제권을 확보한 것이 주효했다는 것이다. 스파이크먼에 따르면 1898년 미서전쟁에서 카리브 해의 통제권을 유럽 식민강대국들로부터 확보한 미국은 남미의 중심과의 먼 거리와 그 사이의 넓은 열대 우림지대에 의한 분리 등으로 인해 미주 반구에서 도전자를 찾기 힘들게 되었다. 그 결과 미국으로서는 부담 없이 글로벌 강대국으로 도약할 수 있었다는 것이다.

그러나 미국이 냉전에서 소련을 이길 수 있었던 지정학적 요인은 카리브 해 제해권 확보만으로는 설명이 안 된다. 2차 세계대전 직후의 지정학적 변화에 대한 스파이크먼과 로버트 캐플런의 분석이 보완되어야 한다.

2차 세계대전 직후 소련은 동유럽과 중앙아시아 그리고 한반도 38도선 이북에 이르기까지 유라시아의 중심지역Heartland을 축으로 한 권력을 형성했다. 지정학의 권위자인 해퍼드 매킨더Halford Mackinder는 중심지역이 연안지역

Rimland으로 접근할 수 있는 이점이 있다는 점에서 소련이 유리할 수 있는 상황이었다고 설명한다. 그러나 2차 세계대전 주축국인 이탈리아와 일본이 패전함에 따라 유라시아 대륙 연안지역을 둘러싼 경쟁에서는 미국과 서구가 이겼다. 유라시아를 지배하거나 외부 세계와의 접촉을 하는 데서 그 중심은 연안지역이라는 스파이크먼의 관점에서 본다면 냉전은 출발하면서부터 이미 승패가 나 있던 셈이다. 미국과 소련을 각각 중심으로 한 지정학적 변화가 냉전의 승패를 갈랐던 것이다. 스파이크먼과 로버트 캐플런의 주장을 종합하면 다음과 같은 결론이 나온다. 냉전이 경제력의 대결로 귀결될 수밖에 없었기 때문에 압도적인 해군력을 앞세워 해양 루트를 통한 교역과 자원 수송에서 우위를 점한 미국과 서구가 최종 승리를 거뒀다는 것이다.

터친은 로마의 강대국 건설이 가능했던 또 다른 요인으로 로마인들의 무의식에 '살고자 하면 죽고 죽고자 하면 산다'는 의미의 이른바 사즉생死則生 정신이 내재해 있었다는 것을 꼽는다.

로마의 역사가 티투스 리비우스Titus Livius는 『한니발과의 전쟁The War with Hannibal』에서 5만 6000여 명의 로마군이 한니발 군대에 의해 몰살당한 칸나이 전투에 대해 이렇게 말했다. "세상에 그렇게 어마어마한 재난을 잇달아 당하고도 제압당하지 않은 민족은 로마밖에 없을 것이다."

고대 그리스의 역사가 폴리비우스Polybius는 『로마제국의 융성The Rise of the Roman Empire』에서, 칸나이 전투에서 전·현직 집정관consul이 몸을 사리지 않고 싸우다 전사한 것을 높게 평가했다. 이 전투에서 현직 집정관 루시우스 에밀리우스 파울루스Lucius Aemilius Paulus와 전임 집정관 마르쿠스 아틸리우스 레굴루스Marcus Atilius Regulus, 그네우스 세르빌리우스Gnaeus Servilius Geminus가 용감하게 싸우다 전사했는데, 이는 로마 시민으로서 가치 있는 행동이었다는 것이다.

특히 현직 집정관 파울루스가 보여준 행동은 감동적이다. 파울루스는 칸나이 전투가 보병 군단들에 의해 결정될 것으로 판단하고 그 전선의 중앙으로 달려 들어가 적군과 주먹을 주고받으면서 로마 병사들을 격려했다. 그는 안전한 곳에 머무르기를 거부하고 전투 전에 병사들에게 요구했던 것들을 직접 행동으로 옮긴 것이다.

그러나 한니발의 동생 하스드루발 바르카Hasdrubal Barca가 전격적으로 한니발의 아프리카 군단을 지원하면서 전세가 기울었다. 로마군을 후방에서 급습한 것이다. 이때 파울루스는 한니발의 보병 군단과 맞서 싸우다 전사했다.

물론 폴리비우스는 칸나이 전투에서 지휘권을 행사했던 현직 집정관 가이우스 테렌티우스 바로Gaius Terentius Varro가 70명의 기병과 탈출한 것은 불명예스러운 일이었다고 비판했다. 그럼에도 전·현직 집정관 세 명이 일반 병사들과 함께 당당하게 전사했다는 사실에서 폴리비우스는 기원전 2세기 로마 지도자들의 사즉생의 모습을 포착할 수 있었는데 그는 이를 통해 로마가 강대국으로 발전할 가능성을 엿봤다. 로마 공화정에서 집정관이라는 자리는 최고 선출직으로 오늘날 대통령직에 해당한다. 전·현직 집정관 3명이 일반 사병들과 함께 적을 맞아 죽음을 각오하고 싸웠다는 것은 요즘으로 치면 전·현직 대통령 3명이 전쟁에 나가 싸운다는 것을 의미한다. 이런 나라가 어떻게 강대국으로 발전하지 않을 수 있을까?

권력 정치power politics의 시조인 마키아벨리도 전직 집정관들이 후임 집정관들의 지휘를 받으며 싸우다 전사한 것을 다른 각도에서 높게 평가한다. 그는 『로마사 논고Discourses』에서 로마인들은 과거에 자기 부하였던 인물에게 지금 명령을 받는 입장에 놓이게 되거나, 나아가 이전에 자기가 지휘관이었던 군대에 백의종군하여 싸우게 되더라도 불명예스러운 일로 여기지 않았다고 지적한다. 로마인들의 이 같은 의식이 사즉생의 정신과 함께 로마가 강대국으로 발전하는 데 원동력이 되었다는 것이다.

로마는 칸나이 전투 말고도 1만 5000여 명의 병사와 현직 집정관 가이우스 플라미니우스Gaius Flaminius가 전사한 트라시메누스 호수 전투와 같은 엄청난 재난을 겪었다. 기원전 217년에 벌어진 이 전투에서 플라미니우스가 지휘하는 로마군은 이른 아침 짙은 안개 속에서 한니발 군대의 기습을 받고 사실상 도륙을 당하는 패배를 당했다. 리비우스에 의하면 얼마 남지 않은 로마군은 플라미니우스가 그를 알아본 한니발 군대에 의해 죽임을 당했을 때 집정관 복장이 벗겨지는 것을 막기 위해 그의 시신을 에워싸는 투혼을 발휘했다. 플라미니우스는 죽기 전까지 자신을 돌보지 않고 곤경에 빠진 병사들에게 지원 병력을 투입하는 사즉생의 리더십을 발휘했다. 그러나 플라미니우스가 죽은 것이 알려지면서 로마군은 더 이상 전투를 할 수 없는 상태에 빠졌고 짙은 안개 속을 헤매다 1만 5000여 명이 죽고 1만여 명이 가까스로 탈출했다. 한니발은 플라미니우스를 배려해 그의 시신을 묻어주었으나 그 후 로마는 끝내 그의 무덤을 찾지 못했다고 한다.

19세기 영국의 정치가이자 독서가로 유명한 매콜리는 에트루리아 동부에 있는 트라시메누스 호수를 찾아 아침 산책을 하는 동안 리비우스의 『로마사』를 읽으며 2200여 년 전에 이곳에서 전사한 플라미니우스와 로마군을 떠올렸다. 훗날 로마 군대로 하여금 궁극적으로 카르타고의 한니발 군대에 승리할 수 있게 해준 로마인의 사즉생 정신을 배우는 리더십 체험이었던 것이다. 미국의 독서가인 앤 패디먼Anne Fadiman은 그녀의 에세이집 『서재 결혼 시키기Ex Libris』에서 매콜리가 그날 일기에 이렇게 적었다고 알려준다. "나는 집정관 플라미니우스와 똑같은 상황에 처해 있었다. …… 아침 안개 속에 푹 빠져버린 것이다. 그래서 나는 그날 로마군이 보았던 바로 그것을 보았다고 말할 수 있다. …… 순간 나는 한니발이 자신의 병력을 높은 지대에 배치함으로써 엄청나게 유리한 입장에 섰음을 이해할 수 있었다. 그들은 밑에서 벌어지는 모든 일을 한눈에 볼 수 있었고, 또 서로를 볼 수 있었다. 반면 로마인들은 밑의 짙은 안개 속에서 비틀거리며 앞을 더듬었다. 그들은 전혀 협력할 수가 없었다."

모든 사람이 로마의 승리를 위해 희생했지만 가장 큰 부담은 지도자들과 부유한 사람들이 졌다고 터친은 말한다. 지도자들이 계급 뒤에 숨지 않고 공동 부담해야 할 때 기꺼이 자기들 몫을 부담했기 때문에 보통 사람들도 규정을 어기지 않고 협력했다는 것이다.

터친이 주목하는 또 다른 리더십의 사례는, "여러분은 몸을 사리지 않을수록 안전할 것이다"라고 한 로마 집정관 루키우스 술라Lucius Sulla의 모습이다. 마르쿠스 키케로Marcus Tullius Cicero는 한 연설에서 이렇게 말했다. "가장 빛나 보이는 것은 위대하고 숭고한 정신으로서 어차피 죽을 수밖에 없는 삶의 세속적인 관심사를 무시하는 것이다." 술라와 키케로의 이 같은 언명들을 훗날 전투에서 입증한 인물로는 이순신 장군을 들 수 있다. 그는 1597년 9월 16일 13척의 함선을 이끌고 나선 명량해전에서 133척에 달하는 왜군 함대의 위용에 눌려 도망가려는 부하 장수들과 달리 사즉생의 각오로 선두에서 홀로 맞서 싸워 이기지 않았던가.

치폴라는 『대포, 범선, 제국』에서 강대국의 도약을 군사적인 측면에서 설명한다. 치폴라에 따르면 영국이 16세기 말 스페인을 누르고 강대국으로 도약하기 시작한 비결은 16세기 중반 주철 대포와 범선 기술의 혁신에서 찾을 수 있다는 것이다. 1588년 영국 해협에서 있었던 스페인 무적함대 아르마다Armada와의 해전에서 영국 함대가 승리하고 제해권을 차지할 수 있었던 것은 대포와 함께 함선의 성능에서 이겼기 때문이라는 것이 치폴라의 지적이다. 영국은 직물의 경우 네덜란드로부터, 대포의 경우 프랑스로부터, 그리고 함선의 경우 스페인으로부터 배워 기술 혁신을 이루는 데 성공했다.

지정학자 그리기엘도 치폴라의 주장에 동의한다. 그리기엘은 그의 저서 『강대국들과 지정학적 변화들』에서 스페인의 아르마다가 영국 함대에 패한 것은 지중해 선박과 해양 기술의 패배를 의미한다고 평가했다.

그리기엘은 "16세기에 유라시아 대륙의 연안국이었던 대서양의 유럽 국가들이 중심국이었던 지중해 국가들과 중앙아시아 지역보다 전략적으로 더 중요해졌다"라고 말했다. 이 대목은 앞에서 살펴본 바와 같이 모리스가 말하는 '후진성의 장점advantages of backwardness'이라는 주장과 맞닿아 있다. 즉, 지중해 중심국들에 비해 대서양 연안의 국가들은 불리한 위치에 있었으나 대양을 항해할 수 있는 선박들이 등장하면서 아메리카 신대륙과 중국 그리고 일본에 지중해 중심국들보다 훨씬 먼저 항해를 시작할 수 있었다는 것이 모리스의 설명이다. 그리기엘도 "이 같은 지정학적 변화는 몇몇 담대한 개척자들의 행위를 포함한 일련의 요인의 조합에 따른 것이다"라고 동의한다.

치폴라에 따르면 이슬람과 아시아는 대포와 범선 제조 기술에서 뒤처지면서 유럽의 지배를 받아야 했다. '대포와 범선 결정론'인 셈이다.

특히 중국의 경우 가장 먼저 화약을 발명했으나 오랜 평화가 지속됨에 따라 명나라와 청나라 모두 문文을 무武보다 중시하면서 대포의 기술 혁신에 무관심했다. 이는 임진왜란 때 명나라 수군의 함선이 우리 수군의 판옥선보다 작았고 대포의 능력도 떨어졌다는 데서 확인된다.

중국이 플라카 해협을 비롯한 아시아의 주요 해로의 통제권을 상실한 것은 15세기 중반 주기적으로 불안정해지고 있는 북쪽 국경을 안정시키는 데 초점을 맞추기 위해 바다로부터 철수하면서부터라고 그리기엘은 앞의 책에서 말했다. 명나라는 1432년 정화가 난징항에서 마지막 항해를 떠났다가 귀환하고는 더 이상의 해양 탐험을 금지했다. 그 후 대양 항해용 선박의 건조를 중단하고 대신 연안과 강을 항해하는 용도의 작은 선박들만 건조했다는 것이다.

북쪽 국경 안정에 집중하기 위해 바다로부터 철수함으로써 주요 교역로에 대한 통제권을 상실했다는 것은, 명나라가 자신의 국력을 투사하는 지점을 선택하는 지전략地戰略, geostrategy을 수립하는 데서 그들이 안고 있는 지정학적 현실을 반영하지 못했다는 것을 의미한다고 그리기엘은 주장한다.

명나라가 쇠퇴하기 시작해 1644년 청나라에 대체된 것은 당연한 결과였다. 그리기엘에 의하면 지전략과 지정학 간의 이 같은 불화는 상대적 국력을 유지하기 위해 주요 교역로를 통제해야 하는 필요성과 정치적 혼란을 피하기 위해 국경들을 안정화하기 위한 필요성 간의 충돌에 의해 발생했다. 이로 인해 중국에는 단기적·장기적 결과가 초래됐다.

단기적으로는 북쪽 국경의 계속된 불안정과 연안 지역의 해적 약탈 위협 증가라는 결과가 나타났다. 장기적으로는 남아시아와 동아시아에서 포르투갈과, 네덜란드, 스페인 그리고 영국 등의 도전에 대응하지 못하는 무능으로 이어졌다.

포르투갈 선박이 중국 해안에 다다른 시기에 명나라는 자국 함선들을 업그레이드하기 위해 지원할 의도가 없었다. 지중해 갤리선과 마찬가지로 명나라의 정크선은 적선을 치받고 기어오르는 데 적합한 채로 남아 있었을 뿐이다. 실제로 중국은 아시아 해로들에 대한 유럽의 통제로 매우 심각한 타격을 받았다. 그 결과 누구나 아는 바와 같이 중국으로서는 영토적 주권의 보존마저 어려워지기 시작했다는 것이다.

반면 일본은 임진왜란에서 패배한 이후 대포 기술을 발 빠르게 도입하는 모습을 보였다. 그 결과 근대 일본이 아시아에서 선두주자로 올라설 수 있는 기틀을 마련했다는 것이 치폴라의 견해다.

앞에서 살펴본 바와 같이 임진왜란 시기 일본 수군은 이순신 장군의 대포와 함선의 전투력에 크게 밀렸다. 특히 대포에서 결정적으로 뒤졌기 때문에 함선과 수군의 수에서 훨씬 우세했음에도 왜군은 패할 수밖에 없었다.

일본은 임진왜란과 정유재란 이후 자국의 수군이 조선 수군에 참패한 요인이 대포 기술의 차이라는 것을 인식했고 그것의 혁신에 나섰다는 것이 치폴라의 분석이다.

19세기에는 메이지유신을 주도했던 사쓰마번과 조슈번의 무사 출신들인 이토 히로부미伊藤博文 등에 의해 영국으로부터 근대 함선과 대포를 들여오면서 일본이 군사력의 근대화에서 조선과 청을 앞지르게 된다. 이는 일본이 19세기 말 조선을 식민지배하고 청일전쟁 및 러일전쟁에서 승리하는 기반이 되었다.

결국 치폴라의 통찰이 주는 메시지는 이렇게 정리할 수 있다. 이순신 장군의 혁신으로 탄생한 함선과 대포 기술을 더욱 발전시키고 류성룡의 제안으로 설치된 훈련도감과 속오군束伍軍을 통해 강병을 길렀다면 조선은 병자호란을 예방하는 것은 물론 동아시아의 패권도 노릴 수 있는 강대국으로 성장할 수 있었을 것이라는 결론이다.

류성룡과 이순신이 조선왕조를 뒤엎고 공동 정권을 수립해 제해권을 장악하고 국력을 키워나갔다면 역사는 달라졌을 것이다.

더군다나 류성룡이 사민(사농공상)의 평등과 함께 능력이 있는 자라면 신분에 관계없이 정치에 참여할 수 있어야 한다고 역설한 양명학을 공부했다는 점에서 한반도가 근대로 진입하는 시기가 훨씬 앞당겨졌을 가능성이 높다. 이덕일의 『난세의 혁신리더 유성룡』에 따르면 류성룡은 어릴 때 의주에서 지내면서 양명학 서적을 우연히 얻어 보았다고 한다.

강대국에 이르는 또 다른 비밀은 관용tolerance이다. 필리핀 출신의 중국계 이민자인 예일대학교 로스쿨 추아 교수는 저서 『제국의 미래』에서 네덜란드가 17세기, 영국이 18세기, 미국이 20세기에 각각 강대국으로 발전하게 된 데는 이민족과 종교에 대한 관용이 결정적인 기여를 했다고 주장한다.

추아에 따르면 네덜란드는 17세기 강대국으로 올라섰을 때 관용의 강대국이었다. 당시 네덜란드는 『통치론Two Treatises of Government』으로 유명한 영국의 존 로크John Locke를 비롯해 유럽 여러 나라에서 추방되거나 망명한 정치인, 예술인 등이 자유롭게 글을 쓰고 작품 활동을 할 수 있도록 허용했다. 그것이 바로 유대인의 네덜란드 정착을 가능하게 했고 네덜란드가 유대인을 중심으로 한 금융업의 발전을 주도할 수 있었던 원동력이었다고 추아는 말한다. 르네 데카르트René Descartes가 지동설地動說을 주장한 뒤, 천동설天動說을 신봉하는 예수회의 영향력이 강한 프랑스의 사회 분위기를 우려해 이주한 나라도 바로 네덜란드였다.

17세기 말 네덜란드에서 군대를 이끌고 영국에 상륙해 제임스 2세를 퇴위시키고 명예혁명을 성공시킨 윌리엄 오렌지William Orange 공은 금융 기술이 뛰어난 유대인의 이주를 허용했는데, 이는 런던이 금융업의 중심지가 되는 데 결정적 역할을 했다. 추아에 의하면 오렌지 공이 그 같은 조치를 취하게 된 것은 네덜란드가 유대인이 와서 금융업을 할 수 있도록 허용하면서 강대국이 되었다는 것을 잘 알고 있었기 때문이다. 유대인 이주 허용이라는 관용이 17세기 네덜란드에 이어 18세기에 영국이 강대국으로 도약하는 디딤돌이 된 것이다. 영국이나 네덜란드와 달리 스페인은 거꾸로 갔다. 스페인에서 1492년 광신과 비관용이 승리하면서 유대인들이 축출당한 것이다. 이때 축출당한 유대인들은 평화와 존엄성을 네덜란드에서 찾았다. 스페인이 종국적으로 강대국의 지위를 유지하지 못한 데는 이 같은 비관용이 큰 영향을 미쳤다.

20세기 미국은 동유럽을 비롯한 세계 여러 지역의 이민자를 받아들였다. 추아에 의하면 이 같은 관용은 반도체 발명과 같은 미국의 새로운 경제 동력의 기반이 되었다. 반도체를 발명한 기술자는 동유럽 국가의 이민자 2세로서 그가 이민을 와서 미국 전문 교육의 혜택을 입은 결과 이와 같은 성과가 나올 수 있었다는 것이다.

미국의 역사학자 매팅리도 그의 저서 『아르마다』에서 관용과 자유라는 두 가지 가치와 미덕이 영국이 17세기에 강대국으로 도약하게 된 비결이라는 데 동의한다.

그런데 1588년 영국 함대가 스페인 무적함대인 아르마다를 이긴 결과 대서양의 제해권을 장악하게 되고 이로써 영국이 비로소 강대국으로 발전하기 시작했다는 기존의 통념에 매팅리는 이견을 제기한다. 아르마다가 영국 함대에 패했다고 해서 제해권이 갑자기 스페인에서 영국으로 옮겨간 것은 아니라는 것이다. 이는 스페인이 영국 함대에 패한 뒤에도 17세기 초반까지 중남미로부터 여전히 은銀을 들여오는 등 부를 계속 축적할 수 있었다는 데서 알 수 있다고 매팅리는 주장한다.

매팅리가 보기에 진짜 중요한 문제는 17세기 초반 이후에 영국은 발전하기 시작했고 스페인은 쇠락의 길을 걷기 시작했는데 그 원인이 무엇이냐는 것으로 모아진다. 영국은 스페인과 달리 프로테스탄트들의 신교新敎(개신교)를 허용하고 이들에 의한 생산과 교역의 자유를 보장했다. 바로 이 점에서 매팅리는 신교를 지원하던 영국의 함대가 구교舊敎(가톨릭) 국가들의 후원자인 스페인의 아르마다를 패배시켰다는 의미는 엄청나다고 말한다.

08_ 부국(富國)의 왕도:
라이너트와 애쓰모글루에게서 배운다

전 세계 경제학계에서 21세기 공자와 맹자는 누구일까?

이 같은 질문을 던져야 하는 이유는 오늘날 부국富國에 이르는 왕도의 비밀을 21세기 공자와 맹자가 갖고 있기 때문이다.

21세기 공자와 맹자의 의미와 그들이 누구인지 찾아보기 전에 부국으로 이르는 왕도의 비밀을 찾아야 하는 이유가 무엇인지 먼저 알아야 한다. 부국이 아닌, 가난하거나 중간 정도 잘사는 나라가 강대국이 된 적이 없기 때문이다. 부국은 민생·공감 강국으로 도약하는 데 필수불가결한 조건이다.

이렇게 말하면 마치 보물섬을 찾는 해적 같은 느낌이 들지 모르겠으나 우리가 지향해야 하는 부국의 모델은 부만 추구하는 나라가 아니다. 교만하고 무례한 부자들이 많은 나라가 아니라 예禮를 좋아하고 다른 사람들을 공감과 배려로 대하는 군자君子로서의 부자들이 넘치는 나라가 민생·공감 강국으로서의 부국의 모델일 것이다.

부국으로 이르는 왕도의 비밀을 찾겠다고 하면서 왜 시대에 맞지 않게 군자 운운하느냐고 할지 모른다. 하지만 유학儒學의 담론을 깊이 좇아가면 그 비밀의 열쇠가 어디 있는지 알 수 있다.

이와 관련해 먼저 한 가지 살펴보자. 『논어』「학이學而」편에 나오는 공자와 제자 자공 간의 대화이다. 공자가 제일 좋아했다는 안회만큼은 아니지만 자공은 공자가 제법 아낀 제자다.

자공은 공자에게 "가난하면서도 비굴하지 않고 부유하면서도 교만하지 않다면 어떻겠습니까?貧而無諂 富而無驕 何如"라고 묻는다. 공자는 이렇게 대답한다. "괜찮지. 하지만 가난하되 즐기며 부유하면서도 예를 좋아하는 것만큼은 못하다可也 未若貧而樂 富而好禮者也."

이 대화에서 우리가 주목해야 하는 것은 공자가 예찬해 마지않는 군자의 경지다. 군자는 가난하더라도 남에게 비굴하게 손 내밀지 않고 가난을 즐겁게 받아들여야 한다. 그뿐만 아니라 부유하다면 교만하지 않는 수준에만 머물러서는 안 되고 예를 좋아해야 한다는 것이 공자가 바라는 군자의 진정한 경지인 것이다.

가난하면 비굴해지기 마련이고 부유하면 교만해지기 마련인 것이 인간의 속성이라면 이는 공자가 살던 2500년 전에도 그랬을 것이다.

문제는 군자가 비굴하지 않기 위해서는 부유한 수준까지는 아니더라도 일정한 생산 활동을 통해 생활하는 데 필요한 충분한 소득을 올려야 한다는 것이다. 그래야만 군자가 예를 좋아하고 남을 배려할 수 있는 여유를 가질 수 있기 때문이다.

다산茶山 정약용의 말을 빌리지 않더라도, 글을 쓰고 읽는 것이 주업인 선비도 농사와 같은 생업을 갖고 생산 활동을 함으로써 소득을 올려 가족을 부양해야 한다. 그래야만 군자가 남에게 비굴하게 의존하지 않을 수 있고 교양을 쌓아서 남에게 예도 갖추고 배려도 할 수 있기 때문이다.

세상은 마냥 남에게 의존해서 사는 것을 허용하지 않는다. 이 점에서 군자가 생업에 참여하지 않는다면 본인은 물론 가족도 생존할 수 없는 것이 현실이다.

가난에 처했을 때 비굴하지 않고 즐거워하느냐의 문제는 생존의 문제와 직결되는 것이고 부유해진 뒤 교만하지 않고 예를 좋아할 것이냐의 문제는 수양修養에 의한 교양敎養의 문제로 이어지는 것이다. 생존의 문제를 먼저 해결하지 않은 상태에서 교양을 갖고 있는지 따지는 것은 언어도단이 아닌가?

그래서 공자가 바라는 빈貧과 부富의 상황에 처할 때의 군자의 이상적인 상象은 일정한 한계를 가진다고 볼 수 있다.

그러나 공자가 가난을 찬미한 것은 아니다. 그는 부를 추구하는 것이 사람의 본성임을 인정하면서 바른 도를 통해 부를 얻어야 한다고 했다. 그는 『논어』의 「리인里仁」 편에서 이렇게 말한다. "부와 귀는 사람이 바라는 것이나 바른 도로써 얻지 아니하면 처하지 아니한다富與貴 是人之所欲也 不以其道 得之 不處也."

메이지대학교 교육심리학 교수인 사이토 다카시齋藤 孝는 『내가 공부하는 이유人はなぜ學ばなければならないのか』에서, 공자의 이 같은 가르침은 오늘날 일본의 경제 발전을 낳은 정신적 기반이 되었다고 말한다. 19세기 말과 20세기 초 일본의 금융과 기업 부문의 발전을 주도한 시부사와 에이치澁鐸榮一는 공자의 도道와 인仁과 신信의 가르침을 기업가의 덕목으로 발전시켰다. 에이치는 그의 저서 『논어와 주판論語と算盤』에서 상업의 핵심은 신의라고 지적하면서 경제는 단순히 돈을 버는 것에 그치는 것이 아니라 도와 인을 토대로 국가와 사회, 세계에 긍정적인 기여를 하는 것이라고 강조했다. 그는 바른 도로 부를 얻어야 할뿐 아니라 국가와 사회와 세계에 기여하는 방향으로 써야 한다는 것을 공자의 가르침으로 이해한 것이다. 그는 제일국립은행과 도쿄증권거래소를 설립한 데 이어 기린맥주와 태평양시멘트 등 여러 기업을 창업해 몸소 공자의 가

르침을 실천한 것으로 평가받으며 일본 기업의 아버지로 불린다. 현대 경영학의 태두인 피터 드러커Peter Drucker는 기업의 목적이 부의 창출과 사회적 기여에 있다는 것을 시부사와에게서 배웠다며 그를 격찬했다고, 다카시는 『내가 공부하는 이유』에서 전한다. 시부사와는 경제 분야에서 '19세기 말~20세기 초 공자'였고 드러커의 경영학은 유가儒家의 한 분파인 셈이다.

유가에서 부국의 왕도에 이르는 지혜를 본격적으로 설파한 성인은 맹자다. 맹자의 '무항산無恒産 무항심無恒心'론이 바로 그것이다. 맹자가 공자의 손자인 자사子思의 학문을 이었다는 점에서 공자가 다 이루지 못한 경제 담론은 증손자뻘의 제자 세대에서 완성됐다고 할 수 있을 것이다.

맹자가 "백성이 일정한 생업을 갖지 못하면 바른 마음을 가질 수 없다"라는 의미의 무항산 무항심의 도리를 처음 펼친 것은 등騰나라 문공文公으로부터 정치의 방법에 대한 질문을 받고서다. 맹자는 『맹자』의 「등문공장구상騰文公章句上」 편에서 이렇게 답했다. "경제력을 갖춘 사람은 바른 마음을 가지고 살아가지만 일정한 생업이 없는 사람은 바른 마음을 견지하기 어렵습니다. 진실로 바른 마음을 가질 수 없다면 방탕하고 편벽되며 부정하고 허황되어 모든 잘못을 저지르게 됩니다. 그들이 죄를 범한 이후에 법으로 그들을 처벌하는 것은 곧 백성을 그물질하는 것과 같습니다. 어찌 어진 사람이 왕위에 있으면서 백성에게 죄를 주려고 그물질을 할 수 있겠습니까?"

맹자는 이어서 제齊나라 선왕宣王에게도 같은 도리를 설파했다. 그는 "지금은 백성의 생산이 위로는 부모를 섬기기에 부족하고 아래로는 처자식을 먹여 살리기에 모자라 풍년을 맞아서도 일생을 고생하고 흉년이 들면 죽음을 면치 못한다"라고 말한 뒤 "이래서는 죽는 것을 구제하기도 힘이 모자랄 판인데 어느 겨를에 예의를 차리겠습니까?"라고 반문한 것이다.

요컨대 맹자의 주장은 '항산恒産', 즉 항상 생산 활동을 통한 소득을 올려야만 '항심恒心', 즉 항상 바른 마음을 유지해 예를 갖추고 남을 배려할 수 있다는 것이다.

맹자가 등나라와 제나라 임금한테 이 같은 담론을 연이어 펼친 것은 한 나라가 가난에서 탈출해 부유한 국가가 되려면 국가 차원에서 '항산과 항심의 체제'를 만들 수 있어야 하기 때문이다. 따라서 '무항산 무항심'은 개인뿐만 아니라 국가에도 해당되는 아포리즘이다.

이와 같이 부富를 올바르게 얻는 도道와 부를 획득하는 방법에 관한 공자와 맹자의 담론이 담긴 『논어』와 『맹자』에는 21세기 부국의 문을 열 수 있는 보물이 숨겨져 있다고 해도 지나치지 않다.

강력한 군사력으로 식민지를 만들어 부국이 될 수 있었던 20세기 중반까지와는 달리, 오늘날엔 국민 다수가 생산에 참여해 소득을 올리지 않으면 어떤 나라도 부국이 될 수 없다. 설령 식민지를 건설할 수 있다고 하더라도 그것은 올바른 부국의 길이 아니다. 따라서 공자의 바른 도를 통해 부를 획득하고 맹자의 무항산 무항심의 관점에서 부국에 이르는 구체적인 왕도를 찾아야 한다. 전 세계적인 차원에서 공자와 맹자의 경제 철학을 계승해 부국의 왕도를 제시하는 21세기 경제학자를 발견해야만 하는 것이다.

가장 먼저 유력한 후보로 꼽을 수 있는 경제학자는 "리카도의 비교우위론에 저항해야 부국이 된다"라는 담론을 주창해온 노르웨이 출신의 라이너트이다.

라이너트는 그의 저서 『부자 나라는 어떻게 부자가 되었고 가난한 나라는 왜 여전히 가난한가』에서 리카도의 비교우위론에 따라 산업화에 소극적이고 농축산업이나 원자재에 한정해 생산 활동을 이어갈 경우 빈국으로 전락하는 비극을 피할 수 없다고 했다. 지난 500여 년에 걸친 유럽의 방대한 경제학 지식을 섭렵했다는 평가를 받는 라이너트는 2008년 신고전파 경제학에 대한 대안을 제시한 경제학자에게 수여하는 뮈르달상을 수상했다.

라이너트에 따르면 유럽 역사상 가장 처음 리카도의 경제이론에 저항해서 부국을 이룬 나라는 영국으로, 그 출발점은 헨리 7세가 왕위에 오른 1485년이었다. 그는 직물 원자재 수출국이던 영국을 직물 생산국으로 변모시키기 위해 역사상 최초의 대규모 산업정책을 단행했다. 그의 이 같은 정책은 숙모가 있던 프랑스 부르고뉴에서 어린 시절을 보내며 관찰한 한 가지 사실에 기초했다는 것이 라이너트의 설명이다. 그것은 한 지역, 한 분야에서 이루어진 기술 발전이 나라 전체에 부wealth를 확산시킬 수 있다는 것이었다.

당시 부르고뉴는 모직 공업에 필요한 양모와 세척제를 모두 영국에서 수입하고 있었는데, 부르고뉴 직조업자와 은행가, 직공은 모두 경제적 여유가 있었던 것에 반해 수출국인 영국의 형편은 넉넉하지 못했다.

이에 헨리 7세는 주력 생산 직종을 잘못 선택했음을 깨달았고 영국을 원자재 수출국이 아니라 직물 생산국으로 바꿔야 한다고 생각했다. 그리고 왕위에 오르면서 이 같은 구상을 실천에 옮겼다.

영국의 직물 생산국 지위의 확립을 위해 헨리 7세가 채택한 가장 중요한 산업정책은 수출 관세였다는 것이 라이너트의 지적이다. 이 정책으로 외국 직물 생산업자는 영국의 동종업자들에 비해 원자재를 비싸게 사들일 수밖에 없게 되었다. 그 결과 영국은 수출 관세가 늘었을 뿐 아니라 자국 생산 양모 전부를 영국 내에서 처리할 수 있게 되었다.

100년 뒤 엘리자베스 1세 때 영국은 양모 수출을 전면 금지했다. 왕가의 성을 본 따 튜더 계획으로 불린 이 산업 전략이야말로 영국이 17세기와 18세기에 강대국으로 도약할 수 있었던 진정한 기반이었다고 영국 역사가들은 평가한다.

라이너트의 통찰에 의하면 스페인의 궁극적인 몰락 요인은 아르마다 함대의 영국 원정 실패보다는 훨씬 전부터 영국처럼 산업화에 나서지 않았다는 데 있다. 영국의 헨리 7세가 추진한 산업정책과 정반대로 스페인에서는 친親원자재, 반反근대화 경제정책이 힘을 얻었다.

1520~1521년 근대적인 도시와 전통적인 농촌의 경제활동 간에 벌어지는 내전, 즉 코무네로스의 반란에서 승리는 후자에 속한 목양업자조합인 메스타의 것이었다. 메스타는 권력을 휘둘러 그들이 소유한 양이 농토를 침범해도 좋다는 허가까지 받아냈으며 일부 농지를 목초지로 전환하기도 했다.

제조업에서 의도하지 않던 이익을 얻은 결과는 주민들의 모든 이익이 원자재에서 나오는 나라에서 볼 수 있는 것과는 차원이 다르다고 라이너트는 말한다. 스페인은 이 같은 메커니즘을 이해하지 못했고, 영국은 헨리 7세 덕분에 현명한 경제정책을 추진함으로써 원하는 결과를 만들어냈다는 것이다.

16세기 스페인은 무슨 일이 있어도 따라하지 말아야 할 경제정책을 채택한 사례로 평가받는다. 사실상 남미 등 식민지에서 나오는 부富가 상품과 서비스를 만들어내는 스페인의 산업 능력을 피폐하게 만들었기 때문이다. 헨리 7세와는 반대로 스페인은 올리브유와 포도주와 같은 농업 생산을 외국 경쟁으로부터 보호했다. 그 결과 16세기 말 무렵 한때 상당한 산업 생산력을 보유했던 스페인이 심각하게 탈산업화되었다는 것이다.

앞서 살펴보았듯이 스페인은 1588년 아르마다 해전에서 영국 함대에 패배한 후에도 남미 식민지의 금과 은을 들여오는 데 문제가 없을 정도로 만만찮은 제해制海 능력을 보유했었다. 그런 스페인이 영국에 강대국의 지위를 넘기게 된 것은 이처럼 리카도의 비교우위론에 저항하지 못하고 친원자재 중심의 탈산업화로 나아갔기 때문이다. 라이너트의 표현을 빌리면 스웨덴의 18세기 경제학자 안데르시 베르시Anders Berch의 통찰대로 '진짜 금광은 제조업'이라는 것을 스페인은 몰랐던 것이다.

라이너트를 통해서 우리는 역사란 정치와 경제를 모두 아우르는 정치경제학적 관점에서 균형 있게 연구해야만 진실을 볼 수 있다는 점을 깨닫는다. 그의 연구가 없었다면 우리는 1588년 아르마다 해전에서의 승리가 영국의 강대국으로의 도약에 결정적 기여를 했다는, 군사적 관점에만 집착하는 잘못을 계속 범하고 있을지 모른다.

오늘날에도 리카도의 비교우위론은 여전히 멀쩡한 나라를 빈국으로 전락시키는 위력을 발휘하고 있다. 라이너트는 20세기 들어서서 비교우위론에 희생이 된 대표적인 나라로 몽골을 꼽는다. 베를린 장벽 붕괴 직후 1991년 세계은행의 모범생으로 등장하기 전까지 50년간 몽골은 다양한 산업을 느리지만 성공적으로 구축해왔다. 이는 국가총생산에서 농업이 차지하는 비율이 1940년 60%에서 1980년대 중반 16%로 낮아졌다는 사실에서 확인된다.

그런 몽골이 국제금융기관들의 지원에 따른 신자유주의 경제개혁을 통해 급속도로 탈산업화하는 사태가 발생했다고 라이너트는 말한다. 반세기에 걸쳐 건설된 몽골의 산업이 1991~1995년간 고작 4년 만에 사실상 전멸했다는 것이다. 세계에 개방된 뒤 하룻밤 사이에 거의 모든 산업에서 생산 물량의 90%가 감소했다.

그 원인은 몽골이 하룻밤 사이에 경제를 개방했고 국가의 역할을 최소화하고 시장에 주도권을 맡기라는 세계은행과 국제통화기금 등의 조언을 따랐다는 것이 라이너트의 분석이다. 그 조언의 핵심은 리카도의 비교우위론을 따르라는 것이었다. 세계은행과 국제통화기금은 몽골에 비교우위가 있는 부문을 특화함으로써 세계 경제에서 자기 자리를 찾아가도록 조언했는데 그 결과 몽골 경제는 산업시대에서 목축시대로 되돌아가고 말았다.

목축 경제로의 회귀는 몽골로 하여금 산업시스템이 감당하던 만큼의 인구를 유지할 수 없게 만들었다. 그 결과 몽골에는 생태적·경제적·인간적 재앙이 동시에 밀려들게 되었다는 것이다.

한때 세계 강대국이었던 영국이 오늘날 쇠퇴하게 된 까닭도 탈산업화에서 찾을 수 있다. 영국이 탈산업화의 길을 걷도록 만든 영국 내부의 논리는 영국과 같은 고임금 경제는 제조업 분야에서 저임금의 중국과 도저히 경쟁할 수 없다는 것이었다고 대니얼 튜더Daniel Tudor 전 ≪이코노미스트≫ 서울 특파원은 말한다. 영국은 이 같은 논리에 따라 제조업을 포기하고 은행가, 경영 컨설턴트, 변호사의 나라가 되겠다고 나섰고 그 결과 영국 경제에서 제조업이 차지하는 비중이 고작 10%에 지나지 않는 수준까지 위축되면서 금융 중심지인 런던을 제외하고는 가난한 나라가 되어가고 있다는 것이 그의 주장이다. 튜더에 따르면 제조업과 서비스업의 균형을 이룬 스위스와 독일은 제조업을 포기하고 서비스업을 택한 영국과 달리 두 마리 토끼를 다 잡을 수 있다는 것을 보여준다. 서비스업이냐 제조업이냐 하는 양자택일의 문제가 아니라는 것이다.

요컨대 15세기 말 당시 헨리 7세가 리카도의 비교우위론에 저항하는 산업화를 펼친 덕분에 강대국으로 올라설 수 있었던 영국이 이제 와서 비교우위론에 따른 탈산업화로 내리막길을 걷고 있다고 튜더는 비판한다.

한국은 어느 나라의 모델을 따르고 있는 것인가? 불행하게도 독일이나 스위스가 아닌 영국의 길을 따라가고 있다. 통계청이 발표한 2009년 전국사업체조사에 따르면, 2009년 말을 기준으로 제조업체가 전체 산업에서 차지하는 비중은 전년도에 비해 0.2%포인트 감소하며 9.8%에서 9.6%로 줄어든 것으로 나타났다. 같은 기간 금융·보험·서비스 등의 업종이 늘어난 것과는 대조되는 결과다. 물론 국내총생산 대비 제조업 비중은 늘고 있다. 1980년 18.5%에서 2012년 31%로 크게 증가했다. 그러나 전체 산업 대비 제조업 비중이 낮아지고 있는 상황에서 GDP 대비 제조업 비중도 감소할 가능성이 높다. 이미 그같은 징후가 나타나고 있다. 2014년엔 30.3%로 낮아진 것이다.

튜더는 한국에서 제조업 비중이 점차 낮아지고 있는 원인의 하나로 미국에서 교육받은 전문가들의 잘못된 정책 제언을 꼽는다. 서비스업으로의 이행만이 살 길이라는 주장을 펴는 이들은 한국 경제정책 사회의 주류를 차지하고 있다. 튜더는 그가 서울에서 특파원으로 일하던 시기, 한 경제 학술회의에 참석했을 때 미국에서 교육을 받은 특권층 출신 전문가들이 서비스 경제가 한국 경제의 미래라고 제안하는 것을 목도했다고 한다.

라이너트와 튜더의 주장에서 확인되는 것은 분명하다. 영국이나 한국 모두 리카도의 비교우위론에 저항해 산업화를 추진한 결과 경제 발전을 이루었으나 지금은 그 비교우위론의 허구적 신화에 빠져 탈산업화의 길을 걸으면서 쇠락하고 있다는 것이다.

그렇다면 여기서 확인할 것이 있다. 라이너트의 주장대로 어떤 나라든지 산업화만 이루면 부국이 될 수 있느냐는 것이다.

하버드대학교 경제학자 애쓰모글루와 로빈슨이 그들의 공저인『국가는 왜 실패하는가』에서 내놓은 해답은 이와 다르다. 산업화만으로는 부족하고 어떻게 포용적인 정치와 경제 제도를 구축하느냐에 부국의 길이 달렸다.

영국이 17세기 들어 지속적인 경제 성장의 기틀을 마련할 수 있었던 것은 1642년 내전과 1688년 명예혁명을 계기로 왕과 귀족의 권한이 약화됨에 따라 그 이전보다 한층 더 포용적인 정치와 경제 제도를 만드는 데 성공했기 때문이라는 것이 이 책에서 내놓은 진단이다.

명예혁명으로 경제제도에 대한 결정권이 왕과 귀족의 손에서 의회로 넘어옴에 따라 사회 각계각층이 폭넓게 참여하는 정치체제가 마련되었다. 명예혁명은 다원주의 사회를 만드는 발판을 마련했고 더 나아가 중앙집권화에 박차를 가하는 동력이 되었다. 명예혁명이 세계 최초로 포용적 정치제도를 만들어낸 것이다.

애쓰모글루와 로빈슨은 포용적 정치제도가 포용적 경제제도를 만들어낸다고 했다. 경제활동의 제한과 독점 그리고 구시대적 사유재산권에 얽매인 토지 매매의 어려움 등 이전의 많은 제약들이 명예혁명을 계기로 일순간에 타파됐다는 것이다.

정부는 투자와 거래, 혁신을 꾀할 만한 인센티브를 제공하는 경제제도를 채택했다. 아이디어에 대한 재산권인 특허권을 부여해 혁신을 추구할 의욕을 불러일으키는 등 사유재산권도 적극적으로 보호했다. 자의적 과세는 중단되었고 독점은 거의 철폐되었다. 정부는 상업 활동을 장려했고 산업 활동을 가로막는 장벽을 제거하는 한편 해군으로 상인의 상업 활동을 보호했다.

애쓰모글루와 로빈슨에 따르면 영국의 정치제도가 1688년 프랑스와 스페인보다 한층 더 다원적인 방향으로 나갈 수 있었던 것은 100년 전의 작은 차이에서 비롯됐다. 1588년 경 영국 엘리자베스 1세는 세금을 더 거두고자 했으나 의회와의 갈등 끝에 패배해 군주의 독점권이 제한되었다. 이처럼 처음에는 대수롭지 않아 보이던 작은 차이들이 17세기 들어서 중요한 의미를 띠기 시작했다는 것이다. 아메리카 대륙은 1492년에 발견되었으나, 대서양을 통해 세계무역이 크게 확대되기 시작한 것은 1600년이 넘어서였다. 1585년 영국의 북아메리카 식민지화는 북캘리포니아인 로어노크에서 시작됐다. 1600년에는 영국 동인도회사가 만들어졌다. 그러나 엘리자베스 1세는 물론 그 후계자들도 아메리카 대륙과의 통상을 독점할 수 없었다. 그 결과 왕실과 인연이 없는 상인들이 막대한 부를 거머쥐기 시작했다. 반면 스페인에서는 의회인 코르테스가 군주에게 졌다. 스페인 왕실이 남미 식민지와의 무역을 독점했고 프랑스도 마찬가지였다. 영국 상인은 왕실의 통제에 반발해 정치제도의 변화와 왕실 특권의 제한을 요구했다. 영국 내전과 명예혁명에서 중추적인 역할을 한 것도 바로 이런 거상들이었다. 이 점에서 본다면 100년 전 엘리자베스 1세의 무역 독점권이 제한되지 않았다면 명예혁명도 성공할 수 없었을 것이다.

라이너트와 애쓰모글루 등의 주장을 종합하면 부국으로 이르는 왕도는 리카도의 비교우위론에 저항해 산업화를 적극 추구함과 동시에 포용적인 정치제도와 경제제도를 구축하는 것 외에는 없다고 볼 수 있다.

오늘날 한국이 중진국 수준의 경제 발전을 이룩할 수 있었던 것도 착취적 경제 구조에서 포용적 경제 구조로 이행했기 때문이라는 것이 애쓰모글루의 평가다. 물론 오늘날 박정희 대통령의 정치가 포용적이었다고 평가받지는 않는다. 그러나 박정희 대통령의 통치 시기에 경제 제도는 정치 제도보다는 훨씬 더 포용적으로 구축됐으며 그 결과 산업화가 성공할 수 있었다는 데는 이견이 없다.

앞에서도 살펴봤지만 한 나라가 포용적 경제구조로 이행하는 것도 어렵지만 산업화를 지속적으로 추진하기는 더 어렵다. 특히 저개발 국가의 경우 그 나라를 이끄는 리더들이 왜 산업화를 해야 하며 그리고 그 결과가 어떤 것인지에 대해서 확신을 하기가 쉽지 않기 때문이다.

한국처럼 가난한 저개발국이 비싼 이자를 물어가면서 막대한 외자를 들여와 산업화의 길을 걷는다는 것은 당시 박정희 대통령의 전략적 확신 없이는 불가능했던 일이다. 더욱이 산업화의 실체가 단기간에 이익을 낼 가능성이 전혀 없는 중화학공업이었다는 사실은 양모 수출국에서 양모를 직접 가공한 직물 수출국으로의 이행을 주도한 영국 헨리 7세의 전략적 결정에 버금간다고 평가할 수 있을 것이다.

개도국의 산업화 전략이 성공하기 어려운 또 다른 이유는 귀향하는 오디세이를 유혹하는 세이렌들sirens처럼 탈산업화를 부추기는 국제금융기관들의 간섭이다. 20세기 말 몽골의 탈산업화 사례에서 볼 수 있듯이 선진공업국들이 지배하고 있는 국제금융기관은 차관을 제공하면서 리카도의 비교우위론에 기초해 중화학공업 중심의 산업화보다는 농수산업 중심의 1차 산업에서 비교우위를 도모하라는 식의 탈산업화를 부추긴다. 1960년대 중반 한국이 산업화에 본격 착수해 오늘날과 같은 중견국 수준의 경제 발전을 이룩한 것이 기적으로 불리는 것은 이 때문이다.

한국이 부국을 넘어서 민생·공감 강국으로 도약하기 위해서는 지금 이루어지고 있는 서비스업 중심의 탈산업화를 중단하고 제조업 중심의 제2의 산업화를 더욱더 적극적으로 추진하고 포용적 정치 제도와 경제 제도로 개선해나가야 한다.

포용적인 경제 제도의 핵심은 부의 분배가 불평등하게 이루어지지 않도록 하는 민생 경제를 수립하는 것이다. 소득 상위 계층 1%가 국민 소득 전체의 20~30%를 독점하는 현재와 같은 부의 불평등 분배 경제로는 민생·공감 강국으로 도약하는 데 가장 필요한 덕목인 아사비야, 즉 국민 전체의 단결력이 발휘될 가능성이 없다. 한계 계층의 서민들과 1997년 및 2008년 금융위기로 중산층에서 중하층으로 탈락한 가구들이 중산층으로 올라설 수 있도록 하는 민생경제가 수립될 때 비로소 한국이 21세기 중반 민생·공감 강국으로 발전할 수 있는 것이다.

그러나 진정으로 세계의 평화와 번영을 바란다면 이 같은 지혜를 우리만 독점해서는 안 된다. 특히 아프리카 저개발 국가들이 빈곤에서 탈출할 수 있도록 도우려면 이들 국가가 산업화를 추진하고 포용적 정치 및 경제 제도를 도입할 수 있도록 지원해야 한다. 그 길이 민생·공감 강국으로서 국제적 가난 global poverty의 퇴치를 주도하는 문명국의 역할인 것이다.

09_ 치폴라와 매팅리가 전하는 국가 발전의 비밀

정치학(또는 국제정치학)은 직업으로 공부해야 하는 학문인가, 아니면 독립운동을 하듯이 목숨을 걸고 연구해야 하는 학문인가?

민생·공감 강국으로 도약하기 위해서는 국민들의 단결력인 아사비야와 이민족에 대한 관용을 제고해야 한다. 이와 함께 포용적인 정치와 경제 제도의 구축과 산업화 달성을 이루어야 한다. 이렇게 해서 부국의 지위를 달성하는 데 성공하더라도 그에 걸맞은 군사력을 갖춰야 한다. 에드워드 카가 『20년의 위기』에서 주장한 바와 같이 다른 강대국이 한국의 국력을 전쟁이라는 형태로 시험하려 할 경우에 대비해 그 같은 시험을 극복할 수 있는 군사력을 확보하는 것이 가장 중요하다. 제아무리 부국의 지위에 이르렀다 하더라도 당장의 무력 대결에서 상대국을 이기지 못하면 국가의 존속조차 어려운 것이 국제정치의 비정한 현실이다.

이러한 현실은 동주東州 이용희가 서울대학교 외교학과 교수로 재직할 때 "정치학은 직업으로 공부할 게 아니다"라고 했다는 말을 떠올리게 한다. 그는 박정희 정부 때 대통령 특보와 초대 통일원 장관을 역임했다.

하영선 서울대학교 정치외교학부 명예교수가 쓴 『역사 속의 젊은 그들』에 의하면 이용희는 식민지 시절 젊은 나이에 이미 엄청난 양의 영어로 된 국제정치 서적을 읽어냈고 그 결과 1950년대에 『국제정치원론』과 『일반 국제정치학 상』과 같은 일급의 저술을 발표할 수 있었다. 제자이자 후배 교수였던 노재봉 전 국무총리는 미국에 유학을 갈 때 『국제정치원론』을 들고 가 그 책의 각주에 나오는 외국 서적들을 도서관에 앉아서 점검해보았는데 이용희 교수가 그 서적들을 언제 읽었는지 놀라울 뿐이었다고 회고했다. 하영선 교수도 미국 유학을 떠날 때 달랑 『일반 국제정치학 상』 한 권만 들고 갔는데 큰 도움이 되었다고 했다.

일제 식민지 시절, 넉넉하지 않은 형편의 이용희가 구하기 어려웠을 많은 영어 저작을 읽고 사유한 동기는 해방 후 서울대학교 외교학과 교수라는 직업을 얻는 데 있지 않았을 것이다. 그보다는 언젠가 나라를 되찾으면 다시는 국망國亡의 비극을 겪지 않게 하기 위해 국제정치학 공부에 매진했다고 보는 편이 맞을 것이다. 그의 부친은 삼일운동의 민족 33인 대표의 한 사람으로 상해로 망명한 이갑성이었다. 그런 아버지를 두었기에 일제 때 그의 삶은 학비 걱정을 해야 할 정도로 불안정했다.

어쩌면 이용희는 국제정치학 분야의 많은 영어 저작을 읽고 공부할 때 독립운동을 하는 심정이었을 것이다. 그랬기 때문에 그는 국제정치학을 직업 차원에서 안온하게 접근하는 후배 교수들에게 목숨과 삶을 걸고 독립운동 하듯 공부하라고 당부한 것이 아닐까? 자신은 요즘 학자들과 달리 민족주의를 개념으로 공부한 적이 없고 삶으로 다가왔을 뿐이라는 말도 같은 맥락에서 이해할 필요가 있다. 자신은 일제 때 식민지 지식인으로서 민족의 수난을 직접 체험하면서 민족주의의 의미를 깨우쳤다는 것이다. 반면 그 같은 체험이 없는 오늘날의 학자들은 책을 통해 개념을 배우는 방식으로 민족주의를 이해하려다 보니 절실함이나 진정성이 부족하지 않느냐는 것이 그의 말에 담긴 의미가 아닐까.

그러므로 우리는 영국 함대와 스페인의 아르마다 간 해전과 이순신 함대와 왜군 함대 간 해전의 승패 요인을 분석할 때 목숨을 걸고 임해야 할 필요가 있다. 대한민국이 또다시 국망의 비극을 되풀이하지 않기 위한 군사력 확보 방향에 관한 담론도 교양 차원에서 공부하고 읽는 것이 아니라 독립운동하듯 비장하게 해야 하는 것이다.

먼저 근대 세계사의 향방을 가른 결정적 계기로 평가를 받는 1588년 영국과 스페인 간 해전에서 영국 함대가 스페인의 무적함대 아르마다를 물리친 결정적인 요인부터 살펴봐야 한다. 이 문제에 관한 세계적인 권위자인 치폴라와 매팅리가 각기 자신의 주저인 『대포, 범선, 제국』과 『아르마다』에서 내놓은 주장에 의하면 영국 함대가 아르마다를 물리칠 수 있었던 것은 대포와 함선에서 앞섰기 때문이다.

당시 영국 여왕인 엘리자베스 1세가 함선과 대포의 기술 혁신을 간과한 채 영국 함대로 하여금 스페인의 무적함대 아르마다를 맞이하게 했다면 상황은 어떻게 되었을까? 영국은 물론 유럽 전체가 구교, 즉 가톨릭으로 전환하면서 세계 역사는 바뀌었을 것이다.

매팅리에 따르면 영국 해협에서 벌어진 이 해전의 승부를 가른 주인공은 영국의 주력 함선인 범선 갤리언선과 주력 대포인 황동 대포였다. 이후에 살펴보겠지만 1588년 영국과 스페인 해전의 승패가 함선과 대포로 갈렸다는 중요한 사실은 그로부터 4년 뒤 지구 반 바퀴 떨어진 곳에서 똑같이 재현된다. 1592년 조선에서 벌어진 임진왜란과 1597년 정유재란에서다. 조선의 이순신 함대가 일본 수군 함대를 물리칠 수 있었던 데는 판옥선과 거북선이라는 이순신 함대의 함선과 천자총통을 비롯한 대포가 결정적인 역할을 한 것이다.

1587년 영국의 프랜시스 드레이크Francis Drake가 이끈 함대가 스페인을 기습했을 당시 이미 확인한 바와 같이 스페인의 주력 함선인 갤리선은 영국 갤리언선에 비해 규모가 작았고 그 결과 스페인은 드레이크에게 크게 패배했다.

이어 1588년 영국은 스페인의 침공을 예상하고 400톤 급의 갤리언선 함대로 대비했다. 영국 함선과 대포의 혁신을 이끈 주역은 헨리 8세와 그의 딸 엘리자베스 1세다. 특히 영국의 열악했던 대포 기술 혁신을 주도한 것은 헨리 8세라고 치폴라는 말한다.

바다가 자신들을 방어해준다고 믿어온 영국은 헨리 8세에 이르러 유럽 어느 왕보다 많은 돈을 전투용 선박 건조에 썼다는 것이 매팅리의 분석이다. 엘리자베스 1세는 부왕의 선견지명 덕분에 1588년 당시 유럽 역사상 최강의 해군력을 갖추는 데 성공한 군주로 평가받는다. 핵심 전력은 300톤 이상의 갤리언선 18척과 100톤 이상의 갤리선 7척이었다.

존 호킨스John Hawkins의 주도 아래 길이를 더 연장했던 영국의 갤리언선은 다른 유럽 국가의 갤리언선보다 대포를 더 많이 탑재할 수 있었으며 옆바람도 더 많이 받으며 항해할 수 있었다고 매팅리는 말한다. 호킨스는 영국의 나대용이었다고 할 수 있다. 이순신을 도와 거북선을 개발하고 판옥선을 개선하는 데 기여한 나대용처럼 호킨스는 영국 갤리언선의 능력을 향상시킨 주역이었다. 그는 특히 갤리언선의 이물과 고물의 높은 선루를 축소했다. 그 결과 영국 함대는 이전까지 대양을 누볐던 그 어떤 배들보다도 빠르고 자유자재로 바람을 이용할 수 있는 전함을 보유하게 되었다.

영국의 전함에 장착된 대포가 혁명적으로 개선된 데는 윌리엄 윈터William Winter의 공이 결정적이었다. 그는 살상용 총포를 줄였다. 그 대신 컬버린과 반

＊컬버린 등 유효 사거리가 1000야드 정도 되는 18파운드나 9파운드짜리 포탄을 쏘는 청동 대포의 수를 늘렸다. 철제 대포가 황동 대포로 대체된 것이다. 이에 따라 선호하는 사거리 안에서 적의 화력을 압도하게 됐다.

반면 산타 크루스Santa Cruz의 지휘 아래 있었던 스페인은 1588년 1월까지 갤리언선 13척과 갤리선 4척 외에 잡다한 배 60여 척만을 보유하고 있었다. 크루스가 갑작스레 사망하면서 메디나 시도니아Medina Sidonia가 총사령관으로 임명되었는데 그는 갤리언선 7척을 더 확보해 총 20척의 갤리언선을 갖추었다.

그러나 스페인의 불행은 아르마다 함대에 영국의 호킨스 같은 혁신가가 없었다는 것이다. 오히려 시도니아가 부임한 뒤 그때까지 높은 선루가 없었던 함선에 선루를 설치하게 함으로써 함선의 기동성을 더 떨어뜨렸다는 것이 매팅리의 비판이다.

더구나 스페인은 영국과 달리 대포의 중요성을 간과하는 분위기가 지배적이었고, 뒤늦게 대포의 중요성을 인식했지만 영국에 맞서는 대포를 제작할 만한 공장이나 기술자도 충분하지 않았다.

실제로 크루스는 대포가 작고 충분치 않다는 부관들의 의견이 많이 제기되자 당시 주둔하고 있던 포르투갈 리스본에서 마드리드로 그러한 의견을 전달했다. 그에 공감한 스페인 정부도 기금 마련의 필요성을 펠리페 2세에게 건의했고 건의를 받은 펠리페 2세는 자금을 마련해 12월 15일까지 마드리드와 리스본 군수공장에서 각각 36문과 30문의 황동 대포를 만들어 제공하기로 약속했다.

외국 배에서 무쇠 대포 60~70문을 사들였으나 2, 4, 6파운드 급에 불과했고, 더 큰 황동 대포는 이탈리아와 독일에서 들여올 예정이었다. 그러나 당시 유럽에는 큰 황동 대포 기술자가 적었으며 그나마 대부분 영국에 있었다. 게

다가 군수공장의 생산 시설에도 한계가 있었다. 컬버린 계열의 장거리포는 포탄에 비례해 엄청난 양의 금속을 사용해 주조해야 했기 때문에 대단히 비쌌지만 돈이 있어도 구하기 힘들었다. 그 상황에서도 시도니아는 더 많은 대형 대포 확보의 중요성을 인식하고 준비했으나 시도니아와 휘하 함장들의 기대에는 미치지 못했을 것이다.

1588년 해전의 승패를 가른 또 다른 요인으로 매팅리는 영국과 스페인 양국 군주의 리더십의 차이를 지적한다.

당시 엘리자베스 1세는 시간의 이점을 고려하는 신중한 리더십으로 스페인과의 일전을 탄탄하게 대비한 반면, 펠리페 2세는 조급하게 영국 침공을 서둘렀는데 이 리더십의 차이가 전함과 대포의 차이와 함께 영국과 스페인 간 해전의 승패를 갈랐다는 것이다.

영국 함대가 더 크고 빠른 전함과 장거리 대포로 무장하고 있다는 것을 스페인 장교들도 알고 있었다. 그럼에도 공격을 서둘렀다는 것은 리더십의 실패라고 매팅리는 지적한다. 영국 배가 유능한 포수들을 보유하고 있으며 바람의 방해에도 원하는 만큼의 거리를 유지할 수 있을 정도로 빠르고 사정거리가 긴 포를 많이 갖고 있다는 사실을 스페인은 해전에 돌입하고서야 깨달았다.

그러나 해전의 승패는 가능한 한 가까이서 선박을 분쇄할 수 있는 대포의 집중 공격 여하에 따라 결정되었다. 양쪽 모두가 공통적으로 대단한 용기와 과감한 지도력을 갖고 있다면 승리는 최고의 배와 최고의 대포를 가진 쪽에 돌아간다는 것이 매팅리의 결론이다.

1588년 영국과 스페인 해전과 1592년 조선의 이순신 함대와 일본 수군 간의 해전을 비교하면 흥미로운 사실이 발견된다.

여기서 조선 수군이라는 말 대신에 이순신 함대로 표현하는 것은 경상우수사 원균 함대나 전라우수사 이억기 함대 등과 구별하기 위해서다. 굳이 구별해야 하는 것은 전라좌수사였던 이순신 함대를 제외한 당시 조선의 다른 수군 장수들의 경우 함선과 대포에서 이순신 함대만큼 혁신을 이루지 못했기 때문이다.

이순신의 수군과 영국 해군은 기동성이 높고 장거리포에 의한 포격전에 적합한 판옥선과 갤리언선을 각각 주력함으로 건조해 싸웠다.

반면 일본과 스페인의 주력함은 각각 안택선과 갤리언선으로 크기는 이순신 함대의 판옥선이나 영국의 갤리언선과 비슷했으나 근접 백병전에 주력한 탓에 장거리 포격 능력이 부족했으며 기동성도 떨어졌다. 일본의 안택선은 판옥선에 붙잡히기도 했고 영국 갤리언선은 스페인 갤리언선과 달리 자유자재의 기동력을 자랑했다.

일본 수군의 안택선은 노꾼 90명과 근접 전투원 200명이 승선하고 있었기 때문에 근접 전투에 유리했다. 안택선이 본격적으로 해전에 투입되기 시작한 시기는 1597년 정유재란이 발발하면서부터였다. 임진왜란 첫해 조선 수군에 연전연패를 당한 뒤 대형 함선이 꼭 필요했던 일본 수군은 안택선을 전국적인 범위에서 건조했다는 것이 이순신 전문가인 이민웅 해군사관학교 교수의 주장이다. 반면 조선의 판옥선은 포격수 36명과 사부(궁수) 18명이 탄 포격전과 원거리 공격 중심의 함선이었다. 판옥선은 안택선보다 더 많은 노꾼을 태운 덕분에 기동성도 훨씬 좋았다.

이순신이 탔던 판옥선의 크기는 길이가 19.7~21.2미터이고 탑승 인원은 160명이었던 것으로 추정된다. 맨 위 갑판 좌우로 천자, 지자, 현자, 황자 포를 각각 10문씩 배치했다. 판옥선은 3층 구조를 갖춰 영국 갤리언선과 같이 적군이 기어오르기가 어려웠다. 판옥선 개발은 병조판서를 지낸 이이가 주장했다고 한다.

일본의 안택선과 유럽 범선은 밑바닥이 뾰족한 첨저선尖底船인 반면, 조선의 판옥선은 남해안 리아스식 해안에 맞게 밑바닥이 평평한 평저선平底船으로 건조됐다.

1598년 11월 19일 여명에 발발해 정오경에 끝난 노량해전에서 일본 수군의 주력 함선이 안택선이었다. 안택선보다 규모가 작은 판옥선이 주력 함선이었던 조선과 명나라의 연합수군은 불리한 상황이었다고 이민웅 교수는 그의 저서 『이순신 평전』에서 말한다.

그러나 이순신 함대가 중심이 된 조명연합수군은 일본 함선 200여 척을 분멸했고, 나포한 함선도 100여 척이나 되었다. 이민웅 교수에 의하면 이는 이순신이 가장 통쾌하게 승리를 거둔 해전으로 여겨지는 부산포해전의 세 배에 가까운 전과다. 노량해전에서 살상된 일본 수군의 수는 1만 5000명에서 2만여 명에 이르는 것으로 추정된다.

그렇다면 다음과 같은 반문이 가능하다. 임진왜란 당시 이순신 함대가 영국 함대와 맞먹을 수 있을 정도의 함선과 대포의 기술 혁신을 이룩했는데 왜 조선이 강대국으로 올라설 수 없었느냐는 것이다.

첫 번째 까닭은 먼저 국가 리더십의 차이에서 찾아야 한다. 당시 영국은 엘리자베스 1세로 대표되는 정치 리더십이 영국을 강대국으로 발전시킬 역량과 비전을 갖추고 있었던 반면 조선은 그렇지 못했던 것이다.

조선의 왕 선조는 임진왜란 발발 초기부터 먼저 명으로 도망갈 생각을 했으며, 왕조가 전복될 것을 우려한 나머지 류성룡과 같은 전략리더들을 내치고 이순신이나 김덕령 같은 무장을 죽이려 하는 졸렬한 리더십을 보였다. 그 같은 리더십으로는 임진왜란 이후 이순신 함대를 앞세워 동아시아 제해권을 장악하겠다는 비전은 생각도 할 수 없었던 것이다.

두 번째 까닭은 조선이 영국과 달리 산업화를 추진하지 않았을 뿐만 아니라 포용적인 정치 및 경제 제도도 도입하지 못한 데서 찾을 수 있다.

영국이 함선과 대포 기술에서 앞선 덕택에 아르마다와의 해전에서 승리해 강대국으로 발전하게 됐다는 치폴라와 매팅리의 통찰은 우리에게 한 가지 중요한 의의를 일깨운다.

이순신 함대가 함선과 대포의 기술 혁신을 통해 왜군을 물리쳤다는 사실에서 우리는 한 가지 결론을 얻을 수 있다. 만약 조선에 포용적인 정치 및 경제 제도를 구축하는 리더십이 존재했다면 동아시아의 강대국으로 도약할 수 있는 군사적 기반은 충분히 마련해놓은 상태였다는 것이다.

치폴라와 매팅리는 먼 옛날 우리가 충분히 이룰 수 있었으나 놓쳐버린 안타까운 역사를 깨닫게 한다.

결론은 분명하다. 만약 한국이 민생·공감 강국으로 도약하고자 한다면 이순신 장군이 이룩했던 함선과 대포 기술의 혁신을 21세기적인 형태와 방법으로 재현해낼 수 있어야 한다는 것이다.

10_ 우리가 되찾아야 하는 '대포'와 '함선' 그리고 '전략 리더'

16세기 말 임진왜란과 정유재란 등 왜(倭)가 두 번의 침략전쟁을 일으켰을 때 이순신 함대가 수군을 물리치고 전쟁을 승리로 이끌 수 있었던 것은 앞에서 살펴봤듯이 당시 나대용과 함께 했던 동아시아 최고의 함선과 대포의 기술 혁신 덕택이었다.

이순신 장군이 일본 수군과의 해전에서 거둔 전적은 '43전 38승 5무'라는 것이 이순신 연구가인 제장명의 분석이다. 그의 연구에 의하면 이순신은 43번의 해전을 치렀는데 이 중 38번의 해전에서 완벽하게 승리를 거두었다. 나머지 다섯 차례의 해전은 전과나 피해가 뚜렷하지 않아 무승부로 평가할 수 있다는 것이다. 이 같은 승전 횟수는 문화재청 현충사 관리소의 공식 기록인 17승보다 훨씬 많다. 소설가 김탁환은 소설 『불멸의 이순신』에서 이순신 장군이 23전 23승을 올렸다고 주장한다. 그래서 드라마 등에서는 23전 23승이라는 표현이 많이 사용됐다.

중요한 것은 이순신이 세계 해전사에서 유례를 찾기 힘든 이 같은 전과를 올릴 수 있었던 결정적 요인이 무엇이었느냐는 것이다. 그것은 전략에 대해 나폴레옹이 내린 탁월한 정의에서 찾을 수 있다고 생각한다. 전략이란 군사적·외교적으로 시간과 공간을 활용하는 예술이라고 나폴레옹은 말했다. 이순신은 나폴레옹의 전략 개념을 200여 년이나 앞서 실현한 전략가였다. 이순신의 연전연승에는 '반드시 이기는' 전략이 있었다. 전투에 임하기 전 왜군 함대에 대한 철저한 정보 수집과 분석이 이루어졌으며, 리아스식 해안인 남해의 복잡한 지리적 조건을 시·공간적으로 잘 활용했던 것이다.

20세기 초 조선이 일본의 식민지로 전락하게 된 것은 근대화 개혁에 실패한 탓에 국력이 쇠락할 대로 쇠락한 나머지 최소한의 군사력도 갖추지 못했기 때문이다. 1905년 11월 17일 일본이 조선의 외교권을 강탈하는 을사늑약을 체결할 수 있었던 기반은 러일전쟁에서의 최종 승리였다. 1904년 2월 9일 인천 앞바다의 러시아 함대를 공격해 순양함 바랴크Varyag함과 코리에츠Koryeets함을 바다 밑에 가라앉힌 일본군은 그날로 서울에 입성한 뒤 러시아에 정식으로 선전포고를 했다. 고종高宗이 일본에 맞서 마지막으로 의지해오던 러시아의 파블로프Pablov 공사가 이 날 러시아 대사관 병력 80여 명의 호위를 받으며 서울을 빠져나갔는데 이때부터 조선은 사실상 일본의 무력에 강점당한 신세가 됐다.

그다음 해 1월 일본군은 여순항을 함락시키고, 이어 3월 봉천대회전에서도 승리를 거두었다. 5월 27일 일본군은 드디어 한일해협과 동해에서 러시아와의 결전을 앞두게 되었다.

일본 해군이 그다음 날 결전에서 예상을 뒤엎고 러시아 발틱함대를 궤멸시킬 수 있었던 것은 자신의 선배들을 무릎 꿇린 이순신처럼 함선과 대포의 기술 혁신을 이루고 시간과 공간을 활용하는 전략을 갖췄기 때문이다. 당시 조선에는 이순신의 전략과 기술 혁신을 배워 국난을 대비하는 전략가가 없었던 반면 일본에는 임진왜란 때 자신들의 선배 수군을 궤멸시킨 이순신의 전략과 기술 혁신을 배운 도고 헤이아치로東郷平八郎 같은 전략가들이 있었던 것이다.

그렇다면 임진왜란 기간 이순신 장군은 어떤 전략과 기술 혁신으로 전쟁을 승리로 이끌 수 있었는가? 그리고 어떻게 하면 그것을 21세기 형태로 재현해 내 오늘날 불안정한 동아시아의 안보 현실 속에서 나라를 지킬 수 있는가?

전쟁에 임하는 이순신 장군의 전략은 무슨 수를 써서라도 일본 수군이 남해를 돌아 서해로 북상하는 것을 막는 것이었다. 이에 따라 이순신 함대는 천자·지자·현자 총통과 같은 대포와 함께 판옥선과 거북선이라는 함선을 갖추어 일본 수군의 북상을 저지하는 데 총력을 기울였다. 이순신은 이들 대포와 함선으로 이길 수 있다고 판단되는 해전이 아니면 일체 나서지 않고 기회와 때를 기다리며 일본 수군을 남해에 가두는 데 집중했고, 그것이 전쟁을 승리로 이끄는 견인차 역할을 했다. 대포는 이순신 함대뿐만 아니라 당시 조선 육군에게도 큰 힘이 됐다. 전라감사로 있던 권율이 행주산성에서 1만 명의 병력으로 왜군 3만 명을 맞아 대첩을 거둘 수 있었던 데는 비격진천뢰와 총통이 큰 역할을 했다.

일본 수군은 서해를 따라 올라가 고니시와 가토 기요마사加藤清正가 이끄는 일본 육군의 북상을 지원한다는 전략을 가지고 있었고 이순신 장군의 목표는 이 같은 왜군의 수륙병진水陸竝進 전략을 저지하는 것이었다.

모두가 아는 바와 같이 이순신 장군은 연전연승을 통해 이 같은 전략을 성공시켰다. 일본 수군은 이순신 함대가 무서워 감히 그를 우회해서 서해로 올라갈 꿈은 꾸지도 못한 채 남해 동쪽 바다에 꽁꽁 묶여 있을 수밖에 없었던 것이다. 그가 전라좌수사에서 삼도 수군통제사의 지위에 오른 것도 이 같은 공을 인정받았기 때문이다.

선조의 의심으로 삼도 수군통제사에서 파직됐던 이순신은 그 후 혹독한 고문을 받고 권율 도원수 막하에서 백의종군의 길을 걸었다. 이순신의 후임으로 수군통제사에 오른 원균은 전략적 고려도 없이 일본 수군의 본거지인 부산포를 무리하게 공격하려다 패배했고, 이순신이 함선과 대포의 기술 혁신을 통해 피땀 흘려 만든 조선 수군은 궤멸되고 말았다. 이 공격은 원균도 결과를 예상했겠지만 피할 수 없는 것이었다. 선조는 민심의 지지를 받는 이순신이 왕조 유지에 위협이 될 수 있다고 보고, 그가 한산도에 진을 치고 이기는 전투가 아니면 움직이지 않는 것을 숙청의 빌미로 잡았다.

원균은 수군통제사에 임명되기 전까지 이순신이 적극적으로 전투에 나서지 않는다고 비난했다. 그러나 이순신이 파직당하고 그의 뒤를 이어 수군통제사로 임명된 뒤 부산이나 거제도에 있는 수백 척의 일본 수군 본대를 상대로 한 싸움이 너무나 무모하다는 것을 깨달았다.

이에 권율 도원수는 원균의 곤장까지 치면서 선조의 명에 따라 부산포에 있는 왜 수군 함대 본진을 공격하라고 압박했고 원균은 나서지 않을 수 없었다. 그 결과 조선 수군은 사실상 와해되고 말았다.

왜 육군은 거침없이 북상을 감행했고, 왜 수군은 조선 수군을 물리치고 서해상으로의 북상을 시작했다. 그러나 그때 왜 수군은 수군통제사로 다시 임명된 이순신이 13척밖에 남지 않은 함선을 거느리고 진도로 물러나서 서해로 가는 진입로를 지키고 있다는 것을 알았다.

명량해전은 사실상 왜 수군이 이순신을 제거하기 위해 감행한 공격이었다. 왜 수군 지휘부는 이순신을 그대로 놔두고는 왜 육군을 지원하기 위해 서해로 북상하는 것이 어렵다고 판단한 것이다. 13척의 함선으로 133척의 왜 함대를 맞아 이긴다는 것은 물리적으로는 불가능한 일이었다. 이전에 승리한 해전들과 달리 명량해전은 기술 혁신을 이룬 함선과 대포의 지원을 거의 받지 못한 채 치러야 했기 때문이다.

그럼에도 이순신은 그 불가능한 전투에서 승리했다. 승리의 요인은 이전 해전들의 그것과 달리 함선과 대포의 기술 혁신이 아니었다. 물론 이순신은 13척의 함선을 급히 거북선으로 바꾸는 대비를 하는 등 한 순간도 승리를 위한 생각을 놓지 않았다. 그러나 기적과 같은 승리를 거둘 수 있었던 데는 필사즉생必死則生의 의지와 함께 명량 해협의 거센 조류의 흐름을 꿰뚫고 이를 전략에 활용한 리더십이 결정적인 기여를 했다.

후자는 "지리가 모든 것Geography is everything"이라는 스파이크먼의 통찰을 떠올리게 한다. 그랬다. 이순신은 명량 해협의 거센 조류를 정확하게 파악해 '시간과 공간을 군사적으로 활용하라'는 나폴레옹의 전략 개념을 구현해 명량해전을 승리로 이끈 것이다.

명량대첩을 계기로 일본 수군은 서해상으로의 북상 전략을 완전히 포기했다. 이는 명량해전의 승리가 이 전쟁에서 일본의 패배를 확정지었다는 것을 의미한다. 일본 육군이 제아무리 파죽지세로 한양을 거쳐 평양과 의주로 올라가며 조선의 요지를 점령한다고 해도 서해를 통한 수군의 보급을 받지 못하는 한 육군은 점령지를 계속 유지할 수 없기 때문이다.

당시 조선 리더십의 또 다른 핵심은 류성룡이다. 그는 명과 조선 그리고 일본을 중심으로 한 동아시아 질서 전체를 읽고 조선과 일본 간 전쟁에 명을 끌어들여 이를 명과 일본 간 전쟁으로 바꾸어놓았다. 선조가 명에 내부內附(한 나라가 다른 나라 안으로 들어가 붙음)하려는 시도를 막음으로써 국왕의 망명에 따른 조선 왕조의 멸망을 차단함과 동시에 명과 일본의 조선 할지割地* 시도를 무력화시킨 것도 그였다.

임진왜란과 정유재란의 승리는 결국 대포와 함선, 그리고 전략리더십의 승리다. 조선 수군의 대포와 함선의 기술 혁신과 지리의 시공간에 대한 군사적 활용이라는 전략, 그리고 필사즉생의 정신으로 대표되는 이순신의 리더십, 동아시아와 국가 전반의 정세를 고민해 전쟁을 승리로 이끈 류성룡의 스테이츠맨십statesmanship이 주역인 것이다.

이들의 리더십은 1644년 여진족에 의한 명의 멸망과 청의 건국, 도요토미 히데요시에서 도쿠가와 이에야스로의 정권 교체 등 동아시아 질서의 변화에도 결정적 영향을 미친다.

함선과 대포의 기술 혁신 수준을 기준으로 본다면 당시 조선은 동아시아에서 최고였다. 그럼에도 안보에서는 무능했다. 임진왜란이 발발하기 전 이이는 군정을 개혁해 국방을 강화할 것을 수도 없이 건의했다. 그러나 선조는 이를 듣지 않았다. 민생도 최악이었다. 공안貢案 개혁(각종 세금의 부담을 쌀 한 가지로 통일해 내게 함으로써 백성의 세 부담을 줄여주자는 것)을 통한 폭렴暴斂(과도한 세금 부담)의 해소 등으로 민생을 안정시켜야 한다는 이이의 건의를 선조가 외면했기 때문이다.

그래서 아쉽다. 만약 이이, 류성룡, 이순신, 권율 등 당대 최고의 전략가들이 민생과 안보를 핵심으로 하는 개혁에 성공했다면 조선은 동아시아의 제해권 장악과 교역 증대를 통해 일찌감치 강대국의 길을 걸었을지도 모르기 때문이다.

그러나 불행하게도 당시 이 조선 최고의 리더들은 협량하고 전략적 마인드

---

* 임진왜란 초기부터 명은 일본의 요구로 조선 영토를 나누어 갖는 협상을 비밀리에 진행했는데 이를 할지라 한다. 명 조정의 반대와 조정 내 류성룡 중심으로 이루어진 극력 저지 노력, 이순신의 연전연승에 의한 왜 수군의 서해 바다로의 북상 실패 등으로 할지 협상은 실패로 돌아갔다.

가 없는 선조나 기득권에 집착하는 서인과 북인 등에 의해 탄핵되거나, 종전 이후 탄핵돼 사약을 받을지도 모른다는 우려로 전사戰死의 길을 택했다. 탄핵으로 영의정에서 물러난 류성룡은 안동으로 귀향을 떠나 『징비록懲毖錄』을 집필했다. 선조가 다시 불렀으나 그는 복귀하지 않았다.

이순신은 1598년 순천 왜교성에 웅크리고 있던 왜군 장수 고니시의 철군을 막기 위해 벌인 노량해전에서 왜적의 조총에 맞아 전사했다. 그런데 이순신의 죽음은 오늘날까지도 논란의 대상이 되고 있다. 일각에서는 갑옷을 벗어버리고 북을 두드리며 전투를 독려한 것은 그가 적의 총탄이나 화살에 맨 몸으로 나선 것이나 마찬가지인 만큼 스스로 죽음을 의도한 것이라고 분석한다. 이 같은 분석은 왜군의 철수에 따라 전쟁이 끝나면 선조에 의해 숙청될 것이라는 이순신의 믿음을 전제로 한다. 전쟁 기간 민심의 지지를 받은 자신이 조선 왕조를 전복할 수 있다는 우려를 선조가 갖고 있다고 믿었을 것이라는 얘기다. 그렇기 때문에 선조가 어떤 혐의를 붙여서든 자신을 죽이고자 할 것이라고 생각한 이순신이 전쟁을 마감하는 노량해전에서 죽음을 택했을 것이라는 게 자살설의 논리이다.

마키아벨리는 『로마사 논고』에서 군주가 큰 전공을 세운 장군에게 배은망덕한 행위를 하는 배경을 이렇게 말했다. "어떤 군주든 자신의 이름으로 출전한 장군이 대승을 거두었을 때 두려움이 생긴 나머지, 그 장군에게 상을 주기는커녕 해를 가한다." 두려움이란 군주가 군대와 국민에게서 높은 명성을 얻은 장군에 의해 군주 자리와 목숨을 빼앗길까 하는 걱정이다. 이 때문에 군주는 일신의 안위를 보전하기 위해 장군을 죽이든가, 아니면 장군의 명성을 박탈해버리든가 둘 중 하나를 행할 공산이 크다는 것이 마키아벨리의 통찰이다. 장군이 군주로부터 그 같은 배은망덕을 당하지 않으려면 군주의 곁에 가서 겸손하게 있든가 전쟁에서 획득한 영토를 군주에게 넘기지 말고 모든 수단을 동원해 손수 장악하든가 둘 중 하나를 택해야 한다고 그는 조언한다.

그러나 이순신의 인격을 높이 평가하는 김종대 전 헌법재판관 같은 이순신 연구자들은 자살설에 동의하지 않는다. 그는 자신의 저서 『이순신, 신은 이미 준비를 마치었나이다』에서 명예를 중시하고 인격적으로 성인의 경지에 이른 이순신이 설령 전쟁 이후 선조에 의해 죽임을 당할 우려를 했다 하더라도 자살할 리가 만무하다고 주장하고 있다.

어쨌든 류성룡과 이순신이 각각 탄핵되고 순국한 이후 조선은 더욱더 삼류 국가의 길을 가고 말았다. 1598년 11월 19일 이순신이 전사하던 그날 류성룡도 파직됐다. 류성룡이 파직된 것은 조세제도 개혁에 따른 양반 계층의 반발이 결정적 이유였다. 가난한 사람이 더 내고 부자가 덜 내는 공납貢納의 폐단을 없애기 위해 세금 부과 기준을 땅의 크기로 해서 가진 사람이 더 내는 구조로 조세제도를 개혁했다. 그러자 땅을 많이 가진 양반들은 당연히 거세게 반발했고 선조는 류성룡을 지지했다. 그러나 종전이 가까워 오면서 서인 측에서 양반 계층의 불만을 이용해 류성룡을 더욱 거세게 몰아붙였다. 이에 선조는 종전이 되면 류성룡을 더 이상 붙들고 있을 필요가 없다고 판단하고 노량해전 당일 그를 가차 없이 버린다. 선조는 자신이 신료들을 통제하기 위해 만들어낸 것이나 다름이 없는 당파 간 싸움이 더욱 격화하면서, 류성룡이 영수로 있는 동인보다는 서인과 협력해 국정을 끌어가는 것이 왕조 유지에 더 안전하다고 여겼던 것이다. 이때 동인은 류성룡의 조세제도 개혁에 불만을 품은 양반 계층의 미움을 사고 있었다.

류성룡과 이순신이 각각 정치와 안보에서 더 이상의 역할을 하지 못하게 됐더라도 두 사람이 남긴 유산을 발전시켰다면 조선은 강대국의 길로 갈 수 있었을 것이다. 그러나 류성룡의 건의에 따라 명나라를 본 따 설치된 훈련도 감은 그가 귀향을 떠난 이후 유명무실해졌고, 역시 그가 제안했던 양반과 노비까지 군역에 참여시키는 속오군도 실현되지 않았다. 마찬가지로 이순신이 남긴 해전 전략과 그가 이룩한 대포와 함선의 혁신 기술도 더 이상 보존되거나 발전되지 않았다.

조선이 계속 이들 전략과 기술을 발전시켰다면 동아시아의 해상 강국으로서 강대국의 기틀을 구축했을 수 있다. 만약 그랬다면 조선이 19세기 동아시아에서 가장 빠른 근대화를 이룩했을 개연성도 배제할 수 없다.

이 대목에서 우리는 자문해야 한다. "그렇다면 오늘날 우리에는 북한과 주변 강대국들에게서 비롯되는 안보 위협을 막아내고, 동시에 민생·공감 강국 도약에 요구되는 류성룡의 국가 전략리더십과 나폴레옹의 전략 개념을 200여 년 앞서 실천했던 이순신의 전략리더십, 그리고 세계 최고의 대포와 함선 같은 기술 혁신이 존재하는가?"

무엇보다도 한반도와 동아시아 그리고 세계 전반의 급변하는 안보와 경제 질서의 변화를 꿰뚫으면서 대한민국의 나아갈 바를 정확하게 모색하고 준비할 수 있는 21세기 전략가들이 출현해야 한다. 아울러 우리 정치, 경제, 사회, 문화 등 각 분야에서 세계 최고 수준으로 내세울 수 있는 전략과 '대포', '함선'이 요구된다. 그래야만 이것이 한국의 경제력 발전과 군사력 증대로 이어질 수 있다. 민생·공감 강국 도약은 결국 그 결과물이 될 것이기 때문이다.

제3장

민생주의, 21세기 중도우파의 새로운 패러다임

11_ 민생주의의 역사적 기원과 정신

민생·공감 강국 도약을 목표로 하는 21세기 대한민국 민생주의의 역사적 기원과 정신은 어디에서 찾을 수 있는가?

21세기 대한민국이 지향해야 할 국가의 역할은 민생과 성장의 균형 추구, 국내외 모든 형태의 폭력과 위협으로부터 국가 및 국민의 안보 확보, 그리고 민생·공감 강국 도약과 같은 21세기 국가 발전 비전 제시 등 세 가지이다.

이처럼 국가의 역할을 위해 헌신한 정치가와 전략가를 역사에서 찾아 그들의 정신을 배우는 노력이 요청된다.

그렇다면 그 같은 정치가와 전략가로는 누구를 꼽을 수 있는가?

시기를 조선조 중기中期로 한정할 경우 정치가statesman로는 이이와 류성룡을 꼽을 수 있다.

정치가는 자신의 영달이라는 소아小我를 버리고 민족과 국가의 발전이라는 대아大我를 위해 헌신한 사람을 말한다. 반면 정치인politician은 민족과 국가의 발전보다는 자신의 정치적 욕망에 더 집착을 하는 사람을 가리킨다. 따라서 정치가와 정치인을 구별해야 한다.

앞에서 살펴본 바와 같이 이이는 민생과 안보 두 분야에서 오늘날까지도

귀감이 되는 개혁 방안을 선조에게 건의하면서 국난에 대비하고자 했던 최고의 정치가로 평가할 수 있다. 그는 『만언봉사』와 『동호문답』 등을 통해 민생을 보살피고 각종 정치개혁을 추진할 것을 목숨을 걸고 선조에게 간했고, 그것이 받아들여지지 않자 표표히 벼슬에서 물러났다.

이이가 특히 관심을 가진 분야는 민생이었다. 이정철은 그의 저서 『언제나 민생을 염려하노니』에서 이렇게 설명한다. "대부분의 관료와 지식인들이 자신들의 관심 범위 밖으로 나오지 못할 때 이이는 국가의 존재 이유가 일차적으로 민생을 보장하는 데 있다고 주장했다. 나아가 그는 이 추상적 원칙을 현실에서 어떤 문제에 적용해 풀어내야 하는지를 정확히 지적했다. 조선시대 후배 경세가들은 바로 그 점 때문에 이이를 기렸다."

이이가 틈만 나면 선조에게 건의한 정치 개혁도 대부분 민생을 위한 것이었다. 그랬기 때문에 그의 건의는 한없이 간곡했고 받아들여지지 않으면 자리에서 물러났다. 한영우의 『율곡 이이 평전』에 의하면 선조가 해주 또는 파주에서 후학을 가르치며 공부하고 있는 이이를 다시금 부르면 그는 정치가 어려운 것은 선조가 자신의 건의를 받아들이지 않았기 때문이라며 단호히 거절하기를 수차례 거듭했다.

과문하지만 이이의 사례를 제외하면 조선조를 통틀어 임금의 부름을 받았을 때 임금의 잘못을 상기시키면서 사양한 선비를 찾기는 쉽지 않을 것이다. 더욱 놀라운 것은 이이가 극심한 생활고를 겪으면서도 선조의 부름에 응하지 않았다는 사실이다. 한영우에 따르면 향약을 실천하기 위해 직계 가족 전부를 한집에 모아서 살았던 그는 살림살이가 한때 100명 가까이 이르렀고, 가족들의 식량조차 구하기 힘겨웠다. 그토록 곤궁한 살림에도 이이는 선조가 자신의 건의를 받아들여 실천한다는 약속을 하지 않으면 단호히 출사를 사양했다. 곤궁하게 살지언정 정치가로서 언행이 일치되지 않는 삶을 원치 않았던 것이다.

주목할 것은 이이가 선조 대代의 시기에 국한해서 평가할 정치가가 아니라는 점이다. 그는 민족과 국가를 살리는 최고의 리더십이 어떻게 해야 준비될 수 있는지에 관한 철학과 담론을 한민족의 제단에 바친 사상가였다. 그 철학과 담론을 담고 있는 것이 바로 그의 저서 『성학집요聖學輯要』이다. 이 책은 사서삼경을 비롯한 중국의 모든 유학 경전을 두루 섭렵해 최고의 정치지도자가 갖추어야 할 수신修身의 핵심 덕목인 경敬, 즉 삼감의 덕목을 중심으로 서술했다. 혼자 있을 때건 아니건 간에 한낱 사물에라도 부끄럽지 않도록 항상 삼가야 한다는 '신독愼獨'의 정화가 바로 경이다.

송나라 때 성리학을 완성해 주자로 불리는 주희朱熹는 내적으로 경의 덕목을 깊이 수양해야만 외적인 바름, 즉 의義를 행할 수 있다고 했다. 그래서 주자는 자신의 두 서재를 경재敬齋와 의재義齋로 불렀을 만큼 경과 의를 중시했다. 조선조 때는 임금, 지금은 대통령이라는 국가 최고 지도자가 모든 일에서 삼가는, 그래서 경계하고 신중하고 두려워하고 또 두려워하는戒愼恐懼 마음을 갖춘 경지로의 수신이 되어 있다면, 인재를 적재적소에 쓰는 인사에서 실패할 리가 만무하고 아래 사람의 진언을 가볍게 여기거나 내칠 리가 없을 것이다. 마찬가지로 조선조 때의 신하나 오늘날의 각료가 경의 덕목을 제대로 닦는다면 주자의 말대로 저절로 의의 덕목을 행하게 되는 만큼 임금이나 대통령에게 직언을 하지 못할 리가 없을 것이다. 이 점에서 이이는 『성학집요』를 통해 최고 지도자와 그를 뒷받침하는 리더들이 어떤 덕목을 수신의 중심으로 삼아야 하는지를 밝혀 후손들에게 물려주었다. 『성학집요』는 송나라 유학자 진덕수眞德秀가 썼으며 정도전과 세종대왕이 애독하기도 한 『대학연의大學衍義』

에 비견되는 명저로 평가받는다.

류성룡은 임진왜란 발발 이후 명과 왜 간의 조선 분할 시도를 물리치고 이이의 의제를 이어받아 민생과 안보 두 분야의 개혁을 정책적으로 주도한 전략가다.

군사 전략가로는 임진왜란 당시 해전과 육전을 각각 승리로 이끈 이순신 3도(전라, 경상, 충청) 수군통제사와 권율 도원수가 있다.

그리고 곽재우와 김덕령, 조헌 등 자발적으로 국가를 구하기 위해 봉기한 수많은 의병장도 빼놓을 수 없다. 조선이 왜의 침략을 물리칠 수 있었던 제3의 힘은, 선비로서 조정에 출사하지 않고 초야에서 살고 있던 이 의병장들이 방방곡곡에서 일어나며 나라가 '의병국가'로 전환된 데서 찾을 수 있을 것이다. 조헌의 경우 출사해 벼슬을 지냈지만 초야에 물러나 있다가 의병을 일으켰다. 그런데도 선조는 이들 의병장이 민심의 지지를 받게 되자 오히려 그 공로를 폄하했고 숙청도 서슴지 않았다. 의병국가가 조선 왕조를 전복시킬까 두려웠던 것이다.

이들이 21세기 대한민국이 지향하는 3대 국가 역할의 기원이자 정신을 대표하는 역사의 인물인 것은 개인과 가문의 안녕보다는 국가의 안위를 먼저 걱정하고 자신을 희생하는 리더십을 실천했기 때문이다.

몸을 돌보지 않는 그들의 헌신적인 리더십과 개혁 조치 덕분에 우리 민족은 지난 1000년 동안 최악의 국난이었던 임진왜란과 명과 왜 간의 조선 분할 기도를 슬기롭게 극복했다.

앞에서도 잠시 언급했지만 당시 동인의 영수였던 류성룡과 그가 추천한 이순신의 공로를 선조와 경쟁 당파인 서인과 북인이 사심 없이 평가하고, 이들의 리더십과 개혁 방안을 수용했다면 우리 한민족의 운명은 달라졌을 것이다. 그랬다면 17세기 들어 이미 동아시아의 강국으로 도약했을 수도 있는 것이다.

특히 류성룡은 전쟁 리더였을 뿐만 아니라, 가구당 쌀 두 말만 조세로 내도록 하는 대동법을 건의하고 시행해 민생을 안정시켰던 민생 리더였다. 대동법은 이이가 생전에 주창했던 공안 개혁의 핵심 의제였다. 대동법은 훗날 조선 최고의 조세 제도로 평가받는다.

이순신이 이룩한 대포와 함선의 기술 혁신은 임진왜란 발발 4년 전에 세계 강대국의 중심을 바꾼 영국 함대와 스페인 아르마다 간 해전에서도 통했을 개연성을 배제할 수 없을 정도로 세계 최정상의 혁신이었다.

이 점에서 민생·공감 강국이라는 비전을 실현할 소명을 가진 민생주의의 기원으로서 이이, 류성룡, 이순신, 권율 등 16세기 말 사림士林의 리더십을 꼽을 수 있는 것이다.

그러나 동서양 역사를 돌아보면 국가와 민족을 위해 헌신과 개혁에 앞장선 위대한 정치가와 전략가는 당대의 정치에서 성공하지 못하는 운명이었다는 것을 알 수 있다. 그들의 위대함을 알아주는 것은 먼 훗날 민족과 역사라는 사실 또한 동서고금의 한결 같은 진리이다.

카르타고의 명장 한니발을 물리친 로마의 장군 푸블리우스 스키피오Publius Scipio도 이 같은 운명과 진리에서 벗어나지 않는다.

스키피오는 카르타고 수도까지 진격해 오랫동안 로마를 괴롭히던 한니발과의 전쟁에서 최종적인 승리를 이끌어냈다. 그러나 그는 당대 로마의 정치에서 밀려났고 결국 패자인 한니발보다도 못한 운명에 처했다고 바실 리델 하트B. H. Liddell Hart는 그의 저서 『스키피오 아프리카누스Scipio Africanus』에서 지적한다.

스키피오가 공화정이던 로마 정치에서 패하게 된 것은 당시 로마 시민들이 그가 황제에 오르게 되면 공화정이 무너지는 것이 아닌가 하는 두려움을 가졌기 때문이다.

젊은 스키피오가 장기간에 걸쳐 로마를 위태롭게 했던 강적 한니발을 물리치고 순식간에 명성을 얻었음에도 신중하고 고상한 덕망의 모습을 보이자, 로마 시민들에게 그만 스키피오에 대한 두려움이 싹텄다고 마키아벨리는 『로마사 논고』에서 말한다. 로마의 행정관들조차 스키피오의 권위에 겁을 먹자 고결한 인격으로 찬양받던 대大 마르쿠스 포르키우스 카토Marcus Porcius Cato가 "행정관조차 두려워하는 시민이 한 사람이라도 있는 도시라면 자유로운 도시라고 불릴 수 없다"라고 말한 뒤 스키피오를 탄핵하기 시작했다는 것이다.

요컨대 스키피오는 자신에 대한 로마 시민들의 근거 없는 두려움 때문에 한니발과의 전쟁에서 거둔 대승에 대한 공로를 정치적으로 인정받지 못했다는 것이 마키아벨리의 결론이다.

류성룡과 이순신도 당대의 정치에서 패하고 말았다. 그러나 이들의 정치 실패는 선조라는 군주의 배은망덕에 말미암았다는 점에서 스키피오의 그것과는 본질적으로 다르다. 만약 류성룡과 이순신이 선조의 심기를 거스르지 않고 어떻게든 그에게 영합하는 모습을 보였더라면 어땠을까? 정치에서는 살아남았겠지만 그렇게 했다면 조선은 임진왜란에서 패한 것은 물론이고 명과 왜의 조선 분할 시도도 막지 못했을 것이다.

임진왜란 발발 직후 왜적에게 잡힐까 두려워 명나라로 내부하려는 선조를 막은 것은 류성룡이었다. 만약 류성룡이 자신의 정치적 지위를 유지하고자 이를 저지하지 않았다면 선조가 명에 내부하는 순간 구심점의 부재로 관군은 물론 의병도 더 이상 왜적에 저항할 의지를 상실했을 것이다. 그렇게 됐다면 명군의 개입 여지도 사라졌을 것이고 한반도는 일본 영토로 편입됐을 가능성이 높다. 서인의 영수 윤두수도 같은 간언을 했으나, 목숨을 걸고 강력하게 막아선 이는 오로지 류성룡뿐이었다. 선조 때 경쟁 당파의 수령들이 같은 목소리로 임금에게 간언을 한 것은 이때가 유일하다. 그럼에도 선조는 내부해도 좋은지를 명나라에 물어보라고 지시했고 명나라로부터 요동에 가솔 100명을 데리고 있어도 좋다는 답을 받았다. 류성룡이 끝까지 만류했으나, 선조는 여전히 결심하지 못했다.

그때였다. 1592년 7월 8일 이순신이 이억기, 원균과 힘을 합쳐 한산도 앞바다에서 56척의 함선으로 왜 수군 함선 110척을 맞아 그 유명한 학익진 전법으로 66척을 격파하는 대승을 거두었다. 조선의 첫 대승인 한산대첩으로 왜군의 전략에 큰 차질이 빚어졌고 비로소 선조는 내부를 포기한다. 그러나 류성룡은 내부를 막은 '죄'로 의주 몽진 중에 이미 파직당했다.

그런 그를 살린 사람은 당시 반대 당파인 서인의 일원으로서 도승지로 있던 이항복이었다. 그는 명나라와의 외교를 위해서도 류성룡을 내쳐서는 안 된다고 선조를 설득했다. 복직한 류성룡은 선조의 미움에도 아랑곳하지 않고 국난 극복만을 생각하며 온몸을 던져 일했다. 그러나 전쟁이 끝나가서 류성룡의 개혁 조치들에 대한 사대부의 불만이 높아지자 선조는 가차 없이 그를 파직했다.

안동으로 귀향한 류성룡은 외부 활동을 중단하고 임진왜란에서 얻은 귀중한 교훈들을 후세에게 전하기 위해 『징비록』을 집필하는 데 몰두했다. '징비'란 말은 『시경詩經』 소비小毖 편에 나오는 "예기징이비역환豫其懲而毖役患", 즉 "미리 징계해 후환을 경계한다"는 구절에서 따온 것이다. 국난이 닥쳤을 때 어떻게 해야 하는지를 상세히 기록한 『징비록』은 오늘을 사는 우리에게도 변함없이 적용되는 한민족 최대 유산 중 하나다.

이순신도 류성룡과 마찬가지로 왕의 마음을 얻는 정치에는 실패했다. 그러나 목숨을 걸고 나라와 민족의 안녕을 위해 왜적과 싸우고 또 싸워 마침내 왜란을 승리로 이끎으로써 국민의 마음을 얻는 정치에서는 성공했다.

원균과 그의 정치적 후원 세력인 서인은 한산도에 틀어박혀 왜적과 싸울 생각을 하지 않는다고 이순신을 지속적으로 모함했다. 선조는 이에 따라 나가 싸울 것을 재촉했지만 이순신은 경솔하게 움직이지 않았다. 자신이 지면 조선이 진다고 생각했던 이순신은 숱한 압박에도 이길 수 있는 싸움에만 나서는 결연함을 보여주었던 것이다.

임진왜란 때 적의 침략에 맞서 싸우다 초개와 같이 목숨을 바치는 공직자의 표상을 보여준 부산진 첨절제사 정발과 동래부사 송상현도 잊지 말아야 할 정신적 기원이다.

정발 장군과 송상현 부사는 각각 부산성과 동래성에서 16만 명의 왜군을 맞아 중과부적인 줄 알면서도 국가와 민족을 지키기 위해 싸우다 의로운 죽음을 맞았다. 당시는 경상좌수사와 몇몇 군수 등이 제 한 목숨을 도모하고자 갖가지 핑계를 대고 임지를 이탈하는 상황이었다. 경상좌수영 진영에서 죽음을 무릅쓰고 전선을 지킨 장수는 정발과 송상현뿐이었다.

임진왜란 개전 첫 전투에서 어떻게 이들만이 목숨 걸고 그 많은 왜의 대군을 맞아 싸울 수 있었던 것인가? 이들이 그렇게 할 수 있었던 원동력은 역시 경과 의의 덕목을 깊이 수양한 데서 찾아야 할 것이다. 이이, 류성룡 선생과 이순신 장군이 그랬던 것처럼 정발과 송상현도 주자가 강조한 경의 덕목을 깊이 닦은 결과 목숨을 바쳐서라도 나라에 충성한다는 의를 실천할 수 있었을 것이다.

이이와 류성룡, 이순신, 김덕령, 곽재우, 정발, 송상현 등 16세기 사림의 정치가와 전략가 그리고 장수들의 뒤를 잇는 두 번째 정신적 기원은 18세기 북학파北學派와 19세기 말 개화파開化派를 꼽을 수 있다.

박지원을 비롯한 북학파가 정신적 기원이 되는 까닭은 17세기 북벌론北伐論이라는 '초현실주의'를 극복하고 당시 세계 최대강국이었던 청을 배움으로써 조선의 생존 전략을 모색했기 때문이다.

하영선 명예교수는 그의 저서 『역사 속의 젊은 그들』에서 이렇게 갈파한다. 청나라와 명나라 모두의 장점을 취합해 문명의 표준을 설정한 뒤 청나라의 세계 운영 질서에서 살아남는 조선의 복합 생존 전략을 찾자는 것이 북학파를 대표하는 연암의 정신이었다는 것이다. 당시 청나라는 국내총생산에서 세계 1위의 위치를 차지하는 국가였다. 그럼에도 조선에서는 청나라가 만주 오랑캐에 의해 건설됐다는 이유 하나만으로, 이미 멸망한 한족의 명나라를 높이고崇明 청을 멸하자는滅淸 의미의 '존화양이尊華攘夷' 담론이 우세했다. 북학파는 이 같은 비현실적인 담론을 배격했으며 단순히 청나라에서 배우자는 초보적인 북학까지도 넘어섰던 것이다.

하영선 교수에 의하면 연암의 『열하일기』와 그가 쓴 소설 『허생전』은 각각 오늘날 우리 세대에게 전하는 중요한 교훈을 가지고 있다.

먼저 『열하일기』에서 배워야 할 것은 청나라가 강대국으로서 몽골과 티베트 등 주변 국가들을 관리하는 외교 전략에 대한 연암의 통찰이다. 청나라 건륭제는 북경에서 동북 방향으로 고속버스로 2시간여 걸리는 거리의 북쪽에 위치한 열하에 피서산장避暑山莊이라는 여름 행궁行宮을 짓고, 여름이면 3~4개월 그곳에 지내면서 대규모 수렵 행사를 벌였다. 연암은 이 행사를 단순한 수렵 행사가 아니라 몽골의 위협을 차단하기 위한 군사적 시위라는 측면에서 봐야 한다고 평가했다. 건륭제가 피서산장 주위에 짓도록 한 외팔묘外八廟라는 여덟 개의 화려한 절들 중 하나가 티베트 라싸에 있는 포탈라궁을 모방한 소小 포탈라궁이다. 이는 건륭제가 티베트의 라마교를 중시한다는 것을 보여주는 단서이다. 말하자면 이러한 행사는 티베트로 하여금 청의 통치에 순응하도록 유도하기 위한 건륭제의 소프트 파워였던 셈이다. 당시 조선 사절단의 방문을 받은 건륭제는 티베트 라마교의 지도자인 판첸 라마(당시 달라이 라마는 어려서 40대의 판첸 라마가 라마교를 이끌고 있었다)를 자신의 스승으로 모신다면서 사절단에게 판첸 라마에게 절할 것을 지시했는데, 이 또한 자신이 티베트를 중시한다는 것을 보여주기 위한 소프트 파워의 일환이었다는 것이 박지원의 분석이다.

2008년 봄 필자는 북경을 방문했다가 라마교 사원을 둘러볼 기회가 있었다. 그때 가졌던 의문은 티베트 불교인 라마교가 어떻게 북경의 한 복판에 이렇게 큰 사원을 세울 수 있었는지에 관해서였다. 그 즈음 연암의『열하일기』가 세 권으로 번역되어 출간되어 읽었는데, 그때 청나라가 티베트의 관리 차원에서 라마교를 수용했다는 것을 알게 됐다.

박지원이 말하고 싶은 것은 청나라가 라마교를 인정하고 존중함으로써 티베트가 청나라의 통치를 받아들이도록 했다는 것이다. 관리하기가 쉽지 않은 주변 국가에 그 국가의 종교를 적극 수용하는 방식으로 강대국의 규범과 규칙에 동의하도록 한 것이다. 살을 내주고 뼈를 취하는 전략을 떠올리게 하는 통치 방식이다. 주변 국가의 종교를 수용한 것은 살을 내준 것이고 그 주변 국가가 강대국의 통치에 순응하도록 만드는 것은 뼈를 취하는 것에 해당한다고 볼 수 있다. 청나라 황제가 라마교 지도자를 자신의 스승으로 숭앙한다는데 티베트가 어떻게 청나라의 천하 질서에 도전하겠는가? 오늘날 중국은 티베트 통치에서 어려움을 겪고 있다. 군사적 강압 통치로 티베트 민중의 저항을 불러일으키고 있는 것이다. 청나라가 라마교를 수용함으로써 티베트의 순종을 이끌어냈다는 사실은 중국 정부의 대 티베트 정책에 큰 교훈을 던진다.

『허생전』에서 배울 수 있는 것은 경제력과 군사력은 물론 영토의 크기와 백성의 수에서 청나라와의 차가 현격하게 나는 조선이 청나라를 상대로 국익을 제고할 수 있는 방법은 오로지 소프트 파워와 네트워크 파워뿐이라는 허생의 생각이다. 북벌, 즉 청나라를 어떻게 해야 정벌할 수 있는지 묘책을 들으러 온 어영대장 이완에게 허생은 군사적으로 북벌하는 것이 현실적으로 불가능하다고 말한다. 북벌의 현실적인 대안은 지식과 경제 분야에서 청나라의 중심 세력과 유대 관계를 강화해서 사실상 천하를 호령하거나 대국의 지위를 차지하는 것이라고 허생은 주장한다. 허생의 입을 빌려 연암은 소프트 파워와 네트워크 파워를 결합한 대청 외교를 해야 한다고 역설한 것이다. 이 같은 담론은 오늘날에도 여전히 유효하다. 그래서 21세기 중국 전문가라고 자처하는 사람들은 반드시 연암을 다시 읽어야 한다는 것이 하영선 교수의 권고다.

북학파의 뒤를 잇는 정신적 기원은 개화파 1세대이다. 평양감사와 우의정 등을 역임하며 대원군과 고종의 대외정책에 깊이 관여한 환재瓛齋 박규수와 함께, 그를 도와서 주변 정세를 살피며 조선의 개화를 모색했던 중인 계층의 오경석, 유대치 그리고 승려 이동인 등 개화파 1세대 전략가들도 잊지 말아야 할 정신적 기원인 것이다.

이들은 19세기 후반 조선에서 개화를 통한 서구의 문명 표준을 수용해 부국강병을 이뤄야 한다고 인식하고 김옥균, 홍영식, 서광범, 박영효 등 나중에 본격적인 개화 개혁에 나서게 되는 개화파 2세대를 길러냈다. 연암의 손자인 박규수는 가회동 집 사랑방에서 역관 오경석 등이 청나라에서 들여온 서적들을 함께 보면서 개화파 2세대에게 신사상新思想을 가르쳤다. 조선이 일본에 의해 치욕적인 국망을 당하기 전에, 비록 실패로 끝나긴 했으나 1884년 개화파 2세대 주도의 갑신혁명을 통해 서구 문명을 표준으로 하는 국가 개혁을 시도할 수 있었던 것은 오로지 개화파 1세대의 노력 덕분이었다. 그렇지 않았다면 우리 민족은 서양을 금수禽獸로 여기는 무지몽매에 빠져 세계의 흐름도 읽지 못하고 어떠한 자구自救의 노력도 시도조차 하지 못한 채 곧바로 식민 상태로 들어간 3류 민족이 될 뻔했다.

이순신과 류성룡 등 첫 번째 정신적 기원과 비교해 안타까운 것은 박규수 등이 개화라는 신사상을 수용해 힘을 길러야 한다고 판단해 다음 세대를 양성할 때 이미 조선의 바다는 일본 전함의 앞마당이 되어가고 있었다는 사실이다.

1876년 조일수호조규가 체결되기 전 박규수는 국내 반대 여론에 맞서 일본의 조약 체결 요구에 응하자는 입장을 제시했다. 그렇지 않을 경우 전쟁이 벌어질 텐데 일본을 이길 수 없다는 냉정한 평가에서였다. 여기에는 일본 군함들이 조선의 남해와 서해를 장악하고 있었다는 판단이 크게 작용했다. 이순신이 동아시아 최고의 함선과 대포로 왜 수군을 물리친 지 3세기 만의 일이다. 일본으로 인한 두 번째 난세에서 그의 전략과 정신을 이어받을 젊은 리더들이 이제 막 성장하고 있을 이 무렵, 왜의 후예인 일본은 조선의 바다를 정복하기 시작했던 것이다.

갑신혁명의 주역인 김옥균과 홍영식 등은 류성룡과 이순신의 전략과 정신을 이어받았다. 그러나 갑신혁명은 일본의 지원을 받았다는 점에서 일정한 한계를 안고 있었다. 그럼에도 김옥균을 비롯한 혁명 주역들은 서구 문명 표준을 수용함으로써 조선을 근대화의 길로 개혁하고자 목숨을 걸었다. 그러나

1884년 12월 4일 청나라에 의존하는 수구 성향의 민씨 척족을 몰아내고 개화 정권을 수립하려 했던 갑신혁명은 당시 국내에 주둔하고 있던 20대의 위안스카이袁世凱가 이끄는 청군이 개입하면서 3일 천하로 끝났다. 그 결과 혁명 주역들의 가족은 이산의 고통을 겪어야 했다. 김옥균의 처는 관노官奴로 전락했고 홍영식의 가족은 죽임을 당했다.

김옥균은, 일본에서 사쓰마번과 조슈번 간의 이른바 삿초동맹을 성사시켜 이를 통해 막부시대를 종식시키고 메이지유신의 기반을 마련한 사카모토 료마坂本龍馬와 비교할 수 있다. 비록 갑신혁명이 실패로 돌아갔지만 그는 메이지유신을 모델로 한 이 혁명을 주도하면서도 당시 구성된 내각에서 판서가 없는 호조참판이라는 지위만 맡고 주요 지위는 다른 사람들에게 양보했다. 각종 개혁에 소요되는 재원을 외국에서 조달하기 위해 오늘날 기획재정부 차관직을 맡은 것이다.

혁명 이전부터 그는 근대화를 위한 국가 개혁에는 엄청난 규모의 재원이 필요하다는 것을 뼈저리게 인식하고 있었고, 혁명의 성공을 위해서는 재원 조달이 그 어떤 것보다 중요하다는 것을 잘 알았다. 그럼에도 혁명의 주역이 그 자리를 맡았다는 것은 자연스러운 선택이라고 보기 어렵다. 김옥균이 혁명 주역임에도 호조참판이라는 비교적 낮은 직위만 받은 것은 일본 근대화의 주역인 사카모토를 닮았다. 사카모토는 자신을 내세우거나 자리를 탐하지 않고 오로지 일본이 하나의 국가one nation를 달성해 근대화에 성공하는 데 밑거름이 되는 것을 목표로 삼고 삶을 불살랐다.

더군다나 혁명이 실패로 돌아간 이후 일본과 청나라 등지에서 어려운 처지였음에도 조선의 생존을 위한 노력을 중단하지 않았다는 것은 김옥균이 자신과 가족의 안녕을 돌보지 않고 진정 민족과 국가를 위한 삶을 살았다는 것을 입증한다. 그는 혁명 직후 망명한 일본에서 끊임없이 일본의 집권세력과 대조선 정책을 둘러싸고 갈등을 빚었다. 그 결과 일본 정부는 그의 이용 가치가 떨어졌다고 판단해 북해도에 유배를 보내기도 했다. 1894년 3월 김옥균은 10년간의 일본 망명 생활을 청산하고 청나라의 군권을 가진 북양대신 이홍장李鴻章과 동아시아 평화에 대해 담판을 벌이기 위해 상해로 건너갔으나 민씨 정권이 보낸 자객 홍종우에 의해 암살당하면서 그 같은 시도는 실패로 돌아가고 말았다. 그 후 그의 유해는 한성으로 옮겨졌고 민씨 정권은 그의 머리를 효수해 종로 거리에 내거는 야만적인 행위를 자행했다.

김옥균의 이 같은 삶을 돌아본다면 우리는 갑신혁명을 갑신정변으로 평가 절하해서는 안 된다. 정변이라는 명칭에는 맹목적인 권력 의지를 추구하다 실패했다는 뉘앙스가 담겨 있는 반면, 혁명이라는 말에는 민족과 국가의 운명을 개선하기 위해 주역들이 목숨을 건다는 의미가 내포되어 있다. 1910년 박은식이 갑신정변을 갑신혁명으로 바꾸어 불렀는데 이제 우리도 갑신혁명을 공정하게 평가해야 한다.

그다음 꼽을 수 있는 정신적 기원으로는 일제 강점 시기에 국내외에서 목숨을 걸고 독립운동에 헌신한 이승만, 김구, 안창호, 김규식, 조소앙, 안재홍, 신채호, 이상설, 이건승, 홍승헌, 이회영, 이상룡, 이육사 등 독립지사들이 있다. 특히 구한말 조정과 사림에서 의로운 선비로 평가받던 이상설, 이건승, 홍승헌, 이회영, 이상룡 등은 1910년 한일합병 전후 일찌감치 만주로 망명해 수많은 독립지사를 길러냈다. 일제 식민 기간에 만주를 중심으로 한 독립운동 시대가 열릴 수 있었던 것은 모두 이들의 헌신 덕분이었다. 이들과 함께 만주와 상해와 중경과 미국 등지에서 자식들의 교육도 제대로 시키지 못하는 생활고와 일제의 혹독한 탄압이라는 이중고를 견뎌내면서 조국의 독립을 위해 목숨을 바친 이름 없는 독립지사들과 그들의 가족을 기억해야 한다.

그렇다면 오늘날 이들 선배 사림과 개화 지사들의 정신을 계승하는 그룹은 존재하는가?

안타깝게도 오늘날 19세기 개화파와 같이 향후 100년의 꿈을 제시하고 국가 발전을 도모하고 있는 개혁 그룹을 찾아보기 어렵다. 동아시아와 세계를 주도할 수 있는 담론 능력을 갖추고 21세기 대한민국의 국가 개혁을 주도할 리더 그룹이 등장하지 않고 있는 것이다.

하드 파워에서 앞선 중국과 일본을 넘어 한국이 동아시아의 민생·공감 강국으로 도약하기 위해서는 소프트 파워, 특히 담론 경쟁에서 리드하는 것이 중요하다. 무엇보다도 동아시아 미래 질서에 대한 비전 경쟁에서 앞서야 한다. 글로벌 문명 표준과 가치에 따라 모든 구성 국가들이 공생하는 동아시아 미래 질서에 대한 꿈과 비전을 제시해 중국과 일본뿐만 아니라 미국까지 리드해야 하는 것이다. 그래야만 우리가 희망하는 방향으로 한반도 문제가 해결될 수 있고 동아시아 전체가 평화와 번영으로 나아갈 수 있다.

바로 이 점에서 민생주의가 민생·공감 강국으로 도약하기 위한 한국의 새로운 사회경제 발전 모델이 되는 동시에, 동아시아 국가들이 공생할 수 있는 동아시아 미래 질서를 위한 비전이 될 수 있다. 민생이라는 말에는 국민이 먹고사는 문제에서뿐만 아니라 모든 형태의 안보 위기로부터 안전하게 산다는 의미가 담겨 있다. 그래서 민생주의가 대한민국이라는 한 나라의 차원을 넘어 동아시아는 물론 전 지구 차원에서 모든 국가의 국민이 먹고사는 문제와 안전하게 사는 문제를 해결하기 위한 비전이자 사회경제 발전 모델이 될 수 있는 것이다. 민생주의가 19세기 개화, 20세기 근대화와 산업화처럼 대한민국의 민생·공감 강국 도약과 동아시아 국가들이 공생하는 미래 질서를 구현하기 위한 시대정신이 되어야 하는 까닭은 여기에 있다.

한·중·일 3국 중 향후 100년의 꿈을 가장 먼저 제시한 나라는 중국이다. 2012년 10월 중국 공산당 총서기와 국가주석으로 선출된 시진핑은 같은 해 12월 '중국몽', 이른바 중국 100년의 꿈을 말했다. 22세기 중국의 비전을 제시한 것이다. 그러나 중국의 꿈은 실체가 분명하지 않은 데다 그것이 동아시아 국가들과의 공생을 지향하는 것인지도 확인되지 않는다. 이 때문에 중국의 꿈은 아직 동아시아 국가들의 공감을 얻는 데는 실패하고 있다.

더 늦어서는 안 된다. 미국과 중국, 일본이 공감할 수 있는 동아시아 미래 질서에 대한 비전이 늦을수록 미중 간의 패권 경쟁과 중일 간의 영토 분쟁 등에 따른 동아시아 안보 불안이 심화할 것이다. 그렇게 되면 한국과 같은 중견국이 민생·공감 강국으로 도약하는 데 유리한 국제정치적 환경이 조성되기 어렵다.

그러므로 그 같은 유리한 환경을 조성하기 위해 우리는 지역 내 모든 국가가 민생주의를 꽃 피워 평화와 번영을 누리는 동아시아 미래 아키텍처의 건설을 주도해야 한다. 이를 위해서는 민생주의가 한반도와 동아시아의 시대정신이 되어야 한다.

12_ 왜 민생주의인가

기후환경 분야에 '바탕교체shifting baselines'라는 말이 있다.

극단적인 기상 이변들이 자주 등장하면서 사람들은 이런 이변에 덜 주목하고 이러한 현상을 점점 더 자연 상태로 간주하기에 이르는데, 이를 환경심리학자들은 바탕교체라고 부른다고 독일 사회심리학자 벨처는 그의 저서 『기후전쟁』에서 말한다.

벨처에 의하면 이 같은 바탕교체 현상은 비단 환경 변화에 국한되지 않고 사회, 경제, 정치 등 모든 분야에서 일어나는데 그 대표적인 분야 가운데 하나가 바로 사회경제 담론 시장이다.

아리스토텔레스가 말한 이래 국민에게 선善, the good을 제공하는 역할을 맡고 있는 국가의 가장 중요한 의제는 민생民生이다. 하지만 한국의 사회경제 담론 시장을 지배해 온 것은 '선先성장 후後분배' 또는 '선분배 후성장' 등 민생과 동떨어진 의제들이었다.

그러다 보니 사회경제 의제로서 민생보다는 성장이냐 분배냐를 얘기하는 것이 점점 더 자연스러운 상태로 받아들여지기에 이르렀다. 물론 성장과 분배 가운데 한 가지를 강조하는 사람은 그 목적이 민생을 위한 것이라고 변명한다. 그러나 성장이냐 분배냐 같은 이분법에 함몰되면서 민생, 그 자체에 대한 담론은 늘 주변화되어왔고 사람들은 그것을 중심으로 생각하지 않는 상태에 이르렀다. 바탕교체가 이루어진 것이다.

민생과 동떨어진 추상적인 '성장 대 분배' 담론이 사회를 지배한 결과는 민생고에 시달리는 서민들의 비극적인 죽음이다. 2014년 2월 송파구 세 모녀 자살 사건은 그 대표적인 예다. 이 사건은 실직한 어머니가 만성 질환을 앓는 큰딸 등 두 딸과 함께 생활고에 시달리다 번개탄을 피워놓고 자살한 사건이다. 당시 현오석 경제 부총리는 이들이 국민기초생활보장제도를 몰라 지원을 신청하지 않은 것도 정책 실패라고 인정했다. 이 사건 직후 여야 등 정치권은 이른바 '세 모녀 법'을 마련해 2015년 7월에 시행하기로 했다. 이 법의 핵심 취지는 기초생활보장제도에 대한 정보 부족이나 신청 능력 부재로 발생하는 복지 사각 지대를 없애는 것이다.

충격적인 사건은 관련법이 제정되는 데 즉각 영향을 미친다. 그러나 사람들의 생각을 바꾸지는 못한다. 이는 세 모녀 사건 이후에도 민생 담론이 국회, 경제 부처, 관련 학계, 언론 등 사회경제 분야의 담론 시장에서 그 위치가 여전히 미미한 데서 알 수 있다.

미국의 응용수학자 캐스티에 의하면 사람들이 생각하는 방향이 사건을 만드는 것이지 어떤 사회적 사건 때문에 사람들이 일정한 방향으로 생각하는 것은 아니다. 그의 말을 세 모녀 사건에 적용해본다면 이렇게 정리할 수 있다. "사람들이 구체적인 국민의 삶인 민생 문제보다 성장 대 분배 담론에 매몰된 결과 세 모녀 자살 사건이 일어났다. 그러나 그 사건 때문에 사람들이 민생 문제로 생각을 돌리지는 않았다."

사회경제 담론 시장의 바탕교체로 민생 담론이 아닌 추상적인 성장 대 분배 담론이 이 담론 시장을 지배하면서 부의 양극화가 심화하고 있고 그에 따른 중산층 붕괴가 가속화하고 있다. 이런 상황에서 세 모녀 자살과 같은 비극적인 사건들이 아무리 일어난다고 하더라도 사회경제 분야 담론 시장의 중심 의제가 갑자기 민생으로 바뀔 가능성은 낮다는 것이 캐스티의 통찰이 주는 메시지다.

민생·공감 강국으로 도약하기 위해서는 사회경제 분야 담론 시장의 바탕교체 현상을 바로잡아야 한다. 민생 의제를 중심으로 한 민생·공감 강국 도약을 위한 21세기 국가적 의제 전략을 수립해야 하는 것이다.

앞서 언급한 바와 같이 21세기 대한민국의 국가가 추구해야 할 역할은 민생과 안보 그리고 국가 비전 제시 등 세 가지이다.

이들 역할 중 사회경제와 직접 연결되는 것은 민생이다. 민생을 해결하는 것이 국가의 첫 번째 역할인 것이다. 성장이나 분배는 민생을 위한 것이라는 점에서 국가의 최고 목표는 민생이지 성장이나 분배가 아니다.

국민의 민생을 해결하기 위해 국가는 성장을 추구하고 그 성장의 과실도 분배하는 것이다. 어려운 민생은 뒤로 제쳐두고 성장에만 골몰하거나 민생이 해결됐는데도 분배에만 계속 집착하는 것은 성장에 부담이 되어 민생을 어렵게 하기 때문에 옳지 않다.

그렇다면 민생이라는 국가의 최고 목표를 달성하기 위해 의제를 재설정하는 것이 민생·공감 강국 도약을 위한 의제 전략의 최우선이라 할 수 있다. 민생의 가장 이상적인 형태는 모든 국민의 삶을 중산층 이상으로 향상시키는 것이다. 국가는 얇아진 중산층을 마치 다이아몬드 형태의 중심 부분처럼 두텁게 복원하는 것을 구체적인 민생 목표로 설정하고 그것을 달성하기 위한 세부적인 의제를 설정해야 한다.

민생을 목표로 했을 때와 성장 또는 분배를 목표로 했을 때 각각의 의제 설정은 완전히 달라진다. 성장을 목표로 했을 때 국가적 의제는 시장 자율(또는 시장 만능), 작은 정부, 기계적 균형 재정 등이 있다. 분배가 목표가 될 경우 체제가 사회민주주의로 전환되어야 한다.

그러나 민생을 목표로 하면 의제는 시장에 대한 적절한 관여, 강한 정부, 유연한 재정 정책 등으로 바뀌어야 한다. 여기서 성장론자들은 오해할 수 있다. 국가가 민생을 목표로 하면 성장을 포기하는 것이 아니냐고 말이다.

그러나 민생을 향상시키는 것이 국가 최고의 목표이고 역할이라면 민생을 해결하면서 그 민생을 해결하는 데 필요한 재원을 마련하기 위해서 성장을 지속적으로 추구해야 하는 것도 국가의 과제다.

그런 관점에서 민생·공감 강국 도약을 위한 사회경제 패러다임은 민생과 성장을 동시에 추구하는 것이라고 보아야 한다. 이 같은 노선을 개념화한 것이 바로 '민생주의民生主義'이다. 성장이 민생의 부분 집합이기 때문이다.

국가 경영의 기회는 성장 중심 또는 분배 중심에서 민생과 성장의 균형 추진으로 이동하는 세력에 주어져야 하고 또한 그렇게 될 것이다.

그러나 민생·공감 강국 도약이라는 21세기 국가 발전 전략 목표를 달성하기 위해서는 국가는 계층적으로나 이념적으로나 더욱더 중도층을 껴안는 방향으로 진화해야 한다. 부의 양극화가 심화되면서 중산층에서 한계가구 또는 위기 계층으로 전락하는 가구가 늘어나고 있기 때문이다.

동서양 어느 국가든 중간 지대center ground를 차지하지 않으면 국가 경영의 기회를 얻을 수 없다는 것이 동방정책Ostpolitik으로 유명한 빌리 브란트Willy Brandt 전 서독 수상의 통찰이다. 어쩌면 사민당 소속의 브란트 전 수상의 이같은 아포리즘을 가장 적극 실천한 독일의 후배 정치인은 라이벌 정당인 기민당의 콜 전 초대 통일 독일 수상일 것이다. 콜 전 수상은 현안이 발생하면 제아무리 복잡한 사안이라 하더라도 언제나 가장 빠르게 중도적 대안을 선점했다. 다른 정치인들이 좌우라는 양극단을 한참이나 돌다가 겨우 중도를 찾아갔을 때 그곳엔 늘 콜이 먼저 와 있었다. 콜이 독일 통일을 달성할 수 있었던 데는 그의 이 같은 중도적 사고와 행동이 큰 도움이 됐을 것이다.

근대성modernity의 주요 목표 중 하나는 먹고사는 문제, 즉 민생의 해결이다. 선진국이라고 해도 이 문제를 근본적으로 해결한 국가는 없다. 한국 같은 중진국은 더 말할 필요도 없을 것이다. 1인당 국민총생산이 3만 달러에 근접했다고 하더라도 먹고사는 문제가 완벽하게 해결된 것은 아니기 때문이다. 민생주의가 민생·공감 강국 도약을 위한 국가 전략의 핵심 의제이자 패러다임이어야 하는 것은 이 같은 맥락에서다.

정치사회 분야에서 개혁되어야 할 기존의 국가적 의제는 어떤 것이 있을까? 즉, 민생·공감 강국 도약을 위해 정치사회 부문에서 지향해야 할 패러다임은 무엇일까?

이명박 정부의 정치사회적 국정 목표는 일류선진국가 건설이었다. 이는 '대한민국 선진화'라는 의제에 기초한 비전이다. 그러나 선진화라는 의제에 대해 사람들이 갖는 인상perception은 경제 성장을 통해 1인당 국내총생산을 선진국 수준으로 올리자는 것으로 요약된다. 2만 달러 안팎에서 정체되고 있는 중진국의 덫에서 벗어나 3만 달러를 넘어 더 높은 1인당 국내총생산을 달성하자는 캠페인으로 인식되었던 것이다. 물론 선진화론이 경제 분야에만 국한되는 것은 아니다. 교육, 법치, 행정 그리고 외교안보 등에서도 선진국 수준으로 도약해야 한다는 포괄적인 담론이었다. 그럼에도 선진화론은 경제 성장에 의한 선진국 수준의 국민소득 달성으로 이해되는 성장 중심의 담론이라는 한계를 안고 있다.

선진화론은 공동체의 가치를 존중하는 자본주의로서 '공동체 자유주의'를 주창한다. 그러나 선진화론은 시장의 자율성 강화와 작은 정부 등을 지지한다. 이 때문에 공동체 자유주의가 보수 진영의 중도적 패러다임으로 평가받으면서도 선진화론과 마찬가지로 부의 불평등을 초래한 주범으로 지목되고 있는 신자유주의neo-liberalism와 거의 같은 노선으로 인식되고 있는 것이 현실이다. 문제는 이 같은 성장 중심의 패러다임이 담론 시장을 지배할 경우 민생·공감 강국 도약이라는 국가 발전 전략 목표가 달성되기 어렵다는 데 있다. 왜냐하면 우리 사회가 선진화론처럼 시장 자율성에 의한 성장 일변도의 정치사회 담론에 집착하게 될 경우 부의 양극화 해결뿐만 아니라 공익 우선의 공동체 건설이 어려워지기 때문이다.

국가 구성원들이 저마다 자기부터 살겠다고 나서는 사익 중심의 사회 분위기로는 민생·공감 강국 도약은 꿈꿀 수 없다. 대한민국이 현재 직면한 위기를 정치사회적으로 말한다면 민주국가에서 점진적으로 '과두국가寡頭國家'로 이행하는 것이라 말할 수 있다. 부의 불평등에 따른 양극화의 심화로 부를 기준으로 권력과 재화 등 각종 기회가 배분되는 과두국가로 전락하고 있는 것이다.

한국이 민주정체에서 과두정체로 변해가고 있다는 징후들은 도처에서 발견된다. 비리를 저지른 재벌 총수와 유력 정치인들에 대해 솜방망이 처벌이 이루어지는 것은 예사다. 횡령 혐의를 받고 있는 재벌 총수에 대해, 수사팀은 법이 정한 최저형을 구형하라는 지시를 윗선으로부터 받았다는 의혹이 제기된 적도 있다.

법정 최저 형량을 선고받은 재벌 총수나 유력 정치인들은 그마저도 채우지 않고 이런저런 국경일, 기념일을 맞아 특별사면을 받아 풀려나기 일쑤다. 퇴임을 코앞에 둔 대통령이 수년간 징역형을 살아야 할 측근들과 재벌 기업인을 특별사면으로 풀어주어도 언론에서만 비판할 뿐 국민들은 어찌할 도리가 없다. 돈과 권력이 없는 국민들로서는 이 같은 '무전유죄, 유전무죄'의 현실에 절망한다. 최태원 SK 그룹 회장이 2015년 광복절 특별사면을 받아 풀려난 데 대한 국민적 정서도 그리 다르지 않다.

아리스토텔레스는 『정치학』에서 공직 배분 등에서 부富가 기준이 되는 정체는 과두정체이고 자유민이 기준이 되는 정체는 민주정체라고 정의했다. 그렇게 본다면 엄정하게 집행되어야 할 우리의 사법 체계가 부와 권력에 좌우되고 있다는 사실에서 대한민국의 정체가 이미 민주정체에서 과두정체로 이행하고 있다고 말할 수 있다.

정치사회 분야에서 목도하고 있는 이 같은 현실도 명백한 바탕교체 현상으로 볼 수 있다. 권력과 재화가 부의 기준에 따라 불공정하게 배분되고 사법 분야에서도 유전무죄 무전유죄의 사례가 지속적으로 나타나면서 다수의 국민들이 이 같은 상황을 자연 상태로 받아들이고 있는 것이다. 오히려 그렇게 되지 않으면 사회가 그걸 더 이상하게 여길 정도가 되어버렸다. 사회경제 담론 시장보다 더 확실한 바탕교체가 정치사회 분야에서 도도한 흐름이 된 것이다.

과두정체는 왜 문제가 되는가? 부와 권력을 기준으로 공직을 비롯한 각종 권리와 기회가 불평등하게 배분되거나 왜곡될 경우 사회집단이 집단적으로 일치된 행동을 할 수 있는 역량인 아사비야가 감소하기 때문이다. 만약 과두정체로의 전락을 막지 못하면 민생·공감 강국으로의 도약은 불가능하게 될 것이다.

그렇다면 과두정체로의 이행을 막기 위해 정치 분야에서 추진해야 할 의제와 패러다임은 무엇인가?

그것은 공화주의共和主義의 구현이어야 한다. 법의 공정한 집행이 부와 권력에 따라 영향을 받는 사회에서 부와 권력이 없는 계층은 성공하기 어렵고, 따라서 공익을 위해 일하려 하지도 않는다. 이 같은 사회에서 사람들은 자신의 능력을 배양하기보다는 부정한 경로로 부와 권력을 추구하는 부정·부패가 만연하기 마련이다. 이런 혼란을 극복하고 국민들이 공동체와 공익을 위해 적극 참여하는 국가를 건설하기 위해서는 어느 특정 계층이 부와 권력에 의해 사회를 독점적으로 지배하는 것을 막고 평등하고 공익적인 질서를 만들고 유지하는 마키아벨리적 공화주의가 요구되는 것이다.

마키아벨리는 어느 사회든지 한 특정 계층에 의해 지배당하는 것을 막기 위한 현실적인 대안으로 민주정체와 귀족정체를 합친 혼합정체를 제시했다. 리비우스의 『로마사』 중 첫 열 권을 읽고 쓴 『로마사 논고』에서 그는 모든 공화국에는 두 개의 대립하는 파벌, 즉 평민의 파벌과 부자의 파벌이 있다고 전제한다. 이들 두 파벌 중 어느 하나가 공화국의 완전한 통제권을 장악한다면, 그 공화국은 쉽게 부패되고 자유를 상실할 것이라고 그는 지적한다. 공화국이 이 같은 운명으로 전락하는 것을 막기 위해서는 평민과 부유층 사이에 팽팽하게 균형과 평형을 이룰 수 있는 혼합정체가 요청된다는 것이 그의 생각이다. 그러나 민주정체와 귀족정체를 합쳐놓는 것만으로는 성공할 수 없다고 보았다. 로마의 혼합정체는 귀족들의 횡포로부터 평민을 보호하기 위한 호민관이 창설되면서 비로소 완성되었다.

한국의 경우도 부의 불평등에 따른 양극화가 현재와 같은 추세로 구조화되어갈 경우, 혼합정체까지는 추진하지 않더라도 서민과 중산층의 권익을 지키는 호민관 제도의 도입이 검토되어야 한다.

근대성의 또 다른 주요 의제는 폭력으로부터의 안전이다. 21세기 탈근대로 시대가 변했음에도 국내외 각종 형태의 위협과 폭력으로부터의 안전이 여전히 담보되지 못하고 있다.

북한과 주변 국가들로부터의 위협에 철저하게 대처하는 것과 함께 국내의 각종 폭력으로부터 국민을 안전하게 보호하는 것을 21세기 국가의 두 번째 핵심 역할로 지향하는 것은 이 때문이다. 정치권력, 조세권력 등 권력에 의한 폭력은 물론, 학교 폭력, 조직 및 개인에 의한 사적 폭력의 위험으로부터 국민을 보호하는 것이야말로 국가의 핵심적인 역할이어야 한다.

그동안 우리 사회가 근대성의 핵심 의제인 먹고사는 문제에 집중하느라 제대로 돌아보지 못한 탈근대성의 주요 의제들로는 기후환경, 성 평등 그리고 아동 존중 등이 있다. 민생·공감 강국 도약을 위한 국가 전략은 이들 의제를 적극적으로 담아내야 한다. 21세기 들어서 대한민국이 이들 탈근대성 의제 중 그나마 세계 경쟁력을 갖추는 데 성공한 것으로 평가받고 있는 것은 기후변화climate change 분야에서 제창한 의제들이다.

이명박 정부는 기후변화라는 도전을 녹색성장으로 극복하자는 의제를 제기해 국제사회에서 좋은 평가를 받았다. 녹색성장이란 저탄소 기술과 에너지를 개발해 지구온난화의 주범인 탄소 배출을 감축하면서도 경제 성장을 이룩하자는 의제이다. 20세기 진보 진영이 주도했던 환경 보호 운동에서 벗어나 환경 보호와 경제 성장이라는 두 마리 토끼를 다 잡을 수 있는 의제로 평가받는다. 한국은 개도국들의 저탄소 녹색성장 전략을 수립해주고 이의 이행을 지원해주기 위해 2010년 글로벌녹색성장연구소GGGI를 덴마크, 호주, 아랍에미리트, 카타르, 노르웨이, 영국, 멕시코 등 8개국과 공동으로 설립했다. 회원국이 15개국으로 늘어난 GGGI는 2012년부터 국제기구로서 역할을 하고 있다.

한국은 이 같은 녹색성장 의제를 주도한 결과 2012년 10월 환경 분야의 세계은행으로 평가받는 녹색기후기금Green Climate Fund, GCF 사무국을 인천의 송도에 위치한 국제도시에 유치하는 데 성공했다. 유엔 산하 국제기구인 GCF는 개발도상국의 온실가스 감축과 기후변화 적응을 지원하기 위해 매년 1000억 달러(약 110조 원) 규모의 기금을 조성하는 국제금융기구다. 기후변화 위기 극복 노력이 갈수록 중요해지는 상황에서 이 같은 국제기구의 유치는 한국의 위상을 제고하는 데 큰 도움이 될 것이다.

대한민국이 민생·공감 강국 도약을 이루기 위해서는 녹색성장을 넘어 더 적극적으로 기후변화에 대처해야 한다. 환경보호, 글로벌 저개발, 가난과 질병 타파와 함께 양성 평등과 아동 존중의 의제들도 주도해야 한다. 이들 의제를 민생·공감 강국의 핵심 비전으로 실행해야 하는 것이다.

13_ '국가'의 역할을 자임하는 국민의 탄생을 위하여

국가가 책임을 다하지 않아 뭔가 잘못된 일이 벌어지면 우리는 가끔 이렇게 자문한다. "도대체 국가가 있긴 한 거야?" "국가는 대체 뭐하는 거야?"

이때 '국가'는 영토와 국민과 주권의 합이라는 국가의 사전적 정의를 말하는 것이 아니다. 보이든 보이지 않든 각자의 위치에서 나라의 중요한 책임을 다하는 사람이나 집단을 지칭하는 것이다.

이 점에서 국가란 '행정부와 입법부와 사법부를 합한 의미에서의 정부가 돌보지 못하는 중요한 일을 자발적으로 맡아 행동하는 공무원이나 시민 또는 이들의 합'이라고 정의할 수 있다. 실제 나라와 민족의 장래와 관련해 중요한 일이지만 정부가 모르고 있다가 시민이 귀띔해서 조치가 취해지는 경우가 자주 있다. 이때 국가는 누구인가? 귀띔해준 시민과 그 건의를 수용해 관련 부처를 거쳐 청와대까지 보고해 일이 진행되도록 만든 사람들의 합이 아닌가?

이런 관점에서 보면 나라를 잃어 망국의 설움을 안고 식민의 삶을 살아야 했던 일제 36년 동안에도 '국가'는 있었다. 이 시기에 가장 중요했던 것은 나라를 되찾는 일이었다. 이는 독립운동에 헌신한 지사들과 그들을 뒷받침해야 했던 가족들의 합이 '국가'였다는 것을 의미한다.

민생·공감 강국 도약을 위해서는 나라가 어려울 때 '국가'를 자임하며 자발적으로 희생하고 헌신하는 국민들이 나와야 한다. 그런 국민들이 출현할 수 있도록 하려면 우리는 그들에게 합당한 대우를 해야 한다. 나라를 잃고 민족이 이역만리로 이산diaspora되던 그 엄혹한 시기에 '국가'의 역할을 맡아 목숨을 바친 이들에게 최고의 예우와 보상을 해야 하는 것이다.

그러나 안타깝게도 우리는 그렇지 못하다. 지금 우리가 독립국가의 국민으로서 살고 있는 것은 독립운동에 헌신하고 희생한 유명·무명의 지사들 덕분이다. 그럼에도 우리는 독립지사들과 그들의 후손에게 충분한 예우와 보상을 하지 않는 불의를 저지르고 있는 것이다.

나라가 존재해야 민족이 사는 것 아닌가? 독립투사들은 나라를 되찾기 위해 이역에서 목숨을 바쳤다. 가산家産도 전부 쏟아부었다. 신채호의 경우 독립운동을 하는 도중에 중국의 거의 모든 역사서를 연구해 우리의 역사를 되찾아주었다. 하지만 그의 부인과 후손은 가장이 차디찬 중국 여순 감옥에서 운명할 때도 서울에서 빈곤한 삶을 살아야 했다. 독립지사들의 가족을 보살피는 것은 국가 과제의 최우선에 있어야 한다. 나와 내 가족을 배신하지 않고 끝까지 책임져주는 국가라야 목숨마저 바치는 각오를 할 수 있는 것이다.

하지만 지금까지 목도해온 국가의 모습은 너무나 실망스럽다. 국가 지원이 이루어졌다고는 하나 나라를 되찾는 데 쏟은 독립투사들의 헌신과 노력, 그로 인한 가족들의 고통에 비하면 너무나 값싼 보상이다. 상당수 독립투사들의 삶이 쪽방이나 보훈병원에서 쓸쓸히 마감된다는 보도를 접하는 국민은 가슴이 아프다. 재산 전부를 독립 자금으로 헌납한 독립투사들은 언제 일제 경찰에 체포될지 모르는 상황 속에서 제대로 자녀를 교육시킬 수 없었고 자녀들은 결국 하층민으로 살아가거나 이산의 운명을 피하지 못했다.

독립투사 후손들은 학교를 다니지 못한 반면 친일파의 자녀들은 일본 명문대에서 유학했다. 이 같은 교육의 차이로 오늘날 친일파 후손들은 소득 상위 1%의 풍요로운 삶을 살아가고 독립투사 후손들 상당수가 빈곤층의 삶을 전전하고 있는 것이다. 이것이 과연 정상적인 국가의 모습인가? 나라의 독립을 위해 전부를 던진 큰 희생이 자식과 후손의 우울한 미래로 돌아오는 국가를 위해 국민은 무엇을 할 수 있을까? 그런 국가를 지켜달라고 국민에게 희생을 요구할 수 있을까? '망명 국가'로서 나라를 되찾아 준 독립투사들과 그들 가족에 대한 최고의 예우와 보상을 다하기 위해서는 당시 국제정치를 이해할 필요가 있다.

20세기 초 일본은 청과 러시아라는 강대국을 무력으로 제압함으로써 동아시아를 사실상 평정했다. 조선시대에 우리가 대국으로 섬겼던 청나라와 유럽의 강대국이었던 러시아가 각각 일본과의 육전과 해전에서 패전했을 때 조선 사람들로서는 천외천天外天, 즉 하늘 밖의 하늘을 본 느낌이었을 것이다. 5000년 역사에 한 번도 민주주의를 해본 적이 없고 오로지 절대군주제하에서 살아온 조선 사람들에게 동아시아 패권국으로 떠오른 일본에 저항한다는 것은 당시로서는 생각조차 하기 어려웠을 것이다. 더군다나 그 같은 강대국이 언젠가 망할 것을 기대하면서 나라를 되찾는 데 목숨을 바쳐야겠다고 결심한다는 것 자체가 무모해보였을 것이다.

바로 이러한 국제 질서 속에서 우리의 독립투사들은 일어섰다. 극단적일 만큼 폭력적인 현실 속에서 독립만이 그들의 모든 것이었음을 우리는 반드시 알아야 한다. 국가와 국민은 그들에게 빚을 졌다. 그렇기 때문에 갚아야 한다. 우리 국가와 민족이 존재하는 한 그들의 명예는 물론이고 경제적인 측면에서도 가족과 후손을 지원하는 것이 국가의 책임이며 도리인 것이다.

2009년 가을 필자는 중국 중경을 방문할 기회가 있었다. 많이 알려졌을 것이라는 예상과 달리, 어렵게 찾아낸 중경 임시정부 청사는 개발이 덜 된 시내 뒷골목에 위치하고 있었다. 청사를 둘러보던 내 발길을 멈추게 한 것은 하나의 글귀였다. '유지사 사경성有志士 事竟成'. 뜻이 있다면 일은 마침내 이루어진다는 의미의 이 여섯 글자는 일제에 쫓기고 쫓겨 상해에서 다시 내륙인 중경으로 임시정부를 옮기는 상황 속에서도 놓을 수 없었던 우리 선배들의 피 맺힌 다짐을 전하고 있었다. 그것은 국가와 민족을 위해 헌신하고 있는지 필자에게 던지는 질문이기도 했다.

민생·공감 강국 도약 여부가 독립지사들과 그들의 가족에 대한 최고 예우를 하느냐 하지 않느냐에 달려 있는 것은 아니다. 그러나 역사란 단선적으로 발전하지 않기 때문에 언제 국난에 직면할지 알 수가 없다.

문제는 그 같은 위기에 독립지사 선배들처럼 기꺼이 '국가'의 역할을 떠맡는 후배들이 현재의 젊은 세대와 다음 세대에서 나올 것이냐 하는 점이다. 국난 때 헌신한 국민들에게 국가는 최고의 예우와 보상을 한다는 '지시 프레임'을 모든 국민이 인식하게 해주어야 가능한 일이다. 지시 프레임이란 무엇이 옳고 그른지 방향을 안내하는 인식틀이다. 바탕교체 현상을 겪게 되면 지시 프레임이 영향을 받는다.

독립지사들과 그들 가족이 정부의 예우와 보상을 제대로 못 받아 빈곤한 삶을 사는 반면 친일파 후손들은 조상들의 친일 행각에 따른 치부 덕분에 잘사는 모습이 자주 미디어에 보도되어왔다. 그 결과 독립지사와 그 후손들보다 친일파와 그 후손이 더 잘사는 것이 당연시되는 바탕교체 현상이 발생해왔다.

이와 같은 상황에 대한 분노가 없는 것은 물론 아니다. 다만 이것은 심정적

회의나 상처일 뿐 역사의 흐름은 결국 그런 수순을 밟게 된다는 체념적 수용이 이루어져 온 것이다. 이 문제를 바로잡고자 하는 일각의 노력도 역시 전체의 판을 뒤집기에는 그 힘이 부족하다.

이 때문에 독립지사들과 그들 후손이 열악한 생활고에 시달리고 친일파 후손들이 부유한 생활을 누리는 것에 사람들이 불만을 가지면서도 결국 받아들이거나, 또는 아예 불편함마저 느끼지 못하는 방식으로 지시 프레임에 변화가 일어났다.

민생·공감 강국 도약을 위해서는 국가의 의무를 행하지 않는 국민은 정부에서 공직자로서 일할 기회를 제한받게 된다는 내용의 지시 프레임도 국민의 의식 속에 자리 잡을 수 있도록 노력해야 한다.

이들 두 가지 지시 프레임이 만들어지지 않은 결과 우리를 슬프게 하는 두 가지 흐름이 나타나고 있다. 하나는 독립지사들과 그들 가족에 대한 예우와 보상과 관련해 국민들이 이들의 희생에 감사하는 정서가 보편적이지 않을 뿐만 아니라 자신들과 상관없는 일로 보는 분위기가 형성되고 있다는 것이다.

다른 하나는 소득 상위 계층을 중심으로 해서, 지도층들이 국가가 제공하는 혜택은 다 누리면서 국가에 대한 의무를 다하지 않는 것을 부끄럽게 여기지 않는다는 것이다. 2000년대 들어 국무총리와 각료에 임명된 인사 다수가 병역의 의무를 마치지 않았다.

민생·공감 강국 도약을 위해서 반드시 껴안아야 하는 또 다른 민족의 가치는 통일과 관련된다. 부의 양극화로 국민 다수의 삶이 불안정해지면서 통일에 대한 열정이 갈수록 낮아지고 있기 때문이다.

그러나 같은 민족인 우리가 언젠가는 북한 주민을 포용해야 한다는 점에서 통일은 민생·공감 강국 도약을 위한 주요 의제가 되어야 한다. 이는 북한의 전제주의 정권과 관계없이 북한의 취약 계층에 대한 인도적 지원이 수반될 때에만 진정성 있는 의제가 될 것이다.

이 점에서 박근혜 정부는 통일을 국가적 의제로 삼는 데 성공했다. 박근혜 대통령은 평화통일기반구축을 4대 국정과제의 하나로 설정했다. 그는 여기에서 멈추지 않고 통일이 한국은 물론 주변 국가들에도 '대박'이라는 비전을 제시함으로써 통일의 필요성과 중요성에 대한 국민적 공감대를 높이는 성과를 거뒀다. 박근혜 대통령은 또 대통령 직속으로 통일준비위원회를 발족해 정부 모든 부처와 시민사회까지 통일 준비에 참여시킴으로써 실질적 통일 준비에 착수했다.

통일 노력과 함께 중요한 것은 인도적 대북 지원의 지속이다. 남북한 간 정치군사적 사과와는 별도로 영·유아 및 임산부 등 북한의 취약계층에 대한 인도적 지원을 지속적으로 하는 노력이 필요하다.

우리 민족의 반인 대한민국 국민이 우생優生 민족으로 살아가는 반면, 나머지 반인 북한 주민은 열등한 민족으로 살아가고 있다. 영양적으로도 남북한 주민 간 격차가 갈수록 벌어지고 있다. 북한 주민의 영양실조 상태가 계속될 경우 통일이 되더라도 북한의 젊은 세대가 경쟁력 있는 건강한 노동력을 갖춘 경제 인구로서 한민족의 민생·공감 강국 도약에 기여하기가 쉽지 않을 수 있다는 점을 명심해야 한다. 목숨을 걸고 나라를 지켰던 민족투사에 대한 빚을 우리는 북한 동포를 통해 갚아야 한다. 한계에 이를 만큼 경제적·영양적으로 열악한 북한 동포를 그냥 내버려둬서는 통일 이후 국가의 미래는 암울할 수밖에 없다.

민생·공감 강국 도약을 위해 20세기 말에 껴안았던 '세계'라는 가치는 21세기엔 더 진보되어야 한다. 국가와 민족을 위한 토착화된 세계화로 거듭날 때 세계화는 성공할 수 있는 것이다.

20세기 말의 세계화가 국가의 외형적인 발전에 기여한 것은 사실이지만 체계적인 전략 없이 추진되었다. 그 결과 1997년 말 외환위기가 발발했다.

외환위기는 국제통화기금에 의한 경제 신탁통치를 초래한 데 이어 신자유주의가 본격 추진되는 계기가 됐다.

오늘날 부의 양극화가 심화된 이유가 여기에 있다. 이런 맥락에서 본다면 대한민국은 '민족'의 가치도 '세계'의 가치도 다 우리 것으로 확립하지 못했다고 해도 지나치지 않다. 세계의 가치의 경우 한 차원 더 성숙한 수용과 창조가 필요하다. 동아시아의 미래 질서architecture에 대한 비전은 물론 세계 경제 질서의 올바른 방향도 제시할 수 있어야 한다.

재화와 용역의 자유로운 교역이 추구되어야 하지만 한 나라의 경제 주권까지 위협할 수 있는 투기 자본의 이동에 대해서는 과세를 하는 방안으로서 토빈세Tobin Tax를 도입하는 등 새로운 경제금융 거버넌스를 창조해야 한다.

바로 이러한 도전들이 새로운 사회경제 발전 모델이자 비전인 민생주의가 해결해야 할 과제인 것이다.

14_ 15개년 발전 로드맵과 4대 의제

　민생·공감 강국 도약을 위해서는 경제와 외교안보 분야를 중심으로 한 국가 전체의 통합 계획이 필요하다. 이 점에서 아이젠하워 전 미국 대통령의 '계획'에 대한 신념을 돌아볼 필요가 있다. 그가 2차 세계대전 당시 연합군 최고 사령관으로서 독일과 이탈리아를 상대로 승리를 거둘 수 있었던 것은 미군과 영국군 간 통합 계획을 추진하는 데 성공했기 때문이다.

　당시 미국 육군 참모총장이었던 조지 마셜George Marshall은 양국 군 간에 통합 작전만이 승리를 가져올 수 있다고 확신했고 아이젠하워로 하여금 이를 실행하게끔 했는데 1943년 5월 13일 북아프리카에서 롬멜의 전차군단이 포함된 독일군과 이탈리아군을 몰아낸 것은 미군과 영국군 간의 통합 계획인 토치 작전Operation Torch 덕분이었다. 폴 제퍼스H. Paul Jeffers와 앨런 액설로드Alan Axelrod가 공저한 『마셜Marshall』에 따르면 이때 마셜은 이렇게 말했다. "연합군의 단일화가 가장 확실한 방법이었음을 전 세계에 증명해 보였다. 이는 유럽 대륙에서 통제권을 잃은 적을 완승할 힘의 집중도가 높아졌음을 나타내는 증거다."

　사실 아이젠하워가 1942년 6월 연합군 최고 사령관을 겸하는 미국의 유럽

작전전구 사령관에 임명될 수 있었던 것도 한 편의 계획서 덕분이었다. 이 계획서는 마셜이 아이젠하워에게 유럽작전전구 사령관인 제임스 체니James E. Chaney 장군의 임무 수행 능력을 평가해 제출하도록 한 것이었다. 이 보고서에서 아이젠하워는 체니 장군이 미국 정부의 계획을 완벽하게 이해하고 있지 못하다고 지적한 뒤, 육·해·공군의 부대가 공격하는 도중에 그 부대들을 지원할 수 있는 요소를 창출할 수 있는 실용적 업무 능력을 가지고 있는 인물로 교체할 것을 요구했다. 그는 또 이 보고서에 이후 히틀러와 전쟁을 하는 데 중요한 통합 계획들을 담았다. 이를 읽은 마셜은 체니의 후임으로 아이젠하워가 적임자라고 판단했고 그를 프랭클린 루스벨트Franklin Delano Roosevelt 대통령에게 추천했다. 마셜은 아이젠하워가 늘 현장을 확인하고 소통함으로써 빈틈없이 계획을 세우는 전략가라고 확신했다.

아이젠하워는 마셜의 기대대로 미군과 영국군의 통합 작전 계획에 따라 수립된 노르망디 상륙 작전인 오버로드 작전Operation Overload을 1944년 6월 6일 성공적으로 수행했다. 당시 마셜도 아이젠하워와 자리를 바꿔 이 작전을 맡고 싶어 했다. 그러나 프랭클린 루스벨트는 마셜이 미국에 없으면 잠을 잘 수 없다며 아이젠하워로 하여금 계속 유럽 전선을 맡게 했다. 2차 세계대전에서 연합국이 승리할 수 있었던 원동력은 이 같은 통합 계획에서 찾아야 한다.

모든 것을 통합적으로 계획하는 것이 민생·공감 강국 도약을 가능하게 해줄 수 있다는 것이 마셜과 아이젠하워의 '통합 계획주의'가 주는 교훈이다. 통합 계획주의의 저작권은 아이젠하워보다는 마셜에게 있다.

마셜은 히틀러가 폴란드를 침공하던 날인 1939년 9월 1일 미 육군 참모총장에 임명됐는데 대규모 군을 균형 잡힌 군으로 만드는 것이 그의 최우선 과제였다. 그는 강력한 공군을 창설하길 원했다. 그렇다고 지상군의 강력함을 잃어가면서까지 강력한 공군을 바란 것은 아니었다. 훗날 전략가들이 최신 기술과 교리에 따라 재래식 군사력을 포기하는 실책을 범한 것과 대조된다. 베트남전쟁에서 미국이 패한 것은 미군이 소련과의 핵전쟁을 수행하기 위해 전략군 형태로 변형하면서 재래식 전쟁 능력을 무시했기 때문이다. 이라크전 쟁에서의 고전과 아프가니스탄전쟁의 패인도 최신 기술인 항공력과 드론 Drone 같은 무인전투기에 의존해 피해를 줄이고자 지상 작전에 최소한의 부대 를 투입하길 원하는 당시의 전략 문화에 기인했다.

이 점에서 마셜은 계획에서 서로 이질적인 요소의 통합과 균형을 중시했다. 그는 미군과 영국군을 통합하고 육군과 공군의 균형을 이루는 계획을 수립했고 아이젠하워는 이를 전장에서 구현해낸 것이다. 마셜의 이 정신은 훗날 유럽 부흥을 위한 '마셜 플랜'으로 발전했다. 전쟁으로 폐허가 된 유럽을 부흥시켜 미국과 유럽이 통합적으로 발전해야 한다고 본 것이다.

한국도 민생·공감 강국으로 도약하기 위해서는 마셜과 아이젠하워가 2차 세계대전 때 기적처럼 해낸 것과 같이 이질적인 요소의 통합과 균형을 이루는 계획을 수립해야 한다.

무엇보다도 경제와 외교안보라는 이질적인 요소 간에 통합을 이루는 계획을 추구해야 한다. 경제 부문에서 민생과 성장의 균형을 이루어야 할 뿐 아니라 주요 산업 간 통합 발전 계획이 필요하다.

외교안보 부문에서는 대북 정책과 외교와 국방 정책 간에 통합과 균형이 이루어져야 한다. 현재 외교안보 부문의 세 축인 이들 정책 담당 부처들 간에는 서로 긴밀하게 협력하는 통합 정신이 결여되어 있다는 것이 대체적인 평가다. 이들 세 정책이 통합 계획하에 전략적으로 추진되지 않으면 민생·공감 강국으로의 도약이 실현되기 어렵다.

통합이 필요한 또 다른 요소는 시간이다. 무엇보다 5년 단위의 정부 한두 개 임기 내에서 경제와 외교안보 부문에서 눈에 띄게 국력을 신장시키기는 어렵다. 이 점에서 세 개 정부의 임기인 15년을 단위로 한 이른바 '15개년 통합 계획'을 세우는 방안을 검토할 필요가 있다.

한국의 국민총생산 추이를 보면 15년 단위로 크게 도약해왔다는 것을 알 수 있다. 노태우 정부 출범 첫 해인 1988년 1400억 달러였던 GDP는 세 정부 임기를 거친 다음 출범한 노무현 정부 첫 해인 2003년에 7600억 달러로 다섯 배 넘게 증가했다. 그로부터 11년만인 2014년 말엔 약 두 배인 1조 4400억 달러를 달성했다. 2018년에는 1조 7000억 달러에 달할 것으로 예상된다.

그렇다면 2018년부터 세 개 정부의 임기가 되는 2032년까지 경제 성장으로 연 1000억 달러 수준의 GDP 증대를 이룬다면 그때 한국의 GDP는 3조 2000억 달러 규모에 달할 수 있다.

문제는 그 같은 규모의 GDP 증가가 결코 쉽지 않다는 것이다. 경제 부문과 외교안보 부문에서 직면하는 국내외 도전과 위기를 극복할 때만이 가능하다. 따라서 2015년부터 2032년까지 18년 동안 이미 닥쳐오고 있거나 예상되는 국내외 도전과 위기가 무엇인지 가늠할 수 있을 때 통합 계획이 마련될 수 있고, 그래야만 각각의 문제에 적합한 철학과 이데올로기를 준비할 수 있다.

그렇다면 민생·공감 강국 도약을 위한 통합 계획과 전략을 마련할 때 반드시 고려되어야 할 도전들과 위기들은 무엇이고, 이들 도전과 위기를 극복하는 데 가장 적합한 철학과 이데올로기는 무엇인가?

첫 번째 도전과 위기는 역시 대한민국이 급속하게 양극화되고 있다는 데서 찾아야 한다. 부의 불평등이 심화되고 있는 것이다. 민생·공감 강국 도약을 위해서는 최우선적으로 중산층을 두텁게 복원하는 데 총력을 기울여야 한다.

이를 위해서는 민생과 성장의 균형 발전 추진이 절대적으로 요청된다. 이 같은 철학을 담은 경제 모델은 앞에서 살펴본 바와 같이 민생주의가 적합하다. 신자유주의는 결코 해결책이 될 수 없다.

더군다나 오늘날 대한민국의 20세기적인 수구진보가 추구하는 사회민주주의는 시장에 대한 근본적인 불신을 갖고 있기 때문에 적절한 시장 개혁을 통한 성장을 추구하는 데 도움이 전혀 되지 않는다. 더 큰 문제는 사회민주주의는 분배 그 자체만을 지고지선의 목표로 삼는다는 것이다. 이런 모델로는 민생과 성장의 균형을 잡는 것을 바랄 수 없다. 그러나 21세기 민생주의는 시장의 불완전성을 공감하고 있어 적절한 관여를 통해 시장을 개선할 수 있다고 믿는다. 따라서 이 모델은 시장 개혁을 통해 민생과 성장의 균형적인 발전을 이루어 민생·공감 강국 도약에 기여할 것이다.

두 번째 도전과 위기는 외교안보 부문에서 오고 있다. 동아시아에서 가속화하고 있는 미중 간 패권 경쟁에서 말미암는 도전과 위기이다.

중국의 급부상과 미국의 상대적 쇠퇴 속에서 한미 동맹의 강화와 함께 한중 관계의 발전이 동시에 요청된다. 이러한 국가 생존을 위한 21세기 새로운 동맹 질서의 개척은 한미동맹만 중시하는 20세기적 보수와 한중관계를 우선시하는 20세기적 진보로는 불가능하다. 모든 국가가 공존하고 공생하는 동아시아의 미래 질서를 구축한다는 비전에 기초해서 한미 전략동맹과 한중 동반자협력관계를 통합적이고 균형적으로 추구하는 작업은 민생주의만이 해낼 수 있기 때문이다. 이미 노무현 정부 때 우려가 크게 높아졌던 바와 같이 국제정치에 대한 냉철한 안목이 부족한 20세기적 수구진보가 외교정책을 다룰 경우 한미 전략동맹을 약화시키고 중국으로 급속히 기울 수 있다.

문제는 수구진보가 중국으로 경사될 경우 국익에 심각한 타격을 줄 수 있다는 데 있다. 미국이 쇠퇴한다고 해도 향후 수십 년간 미국의 경제력과 군사력은 슈퍼 파워의 지위를 유지할 것으로 예상된다. 이 점에서 수구진보가 국가 경영을 맡아 동맹의 축을 미국으로부터 중국으로 급속히 옮길 경우 대외 안보 관계는 물론 국제사회에서 우리의 국익은 큰 타격을 받을 개연성이 높다. 따라서 민생·공감 강국 도약을 위한 대중 정책은 '친중親中'이 아니라 '용중用中'이어야 한다.

세 번째 도전과 위기로는 향후 십수 년 안에 북한의 사태가 급변할 만한 가능성이 있다는 것을 들 수 있다. 2011년 12월 사망한 김정일의 뒤를 이어 노동당 제1비서와 국방위 제1위원장을 맡은 김정은의 리더십하에서 경제난이 심화되고 사회 통제력이 약화되면 이 같은 결과는 불가피할 것으로 보인다. 비상사태가 발발할 경우 우리가 달성해야 할 목표는 우리 주도의 평화 통일이다. 이 목표는 미국과 중국과 깊은 신뢰 관계를 구축해놓은 상황에서 이들 두 강대국으로부터 동의를 얻어야만 달성 가능하다.

민생주의는 한미동맹의 강화와 함께 한중 관계의 전략적 동반자 관계를 심화해서 미중과의 관계를 동아시아 미래 질서를 위한 열린 동맹으로 업그레이드해야 한다. 북한이 급변하는 사태를 미중과의 긴밀한 대화를 통해 관리하면서 우리 주도의 평화 통일을 달성하는 계기로 삼을 수 있는 것이다.

이상의 세 가지 도전과 위기를 고려해 15개년 통합 계획을 수립한다면 1차 15개년 기간의 목표는 어떻게 설정하는 것이 바람직한가?

먼저 치밀한 전략을 바탕으로 경제력에서의 강국인 G-7(서구 선진 공업국 7개국) 일원으로 한국을 발전시킬 수 있어야 한다. G-7의 일원으로 발돋움하게 되면 경제력을 기반으로 군사력과 함께 소프트 파워와 네트워크 파워를 더욱 발전시켜나갈 수 있다. 2014년 말 한국은 GDP 기준으로 세계 13위를 차지했다. 앞에서 전망한 대로 2015년부터 2032년까지 연 1000억 달러대의 GDP 증가를 유지할 수 있다면 3조 2000억 달러에 도달하게 된다. 그렇게 된다면 G-7에 진입할 수 있다. 대한한국이 중국과 일본을 견제할 수 있는 민생·공감 강국의 지위에 좀 더 가까이 가게 되는 것이다.

이 시기의 목표를 성공적으로 달성할 경우 그다음 2032년부터 2047년까지의 2차 15개년 계획은 1차 15개년 계획 때와 마찬가지로 민생주의라는 새로운 사회경제 발전 모델을 중심으로 경제와 외교안보 간 통합과 균형의 계획을 정교하게 수립해 추진해야 한다. 2차 계획 기간에 들어가면 1차 계획 기간 때 민생과 성장의 균형을 맞춰 성과를 거두었을 가능성이 높기 때문에 경제 부문의 최대 도전과 위기인 부의 불평등이 완화됨으로써 중산층이 두텁게 형성되었을 수 있을 것이다. 그렇다면 2차 15개년 계획의 목표는 좀 더 높일 수 있다. 연 1000억 달러를 상회하는 수준까지 증가시키는 것으로 목표 GDP 규모를 잡을 경우 2047년엔 5조 달러 안팎에 이를 수 있게 되는데 이는 현재 일본의 GDP 수준이다. 그렇게 되면 한국은 경제 부문에서 중국과 일본에 크게 뒤지지 않는 기반을 마련할 수 있을 것으로 전망된다.

그러나 이 같은 목표는 부의 불평등 완화를 통한 두터운 중산층의 형성만으로는 달성하기 어려울 것으로 예상된다. 경제력과 군사력 중심의 하드 파워와 글로벌 및 동아시아 의제를 설정하고 주도할 수 있는 소프트 파워, 그리고 네트워크 파워의 통합과 균형 있는 발전 계획이 정교하게 수립돼 성공적으로 추진되어야 가능한 목표인 것이다.

이들 세 가지의 힘을 전략적으로 통합해 발전시켜야 하는 이유가 있다. 2차 15개년 계획 기간에 들어가면 바야흐로 중국과 미국이 GDP 규모와 군사력 부문에서 세계 1위 자리를 놓고 엄청난 경쟁을 벌이면서 동아시아 안보 질서가 격동의 급류에 휘말릴 수 있기 때문이다. GDP 규모에서 G-7이 된다고 안심할 때가 아닌 것이다. 군사력의 경우 재래식 전력과 함께 대양 해군력과 동아시아 전역을 포괄하는 공군력도 갖추어야 한다. 그래야만 한미 전략동맹에 덜 의존하면서 중국과 일본의 견제에 대응할 수 있기 때문이다. 이와 함께 경제 강국으로 도약하는 데 필요한 각종 국익의 기회를 확보하기 위해서는 동아시아는 물론이고 전 세계를 설득할 수 있는, 매력 있는 소프트 파워와 네트워크 파워를 길러야 한다.

시사주간지 ≪이코노미스트≫의 계열사인 EIUEconomist Intelligence Unit가 2012년 발간한 미래 전망 보고서인 『메가체인지 2050Megachange: The World in 2050』에 따르면 2050년에는 대한민국이 아시아의 중심이 되어 구매력PPP을 기준으로 한 1인당 국내총생산에서 세계 1위를 기록할 것으로 전망되었다. ≪이코노미스트≫ 편집인인 대니얼 프랭클린Daniel Franklin과 이 주간지에서 30년 넘게 기자로 일해온 존 앤드루스John Andrews가 미국 표준 방식으로 구매력 평가 지수에 기초해 일곱 개 대륙과 열두 개 국가의 1인당 GDP를 산출한 결과 미국을 100으로 가정할 경우 한국은 105에 이르고 일본은 58.3, 중국은 52.3에 그칠 것으로 예측됐다. 요컨대 한국의 1인당 GDP가 일본의 5830달러와 중국의 5230달러보다 두 배 가까이 되는 1만 500달러에 달할 것으로 전망된다는 것이다. 구매력 평가 지수에 기초해 산출된 2010년 한국과 일본, 중국의 1인당 GDP는 각각 6310달러, 7180달러, 1590달러다. 2차 15개년 계획까지 성공적으로 추진될 경우 이 같은 전망대로 2047년까지 중국과 일본에 버금가는 경제 강국으로의 진입 목표는 달성 가능하다.

2차 15개년 계획이 마무리되는 2047년쯤이면 북한 문제가 해결되면서 통일 대한민국이 출현할 가능성이 적지 않을 것으로 전망된다. 이 같은 전망이 실현될 경우 2047년 이후 통일 대한민국은 이전까지 분단된 상태에서 일정한 한계를 갖고 발전시켜온 하드 파워와 소프트 파워를 남북한 통일에 따른 시너지에 힘입어 한 차원 더 업그레이드해서 강화시킬 수 있다.

그렇다면 2047년부터 2062년까지의 기간에 3차 15개년 계획을 수립할 경우 1차와 2차 계획 기간 때보다 국내적으로는 더 유리한 환경에서 추진할 수 있을 것으로 전망된다. 물론 2차 계획 기간보다 동아시아 안보 환경은 더 악화할 수 있다. 그러나 경제 강국의 지위로 도약한 만큼 그 같은 환경에 대응하는 우리의 군사력과 소프트 파워와 네트워크 파워도 향상됐을 것이기 때문에 한층 여유 있게 3차 계획을 추진해나갈 수 있을 것이다. 이 기간 1차, 2차 계획 기간에 달성한 연 1000억 달러를 상회하는 GDP 증대를 이룰 경우 3차 계획 기간이 끝나는 2062년에는 6조 5000억 달러에서 7조 달러까지 도달할 수 있다. 이 같은 발전이 이루어진다면 통일 대한민국은 2060년에는 오늘날 미국과 중국과 일본이 누리고 있는 경제 강국의 지위에 충분히 오를 수 있을 것이다. 경제 강국은 민생주의가 꿈꾸는 민생·공감 강국의 지위이다.

이상의 세 차례에 걸친 15개년 계획이 차질 없이 추진되기 위해서는 민생주의가 추구하는 가치를 기준으로 한 국내 각 부문의 개혁이 성공하느냐에 달려 있다. 국내 개혁 의제는 다음 세 가지로 압축된다.

첫 번째 의제는 민생·공감 강국 도약의 실현을 목표로 한국 내 개혁을 전략적으로 추진하는 것이다. 국내 개혁으로는 21세기라는 시대적 환경에 맞는 방향으로의 헌법적 가치를 보완하고, 권력 시스템과 행정구역을 개편하는 방안을 꼽을 수 있다. 이 같은 국가개혁은 정부, 여야, 시민사회, 재계 간 국가개혁비상회의를 만들어 추진할 필요가 있다.

두 번째 의제는 신자유주의와 사회민주주의를 대체할 수 있는 21세기 경제 패러다임의 대전환을 이루는 것이다. 이를 위해 민생주의를 통합과 균형의 관점에서 더욱 비전화해나가야 한다. 민생과 성장의 균형 잡힌 발전을 통한 두터운 중산층의 복원도 여기에 달려 있다.

세 번째 의제는 민생·공감 강국 도약을 실현할 전략국민과 전략리더를 배출하고 세계 1위 기술을 창출하기 위한 21세기 교육혁명과 과학기술혁명을 각각 추진하는 것이다.

| 제4장 |

하나의 대한민국을 향해

15_ 타파해야 할 한국의 '막부'와 '번'은 어디인가

"대학 졸업에 준하는 공부를 한 사람이면 누구나 지원할 수 있습니다."

2009년 청와대 외교안보수석실에서 일할 때였다. 모든 수석실별로 인턴 직원 한 명씩을 선발해 배치한다는 방침이 내려와 외교안보수석실에서는 수석의 동의를 얻어 전략홍보팀의 실무를 도와줄 인턴을 뽑기로 했다. 필자는 지원 자격을 정해야 했는데 고민 끝에 선발 업무를 총괄하는 총무비서관실에 통보한 자격이 위의 내용이었다.

그러자 총무비서관실 담당자는, 다른 수석실의 경우 최소한 대학원 졸업 이상으로 정해졌는데 외교안보수석실에서 대학 졸업자도 아닌 대학 졸업에 준하는 사람을 원한다는 것에 놀라는 반응을 보였다.

필자의 생각은 달랐다. 중요한 것은 졸업장이 아니라 실력이기 때문이다. 가정 형편상, 혹은 여타의 개인 사정으로 대학 교육을 받지 못했다고 하더라도, 대학에서 배워야 할 공부를 독학으로라도 했거나 그와 동등한 실력을 갖춘 젊은이라면 채용에 무리가 없을 것으로 판단했다.

이러한 기준을 제시한 것은 오늘날 대학교와 대학원이라는 학력과 학벌이 본래 의미와 달리 또 하나의 억압 기제로 작동하는 것에 제동을 걸고 싶었기 때문이다. 그러나 지원자는 대부분 외국에서 대학 과정을 마친 젊은이들이었다. 지원 자격을 달리했음에도 필자가 바라는 지원자는 없었다. 학벌에 따라 젊은이들의 도전 의지도 조정되고 있다는 사실을 다시금 확인하는 기회였다. 그렇지만 당시 청와대 안팎의 관심을 모았던 외교안보수석실의 첫 인턴 지원 자격은 학력이나 학벌보다 공부의 정도가 더 중요하다는 사실을 환기시켰다.

프랑스 후기구조주의 철학자 미셸 푸코Michel Foucault는 권력에 의한 억압 기제 외에도 현대 자본주의 사회의 수많은 미시적 억압 기제들이 작동하고 있다고 했는데 그중 하나가 지식이다. 지식이 권력으로서 억압 기제로 작동되는 형태의 하나는 학력과 학벌에서 비롯되는 차별을 꼽을 수 있다. 한국 사회에서도 학력은 물론이고, 명문대 졸업이냐 아니냐를 둘러싼 학벌 기제가 최고의 억압 기제로 작동하고 있다.

민생·공감 강국 도약에 학력과 학벌이라는 억압 기제가 장애가 되는 이유는 대한민국이 '하나의 국가one nation'가 되는 것을 가로막기 때문이다. 대학 졸업자는 고등학교나 중학교만 나온 사람을 억압하고 명문대를 나온 사람은 비명문대 졸업자를 억압하는 마당에 어떻게 하나의 국가가 가능하겠는가?

하나의 국가가 되지 못하는데 어떻게 국민의 단결력인 아사비야가 높기를 기대할 것이며 다사리 정신이 발휘되기를 바랄 것인가?

하나의 국가가 되느냐 마느냐가 민생·공감 강국 도약을 추진하는 데 매우 중요하다는 것을 보여주는 역사적 사례는 일본이다. 일본이 동아시아에서 가장 먼저 근대화에 성공할 수 있었던 것은 1868년에 '하나의 일본'을 달성했기 때문이다. 무사 신분으로서 선각자의 면모를 지녔던 사카모토의 눈부신 노력으로, 도쿠가와 막부를 상대로 한 사쓰마번과 조슈번 간에 삿초연합이 성사된 것은 1866년 1월 21일이었다. 마쓰우라 레이松浦玲의 『사카모토 료마 평전

坂本龍馬』에 따르면 이날 사쓰마번의 사이고 다카모리西鄕隆盛, 고마츠 다테와키 小松帶刀와 조슈번의 가쓰라 고고로桂 小五郎 간에 '두 번이 조정(천황)의 권력을 회복하는 데 진력한다'라는 내용에 합의한 6개항 밀약이 체결될 때 사카모토는 도사번 출신으로 회담에 입회했다. 회담이 난항을 겪을 때 조정해서 성사시킨 중재자가 바로 그였던 것이다. 그는 가쓰라가 밀약 내용을 정리한 편지를 쓰자 그 뒷장에 틀림이 없다는 이서를 했다. 그러나 사카모토는 1867년 11월 15일 교토 하숙집에서 순찰조에 의해 암살당하고 말았다. "크게 두들기면 큰 답이 나올 것이고 작게 두들기면 작은 답이 나올 것"이라는 철학에 따라 일본의 근대화를 꿈꾸고 삿초밀약을 이끌어낸 사카모토가 막부의 테러로 33세에 생을 마감하고 만 것이다. 그러나 그의 노력으로 탄생한 삿초연합을 중심으로 한 신정부군은 그로부터 5개월 후 에도성을 접수함으로써 메이지유신에 성공했다. 이에 따라 오랫동안 막부와 번 체제로 나뉘어 있던 일본은 비로소 하나의 국가로 탈바꿈할 수 있었고 그 결과 근대화에 성공했다.

하나의 국가가 됐다는 것은 중앙집권화가 이루어졌다는 것을 의미한다. 역사적으로 볼 때 한 나라가 근대화에 성공하느냐 여부는 그 나라의 중앙집권화 여부에 달려 있다. 중앙집권화가 되어야만 나라 전체의 발전 전략을 수립하고 의사 결정을 신속하게 할 수 있기 때문이다. 그러나 21세기에 하나의 국가가 된다는 것은 단순히 중앙집권화를 이루었느냐의 문제가 아니다. 그보다는 국론 결집을 가로막아온 유형과 무형의 모든 갈등과 균열이 해소된 국가가 된다는 것을 의미한다.

그렇다면 학력과 학벌이라는 억압 기제 외에 21세기 대한민국이 '하나의 대한민국'이 되는 것을 가로막는 것은 무엇인가? 일본이 하나의 국가가 되는 것을 막았던 '막부'와 '번'에 해당하는 한국의 문제점은 무엇이냐는 것이다.

대표적인 것은 북한을 어떻게 보느냐는 인식 차이, 지역주의, 그리고 연고주의 등을 꼽을 수 있다. 19세기에 수립된 행정구역과 20세기적인 권력 구조도 '하나의 대한민국'의 출현을 저해한다.

문제는 이들 한국형 '막부'와 '번'이 '하나의 대한민국'을 가로막는 것에 그치지 않는다는 데 있다. 이들 장애물이 민생·공감 강국 도약을 위해 반드시 달성해야 할 민생과 성장의 동시 균형 발전 추진, 또 국내 개혁과 대외 안보 전략에까지 큰 걸림돌이 될 수 있다는 우려가 적지 않다.

임진왜란 때 류성룡은 병력이 절대적으로 부족해지자 천민을 군역에 동원을 해야만 국난을 극복할 수 있다고 봤다. 이에 따라 그는 선조의 허락을 받아 군역에 참여하는 공公·사私 천민에게 왜적의 수급을 벤 수에 따라 면천이나 급제로 인정하는 정책을 폈다. 그러자 상당수 사대부들은 나라가 망하든 말든 자신들의 노비를 군역에 내보낼 수 없다며 반대했다. 심지어 군역에 참여한 노비를 찾아 데려간 사대부도 부지기수였다.

21세기에도 이런 몰역사적인 사대부들과 다르지 않은 계층이나 지역 그리고 특정 이념의 추종자들이 있다. 이들이야말로 하나의 대한민국을 가로막는 전형적인 '막부'와 '번'과 같은 존재들인 것이다. 그들은 대체 누구인가?

우선 최상위 소득 계층을 꼽을 수 있다. 우리 사회에서 이들의 희생과 헌신을 찾아보기란 쉽지 않다. 이들이 성장에 따른 부를 누리기만 하고 공동체의 위기 극복에 대한 참여도가 낮은 것은 어제오늘의 문제가 아니다. 우리 사회는 재벌 오너든 중견 기업가든 성공한 벤처 사업가든, 그들의 부를 적대시하지 않고 더 많은 부를 쌓을 수 있도록 지원해왔다. 3공화국 이래 기업에 대한 국가의 지원은 본질적으로 국민 세금에서 나오는 것이다. 이런 사회 체제가 아니라면 부의 축적 자체가 불가능하다는 이야기다. 그런 만큼 그들은 사회의 중요한 구성원인 중산층과 서민의 민생 위기와 20~30세대의 청년 실업 문제 등을 해결하는 데 앞장서서 기여해야 할 처지에 있으나 그렇게 하는 소득 상위 계층을 찾아보기가 결코 쉽지 않은 것이 현실이다.

다음은 영호남과 충청, 세 개 지역 출신 정치인들의 이기주의이다. 이들 지역은 정치권력과 경제권력, 인사권력을 나눠 가져왔다. 마치 다른 지역은 안중에도 없다는 투로 이익이 되는 것이라면 뭐든 독점하거나 과점해왔다. 특히 정치권력을 잡은 지역은 거의 모든 정부 부처와 기관 그리고 공기업에서 주요 인사를 독점해왔다. 경제권력의 경우도 예외가 아니다. 국가가 주관해 온 중화학공업시설은 수출에 적합한 입지의 문제 때문이라고 양해를 한다고 해도 너무 심하게 영남과 호남, 충청에 집중되어 건설되었다.

세 번째로는 북한의 영향을 크게 받는 종북從北 좌파들이다. 이들은 북한이 한반도에서 쫓아내고 싶어 하는 미국과 관련된 일이라면 국익에 이로운지 여부를 가리지 않고 무조건 문제 삼아왔다.

네 번째로는 예나 지금이나 단절되지 않고 있는 국가지도자의 사사로운 인사人事 행태이다. 인사가 만사萬事라는 말이 있다. 적재적소의 인사를 공정하게만 한다면 나랏일은 저절로 되기 마련이다. 그러나 국가지도자가 그처럼 바른 인사를 하기가 쉽지 않다. 능력과 무관하게 자신을 가까이서 도운 사람들을 중용해야 한다는 유혹에서 벗어나기 어렵기 때문이다.

조선시대만 보더라도 나라에 대한 큰 공도 없는데 단지 왕의 곁을 지킨다는 이유만으로 승진하고 공신에 오르는 내관들이 적지 않았다. 실제 선조는 임진왜란이 끝난 뒤 호성공신 책봉에서 24명의 내관들을 1등 공신으로 올렸다. 호성공신의 다음 차례인 선무공신에 가서야 이순신과 권율 그리고 원균이 1등 공신에 이름을 올릴 수 있었다.

공신 책봉이 이같이 비상식적으로 이루어진 것은 선조가 의주로 몽진할 때 자신을 곁에서 지킨 내관들의 공이 왜적을 물리친 장수보다 높다고 봤기 때문이다.

국가 위기 극복에 큰 공로가 있는 충신들도 왕에게 직언과 간언을 하거나 왕보다 백성들로부터의 두터운 신망을 받는 듯 보이면 왕에 의해 견제되다가 끝내 축출당하는 일이 비일비재했다.

대한민국이 '하나의 국가'로 나아가는 데 저해가 되는 또 다른 '막부'와 '번'으로 평가할 수 있는 것은 사회 병리 현상으로까지 볼 수 있을 만큼 그 증세가 악화하고 있는 사회적 차별이다. 민생·공감 강국 도약을 달성하기 위해서는 반드시 풀어야 할 사회적 차별은 세 가지를 꼽을 수 있다. 앞서 살펴본 학력과 학벌 차별 외에 탈북 주민 차별과 다문화 가정 차별 등이 있다.

피해자 수를 기준으로 보면 학력 차별의 죄질이 가장 나쁘다. 명문대 졸업 여부를 학력 차별의 기준으로 본다면 명문대 졸업자를 제외한 대한민국 국민 거의 대다수가 피해자들이기 때문이다. 명문대 졸업자 모두가 학력 차별의 주범이라 볼 수는 없다. 그러나 명문대 졸업자 상당수가 의식적이건 무의식적이건 비명문대 졸업자 또는 대학에 진학하지 못한 사람을 자신보다 능력이 모자란 사람으로 대하는 학력 차별을 저지른다.

학력 차별은 인간의 이성이 낳은 지식이 갖는 본래의 소명에 결정적으로 반하는 '범죄'다. 인간이 이성의 깃발을 높이 치켜든 이래 지식의 소명이 인간을 갖가지 질곡과 모순으로부터 해방하는 데 기여하는 것에서 비켜난 적은 없다.

명문대 졸업자들은 비명문대 졸업자와 대학을 나오지 못한 사람들보다 더 나은 지식을 쌓았다고 자처한다. 백번 양보해서 그것이 사실이라고 해도 그들은 학력 차별과 같은 모순으로부터 비명문대 졸업자와 대학을 다니지 못한 사람들이 고통을 받지 못하도록 해야 하는 것이 순리다. 그런데 명문대 졸업자들 상당수는 지식인의 이 같은 소명을 도외시하고 오히려 학력 차별을 저질러온 것이다. 푸코의 표현을 빌려 말한다면 대학의 지식이 명문대 졸업생들에 의해 하나의 큰 권력이자 억압 기제로 작동되고 있는 것이다.

학력과 학벌 차별이 '범죄'인 또 다른 이유는 비명문대 졸업자들과 대학을 나오지 못한 사람들이 평생 공부를 통해 명문대 졸업자들보다 더 나은 지식과 지혜를 쌓았을 가능성을 원천적으로 부정하기 때문이다. 오늘날 현실을 살펴보면 명문대 졸업자들 중 적지 않은 수가 명문대 졸업장에 의존해 동문 네트워크에 편승해서 혜택을 누리는 삶을 살아가고 있다는 것을 부정하기 어렵다.

반면 비명문대 졸업자들 중에 학력과 학벌 차별이라는 장애물을 뛰어넘어 자신의 꿈을 이루기 위해 평생 공부를 실천하고 있는 사람들이 있다. 대학을 나오지 못한 사람들 중에도 대학 졸업자보다 더 높은 공부를 이룬 사람이 많다. 대학 졸업이 공부의 졸업이 아닌 것이다. 또한 고등학교 졸업 시기의 실력이 평생의 실력이 될 수도 없다.

학력과 학벌 차별은 엄청난 국가적 낭비로 이어지고 있다. 명문대 졸업자들은 그 차별을 '저지른' 처지라서 비명문대 졸업자들과 대학을 나오지 못한 사람들이 겪는 학력 차별의 애환을 역설적으로 잘 안다. 그러다 보니 자신들의 아이들도 학력 문제에 있어 '슈퍼 갑'의 삶을 살아갈 수 있도록 사교육에 모든 걸 쏟아붓는다.

비명문대 졸업자들의 가정도 사정은 별반 다르지 않다. 비명문대를 졸업한 부모들은 자식들이 자신들처럼 학력 차별의 애환을 겪지 않도록 명문대에 진학하는 것을 원한다. 노후 대비를 할 여유도 없이 소득 대부분을 사교육에 쓰고 있는 것이다. 따지고 보면 대한민국 사교육 과열의 구조적 원인은 학력과 학벌 차별에 있다고 해도 틀린 말이 아니다.

학력과 학벌 차별을 없애기 위해서는 명문대와 비명문대 간 차별과 대학 졸업자와 대학을 나오지 못한 사람 간 차별 모두를 없애야 한다. 이를 위해서는 오로지 능력과 품성이 사회의 기준이 되어야 한다. 명문대를 나오건 비명문대를 나오건 간에, 그리고 대학을 나오건 대학을 나오지 못하건 간에 각 분야에 필요한 지식과 지혜 그리고 다른 구성원들과 화목하게 공존할 수 있는 품성을 갖추었느냐가 사람에 대한 평가 기준이 될 때 비로소 학력과 학벌 차별이 해소될 수 있을 것이다.

탈북 주민에 대한 차별도 마찬가지다. '연고crony 사회'인 대한민국에 정착한 탈북 주민들은 단지 연고가 없다는 '죄'로 우리 사회 어느 곳에서도 정착하지 못하는 고통을 겪고 있다. 우리 사회의 주류는 연고가 없는 탈북 주민들이 한국에서 살아갈 수 있도록 그들에게 손을 내밀어 본 적이 있는지 반성할 필요가 있다.

문제는 탈북 주민들이 우리 사회에서 차별을 받은 나머지 향후 대한민국에 의해 남북한 통일이 이루어지는 것에 대해 소극적으로 나올 개연성이 있다는 것이다. 실제로 몇 년 전부터 탈북 주민 사회 일각에서는 북한이 붕괴되면 한국과 통일하지 않고 북한에 남아 있는 주민들과 함께 북한 정부를 만드는 것이 바람직하다는 여론이 형성되고 있고 이에 공감하는 탈북자들이 적지 않다. 이는 그만큼 많은 탈북 주민들이 한국 사회에서 겪고 있는 갖가지 유무형의 차별로 남북한 통일에 부정적 인식이 강해졌다는 것을 의미한다.

탈북 주민들에 대한 차별이 가능한 한 빠른 시일 내에 해소되지 않으면 남북한이 하나의 국가가 되지 못하는 불행한 일이 발생할 수 있다. 통일을 이루지 못한 상태에서는 민생·공감 강국으로의 도약을 꿈꿀 수 없다는 점에서 탈북 주민들에 대한 차별 해소에 최선을 다해야 한다.

다문화 가정에 대한 차별은 우리가 민생·공감 강국으로 도약하는 데 어쩌면 가장 큰 걸림돌이 될 수 있다. 특히 부모 중 한쪽이 외국인인 가정의 아이들이 피부색이 다르다는 이유로 차별을 받는다면, 이는 조상들이 보여준 이민족에 대한 관용이라는 미덕을 계승하지 못하고 있다는 것을 의미한다.

강대국으로 도약한 적이 있는 네덜란드나 여전히 강대국인 미국이나 영국 모두 이민자들에 대해 관용을 베푼 까닭에 국부를 증대할 수 있었고 유럽의 리더로 올라섰다는 것을 잊어서는 안 된다.

만약 우리가 이민 온 외국인들에게 관용을 베풀지 않는다면 무엇보다 '하나의 국가'는 실현할 수 없다. 이와 함께 다문화 가정과 이민 가정에 대해 관용이 이루어지지 않는다면 잠재력이 있는 다문화 가정의 아이들과 이민 2세들 중에서 국부 창출에 큰 기여를 할 가능성이 있는 인재가 배출되기 어려울 것이다. 사회 전반적으로 이들에 대한 차별 구조가 존재하는 상황에서 이들에게 포용적인 공교육이 이루어질 가능성이 낮기 때문이다. 미국은 건국하던 때부터 다민족 국가였기 때문에 일찍부터 이민자들에게 포용적인 공교육 혜택을 베풀었다. 이 덕분에 국부에 기여한 이민 2세 출신의 인재가 수도 없이 많다. 추아의 『제국의 미래』에 따르면 미국에서 반도체를 처음 발명한 사람도 동유럽 출신의 이민 2세 엔지니어였다.

우리가 다문화 가정과 이민 가정들을 마음으로부터 받아들일 수 없다면 부국으로 발전하더라도 주변국들을 포용하지 못하기 때문에 동아시아의 리더 국가가 될 수는 없을 것이다.

민생주의는 하나의 대한민국이 되는 것을 저해하는 세 가지 요인과 세 가지 사회적 차별을 해소하려 한다는 점에서 시대적으로 가장 필요한 공감과 배려라는 가치를 담고 있다. 바로 이 점에서 민생주의는 민생·공감 강국으로의 도약을 실현해내는 새로운 경제사회 패러다임으로서의 역할을 담당할 수 있는 것이다.

16_ 공감국가로의 진화

어떻게 해야만 '하나의 대한민국'이 탄생할 수 있을까?

이 문제는 앞에서 살펴본 21세기 대한민국의 '막부'와 '번'을 어떻게 해체할 수 있느냐에 달려 있다.

그런데 가장 중요한 것은 이들 '막부'와 '번'의 해체를 물리적인 방법에 의존하지 않고 자발적으로 유도해내는 것이다. 소득 상위 계층의 공동체적 마인드 부족이나 지역주의, 그리고 북한에 대한 이념적 차이 등 대다수 '막부'와 '번'의 문제는 이성이나 법으로 해결할 수 있는 것이 아니다.

이성과 법으로 해결할 수 없는 문제들이라면 '공정'이나 '정의'라는 가치로 하나의 대한민국을 만든다는 것은 어려운 일이다. 예를 들어 소득 상위 계층의 공동체 마인드 부족 문제를 공정이나 정의라는 가치를 들이대 해결하려 한다면 정당한 과정을 거쳐 이룩한 부富를 부정하는 꼴이 될 것이다.

대기업과 중소기업 간 상생의 문제도 마찬가지다. 정부나 정치권 또는 시민사회에서 왜 중소기업과 상생하지 않느냐고 대기업을 타박한다고 해서 원하는 결과를 얻어낼 수 있을까? 오히려 중소기업에 대해 대기업이 보이지 않는 곳에서 감정적으로 대응할 개연성만 높아질 뿐이다.

그렇다면 이때 요구되는 가치와 덕목은 무엇인가? 그것은 바로 공감empathy 과 배려consideration이다.

대기업 스스로 중소기업과의 상생을 위해 고민해야 하는 것이다. 대기업이 하청 관계에 있는 중소기업의 어려운 처지에 공감하면 하청 시 가격이나 결제 방법 등에서 중소기업을 배려하게 될 가능성이 높다.

소득 상위 계층의 공동체적 마인드 제고 문제도 공감과 배려의 가치로 풀어야만 한다. 정당한 부를 쌓은 소득 상위 계층에서 중산층과 서민의 어려운 민생과 20~30대의 청년 실업에 대해 공감을 할 때 비로소 이들이 공동체적으로 희생하고 헌신할 수 있다.

그렇다면 대기업과 소득 상위 계층이 각각 중소기업들과 중산층 및 서민 계층을 상대로 과연 공감과 배려의 모습을 보일 수 있을까? 적지 않은 사람들이 이에 대해 비관적일 수 있다. 그러나 미국 스탠포드대학교 교수인 폴 에얼릭Paul R. Ehrlich과 로버트 온스타인Robert Ornstein이 공저한 『공감의 진화Humanity on a Tightrope』에서 밝힌 바에 의하면, 그 같은 가능성이 아주 없지는 않음을 보여주는 사례가 몇 해 전 독일에서 있었다. 2009년 말 독일의 부유층이 자국 정부에 부유한 사람들이 더 많은 세금을 내게 해달라고 요청하는 청원서를 제출했다는 것이다. 이 독일 부자들은 모임 회원들이 필요 이상으로 너무 많은 돈을 보유하고 있는데, 잉여자금의 일부를 세금으로 낸다면 독일 경제 회복에 도움이 될 경제 사회 프로그램을 충분히 지원할 수 있을 거라고 생각했다고 한다.

에얼릭과 온스타인은 이 사례를 통해 우리는 타인이 우리와 같은 존재라는 것을 배울 수 있다고 말한다. 우리 모두는 타인들을 우리 자신과 같은 존재로 여기고, 공동 운명을 가진 사람들로 바라보기 위해서 독일 부자들과 같은 태도를 취할 수 있다는 것이다.

그래서 에얼릭과 온스타인은 사람들이 '우리 대 타인'이라는 생각에서 벗어나 이제는 모두가 우리라는 생각을 가져야 한다고 말한다. 자신과 타인을 연결 지어 생각하는 능력은 가까운 사람들과의 관계에서 우리에게 도움이 된다. 친구나 친족의 근황을 살핌으로써 우리는 그들과 공감하고, 기쁨과 슬픔을 함께 나누고, 든든한 지원군을 얻을 수 있다는 것이다. 하지만 오늘날 한 나라에는 수천만에서 수억 명의 인구가, 전 세계는 수십억의 인구가 함께 살아간다. 그런 만큼 하나의 작은 가족만 있으면 된다는 생각은 나라 전체와 세계 전체를 고려할 수 있을 정도로 확장되어야 한다. 보살핌의 범주가 '타인'에게까지 확장되어야 한다는 것이다.

에얼릭과 온스타인의 이 같은 생각에 공감하는 고소득자들의 사례는 미국에서도 찾을 수 있다. ≪뉴욕타임스≫는 미국의 억만장자 투자가인 버핏이 보내온 편지를 실었는데(2011년 8월 14일) 버핏은 이 편지에서 "나와 내 친구들에게 더 높은 세율의 세금이 부과되어야 한다"며 "우리 모두는 더 많이 납세해야 한다고 생각한다"라고 말했다. 『부자가 천국 가는 법Should We Tax the Rich More?』에 따르면, 노벨경제학상 수상자로서 고소득자로 분류되는 경제학과 교수 크루그먼은 한 토론회에서 "당신도 고소득자로서 세금을 더 내는 것에 대해 어떻게 생각하는지 솔직하게 말해달라"라는 질문을 받았다. 이에 크루그먼은 "좋아하지 않는다"라고 인정했다. 부자들의 세금을 올리자는 것이 자신의 평소 주장이긴 하지만 고소득자로서 세금을 더 내는 것을 좋아하지 않으며 기본적으로 그런 주장은 자신의 재정에 불리할 뿐만 아니라 소득이 감소하는 것도 사실이라는 말이다. 그럼에도 크루그먼은 세금을 더 내겠다며 다음과 같이 말했다. "우리는 사회 속에서 살고 있다. 나는 좀 더 바람직한 사회에서 살고 싶다. 그 대가로서 기꺼이 더 많은 세금을 내겠다." 버핏과 크루그먼의 사례에서 우리가 알 수 있는 것은 고소득자들이 개인보다 사회라는 공동체를 더 생각할 수 있도록 지혜롭게 유도하는 노력이 범사회적으로 요청된다는 것이다.

지역주의 문제도 다르지 않다. 무엇보다 특정 지역 출신 정치인이 대통령에 당선될 경우 지역주의 폐해에 공감을 하는 것이 중요하다. 해당 지역에 경제적 혜택이 집중되고 지역 출신 인사들이 정부 부처와 기관, 공기업 요직을 독점하는 등 지역주의 폐해가 지속되면 타 지역은 큰 고통을 겪고 나라가 어려워진다는 것을 공감하고 자신의 임기 내에 그 같은 폐해를 단절시키겠는 결의와 선언을 해야 한다.

세대 간 갈등과 성별 간 균열cleavage도 서로 다른 세대와 성별 간에 공감과 배려가 이루어져야 해소될 수 있다.

물론 공감과 배려가 모든 '막부'와 '변' 문제를 해결하는 데 만병통치약일 수는 없다.

특히 북한을 둘러싼 이념적 갈등과 반목은 서로가 공감하고 배려한다고 해서 풀릴 가능성은 전혀 없다. 이념적 차이는 대화를 통해서 화해할 수 없는 모순이기 때문이다. 더군다나 북한이 대남 적화를 위한 통일전선전술을 포기하지 않는 한 북한의 노선을 지지하거나 추종하는 친북이나 종북 노선에 대한 공감과 배려는 절대적으로 불가능하다.

그럼에도 북한을 둘러싼 이념적 갈등의 본질에 대해서는 국민적 공감대가 형성될 필요가 있다.

21세기 지구 문명 표준global standard을 기준으로 봤을 때 북한은 상식적으로 납득할 수 없는 나라이다. 김일성, 김정일, 그리고 김정은으로 최고 지도자

자리가 이어지는 3대代 세습의 봉건제 국가인 북한은 주민들을 제대로 먹이지도 못하면서 천문학적인 비용을 들여 대륙 간 탄도미사일 발사 실험과 지하 핵실험을 벌여 국제적 비난을 받고 있다. 더욱이 북한은 2010년 3월 천안함 격침과 그해 11월 연평도 포격 등 군사적 도발을 잇달아 자행해놓고도 사과 한마디 하지 않는다.

이런 북한을 여전히 이념적 조국으로 삼으면서 여러 가지 가치중립적인 타이틀로 위장해 북한을 지원해오고 있는 친북 또는 종북 세력은 도대체 누구인지, 그리고 그들이 왜 그렇게 하고 있는지에 대한 진실을 국민은 알 필요가 있다.

미국이 남한에서 주한미군을 철수해 떠나면 북한은 통일전선을 통해 공산주의 혁명을 일으켜 남한을 공산화할 수 있을 것이라고 믿고 있다. 이 때문에 북한은 우리 사회에서 미국과 관련된 사안이라면 어떻게든 이들 종북 또는 친북 세력을 움직여서 국민 분열과 사회 혼란을 조장해왔다. 그러므로 이념적 갈등의 본질에 대해서는 국민의 공감이 절대적이다.

이와 같이 21세기 대한민국의 '막부'와 '번'에 해당하는 균열은 이들 문제와 관련된 사람이나 계층 간에 타인의 고통과 생각에 대한 공감이 높아져야만 해결될 수 있다. 그래야만 민족 내부의 협력을 도와주는 아사비야가 높아진다. 그렇게 되면 하나의 대한민국이 탄생하면서 21세기 민생주의가 꿈꾸는 22세기형 민생·공감 강국으로의 도약이 가능할 것이다.

따라서 민생주의는 대한민국이 '공감국가empathic state'로 진화할 수 있는 전략을 수립해야 한다.

먼저 계층 간 양극화 심화, 지역주의, 세대 간 갈등, 성별 간 소통 부재, 북한을 둘러싼 이념 갈등, 노사 간 갈등, 정부(입법부와 사법부 포함)와 민간 간 신뢰 부재, 대기업과 중소기업 간 갈등 등 8대 균열을 중심으로 전 국민이 서로의 고통을 공감하고 국가가 그 고통을 정책적으로 완화시킴으로써 중산층을 두텁게 만드는 패러다임을 내놓는 것이 민생주의의 과제이다.

그런 다음 상기 8대 균열별로 고통과 상처에 대해 공감을 제고하고 그것을 치유하기 위한 의제와 정책이 뒷받침되어야 한다.

특히 수도권과 지방 간 균열에 대한 치유책으로 노무현 정부가 추진한 행정중심복합도시의 경우 정부가 서울(청와대와 외교안부 부처들)과 세종(경제사회 부처들) 두 곳으로 나누어짐으로써 심각한 문제점을 드러내고 있다. 오늘날 각국 정부가 직면하고 있는 국내외 도전과 위기는 갈수록 복합적인 성격을 띠고 있다. 예를 들어 한편으로는 경제 문제이면서 다른 한편으로는 외교 문제인 사안이 한 둘이 아니다. 이런 상황에서 정부가 두 곳으로 나뉘어져 있다는 것은 복합적인 성격의 국내외 도전과 위기에 맞서 신속하고 효율적인 대응을 해야 하는 국가의 능력을 감소시킬 수 있다는 우려가 높다.

20세기 보수주의는 이 같은 우려만 제기할 뿐 국민 다수의 지지를 받는 대안은 내놓지 못했다. 이명박 정부는 2010년 5월 국회에 행정중심복합도시의 대안으로 교육과학경제중심도시라는 수정안을 제출했으나, 그 안은 그해 6월 국회에서 통과되지 못했다. 수정안이 통과되지 못한 주요 원인으로는 당시 여당의 분열이 꼽히지만 더 큰 책임은 국민과 충청도민의 압도적인 공감과 동의를 이끌어낼 수 있는 매력적인 대안을 마련하지 못한 데 있다. 그 결과 수도권 과밀화의 완화라는 명분을 내세운 노무현정부의 수도 분할 의제가 실현됐다.

21세기 민생주의는 20세기 보수주의를 뛰어넘어야 한다. 국민 모두가 공감할 수 있는, 수도권 과밀화의 완화를 통한 지방 발전을 도모하는 대안을 내놓음과 동시에 수도 분할이라는 문제를 해결할 수 있어야 하는 것이다.

문제는 민생주의가 신자유주의의 대안 패러다임으로서 자리를 잡고 이에 기초해 상기 8대 균열별 해결책이 마련된다고 해서 저절로 '공감국가'로의 진화가 이루어지지는 않을 것이라는 점이다. 국민의 마음을 얻어내는 치열한 노력이 함께 이루어져야 한다. 국민이 받아들여야만 비로소 공감국가로의 진화가 가능하다.

17_ 하나의 대한민국을 가로막는 '슈퍼밈'

'밈meme'은 그렇다고 믿어지는 생각이나 행동을 일컫는 것으로서 말이나 활자로 전승되어 세대를 이어 전해진다.

밈은 영국의 진화생물학자인 리처드 도킨스Richard Dawkins가 1976년 발간한 저서 『이기적 유전자The Selfish Gene』에서 처음 제시한 개념이다. 그는 문화의 자기 복제자, 즉 어떤 문화가 전승되거나 전파되도록 돕는 유전자와 같은 자기 복제자가 있다면 이는 문화 전달의 단위 또는 모방의 단위라는 개념의 이름이 필요하다고 생각했다. 그 후 이런 개념의 명사로서 그리스 어근으로부터 미멤mimeme이라는 말을 만든 그는 이 단어를 유전자를 의미하는 진gene과 유사한 형태로 줄여서 밈meme이라는 새로운 명사를 만들어냈다. 요컨대 문화의 전달은 유전자gene의 전달처럼 진화의 형태를 취하지만 우리의 말과 음식 등 각종 문화 요소의 진화는 유전자의 진화 방식과는 다른 복제 기능을 필요로 한다. 따라서 문화가 세대를 걸쳐 전달되기 위해서는 유전자의 복제 같은 역할을 하는 매개물이 필요한데 그 매개물 역할을 하는 생각이나 행동이 바로 밈이라는 것이다.

돌이켜 생각해보면 우리는 어릴 때부터 집안이나 동네 어른들로부터 무수한 밈을 전승받으며 성장해왔다. 다행히 그 밈이 맞으면 우리의 성장에 도움이 되었을 테지만 그것이 틀린 밈이었다면 영문도 모른 채 홍역을 치러야 했을 것이다. 예를 들어 우리가 흔히 수용하는 밈 가운데 아이를 낳으면 그 아이의 사회성을 길러주기 위해서 일찍부터 또래 아이들과 놀게 해주거나 놀이방 같은 곳에 보내야 한다는 것이 있다. 하지만 연구 결과 이 밈은 틀렸다는 것이 확인됐다. 아이의 사회성은 또래 아이들과의 관계가 빨리 형성되어야 길러지는 것이 아니라 부모에게 충분한 시간을 두고 깊은 사랑을 받을 때 길러진다. 1차 양육자로부터 사랑을 받고 있다는 확신이 들 때 아이는 다른 아이들을 배려하는 사회성을 발휘할 수 있다는 것이 연구 결과이다.

이같이 작은 밈은 한 사람의 인생에 영향을 미칠 수 있으나 표면적으로는 사회와 국가의 진로에 영향을 미치지 않는다. 그런 까닭에 관련된 올바른 연구 결과가 나와서 잘못된 밈을 대체해 폭넓게 유통될 때까지 한 사회나 국가가 나서서 그 틀린 밈을 일일이 바로잡으려고 노력하지 않는 것이다.

그러나 그 같은 밈이 눈에 보일 정도로 사회 전체에 큰 영향을 미치는 '슈퍼밈supermeme'이라면 얘기가 완전히 달라진다. 그것이 맞는지 틀리는지 여하에 따라 그 사회는 물론이고 국가와 민족의 미래에도 상당한 영향을 끼칠 수 있기 때문이다.

미국의 사회생물학자인 레베카 코스타Rebecca Costa의 저서 『지금, 경계선에서The Watchman's Rattle』에 따르면 슈퍼밈은 한 사회에 확고하게 뿌리를 내리고 널리 만연해서 다른 모든 믿음과 행동에 영향을 미치거나 억압을 가하는 모든 종류의 믿음, 생각, 행동을 가리킨다. 문제는 여기에 있다. 슈퍼밈이 한 사회의 다른 모든 믿음과 행동을 억압한다는 것이다.

코스타의 관찰이 맞다면 민생·공감 강국 도약이라는 국가 발전 목표에 방해 또는 부담이 될 수 있는 우리 사회의 슈퍼밈에는 어떤 것이 있을까? 한국뿐만 아니라 전 세계에 확산된 슈퍼밈 중 하나로 신자유주의를 꼽을 수 있다. 신자유주의는 시장이 자동조절 기능을 갖추고 있는 만큼 정부가 관여하지 않고 모든 것을 시장에 맡겨 두면 경제 발전이 이루어진다는 이데올로기이다. 그러나 신자유주의를 채택한 개발도상국은 중진국 트랩에 빠지고 양극화로 분열되는 혼란을 겪고 있다. 미국과 같은 선진국에서도 신자유주의는 상위 1%에 부의 집중을 초래하는 부작용을 낳고 있다.

코스타에 의하면 복잡성은 슈퍼밈을 낳고 슈퍼밈은 단일성을 낳고 단일성은 멸종을 초래한다고 한다. 이러한 악순환을 어떻게 끊어야 할까? 코스타는 그의 저서 『지금, 경계선에서』에서 세 가지 해결책을 제시한다. 첫째, 슈퍼밈의 본질을 간파하는 것이다. 둘째, 급격한 패러다임의 변화를 이루는 것이다. 셋째, 애초에 슈퍼밈이 생겨나는 원인을 제거하는 것이다.

슈퍼밈은 인식 한계점에 도달한 결과 등장하는 만큼 통찰과 같은 새로운 인식 기술을 발달시킨다면 복잡성을 제어하기도 수월해진다는 것이 코스타의 주장이다. 통찰은 널리 퍼진 이데올로기를 받아들일 필요성 자체를 제거함으로써 슈퍼밈을 막을 수 있다는 것이다.

현재 21세기 대한민국에서 만연한 또 다른 슈퍼밈으로는 어떤 것들이 있는가? 그것들은 어떻게 없앨 수 있고 누가 확대재생산하고 있는가?

경제 분야에서 대표적인 슈퍼밈으로 꼽을 수 있는 것으로 각종 규제가 경제 발전에 큰 걸림돌이 된다는 '규제 망국론' 같은 재벌을 중심으로 한 대기업들의 논리가 있다. 이 같은 논리는 규제를 풀어 대기업들이 투자를 활성화하면 그 이익이 국민에게 돌아간다는 내용으로, 미국 공화당이 채택하는 경제 철학인 '낙수효과 경제trickle-down economy'론에 기초한다.

정부가 이 같은 논리를 수용해 규제를 완화하거나 철폐한 결과 베이커리와 커피점 등 그동안 자영업자들과 중소기업들이 공존해오던 골목 상권은 유명 외국 브랜드를 앞세운 대기업에 무너지고 있다.

반면 10대 재벌 계열 상장사 96개 대기업들은 이런 식으로 번 돈을 2014년 말 현재 504조 원이나 사내 유보금으로 쌓아두고 있으면서 투자처를 정하지 못하고 있다.

이처럼 낙수효과가 전혀 발생하지 않는다는 것이 문제이다. 자영업자들과 중소기업들이 골목 상권에서 더 이상 버티지 못하고 폐업하거나 부도를 맞게 됨에 따라 이들의 가정이 한계가구에 편입되고 있는 것이다.

신자유주의와 그에 따른 규제망국론이 슈퍼밈이라는 것은 하버드대학교 경제학자 로드릭의 설명을 들어보면 더욱 분명해진다. 로드릭에 의하면 가장 효율적인 시장은 약한 정부가 아니라 강한 정부가 만든다. 로드릭은 『자본주의 새판짜기Globalization Paradox』에서 "정부가 개입하고 관리할 때 비로소 시장 효율성을 달성할 수 있다는 사실을 이해하면 정부마다 선호하는 규제와 개입 방식이 다를 수밖에 없다는 사실을 인정하기 쉽다"라고 지적한다. 초세계화 hyperglobalization, 즉 신자유주의 세계화는 허구에 지나지 않는 만큼, 그것이 가능하다는 생각을 던져버려야 한다고 그는 부연한다. 우리에게 필요한 것은 최대maximum 세계화가 아니라 현명한smart 세계화라는 것이다.

이후에 자세히 살펴보겠지만 우리 외교와 국방의 최우선 과제는 북한 문제여야 한다는 주장도 슈퍼밈의 일종이라고 볼 수 있다. 이는 그동안 대한민국의 외교안보 전략을 제한해왔다. 북핵 문제와 군사 도발 억제 등 북한의 안보 위협에 대한 대응만이 대한민국 최고의 외교안보 과제라는 슈퍼밈으로 초래된 후유증은 크다. 북한 문제는 북한만 들여다봐서는 해결되지 않는다. 한반도 문제뿐만 아니라 동아시아와 세계무대까지 전체를 봐야만 대북 정책이 현명해질 수 있다.

결국 우리의 외교안보 의제가 북한 문제에 우선해서 집중되어야 한다는 슈퍼밈으로 우리의 외교안보 관련 전략적 사고의 폭과 깊이가 훨씬 더 넓어지고 깊어질 수 있는 가능성이 차단되어왔다.

한 예로서 2010년 3월 26일 발발한 천안함 폭침 사건 직후 대양 해군 정책에 대한 국내 전문가들의 거센 비판을 들 수 있을 것이다. 당시 연안조차 제대로 경비하지 못해 북한의 잠수함에 우리 함정이 격침당하는 마당에 우리 해군의 대양 해군 노선(근해 경계를 넘어서서 작전 반경을 먼 바다까지 확장하는 해군 전략)은 잘못이라는 것이 이들의 비판이었다.

그러나 이 같은 비판은 통일 이후 주변국의 안보 위협을 고려한다면 매우 적절치 않다. 물론 우리 해군은 우선적으로 북한에 의한 해상 및 해중 도발을 막기 위해 철저한 대비를 해야 한다. 그럼에도 국토의 삼면이 바다로 둘러싸인 해양국가인 한국으로서는 중국과 일본의 해군 전략을 주의 깊게 살펴 해군력에서 어느 정도 균형을 맞추는 노력을 게을리하지 말아야 한다. 그렇게 하지 않을 경우 중국이나 일본에 의해 중동으로부터의 원유와 천연가스 도입은 물론 동남아, 인도, 중동, 그리고 유럽 지역으로의 수출이 봉쇄당할 수 있기 때문이다. 실제로 그 같은 가능성이 현실화할 개연성이 높아지고 있다. 중국의 전략가들은 머핸의 『해양력이 역사에 미치는 영향』에서 영감을 받아 동아시아와 서태평양의 바다의 통제권을 장악하기 위해 해군력을 강화하라는 목소리를 높여오고 있다. 머핸에 의하면 장래의 경쟁국들에 맞서 결정적인 전투들에서 이김으로써 국가적 위대성을 보장해주는 것은 바다의 통제권이며, 이를 확보할 수 있는 길은 해군력의 강화 외에는 없다. 이에 따라 중국은 서해와 동중국해 그리고 남중국해 등 서태평양 지역에서 그동안 해군력의 절대적 우위를 유지해온 미국에 맞서 항공모함과 이지스함, 잠수함 등 해군력 강화에 총력을 기울여오고 있다.

이와 함께 통일 이후 발생할 수 있는 모든 형태의 안보 위협에도 대비해야 한다. 공중급유기 도입과 이지스함 추가 건조 등 중국과 일본 등으로부터의 공중 및 해상 안보 위협에 대응하는 노력도 게을리하면 안 되는 것은 이 때문이다. 2015년 6월 국방부는 유럽 에어버스사의 공중급유기 모델인 A330 MRTT를 도입하기로 결정했다고 발표했다. 그동안 공군의 최신 전투기 F-15K는 대구 기지에서 출격할 경우 독도 상공에서 30분, 이어도 상공에선 20분 이상 체공할 수 없었다. 만약 공중 급유를 받는 일본 전투기들과의 교전 상황이 발생할 경우에는 제대로 된 교전도 해보기 전에 급유를 받기 위해 기지로 귀환할 수밖에 없는 처지였다. 그러나 이제 에어버스사의 공중급유기가 도입돼 공중 급유를 받을 경우 작전 가능 시간이 독도 90여 분, 이어도 80여 분으로 늘어나게 된다. 더 포괄적으로 설명한다면 우리 공군의 작전 반경이 동아시아 전역으로 확대되는 것이다.

바로 이 점에서 우리의 모든 외교안보 의제를 북한에만 맞출 것을 주장하며 대양 해군 노선과 공중급유기 도입을 비판하는 슈퍼밈의 보이지 않는 생산 실체가 드러난다고 할 수 있다.

우리가 외교안보 의제를 좁은 한반도에만 한정시킨 채 대양 해군 건설을 중단하고 공중급유기를 도입하지 않는다면 누가 좋아할 것인가? 중국과 일본일 것이다.

그렇다면 한국 해군의 대양 해군 노선을 비판하는 슈퍼밈은 중국과 일본의 전략에서 비롯되었을 개연성을 배제할 수 없다. 북한 문제의 우선적인 해결을 위한 국방 능력 확충에 집중해야 한다는 논리의 슈퍼밈이 제작되고 유통되는 과정에 이들 두 강대국의 보이지 않는 관여가 있었을 개연성이 있다. 그런 관여가 있었다면 십중팔구 일본과 중국의 지원을 받는 국내 전문가들의 담론을 통해 이루어졌을 공산이 크다.

만약 일본과 중국이 실제로 그 같은 관여를 했다면 그 목적은 한국이 동아시아와 글로벌 무대로 나아가기 위한 외교안보 전략을 수립하고 추진하는 것을 방해하는 데 있었을 것으로 추정할 수 있다.

제5장

중산층을 복원하는
경제 패러다임

18_ '워싱턴 컨센서스'와 1997년 IMF 사태, 신자유주의 한국 상륙사

한국 경제가 민생·공감 강국 도약을 이끌 기관차 역할을 해낼 수 있느냐 여부는 정부가 어떤 발전 전략을 수립하느냐에 달려 있다.

문제는 우리 경제의 체질이 제아무리 강하다고 하더라도 정부가 선택하는 발전 전략(또는 패러다임)은 세계 경제 질서의 변화에 영향을 받을 수밖에 없다는 데 있다. 어떤 발전 전략이, 또는 어떤 사회경제 패러다임이 민생·공감 강국 도약에 적합한지는 뒤에서 살펴보도록 하고 이번 장에서는 한국 경제가 3공화국 이후 발전 전략 부문에서 겪어온 여러 형태의 부침을 다루고자 한다.

그 같은 부침의 이면을 이해해야 하는 까닭은 우리 경제가 아직 강하지 않기 때문이고, 또 위기에 직면하면 기존의 발전 전략을 수정해야 하는 것이 국제정치의 엄중한 생리이기 때문이다. 특정 발전 전략이 우리에게 잘 맞더라도 세계 경제 질서의 변화로 경제 위기가 발발하면 그 변화를 주도하는 강대국이 권하는 발전 전략을 채택해야 하는 것이다.

이 점에서 한 나라의 발전 전략은 해당 국가의 자율성에 속하는 문제가 아니라 세계 경제를 주도하는 강대국 정치의 결과로 봐야 한다.

그렇다면 우리 경제가 1970년대 이후 추진한 발전 전략은 무엇이고 그 전략은 어떻게 바뀌어왔는가?

3공화국인 박정희 정부 이후 문민정부인 김영삼 정부에 이르기까지 발전 전략은 국가 주도 자본주의였다. 같은 기간에 일본과 서구가 발전의 주체로 각각 내세웠던 국가와 시장 중에 전자를 따랐던 것이다.

박정희 정부가 추진하기 시작한 국가 주도 발전 전략은 1970년대 말에 처음으로 큰 위기를 맞았다. 1978년 한국 경제는 표면적으로는 수출 및 해외 건설의 호조, 중화학공업의 설비투자 증가 등으로 호경기를 구가하고 있었다. 그러나 내부적으로는 전반에 걸쳐 위기 징후가 뚜렷했다. 당시 경제기획원 차관보로 재직한 강경식 전 경제 부총리는 남덕우 전 총리 등과 함께 집필한 『80년대 경제개혁과 김재익 수석』에서 1978년 한국 경제는 부동산 투기, 인플레이션, 주택 및 내구 소비재 공급 부족으로 열병을 앓고 있었으며 총통화 증가율은 연 40%에 상회하고 물가 또한 연 10% 상승이라는, 안정 목표 달성이 불가능한 상황이었다고 말했다. 이 같은 문제점들을 해결하기 위해 경제기획원을 중심으로 농업, 금융, 산업 전반, 금리, 환율, 물가 등에 걸친 광범위한 정책 재검토 작업에 착수했다. 작업 결과 경제기획원은 당시 한국 경제가 공급 부족 단계를 벗어났음에도 공급 부족 경제를 전제로 한 증산과 건설 정책을 기조로 하는 경제운용을 하고 있다는 것을 확인했다.

강경식 전 부총리에 따르면 현실과 맞지 않는 정책이 문제를 해결하기는커녕 문제를 더 키우거나 새로운 문제를 만들고 있었다. 자원배분을 왜곡하고 정상적인 기업 활동보다는 정부 정책에 따른 불로소득에 더 관심을 가지게 만들어 우리 경제의 경쟁력과 활력을 약화시키고 있었다는 것이다. 이 때문에 경제기획원은 정책 발상을 공급 중심에서 수요 중심으로, 생산자 중심에서 소비자 중심으로 일대 전환해야 한다고 인식했다. 그 결과 총수요 관리에 정책의 역점을 두어야 하고, 추곡수매제와 고미가高米價 정책, 주요 공산품 가격 및 서비스 요금 통제, 수입 억제 및 저리의 수출 지원 금융 등 정책 자금과 관치 금융제도 등이 시급히 개선되어야 할 정책과제로 제기되었다. 경제기획원이 이 같은 문제 인식을 바탕으로 1년간 경제안정화 시책 보고서를 준비한 뒤 박정희 대통령에게 보고한 것이 1979년 초였다. 당시 영국에서도 마거릿 대처Margaret Thatcher 수상이 이와 비슷한 안정화 시책을 추진하고 있었다. 그러나 경제기획원이 안정화 시책을 검토할 때는 이를 알지 못했다고 한다. 오로지 경제기획원 경제 관료들이 자발적으로 추진한 안정화 시책이었다. 당시 기획원 차관이던 정재석 전 경제 부총리는 "애덤 스미스가 다시 살아 온 것 같다"라고 평가했다. 시장의 자율성을 높이는 경제개혁이었던 것이다.

강경식 전 부총리에 따르면 안정화 시책을 연두 업무보고 때 접한 박정희 대통령의 반대는 자못 심각했다. 주요 물자에 대한 가격통제를 없애고 시장에 맡기자는 주장에 대해 물가안정을 포기하자는 것이냐고 반대했고, 부동산 투기 자금으로 쓰이기도 해 문제가 많은 수출 자금의 특혜 금리 제도를 손질하자는 주장에 대해서도 수출을 하지 말자는 정신없는 소리라며 반대했다. 나중에 빈집이 될 수도 있는 농촌 주택 건설 규모를 줄여 시멘트 수급 사정을 개선하자는 건의에 대해서도 "나의 통치 철학"이라며 못마땅해 했다.

이 때문에 박대통령은 경제기획원을 배제한 채 1979년 3월 안정화 시책의 타당성에 관한 회의를 열고 한국은행과 한국개발연구원, 대학 교수들의 의견을 청취했다. 이 자리에서 신병현 한국은행 총재와 김만제 KDI 원장, 경제과학심의회의를 맡고 있던 장덕진 장관 등은 경제기획원과 대동소이한 보고를 했다고 한다. 박정희 대통령도 더 이상 반대하지 않고 이들의 보고 내용을 경제기획원에 보낸 뒤 이를 종합 정리해서 발표하라고 지시했다. 이에 따라 그해 4월 17일 경제기획원이 발표한 것이 이른바 '4.17 안정화 시책'이었다.

당시 경제기획원 부총리였던 신현확 전 총리는 한 언론 인터뷰에서 "들뜬 경제를 이대로 둬서는 안 되겠다는 생각이었다"라고 말했다. 이어 그는 "그동안 무리한 관 주도의 성장으로 인한 불균형과 부작용이 투자, 소비, 물가 등 모든 부문에서 분출했다"라고 덧붙였다. 이래서 정부 내부의 반대를 무릅쓰고 박정희 대통령을 설득해 나온 것이 금융통화 긴축, 수출 지원 축소, 농촌 주택사업 축소 등을 담은 '종합안정화 시책'이라는 것이다.

한국 경제에 대한 첫 신자유주의 구조조정으로 기록되는 종합안정화 시책은 3공화국 말과 5공화국 기간인 1979년부터 1986년까지 추진됐다. 안정화 시책에 따라 박정희 정부는 우리 경제의 체질을 강화하기 위해, 돈줄을 죄면서 부실기업 정리 등 산업구조조정에 착수했다. 부실기업 정리는 5공화국 기간에 가서야 마무리됐는데 '5공화국이 경제는 잘했다'는 평가가 많은 이유는 여기에 있다.

그러나 경제 안정화에 따른 부작용은 박정희 정부에 결정타를 날렸다. 발단은 금융통화 긴축에 따라 수출기업에 대한 지원이 축소된 것이다. 이로 인해 가장 먼저 타격을 입은 곳은 마산수출자유지대 기업들이었다. 마산에 위치한 수출 기업들이 어려움을 겪기 시작한 것이다. 1979년 10월 마산 시민들에 의한 반정부 시위가 일어났다. 마산 시위는 경남 출신인 김영삼 신민당 총재의 의원 제명과 YH무역 사건 등과 맞물려 부산으로 이어지면서 이른바 부마사태로 발전했다. 박정희 정부는 마산에는 위수령을, 부산에는 비상계엄을 내림으로써 강경하게 대응했다.

그러나 부마사태에 대한 해결 방안을 놓고 박정희 정부 내에서 갈등이 벌어졌다. 이는 결국 김재규 중앙정보부장이 궁정동 대통령 안가에 마련된 회식 자리에서 박정희 대통령과 차지철 경호실장을 권총으로 쏴 죽이는 이른바 10.26 사태로 이어지고 말았다. 신자유주의적 안정화 시책은 정부 주도에서 시장 주도로 경제 체제를 전환하는 계기가 되었다. 그러나 그 같은 정책 변화는 여야의 정치적 갈등과 맞물리면서 부마사태에 이어 박정희 정권의 붕괴를 초래했다.

그러나 박정희 대통령이나 경제기획원 등 안정화 시책을 주도한 정책 당국은 신자유주의 구조조정의 비극적인 역사를 몰랐다. 경제 위기를 맞은 개발도상국가에 고금리 정책을 통한 돈줄 죄기와 같은 정책을 추진하는 신자유주의 구조조정을 실시하면 그에 따른 정치적 결과가 어떻게 나타날지를 말이다. 고금리 정책은 현금 유동성이 약한 기업들의 줄도산으로 이어지고 실업을 유발시킴으로써 민심을 악화시켜 정권 붕괴를 초래하거나 대선이나 총선에서 여당 참패의 원인이 되어온 것이 신자유주의 구조조정의 역사였다.

그런데 여기서 한 가지 의문이 있다. 경제기획원이 안정화 시책을 추진하는 과정에서 과연 미국의 외압이 없었느냐는 점이다. 당시 경제정책 당국의 고위직에 있던 인사는 어떠한 미국의 외압도 없었다고 말했다.

그러나 신자유주의적 구조조정의 역사가 말해주듯이 미국은 손보고 싶은 정권이 있으면 경제 위기를 빌미로 IMF 구제금융을 받게 함으로써 관철하고 싶은 요구 조건을 수용하도록 강제했다. 당시 카터 행정부는 미국의 경고에도 불구하고 은밀히 핵무기 개발을 추진하는 등 여러모로 부담스러운 박정희 정부에 대해 출범 전부터 주한미군 철수 카드로 강력하게 대응해왔다. 그러나 미 육군 싱크탱크인 특별조사대의 존 암스트롱John Armstrong 대북정보분석관의 보고서가 나오면서 지미 카터Jimmy Carter는 자신의 철군 계획을 철회할 수밖에 없었다. 문제의 보고서는 북한의 탱크와 포대·장갑차 수가 남한보다 각각 1.5배와 1.9배나 많은 것으로 확인된 만큼 주한미군을 철수하면 안 된다는 내용을 담고 있었다. 주한미군 철수 카드가 무산된 상황에서 카터 행정부로서는 박정희 정부를 손볼 수 있는 카드를 경제에서 찾았을 개연성을 배제할 수 없다.

바로 이 점에서 4.17 안정화 시책의 추진 배경에 미국의 보이지 않는 영향이나 외압이 있었는지 여부가 관심을 끌고 있는 것이다. 이와 함께 카터 행정부가 박정희 정부를 손보기 위한 차원이 아니라 미국의 주류 경제학자들이 신자유주의 철학을 우리 정부의 경제 관료들에게 전파해서 안정화 시책이 추진됐을 가능성도 있다.

이들 두 시나리오 가운데 어떤 것이 더 개연성이 있는지는 현재로선 알 수 없다. 그러나 경제 관료들에 의한 토착적인 신자유주의 구조조정으로 평가되는 안정화 시책은 5공화국 중반까지 산업 전반의 구조조정 노력으로 이어지면서 주요 산업의 경쟁력 향상에 기여한 것으로 평가된다. 물론 안정화 시책이 추진되지 않아서 박정희 정부가 더 오래 지속됐다면 한국 경제가 어떻게 됐을지는 알기 어렵다. 안정화 시책을 주도한 경제 관료들의 생각처럼 박정희 정부의 수출 지원, 물가 통제, 농촌 주택 건설 규모 유지 등의 정책이 큰 위기를 가져왔을 수도 있다. 정반대로 박정희 정부가 더 큰 경제 발전을 이룩했을 가능성도 있다. 만약에 안정화 시책이 추진되지 않고 박정희 대통령의 기존 정책들이 성공을 거두었다면 지금 우리 정치와 경제는 어떻게 진화하고 있을까?

어쨌든 안정화 시책을 계기로 한국 경제가 곧바로 시장 주도 발전 모델로 전환된 것은 아니다. 여전히 5공화국 정부에 들어서서도 개도국으로서 정부의 관여에 의한 국가 주도 발전 모델은 기존 형태를 비슷하게 유지하면서 동아시아 신흥국으로서 자리를 굳혀나갔다. 박정희 대통령의 완전한 국가 주도 발전 모델이 아니라, 안정화 시책을 거치면서 국가 주도성과 시장 자율성이 반반씩 합쳐져서 만들어진 형태였다. 이처럼 다소 변형된 국가 주도 발전 모델은 1997년 외환위기를 맞아 김영삼 정부가 IMF에 구제금융을 신청하면서 운명을 다했다. 경상수지 적자가 늘어나고 있었던 데다 종합금융사들의 무분별한 단기 외화 차입을 통제하지 못하면서 외채 위기에 늘 노출되어 있던 차에 그 위기가 발발한 것이다. 이때가 신구 정권 간에 권력 교체가 이루어지는 시기였는데 안타깝게도 정권을 잡게 된 쪽에서 추천한 경제팀이 직전 경제팀과 IMF 간의 합의를 지키지 않는 일이 발생했다. 그 결과 IMF 측은 구제금융을 제공하는 조건으로 더 가혹한 신자유주의적 구조조정을 요구했고 우리는 고스란히 당할 수밖에 없었다. 이후 우리 경제의 발전 모델은 김대중 정부와 노무현 정부를 거치면서 마침내 신자유주의로 전환됐다.

운명은 묘한 것이다. 김영삼 대통령은 토착적인 신자유주의 구조조정인 안정화 시책의 부작용에서 발발한 부마사태를 통해 정치적 위상을 회복하면서 당시 박정희 정부에게 당했던 국회 제명에 대한 보상을 받았다고 볼 수 있다. 그런 그가 자신의 집권 기간에 외환위기를 맞아 IMF에 의해 본격적인 신자유주의 구조조정을 받게 됨으로써 정치 생명에 큰 타격을 받았다는 것은 역사의 아이러니다. 어쨌든 이 같은 흐름을 살펴보면 김영삼 정부로 대표되는 20세기 보수 진영이 국가 발전 패러다임을 자발적으로 국가 주도 발전 전략에서 신자유주의로 이행한 것이 아니라는 것을 알 수 있다.

20세기 보수의 잘못은 세계 질서의 급속한 변화에 밝지 못했다는 데서 찾아야 한다. 미국 월스트리트의 초국적 투기자본들은 동아시아 신흥국들의 금융시장을 자유화시키기 위해 클린턴 행정부를 압박했다. 클린턴 행정부가 1997년 12월 세계무역기구wto 금융자유화 협상을 타결하는 데 전력을 쏟았던 것은 이 때문이다. 그러나 우리의 보수 정부는 그것이 어떤 의미이고 그 결과가 무엇일지에 대해 제대로 파악하지 못한 채 위기를 맞고 만 것이다.

한국에 구제금융을 제공하는 대가로 신자유주의 구조조정을 요구한 것은 IMF였으나 그 배후는 미국이었다고 봐야 한다. 당시 미국은 외환시장과 자본시장을 개방하지 않고 있는 개도국들의 금융시장을 개방해서 이들 시장에 대한 월스트리트 초국적 금융자본의 공략을 지원하겠다는 구상을 실천에 옮기고 있었다. 그런 상황에서 한국의 외환위기는 미국의 입장에서 놓칠 수 없는 천재일우의 호기였을 것이다. 미국은 한국의 외환 및 자본시장을 개방하기 위해 한국에 IMF 구제금융을 받게 했던 것이다.

미국과 IMF는 1997년 12월 대선에 출마한 여야 대선 후보들로부터 당선 시 자신들이 구제금융 제공 대가로 요구한 신자유주의 구조조정 조치들을 수용하겠다는 각서를 받아내기까지 했다. 그해 대선에서 승리함으로써 집권하게 된 김대중 대통령의 진보 진영도 미국과 IMF의 신자유주의 구조조정안을 수용했다. 1979년 종합안정화 시책 때와 마찬가지로 김대중 정부도 IMF가 외국 자본의 유출을 막기 위한 차원에서 요구한 고금리 정책을 채택했다. 그 결과 현금의 유동성에서 약간의 문제만 있을 뿐 기술 경쟁력은 뛰어났던 많은 우량 중견 기업과 중소기업들이 부도로 쓰러졌다. 이때 쓰러진 중견 기업과 중소기업들의 근로자들과 그들의 가족들이 한계 계층으로 편입됐고 이로 인해 한국의 계층 구조가 본격적인 부익부 빈익빈의 양극화 프레임으로 전환하기에 이른다.

또 김대중 정부는 대기업들이 부채 비율 200%라는 기준을 맞출 것을 요구하며 대기업 구조조정을 강행했다. 당시 이 기준을 지키지 못한 대우그룹은 해체되는 비극을 맞아야 했다. 기업에 부채 비율이 문제가 되는 것은 금융권 여신을 갚을 여력이 없을 때다. 그러나 수출과 내수 판매를 통해 충분히 부채를 갚아나갈 수 있는 상황이라면 부채 비율이 아무리 높다고 하더라도 문제가 되지 않는다. 이 점에서 필자는 아직도 대우그룹의 해체가 안타깝다. 만약 대우그룹이 살아 있다면 한국 경제에 얼마나 긍정적인 역할을 했을까 하는 생각을 하면 김대중 정부 때 기업과 금융 구조조정을 책임지고 추진했던 관료들을 이해하기 어렵다.

그런데 김대중 정부는 왜 그 같은 무리한 고금리 정책과 부채 비율 200%라는 기준을 전가의 보도처럼 휘두르면서 대기업 구조조정을 추진해야 했을까? 표면적인 이유는 각각 한국 경제의 자산 가치 하락을 막고 부실기업을 정리함으로써 향후 발발할 수 있는 위기에 맞서 한국 경제의 체질을 강화시키겠다는 것이었다. 그러나 당시 월스트리트의 초국적 자본들이 한국의 우량 중견기업과 대기업들을 싼 값에 살 수 있게끔 미국이 한국 정부에 보이지 않게 압력을 행사했기 때문이 아니냐는 의혹들이 일각에서 지속적으로 제기되어 왔다.

어쨌든 김대중 정부는 IMF와 미국의 신자유주의 구조조정 요구를 수용하기로 한 뒤부터는 신자유주의의 핵심 강령이랄 수 있는 각종 조치를 신속하게 취해나갔다. 특히 노·사·정 합의라는 형식을 빌려서 정리해고제를 도입을한 데 이어 파견근로와 같은 비정규직을 허용하는 등 고용의 유연성을 제고시켰다. 근로자들의 직업 안정성을 떨어뜨리는 이 같은 조치들을 당시 진보진영의 압도적 지지를 받고 출범한 김대중 정부가 취할 것이라고는 상상도 할 수 없는 것이었다.

박정희 정부가 1979년 종합안정화 시책을 추진할 때 미국은 일체의 관여를 하지 않았다. 물론 안정화 시책 추진 당시에는 그럴 필요가 없었겠지만 부마 사태와 10.26 사태 발발에 따라 한국 경제가 위기에 처했을 때는 미국이 충분히 개입할 수 있었다. 그럼에도 미국은 IMF와 IBRD 등 국제금융기관들을 통해 유동성 지원을 조건으로 시장 개방 등을 요구할 수 있었으나 전혀 그렇게 하지 않았다. 이는 당시가 냉전 상황이었다는 맥락에서 이해할 필요가 있다. 1997년 외환위기 때는 냉전이 종식된 이후 시기인 만큼 미국으로서는 더 이상 동맹 국가들에 경제적 양보를 해줄 이유가 없었다. 그러나 1979년 말 정치 위기에 따른 경제 위기 때는 미소 간 냉전이 한창이었으므로 미국은 어떻게든 동맹국들을 다독이며 가야 했고 따라서 동맹국에 경제적으로 큰 부담이 될 수 있는 양보를 요구하지 않았다.

문제는 냉전이 종식됨에 따라 미국의 전략이 변했다는 것을 김영삼 정부를 중심으로 한 당시 보수 진영이 전혀 깨닫지 못했다는 것이다. 무역 적자 및 재정 적자, 이른바 쌍둥이 적자가 천문학적으로 늘어나면서 미국은 더 이상 개도국 지위의 자유 진영 동맹국들을 봐줄 여력이 없었다. 이런 상황에서 미국은 신자유주의적 금융 세계화를 통해 이들 국가의 자본 시장을 개방시켜 이익을 추구하는 월스트리트 초국적 투자 자본들을 뒷받침하겠다는 전략을 추구하기 시작했다. 이 전략이 워싱턴 컨센서스인 것이다. 이 명칭은 1980년 대 말 당시 워싱턴 D. C. 소재의 국제경제연구소IIE(현재는 피터슨국제경제연구소PIIE로 개명)에서 일하고 있던 경제학자 존 윌리엄슨John Wiliamson에 의해 지어 졌다. 그의 저서 『정책 개혁의 정치경제Political Economy of Policy Reform』 등에 따르면 워싱턴 컨센서스의 핵심 강령은 작은 정부, 시장 개방, 민영화 등이다. 냉전 종식 이후 경제 위기가 발발해 국제통화기금의 자금 지원을 받게 된 국가들에서 미국의 요구로 취한 신자유주의적 경제 구조조정은 워싱턴 컨센서스에서 비롯됐다.

그러나 안타깝게도 한국의 정치 세력과 관료 그룹은 그 같은 미국의 전략을 읽어내는 데 철저하게 실패했다. 학계에서도 마찬가지였다. 당시 워싱턴 컨센서스를 인지하고 있었던 학자는 한신대학교 경제학부 윤소영 교수가 유일했다. 필자가 1998년 국내에서는 처음으로 ≪시사저널≫에 워싱턴 컨센서스에 관해 보도할 수 있었던 것도 윤소영 교수로부터 도움을 받은 덕분이었다. 국내의 대표적인 정치경제학자인 그는 당시 세계 경제의 심상치 않은 흐름을 관찰하던 중 워싱턴 컨센서스에 관한 자료들을 확보하고 필자에게 건네주었다. 외환위기 이전부터 필자는 윤소영 교수와 함께 세계 경제가 월스트리트 초국적 자본들의 무분별한 투기로 '카지노 자본주의'로 가고 있다는 우려를 하고 관련 기사를 써왔다. 그랬기 때문에 워싱턴 컨센서스의 존재를 보여주는 자료들은 그동안 필자가 쓴 기사들을 뒷받침하는 내용일 뿐 아니라 그 당시 한국이 외환위기로 직면한 IMF 사태의 본질을 잘 드러내주는 것이었다. 윤소영 교수 외에 워싱턴 컨센서스에 대해 설명을 해줄 학자를 더 찾아보았으나 미국에서 정치학과 경제학을 공부한 유명 대학 교수들 중에 워싱턴 컨센서스를 알고 있는 사람은 없었다. 자료를 보완하기 위해 필자가 할 수 있는 일은 인터넷과 도서관을 통한 리서치가 전부였다. 마침내 워싱턴 컨센서스를 보도한 것은 1998년 3월 중순이었다. ≪시사저널≫ 438호에 게재된 "국제금융자본의 한국 죽이기 전모: 워싱턴 컨센서스 독점 공개"라는 제목의 기획 특집 기사였다. 정치권과 언론 그리고 학계의 반응은 예상보다 훨씬 컸다. 미국이 냉전 종식 이후 금융시장을 중심으로 한 전 세계의 시장 개방을 위한 전략으로서 워싱턴 컨센서스를 막후에서 추진해왔다는 사실을 이제야 비로소 알게 됐다는 데서 오는 충격과 당혹감이었다.

당시 한겨레신문 정운영 논설위원은 이경 논설위원을 필자에게 보내 기사 작성에 참고한 자료를 보게 해달라는 요청을 해왔다. 필자와는 일면식도 없었으나 진보적 경제 담론 시장에서 큰 영향력을 가진 그가 사태를 정확하게 보기를 기대하는 마음에서 가지고 있던 자료를 모두 보냈다. 1998년 12월 필자는 한국의 IMF 사태가 월스트리트 초국적 자본들에 의해 촉발됐다는, 이른바 외환위기 외인론外因論을 다룬 『누가 한국경제를 파탄으로 몰았는가?』를 출간했다. 1999년 초 미국의 ≪뉴욕타임스≫는 동아시아 금융위기의 원인 진단을 담은 '글로벌 전염Global Contagion'이라는 기획 시리즈를 실었는데, 그 내용은 필자가 위 책에서 주장한 내용과 대부분 일치했다. 그러자 정운영 위원은 자신의 칼럼에 이어 그해 말에 출간된 저서 『세기말의 질주』에 이 기획 시리즈의 내용을 소개하며 필자가 쓴 책이 관련 내용을 더 주밀하게 다뤘다고 평가했다.

그러나 불행하게도 김대중 정부는 IMF 사태를 초래한 미국의 워싱턴 컨센서스와 월스트리트 초국적 자본들의 전략에 대해 이해가 없었다. 특히 1997년 외환위기가 경제 기반의 문제가 아니라 유동성의 문제였다는 것을 전혀 인식하지 못했다. 만약 인식했다면 김대중 정부는 구제금융 조건에 관해 IMF와 미국과 협상할 때 고금리 문제와 고용 유연성 문제 등에서 상대적으로 더 많은 자율성을 확보할 수 있었을 것이다. 일각에서는 김대중 대통령이 미국의 신자유주의 구조조정 요구를 대체적으로 수용하게 된 배경은 대북 정책에서 미국의 지지를 받기 위한 차원에서 봐야 한다는 분석을 제기하기도 한다. 즉, 김대중 정부로서는 미국의 양해를 얻어 남북 정상회담을 성사시키기 위해 미국이 요구하는 신자유주의적 구조조정 요구를 반대하지 않았다는 것이다.

사실 강경식 부총리 겸 재정경제원 장관과 김인호 청와대 경제수석을 중심으로 한 김영삼 정부의 경제팀은 외환위기 당시 IMF로 갈 경우 경제주권을 빼앗긴다는 우려하에 어떻게든 구제금융을 받지 않고 위기를 해결하려고 했다. 그러한 노력의 하나가 일본과의 원-엔화 스와프swap를 통해 외화 유동성을 확보하려는 시도였다. 그러나 일본 정부는 클린턴 행정부의 요청이라며 우리의 요구를 거절했을 뿐만 아니라 만기가 돌아온 단기 외채를 재연장roll-over해주지 않고 회수해 갔다. 일본이 우리의 엔-원화 스와프 요구를 거절하고 단기 외채의 재연장을 거부한 데는 동아시아 외환위기의 여파로 증권사들이 도산하는 등 당시 일본 경제가 급격히 악화한 요인이 적지 않게 작용했다.

그럼에도 일본이 먼저 한국에 위기가 오면 엔-원화 스와프를 해주겠다는 약속을 해놓고 미국의 요구에 따라 그 약속을 위반했다는 사실은 일본이 신뢰하기 어려운 국가라는 것을 보여준다.

동아시아 외환위기는 그해 9월 일본과 한국이 추진하던 아시아통화기금 AMF 창설로 위기감을 느낀 미국이 월스트리트의 초국적 자본들과 연합해 핵심 목표 대상인 한국과 일본을 '손봐주는' 순서로 진행되고 있었다. 저개발 국가들의 빈곤 해결에 헌신해온 컬럼비아대학교 교수인 제프리 삭스Jeffrey Sachs도 IMF나 미 재무성의 시각과 달리 (한국 등) 아시아 국가들이 겪은 금융위기는 해당 국가의 내부 약점이나 경제 기반과 전혀 상관없는 금융 공황 현상에서 비롯되었다고 본다. 위기가 찾아오기 전까지만 해도 지나치다 싶을 정도로 대출하던 은행들이 위기 이후에는 과도하게 대출금을 회수한 결과 금융위기를 겪게 됐다는 것이다.

그러나 당시 한국 정부는 외환위기가 일어나게 된 내부적 원인만 인식하고 있었을 뿐 이 같은 외부적 원인을 알 길이 없었다. 더군다나 한국 정부는 일본 정부의 AMF 창설 기도가 갖는 국제 정치경제적 함의를 읽어내는 데도 실패했다. AMF가 창설될 경우 한국과 일본이 금융자본시장을 월스트리트의 초국적 자본들이 원하는 수준으로 개방하지 않을 개연성이 높았다. 이 때문에 한국과 일본이 AMF 창설 의사를 밝혔을 때부터 미국과 월스트리트가 우려하기 시작했다는 것을 우리 정부는 전혀 눈치 채지 못하고 있었다.

어쨌든 일본이 엔-원 스와프와 단기외채 재연장을 거절하자 강경식 경제팀은 IMF에 구제금융을 신청하기로 내부적으로 결정했다. 그 뒤 강경식 팀은 미셸 캉드쉬Michel Camdessus IMF 총재를 한국에 초청해 구조조정 조건을 완화하는 선에서 구제금융 협상을 벌여 상당 부분 양해를 받는 데 성공했다. 이는 당시 김영삼 정부의 보수 성향의 경제 관료들이 그나마 대한민국의 경제 주권을 방어하기 위해 고군분투했다는 것을 보여준다. 그러나 1998년 출범한 김대중 정부를 중심으로 한 진보 진영은 IMF와 미국을 상대로 한 고금리와 대기업 구조조정에서 제대로 싸워보지도 못하고 물러섰다. 이 점에서 보수가 신자유주의적이고 진보가 사회민주주의적이라는 이분법적 논리는 사실과 다르다.

"나는 좌파 신자유주의자"라는 노무현 전 대통령의 언급에서 알 수 있듯이 노무현 정부도 신자유주의 경제 패러다임을 이어받았다. 노무현 정부가 신자유주의 정책의 담지자로 자임한 배경은 알려진 것이 없으나 김대중 정부에서 중용된 경제 관료들이 노무현 정부에서도 중책을 맡으면서 그 노선이 이어진 것도 한 요인일 것이다.

한국에서와 같이 전 세계적으로 신자유주의가 주류 경제 패러다임으로 자리 잡았다는 평가가 많다. 1980년대와 1990년대의 광적인 국면이 끝나고 뒤이은 좌·우파 간 신자유주의 투쟁도 글로벌 침체에 의해 허가 찔린 결과라는 것이 시드니대학교 사회학과 교수이자 신자유주의 연구가인 레윈 코넬Raewyn Connell의 지적이다. 코넬은 자신의 논문 「신자유주의 이해하기Understanding Neoliberalism」에서 침체가 지속되는데도 신자유주의는 이 시대의 상식이 되었다고 말한다. "토론은 시장을 대체하는 것에 관해서가 아니라 시장을 어떻게 더 잘 작동하도록 하는지에 관한 것이다. 신자유주의는 노동당들과 보수당들과 자유당들 모두가 서 있는 그라운드인 것이다."

노무현 정부라는 진보 성향의 정권이 신자유주의를 수용하게 된 배경도 바로 여기에 있을 것이다. 결국 신자유주의의 한국 상륙은 김대중 정부에 의해 가능했으며 신자유주의 발전 모델의 한국 정착은 노무현 정부에 의해 이루어졌다. 이제 신자유주의를 극복하고 민생·공감 강국 도약을 달성해낼 경제 패러다임은 민생주의의 몫이다.

19_ 신자유주의로는 안 되는 이유

왜 신자유주의로는 민생 해결도 지속적인 성장도 해낼 수 없는가?

우선 신자유주의는 빈익빈 부익부로 부의 양극화를 심화시키는 구조적인 결함을 갖고 있다. 그 같은 결함은 신자유주의가 저소득층을 비롯해 시장에서 경쟁력을 얻는 데 실패한 사람들을 동정하지 않는 자본주의야말로 이상적인 경제 시스템이라는 믿음에 기초하고 있는 데서 말미암는다.

빈민 구제에 반대하는 신자유주의의 철학적 기원은 18~19세기 고전파 경제학의 경제 자유주의로 거슬러 올라간다. 빈민 구제는 빈민들로 하여금 노동을 통해 먹고살아야 한다는 자연의 섭리를 잊게 만들 뿐 아니라, 그들이 노동을 하지 않고 정부 구제에만 의존할 경우 노동 인력이 줄어들기 때문에 산업에 위기가 발생한다는 논리가 고전파 경제학의 경제 자유주의가 바탕으로 삼는 핵심 철학이다.

이 같은 괴상한 논리가 경제 자유주의라는 이름으로 역사상 큰 힘을 발휘하게 된 것은 리카도와 맬서스 같은 고전파 경제학자들은 물론 초강경 개혁가인 제러미 벤덤Jeremy Bentham과 초강경 전통주의자인 에드먼드 버크Edmund Burke까지 그 같은 논리에 합의했기 때문이라고 오스트리아 출신의 정치경제학자 칼 폴라니Karl Polanyi는 그의 명저 『거대한 전환The Great Transformation』에서 지적한다.

폴라니에 의하면 이들은 스피넘랜드 빈민 구제법의 폐지를 주장했는데, 그래야만 빈민들을 스스로 일해서 먹고살 수 있게 만들 뿐만 아니라 산업을 유지할 수 있다고 보았기 때문이다. 신자유주의가 빈민 구제나 동정이 자연의 섭리를 어기는 일이라는 식의 잘못된 철학을 갖게 된 데는 이런 역사적 배경이 있는 것이다.

에얼릭과 온스타인은 그들이 함께 쓴 저서『공감의 진화』에서, 신자유주의를 주도해온 시카고학파를 추종하는 많은 사람은 정부가 최소한의 개입만 하고 '패배자'들을 동정하지 않는 자본주의야말로 이상적인 경제 체제라고 믿는다고 비판한다. 이들에 의하면 이 같은 경제적인 입장은 미국의 중앙은행 격인 연방준비제도이사회 의장을 지낸 앨런 그린스펀Alan Greenspan의 관점에서도 그대로 나타난다. 그린스펀이 '윤리적 이기주의'와 재산권을 포함한 개인적인 권리의 중요성과 자유방임에 기초한 자본주의, 지극히 제한적인 정부의 개입을 강조했던 아인 랜드Ayn Rand(러시아계 미국 소설가이자 철학자. 대표적 작품으로 소설『아틀라스: 지구를 떠받치기를 거부한 신』이 있다)의 추종자라는 것이 그들의 주장이다. 랜드는 자유방임주의야말로 유일한 도덕적 사회 시스템이라며 공공의 이익은 자본주의의 목적이 아니라는 급진적 자본주의를 주창했다. 에얼릭과 온스타인은, 평소 이타주의적 발상에 대해서는 무조건 반대부터 하는 인물이었던 랜드의 공감할 줄 모르는 태도는 그야말로 믿기 어려울 정도였다고 지적한다.

2008년 미국에서 금융위기가 발발했을 때 그린스펀의 관점은 비판을 받고 설득력을 잃었다는 것이 에얼릭과 온스타인의 평가다. 당시 미 의회 청문회에 출석한 그는 자신의 경제 철학이 틀렸다는 것을 인정하면서 이로 인해 충격을 받았다고 털어놓았다. 민주당 헨리 왁스먼Henry Waxman 의원의 질문에 그는 이렇게 답변했다. "나는 특히 은행을 비롯한 조직의 이기주의가 그들의 주주와 회사의 공정성을 보호하는 데 최선의 효과를 발휘할 거라고 가정하는 실수를 범했습니다." 금융기관들이 이타주의를 배척하고 이기주의를 추구하는 것이 옳다고 여겼으나 그 같은 관점이 틀렸다고 인정한 것이다.

이에 왁스먼은 그린스펀의 숨통을 끊어놓겠다는 듯이 다음과 같이 일침을 가했다. "다시 말해서 당신은 자신의 세계관이, 자신의 이데올로기가 틀렸고 전혀 실효가 없음을 알게 되었다는 이야기군요." 그러자 그린스펀이 말했다. "바로 그렇습니다. 내가 충격을 받은 것도 바로 이 때문입니다. 비록 그 같은 전략이 탁월한 효과를 발휘하고 있다는 충분한 증거들을 가지고 지난 40년이 넘는 세월 동안 직무를 수행해왔음에도 말이지요." 시카고학파의 신자유주의와 랜드의 반反이타주의 자본주의 철학이 전혀 맞지 않는다는 것을 고백한 것이다.

신자유주의의 심각한 문제는 무엇보다도 고용의 유연성이 최고조에 이르면서 한계 계층이 증가한다는 사실이다. 20~30대는 비정규직을 전전하고, 정리해고나 명예퇴직을 당하는 40~50대 가장들이 늘고 있다. 20대에서 50대까지 경제 활동에 참여하고 있는 거의 모든 세대가 주변부 일용직이나 미숙련 저임금 비정규직으로 내몰리고 있는 것이다. 이런 상황은 신자유주의가 칠레에 초래했던 모습과 닮았다. 칠레에서는 수많은 사람들이 궁핍한 생활을 하거나 고문을 당하고 목숨을 잃었지만 소수의 사람들은 커다란 부를 얻었다는 데 에얼릭과 온스타인은 주목한다.

그 결과 전 세계적으로 중산층이 급속히 붕괴하고 있다. 한국의 계층 모형도 중산층이 두터운 다이아몬드형에서 상류층과 중산층 모두 작은 피라미드

형으로 바뀌고 있다. 이 같은 흐름에서는 미국도 예외가 아니다. 노벨경제학상 수상자로서 부의 불평등 해소를 의제로 제기해온 컬럼비아대학교 스티글리츠 교수는 그의 저서 『불평등의 대가』에서 미국에서도 실업자들은 실업 상태로 남아 있든지 아니면 자신이 가진 능력보다 못한 일자리를 받아들여야 하는 양자택일의 상황에 처해 있다고 말한다.

문제는 교육 시스템 역시 부의 양극화에 연동되고 있다는 사실이다. 이렇다 할 과외 교육을 받지 못하는 한계 계층의 자녀들이 고액 과외와 학원 교육을 받는 상류층 자녀들과의 대입 경쟁에서 밀려나고 있는 것이 냉정한 현실이다. 이 때문에 한계 계층 자녀들은 자연히 취업을 할 때도 비정규직이나 상대적으로 낮은 임금을 주는 기업에 취직하고 있다. 이는 교육이 계층 상승의 사다리로서의 기능을 상실하고 있다는 것을 보여준다.

부의 양극화가 우리 사회의 부의 불균형을 가장 극명하게 보여주는 것은 소득 상위 계층 1%의 부가 대한민국 전체 부에서 차지하는 비중일 것이다. 2015년 현재 그 비중은 16%이나 여기에 상위 계층 1%가 비공식으로 보유하고 있는 자산까지 포함할 경우 20% 안팎에 이르는 것으로 평가받는다. 2000년부터 2012년까지 소득 상위 10%가 대한민국 전체 국민 소득의 44%를 차지했다.

이는 미국과 비슷하다. 미국의 소득 상위 1%가 전체 소득의 1/5을 차지하고 있다고 스티글리츠는 지적한다. 그는 2002~2007년의 기간 65%의 소득은 상위 1%가 차지했다고 덧붙인다.

문제는 부가 소수에 편중됨으로써 양극화가 심화하면 할수록 이는 곧 민생 악화와 함께 성장 둔화로 이어진다는 것이다. 소수의 상위 계층은 부를 독점한 비중만큼 소비하지 않는다. 부자라고 해서 하루에 세끼 이상 먹는 것도 아니고 설령 상위 계층이 더 비싼 음식을 많이 소비한다고 해도 내수가 좋아지는 것은 아니다. 사치품 소비도 한계가 있으므로 남들보다 많은 부를 재분배할 정도는 될 수 없다. 그렇게 되면 내수가 위축되기 마련이다. 내수가 위축되면 기업들이 고용을 줄이거나 정규직을 비정규직으로 전환시키고 정리해고를 하게 되는 심각한 문제가 있다. 정리를 해본다면, 부의 불평등 심화는 소비 위축에 따른 내수 침체를 불러오고 고용의 유연성을 한층 더 증가시킨다. 그 결과 중산층은 서민층 또는 한계 계층으로 떨어지고 서민층과 한계 계층은 최빈곤층인 위기 계층으로 내몰리는 악순환이 이루어지는 것이다.

이를 시장과 정치 모두의 실패로 보는 견해가 지배적이다. 실업은 시장의 무능력으로서 시장 최악의 실패이고, 비효율의 최대 요인이며, 불평등의 주된 원인이라고 스티글리츠는 지적한다. 정치는 이런 위기를 예방하지 못했고 증가하는 불평등을 점검하지 못했으며 저소득층 보호에 실패했고 기업의 남용도 막지 못했다는 것이 그의 주장이다.

라이시 교수는 그의 저서 『위기는 왜 반복되는가』에서 2008년 미국의 금융위기가 발생할 수밖에 없었던 데는 미국의 상위 1%가 전체 부의 23%를 넘게 차지한 것이 크게 작용했다고 지적한다. 지난 1920년대 대공황도 당시 상위 1%가 전체 부의 23%를 차지한 데서 비롯되었다는 것이 라이시의 주장이다. 결국 대공황과 금융위기 모두 상위 1% 소득 계층의 부의 독점에 따른 소비 위축과 그로 인한 내수 침체가 기업의 고용 감소로 이어지면서 중산층이 붕괴함에 따라 발발한다는 것이다.

스티글리츠와 라이시 모두 미국 전체 부에서 소득 상위 1%가 차지하는 부의 비중이 20% 이상 된다는 것을 2008년 미국에 경제 위기의 원인으로 지목하고 있는 것이다. 갚을 능력이 없는 사람들에게까지 주택 구입자금을 대출

함으로써 발생한 서브 프라임 모기지론 대부업체 파산 사태는 현상적인 원인일 뿐이고, 전 세계 금융위기로 확산된 미국 경제 위기의 근본 원인은 부의 불평등 심화에 있다는 것이다.

오늘날 한국의 경제가 직면한 경제 침체도 그 근본 원인을 면밀히 추적하다 보면 부의 불평등을 찾을 수 있다. 한국의 소득 상위 계층 1%의 부가 국가 전체 부에서 차지하는 비중이 20% 전후라고 한다면 우리 사회도 미국과 비슷한 부의 불평등 상태에 놓여 있다고 볼 수 있는 것이다.

양극화 해소를 위한 정부의 역할은 소득의 재분배라고 스티글리츠는 말한다. 소득의 재분배는 비용이 많이 들고 역효과가 크다는 것이 비판자들의 인식이다. 하지만 현실은 돈이 저소득층과 중산층으로부터 고소득층으로 움직이는 시스템에 의해 돌아가고 있다고 그는 설명한다. 부의 불균형을 해소함으로써 경제를 되살리기 위해서는 고소득층으로 몰린 돈이 다시금 저소득층과 중산층으로 순환할 수 있도록 정부가 역할을 해야 한다는 것이다.

신자유주의라는 경제 패러다임은 이와 같이 민생 악화에 따른 중산층 붕괴를 초래해 한계 계층을 증대함과 동시에 내수 침체를 일으켜 기업 매출 부진을 야기해 경제 성장까지 위협한다는 것을 분명하게 보여준다.

앞에서 살펴본 바와 같이 신자유주의가 한국에 상륙하게 된 것은 보수 진영이 자발적으로 원한 것이 아니다. 월스트리트 초국적 자본들의 거대한 신자유주의 금융 세계화 전략에 적지 않은 영향을 받아 1997년 외환위기가 발발했고, 이때 경제 주권을 상실한 것이 계기였다. 당시 국제통화기금이 구제금융 제공의 대가로 국가 주도 발전 전략에서 시장 자율 중심의 신자유주의로 경제 모델의 이행을 강제한 것이다. 더군다나 경제 모델의 이 같은 이행은 김대중 정부와 그 뒤를 이은 노무현 정부가 주도했다.

그럼에도 한국의 보수는 신자유주의의 지적 재산권이라도 갖고 있는 양 신자유주의를 엄호해왔다. 신자유주의가 세계적인 보수 리더십의 상징인 대처와 로널드 레이건Ronald Reagan에 의해 추진된 탓에 보수라면 응당 신자유주의를 지지해야 한다고 생각하고 있는 까닭이다. 이런 생각을 하는 20세기적 보수에게 필요한 것은 "무지를 주장하지 말라Ignorance is no argument"라는 바루흐 스피노자Baruch de Spinoza의 말이다.

스피노자의 이 말은 진보 진영에게도 똑같이 적용된다. 신자유주의를 적극 수용해 부의 양극화 심화와 민생 파탄, 비정규직 양산 등 고용의 유연성 강화 그리고 성장 둔화 등의 폐해를 초래한 진보 진영은 자신들은 책임이 없다는 듯 보수 진영을 우리 경제의 신자유주의화의 주범으로 공격하고 있다. 언어도단에 견강부회이다.

신자유주의의 본고장인 미국의 주류 경제학자들조차 워싱턴 컨센서스라는 강령에 기초해 추진되어오고 있는 신자유주의로 미국 내 부의 불평등이 심화하고 있다며 정치경제 체계의 전반적인 개혁을 촉구하고 있다. 대표적인 학자들은 스티글리츠, 라이시, 로드릭 등이다.

상당수 미국 국민들도 신자유주의에 반하는 정서를 갖고 있다. 2011년 9월 17일 '월스트리트를 점령하라Occupy Wall' 시위는 "우리는 99%다"라는 구호로 현 미국 정치경제체계가 미국의 중산층을 붕괴시켜 '고소득층 1% 대 저소득층 99%' 사회가 초래됐다고 고발했다. 스티글리츠의 지적처럼 미국인 3분의 2가 이를 지지했다는 것은 이 같은 인식이 미국 국민의 공감을 얻고 있다는 것을 의미한다.

우리 국민도 본능적으로 신자유주의의 대안으로서의 경제 패러다임을 요구하고 있다. 따라서 민생주의는, 중산층 복원을 통한 민생 제고와 성장 복귀를 위한 새로운 경제사회 패러다임으로서의 역할을 맡아야 한다. 그래야만 민생·공감 강국 도약의 비전을 실현할 수 있을 것이다.

20_ 신자유주의의 대안: 크루그먼과 후쿠야마의 전략

중산층을 두텁게 복원해낼 수 있느냐 여부는 크루그먼과 후쿠야마가 내놓는 서로 다른 생각들을 어떻게 지혜롭게 조화시킬 것인가에 달려 있다.

프린스턴대학교 경제학 교수인 크루그먼에 의하면, 미국의 중산층은 1930년대에 비로소 형성됐는데 경제가 성장하면서 저절로 그렇게 된 것이 아니라고 한다. 그는 2007년 출간한 저서 『폴 크루그먼 새로운 미래를 말하다』에서 이렇게 말했다. "중산층 사회는 경제가 성장한다고 해서 자동적으로 출현하는 것은 아니다. 중산층은 정치 행위를 통해 창조되어야 한다. 그(중산층) 사회를 만든 것은 프랭클린 루스벨트 대통령과 뉴딜New Deal이었다."

크루그먼이 말하는 뉴딜과 우리가 알고 있는 상식 수준의 뉴딜 간에는 큰 차이가 있다. 우리가 중·고등학교 시절에 배운 뉴딜은 대개 1929년 대공황 때문에 늘어난 약 1500만 명의 실업자를 구제하기 위해 대규모 공공사업을 추진했다는 정도일 것이다. 하지만 크루그먼이 높게 평가하는 뉴딜은 단순한 대규모 공공사업이 아니다. 그보다는 저소득층 근로자들이 중산층으로 올라설 수 있도록 도와주는 정책 프로그램이다.

크루그먼이 중산층 사회를 형성한 주역으로서 주목하는 이들 뉴딜 프로그램이 어떤 것들인지가 중요하다. 그가 제일 중요한 프로그램으로 평가하는 것은 세금 정책이었다. 1932년 대선에 승리한 프랭클린 루스벨트가 첫 번째 임기 내에 최상위 소득 계층에 부과한 소득 세율은 63%로, 이는 1920년대의 20%와 비교하면 세 배 이상 오른 것이다. 최고 소득 세율은 그의 두 번째 임기에는 91%까지 치솟았다. 기업 이익에 대한 세율도 1929년에는 14% 미만이었으나 뉴딜 정책이 추진된 이후인 1950년대에 이르러서는 45%를 넘었다. 자본 소득도 대부분 세금으로 나갔다. 부유층의 사유지에 대한 세금도 급증했다. 20%에서 77%까지 올랐다. 그 결과 최상위 소득 계층 0.1%에 의한 부의 집중이 완화되기 시작했다. 1929년에는 이들이 차지한 전체 소득의 비중이 20%가 넘었으나 1950년대에 이르러서는 10% 정도로 감소했다. 억만장자(10억 달러 이상의 자산을 보유한 사람)들 숫자도 감소했다. 1925년에 32명이던 것이 1957년엔 16명으로, 1968년엔 13명으로 각각 줄어든 것이다.

프랭클린 루스벨트가 중산층 사회를 창조하기 위해 추진한 두 번째 프로그램은 근로자들의 노동조합 결성을 지원하는 것이었다고 크루그먼은 지적한다. 적정한 임금을 받는 안정된 일자리가 중산층의 전제 조건인 것은 그때나 지금이나 마찬가지다. 이 점에서 프랭클린 루스벨트는 당시 고용주들에 대한 근로자들의 협상력이 약하다고 판단하고 1935년 공정노동관계법을 제정했다. 고용주들이 마음대로 임금 수준과 노동 조건들을 바꾸던 시기였다. 근로자들이 이에 항의해 파업해도 소용없었다. 고용주들은 용역을 동원하거나 정부 지원을 받아서 순식간에 파업을 막을 수 있었다. 이전 행정부들은 고용주들을 도와 노동조합 조직자들을 억압했다. 이런 상황에서 공정노동관계법이 제정되자 노동조합에 가입한 근로자 수가 1933년부터 1938년까지 세 배나 증가했다. 이로써 미국 근로자들은 고용주들과 협상에서 탄탄한 입지를 갖추게 되었다. 임금 인상과 노동 조건의 향상을 이뤄 중산층으로 올라서는 기반을 마련한 것이다.

미국에서 중산층 사회를 창조하는 데 기여한 뉴딜 프로그램은 최상위 소득 계층에 대한 높은 세금 부과와 근로자들의 노동조합 결성 지원 등만 있는 것이 아니다. 각종 사회보장제도와 실업보험 등 다양한 프로그램들도 중산층 형성에 한몫을 했다. 하지만 프랭클린 루스벨트가 해내지 못한 것이 있다. 선진국들에서 대부분 시행하고 있는 전 국민을 대상으로 한 의료보험제도를 도입하지 못한 것이다. 오바마 대통령이 2013년에 공화당의 반대를 무릅쓰고 도입하는 데 성공한 것이 바로 의료보험제도이다. 미국 민주당으로서는 프랭클린 루스벨트 이후 80년 만의 성공이었다.

그렇다면 우리도 프랭클린 루스벨트가 한 것처럼 고소득층에 대한 소득 세율을 높이고 근로자들의 협상력을 강화한다면 중산층 사회를 형성할 수 있을까? 고소득층에 대한 높은 세금 부과와 근로자들의 협상 강화 지원 외에 우리가 검토할 만한 가치 있는 또 다른 정치 행위들은 없는가? 요컨대 중산층 사회는 오로지 정치 행위에 의해서만 출현 가능하다는 크루그먼의 메시지를 구현한다면 우리 사회도 중산층 사회로 다시 발돋움할 수 있느냐는 것이다.

크루그먼이 권하는 뉴딜식 처방에 대한 반응은 계층별로 엇갈린다. 중산층과 저소득층은 환영하지만 소득 상위 계층은 반대한다. 1장에서 살펴본 바와 같이 소득세 인상에 대한 소득 상위 계층의 정서는 미클스웨이트와 울드리지의 『제4의 혁명』에서 우회적으로 짐작할 수 있다. 소득 증대와 재산의 자유라는 천부적인 개인의 자유에 대한 침해라는 것이다. 하지만 신자유주의에 반대하고 정부의 적극적인 재정 정책을 선호하는 전문가들은 뉴딜식 처방이 적지 않은 효과를 거둘 수 있을 것으로 평가한다. 특히 최상위 소득 계층에 대한 높은 소득세 부과의 필요성은 피케티도 동의한다. 피케티는『21세기 자본』에서 최대 80%에 이르는 누진 소득세를 부과하면 부의 불평등 심화를 완화할 수 있다고 제안한다.

근로자들의 협상력을 높여주는 처방도 효과가 클 것으로 기대된다. 물론 1930년대의 미국과 달리 21세기 두 번째 10년의 중반인 오늘날의 한국은 노조 설립이 자유롭다. 그렇기 때문에 정부가 노조 설립을 격려할 필요는 없다. 그보다는 기업이 임금 수준과 근로 조건을 정할 때 근로자들의 의견에 좀 더 귀 기울이고 그것을 반영하도록 유도하는 정책이 도움이 될 것이다. 2008년 글로벌 금융위기 때 프랑스와 이탈리아가 채택한 것이 바로 이 정책이다. 당시 이들 두 나라는 기업들이 대량 해고를 할 경우 부담스러운 조건들을 부과했는데 그 결과 중산층의 일자리를 지키는 데 성공했다. 반면 미국과 영국 정부는 실업 급여 외에는 개인에게 최소한의 지원만 했고, 정치인들은 노조의 힘을 약화시키면서 고용 시장의 유연성을 높이는 데 개입했다.

그러나 크루그먼이 뉴딜에서 찾은 이들 두 가지 처방만으로는 기술 진보에 따른 중산층 일자리의 급격한 감소를 막을 수 없다. 후쿠야마의 우려대로 기술이 빠르게 진보하면서 기업 현장에서는 중산층 일자리인 숙련 직책은 물론 반*숙련 및 미숙련 직책들이 급속도로 사라지고 있기 때문이다. 새로운 기술을 도입한 기업주들이 고도로 숙련된 지식인이나 엔지니어를 포함해 기존의 근로자의 절반만 고용해도 이전의 생산량을 충분히 만들 수 있게 된 것이다. 그렇게 되면 200명의 근로자를 쓰던 기업주는 100명분의 임금만 지출하게 되는 만큼 막대한 임금 차익을 얻게 된다. 이런 상황에 정부가 높은 소득세를 부과하고 노조의 협상력을 높여준다고 해서 기업주가 200명의 일자리를 유지할 가능성은 낮다. 왜냐하면 기업주는 높은 소득세를 내더라도 이전보다 더 큰 이익을 얻게 되기 때문이다. 100명의 근로자를 해고하는 것도 노조가 반대할 수 없다. 한 기업이 기존보다 훨씬 적은 수의 근로자로도 충분한 새로운 기술을 도입한다면 그 기술이 사회적으로 대세가 됐다는 것을 의미한다. 그런 상황에서 노조가 대세를 거스르면서까지 새로운 기술 도입과 대량 해고를 막기는 어려운 것이기 때문이다.

예를 들어 ICTInformation and Communications Technologies를 비롯해 인터넷 기술이 급속도로 발전하면서 오프라인 은행이 온라인 은행으로 변환될 날이 얼마 남지 않았다. 그 같은 전망이 실현될 경우 현재 오프라인 은행에서 일하던 많은 근로자 가운데 인터넷상의 금융 거래를 담당하는 소수의 근로자만이 온라인 은행에 고용될 것이다. 은행 주주들은 온라인 은행으로의 전환을 마다할 리가 없다. 오프라인 은행 때보다 훨씬 더 적은 임금이 소요되는 만큼 수익이 커지기 때문이다. 따라서 온라인 은행들이 등장하게 되면 은행들의 대량 해고는 불가피하다. 기술 발전이 기업 대주주들에게는 막대한 이익을 가져다주는 반면 근로자들에게는 일자리 감소라는 고통을 주는 것이다.

19세기 미국의 사회개혁가인 헨리 조지Henry George는 그의 명저 『사회문제의 경제학Social Problems』에서 이미 기술 발전이 근로자들에게 끼치는 고통과 압력을 예견했다. 그는 19세기 말에, 미래에는 인류가 기술 발전에 따른 중산층 일자리의 급격한 감소를 겪을 것이라는 점을 정확히 내다봤다. 그는 "발명과 발견은 자본을 집중시키고 있고, 집중된 자본이 독점화하고 노동자를 억압할 수 있는 힘을 증가시키고 있으며, 노동자들을 점점 더 의존적인 존재로 만들고 있다"라고 말했다.

조지의 주장 중에서 가장 주목할 대목은 이어서 설명되는 기술 발전이 왜 일자리를 앗아가는지에 대한 것이다. "노동자들은 발명과 발견으로 숙련의 이점과 숙련 획득 기회를 박탈당하고 있다. 그들이 자신들의 상태를 스스로 통제할 수 있는 힘은 줄어들고 있으며 개선의 여지도 별로 없다." 절대적으로 옳은 지적이다. 어떤 엔지니어가 당시 최신의 기술을 잘 익혀서 고용된다고 하더라도 그 기술 수준을 훨씬 넘어서는 새로운 고도의 기술이 출현할 경우 그의 일자리는 불안정해진다. 기존 기술에 대한 숙련의 이점을 잃게 되기 때문이다. 더군다나 그가 회사로부터 새로운 기술에 대한 숙련 기회를 받지 못하면 새로운 기술에 대한 숙련의 이점을 지닌 다른 엔지니어로 대체될 공산이 크다. 그런데 새로운 기술은 이전보다 소수의 숙련 엔지니어만으로 이전의 생산량을 충분히 달성할 수 있도록 해준다. 그렇기 때문에 회사가 기존의 수많은 엔지니어에게 새로운 기술을 숙련하도록 기회를 줄 가능성은 낮다.

자, 그렇다면 우리는 이제 크루그먼의 뉴딜식 처방만으로는 기술 혁신이 광속도로 이루어지는 오늘날 중산층 사회를 창조한다는 것이 얼마나 어려운 문제인가를 이해할 수 있을 것이다. 이쯤 되면 18세기 말 산업혁명 당시 기계화에 반대했던 러다이트들Luddites을 조소할 처지가 아님을 깨닫는다.

그런데 기술 혁신으로 우리가 직면하게 될 문제는 여기서 그치지 않는다. 미래의 혁신 대부분이 생명의학 분야에서 이루어지면서 인간의 수명이 연장되는 결과가 나타난다. 이렇게 되면 두 개의 모순된 상황이 충돌하는 사태가 벌어진다. 기술 혁신으로 갈수록 고도로 숙련된 엔지니어와 지식인 소수만 고용되고 다수의 중산층 및 서민 일자리는 감소되는 상황과 사람들의 수명이 20~30년 연장되는 상황이 맞물리면서 비극이 발생할 수 있다. 그 비극의 핵심은 수명 연장으로 세대교체가 늦어져 인구가 증가하는데 그 늘어난 인구를 부양할 일자리는 기술 혁신으로 급격히 줄어든다는 것이다. 그렇게 될 경우 후쿠야마가 『정치 질서와 정치 쇠퇴』에서 주장한 것처럼, 인구 성장이 생산성을 앞질러 인류가 아사餓死 위기에 직면할 수 있다는 맬서스의 경고가 현실화할 수 있다. 맬서스는 이 같은 위기가 언제 찾아올지 특정 시기를 언급한 적이 없다는 점을 주목하라고 후쿠야마는 말한다. 맬서스가 조소를 받게 된 것은 그의 인구 원칙에 대한 에세이가 산업혁명 직전에 출간됐기 때문이다. 그로서는 당시의 기술 혁신이 인구 성장을 압도하는 생산성을 가져오리라는 것을 예상하지 못했던 것이다.

만약 우리 사회가 맬서스적 사회로 내동댕이쳐진다면 후쿠야마가 경고하는 것처럼 강탈이 투자처럼 횡행하는 가능성을 배제하기 어렵다. 생명의학의 발전 덕분에 수명은 연장되는데 기술 혁신으로 중산층 일자리들이 사라지는 맬서스적 사회에서는, 소득 상위 계층과 IT 엔지니어, 수학 천재 등 고도로 숙련된 지식인들을 제외하고는 대부분 먹고살 길이 막막해지기 때문이다.

맬서스적 사회의 출현 가능성은 높은 생활수준을 유지하는 인류가 증가하는 것을 지구의 능력이 더 이상 감당하기 어려워지고 있다는 데서 찾을 수 있다고 후쿠야마는 말한다. 지구온난화에 따른 기후변화와 지하자원 고갈 등으로 그동안 인류의 높은 생활수준을 떠받쳐온 지구의 능력이 점차 바닥나고 있다는 것이다. 그는 이렇게 강조한다.

선진 세계는 인간이 현재와 같은 형태로 존재해온 5만여 년 중 최근 200년 조금 넘는 동안 높은 생산성의 궤도 위에 있어왔다. 증기 기관과 내부 연소 엔진 등에 해당하는 오늘날 혁명적인 새로운 기술들은 미래에도 계속 등장할 것이다. 그러나 물리학의 법칙은 그 같은 결과를 보장하지 않는다. 미래 혁신이 계속되는 동안 그들이 향상되는 속도로 인간의 복지가 떨어지는 사태는 전적으로 가능하다.

그렇다면 우리가 어떻게 해야만 대한민국이 맬서스적 사회로 내동댕이쳐지지 않고 중산층 사회를 창조할 수 있는 것인가? 후쿠야마는 두 가지 처방 또는 방법을 제시한다. 하나는 그가 보기에 2008~2009년 금융위기 때 가장 성공적으로 대처한 나라들인 독일과 스칸디나비아 국가들의 처방이다. 당시 이들 국가는 미국과 영국의 자유방임 접근과 프랑스와 이탈리아의 엄격한 규제 시스템 사이에 중간 코스를 선택했다. 후쿠야마에 의하면 독일과 스칸디나비아 국가들의 조합주의적 노사 시스템은 사용자인 기업주와 피고용자인 근로자 간에 높은 신뢰가 가능하게 했다. 무엇보다도 기업들은 노동조합에 많은 혜택과 재교육 기회를 제공하고 노동조합은 그 대가로 기업들이 대량 해고를 유연하게 할 수 있도록 뒷받침했다.

다른 하나는 후쿠야마가 사실상 유일하다시피 한 장기적 해법으로 제시하는 처방이다. 시민들의 교육 수준과 기술을 더욱 높은 곳으로 끌어올릴 수 있는 교육 시스템이 그것이다. 후쿠야마는 이런 교육 시스템이 구축되기 위해서는 시민들을 노동 변화에 쉽게 적응하도록 도울 수 있는 유연한 국가와 민간 기관들이 필요하다고 주장한다. 그러나 현대 선진 민주주의 국가들은 시민들의 제도적 적응을 점차적으로 어렵게 만드는 많은 경직성을 축적해왔다. 이 점에서 그는 국가 개혁도 동시에 이루어져야 함을 요구한다.

한 나라가 민주주의 체제를 유지하는 데도 중산층 복원이나 창조가 중요하다. 아리스토텔레스에 의하면 민주정체가 과두정체보다 더 안정되고 더 오래 존속하는 것은 중산 계급 덕분이다. 국가는 가능한 한 동등하고 대등한 자들로 구성되려고 하는데 이런 조건은 주로 그 구성원이 중산 계급일 때 충족된다는 것이다. 따라서 중산 계급으로 구성된 정체가 최선의 국가 공동체라고 그는 역설한다. 중산 계급이 많아서 다른 두 계층을 합한 것보다, 아니면 적어도 어느 한쪽보다 더 강한 국가는 훌륭한 정체를 가질 것이 분명하다는 것이다.

이 때문에 아리스토텔레스는 포퀼리데스Phocylides의 기도가 옳다면서 『정치학』에 기록해놓았다. "중산 계급이 여러모로 가장 좋으니, 나는 나라에서 중산 계급이 되고 싶다." 그리고 그는 이렇게 덧붙였다. "한 국가에서 가장 안전한 것이 중산 계급인데 그들은 빈민들처럼 남의 재물을 탐하지도 않기 때문이다."

맬서스적 사회로의 전락을 막고 중산층 사회를 창조하기 위한 후쿠야마의 두 가지 처방에 중대한 변수가 될 수 있는 것은 지구온난화의 위기다. 세계적인 미래학자 랜더스에 의하면 에너지 생산에 따른 이산화탄소 배출량은 2052년까지 50% 증가하는데 이 때문에 2052년까지 지구 온도가 2도 이상 높아질 것이다. 과학자들의 계산에 따르면 기온 상승치를 2도 아래로 제한하려면 인류는 6000억 이산화탄소 톤 수준의 '잔여 탄소 예산' 안에 머물러야 한다. 이는 화석 연료를 사용하면서 2도 목표를 초과하지 않고 대기에 내보낼 수 있는 추가 이산화탄소의 양이다. 2010년 인류는 에너지 사용으로 연간 320억 이산화탄소 톤을 배출했다. 이 추세를 지속할 경우 2030년에 6000억 톤의 예산을 다 소모하게 된다. 따라서 연간 배출량을 160억 톤으로 줄여야 한다.

그러나 랜더스는 2012년 펴낸 저서 『더 나은 미래는 쉽게 오지 않는다』에서 인류가 2030년 전에 남은 탄소 예산을 소모할 것으로 전망한다. 문제는 지구 온도가 2도 이상 높아지면 지구 환경에 치명적인 변화가 일어난다는 데 있다. 랜더스는 세 가지 변화가 발생한다고 말한다. 첫째, 북극의 여름 얼음이

녹고 북극 바깥의 빙하가 대부분 줄어든다. 둘째, 해빙이 아니라 주로 열팽창으로 해수면이 30센티미터 상승하며 기후대가 극지 쪽으로 100킬로미터 이동한다. 셋째, 사막이 열대의 새로운 지역을 잠식하고 북극의 영구 동토층이 빨리 녹는 일이 발생한다. 2052년의 세상은 무릎까지 바닷물에 잠기게 될 뿐만 아니라 지금보다 훨씬 덥고 이후 세대에 걸쳐 추가 온난화 위기에 직면할 것이라는 것이 랜더스의 주장이다.

랜더스가 주장하는 지구온난화의 위기에 대한 인류의 공동 대응이야 별개로 치더라도 크루그먼과 후쿠야마가 제시한 네 가지 처방만으로 중산층 사회를 복원하는 일은 쉽지 않다. 정부와 국민 모두가 두터운 중산층 사회의 형성을 위한 지시 프레임으로서의 사회경제 패러다임을 공유하는 것이 더 중요하다. 국민적 공감을 받는 사회경제 패러다임의 뒷받침이 없이는 어떤 나라도 크루그먼과 후쿠야마가 제시하는 정책들을 추진하는 과정에서 직면할 많은 도전과 역경을 극복하기 어렵기 때문이다.

중산층 복원에 가장 핵심적인 것이 민생과 성장의 동시 달성이라면 이를 위한 사회경제 패러다임은 무엇인가? 민생과 성장이 균형을 맞춰야만 민생·공감 강국으로의 도약이 가능하다. 따라서 새로운 사회경제 패러다임은 우선적으로 민생이라는 가치를 반영하는 것이 바람직하다.

그러나 한 정권이 민생이라는 사회경제 패러다임을 국가 목표로 내걸기가 생각만큼 쉽지가 않다는 것이 문제다. 이는 역대 정부의 주요 과제를 살펴보면 알 수 있다. 실제로 1948년 정부 수립 이후 민생을 국가의 핵심 목표로 삼은 정부는 없다. 1공화국 이승만 정부가 국가의 목표로 삼은 것은 국가 건설과 전후 복구, 공산주의로부터의 자유 수호였다. 그 뒤를 이은 2공화국 장면 정부는 민주주의를 회복하는 데 국가 목표를 두었다. 3.15 부정선거에 항거

하는 4.19 혁명의 발발로 이승만 정부가 무너진 뒤 출범했기 때문이다. 3공화국 박정희 정부는 역대 정부 중 가장 민생 지향적인 정부로 평가받는다. 그러나 박정희 정부도 민생 해결에 본격적으로 나서지 못했다. 재원이 전혀 없었으므로 우선적인 국가 목표로 경제 발전을 설정하고 수출 증대에 집중한 것이다. 그 결과 중진국으로 도약할 기반을 마련했다.

전두환의 5공화국은 정통성이 부재한 어려운 시국 속에서, 대통령 직선제를 내걸고 탄생한 6공화국으로의 교량 역할을 하는 데 머물렀다. 5공화국 주역들은 3공화국이 마무리하지 못한 산업화를 완성하는 것이 5공화국의 목표였다고 말한다. 6공화국 들어 사상 처음으로 무역 흑자를 달성할 수 있었던 것은 중화학공업을 비롯한 산업 전반의 구조조정을 5공화국이 잘해낸 덕분이라는 것이다. 그러나 그 구조조정이라는 것은 1979년에 시행됐던 토착 신자유주의적 정책이라고 볼 수 있는 4.17 종합안정화 시책의 연장선상에서 추진됐다고 봐야 한다. 박정희 전 대통령의 유산인 중화학공업을 더 육성함으로써 제조업 경제를 단단히 한 것이 아니라 중화학공업 육성에 따른 경기 과열의 거품을 조정하는 등 단기적인 성과를 거두는 데 집중한 것이 5공화국의 경제 전략이었던 것이다. 그 같은 노력조차 하지 않은 것보다는 잘한 것이 맞다. 그러나 그 정도의 성과만으로 경제 하나만큼은 잘했다는 5공화국에 대한 평가를 무비판적으로 수용하는 것은 무리가 따른다.

냉전 종식 전후라는 역사적 변화와 맞물려 탄생한 6공화국은 남북관계 정상화와 함께 소련과 중국 등 공산권과의 수교라는 '북방외교'에 집중해 성과를 거뒀다. 그러나 노태우 정부는 냉전 종식이라는 대전환기를 맞아 세계 경제가 신자유주의 세계화라는 거대한 흐름으로 이행하고 있다는 점을 간파해내는 데 실패했다. 신자유주의 세계화의 전략 로드맵인 '워싱턴 컨센서스'가

워싱턴에서 탈냉전 시대 미국의 대외 경제 전략으로서 공론화되기 시작한 시점이 1989년이었다. 그러나 노태우 정부는 북방외교라는 외교안보 담론에만 몰입한 나머지 그 같은 흐름을 읽어내지 못했던 것이다.

김영삼 정부는 2공화국 이후 처음으로 민간 출신 대통령을 둔 정권으로서 '문민정부'를 표방하며 출범했다. 그러나 김영삼 정부는 임기 후반인 1997년 말 발생한 외환위기를 맞아 국제통화기금로부터 구제금융을 받는 조건으로 고금리 등 혹독한 경제 구조조정을 당한 첫 정부로 기록됐다. 그러나 3공에서부터 6공에 이르기까지 오래 지속된 군사 독재라는 역사를 구조적으로 청산하는 성과를 거뒀다. 군 내부의 정치군인들 모임인 '하나회'를 척결함으로써 정치군인들을 병영 안으로 몰아넣어 다시는 군부 쿠데타가 발생하지 않도록 한 것이다. 이것이 김영삼 정부의 최대 업적이라고 한 최장집 전 고려대학교 정치외교학과 교수의 평가는 충분히 설득력을 갖는다. 이와 함께 지하경제를 양성화함과 동시에 투명한 금융 거래 구조를 정착시키기 위해 금융실명제 등의 경제 개혁도 단행했다.

'국민의 정부'라는 이름으로 출범한 김대중 정부는 IMF 구제금융을 제공받는 대가로 IMF로부터 요구받은 신자유주의로의 경제 패러다임 이행을 실행했다. 이와 함께 첫 남북 정상회담 개최와 대북 지원 등에 의한 햇볕정책 추진에 국정의 중심을 두었다. 김대중 정부는 IMF가 요구한 고금리 정책을 무비판적으로 수용해 추진했는데 이로 인해 수많은 우량 중소기업들이 부도나는 사태가 발생했다. 이때 많은 가구가 중산층에서 탈락하면서 부의 양극화가 심화하기 시작했다.

'참여정부'라는 이름을 내건 노무현 정부는 국가 운영에 국민의 참여를 제고하는 것을 국가 목표로 삼았다. 이와 함께 서울과 지방 간 격차를 해소하는 데 집중했다. 이를 위해 두 가지 프로젝트를 추진했다. 하나는 서울에 있는 주요 행정 부처들을 세종시로 옮기는 '행정중심복합도시'의 건설이고 다른 하나는 서울과 수도권에 위치한 공기업 본사들을 여러 지방의 도시들로 이전하는 '혁신도시'의 건설이었다. 노무현 정부는 또 김대중 정부의 신자유주의 경제 모델을 계승한 결과 이 시기에 양극화가 더욱 확대됐다.

이명박 정부는 대통령의 이름을 따서 '이명박정부'로만 불렸다. 선진화를 통한 '성숙한 세계국가로의 도약'과 함께 기후변화에 산업적으로 대응하기 위한 '녹색성장' 등에 국가 목표를 두었다. 이명박 정부는 김대중-노무현 정부의 10년 기간에 느슨해진 한미 간 전략동맹을 강화하는 데 노력을 기울였다. 그 결과 부시 행정부와 그 뒤를 이은 오바마 행정부의 적극적 지원에 힘입어 G-20 정상회의와 제2차 핵안보정상회의를 서울에서 개최하는 성과를 거두었다. 그러나 이명박 정부는 김대중 정부와 노무현 정부를 거쳐 심화해온 부의 양극화를 해소하는 데는 성공하지 못했다. 2012년 치러진 18대 대선에서 야당과 진보 진영이 제기한 정권 심판론의 근거도 여기에 있다.

박근혜 대통령은 새누리당 대선 후보 시절에도 이명박 정부가 민생에 실패한 정부라고 비판했다. 박근혜 대통령은 대선에서 승리하면 정부와 자신은 각각 '민생 정부'와 '민생 대통령'이 되겠다고 선언했다. 박근혜 정부가 민생 문제를 어떻게 해결할 것인지 주목받았던 것은 이 때문이다. 박근혜 정부는 고용 증대를 위한 노동개혁을 비롯해 많은 민생 정책을 추진해왔다. 서민들의 주택 마련을 돕고 부동산 경기 진작을 통해 침체된 경기를 부양시키기 위한 금리 인하 정책도 추진됐다. 하지만 노동개혁을 비롯한 민생 법안들은 여야 정쟁으로 국회에 계류 중이고, 금리인하는 가계부채 증대와 전세가 상승 같은 부작용을 수반하는 등 민생 정책들은 많은 어려움에 직면해 있다. 박근혜 정부가 민생정부로서 소명을 다할 수 있느냐 여부는 국회를 리드해냄과 동시에 부작용을 최소화한 민생경제 체제를 구축해내느냐 여부에 달려 있다.

박정희 정부 이후 역대 정부가 민생을 국정 최고 목표로 삼지 않은 데는 두 가지 이유가 있다. 하나는 경제 발전이 이루어지면 자연히 민생이 해결될 것이라는 '낙수효과 경제학trickle-down economics'이 주는 환상이다. 역대 정부는 국가의 전체 부가 증가하면 중산층과 서민에게도 부가 골고루 돌아가지 않겠느냐는 판단하에 민생 해결을 최우선 과제로 내걸지 않은 것으로 보인다.

그러나 오늘날 현실은 다양한 혜택이 중산층과 빈곤층으로 내려가는 '트리클 다운'과 거리가 멀다. 코틀러는『필립 코틀러의 다른 자본주의』에서 중산층과 빈곤층에게 각종 부담만 가중되고 실질적 이득은 부유층이 독식하는 이른바 '트리클 업trickle-up'이 일어나고 있다고 진단한다.

다른 하나는 1인당 국민소득이 2만 달러가 되면 끼니를 걱정하는 계층이 없을 것으로 판단하고 민생을 국가 목표로 삼는 것을 불필요하다고 생각했을 수 있는 것이다. 정권을 맡은 위정자들이 이렇게 생각했다면 이는 민생이라는 실질적 목표보다는 '선성장 후분배', '선분배 후성장' 등 추상적 담론이 지배하는 경제정책 담론 시장의 바탕교체에 따른 결과다. 실제로 필자는 대통령을 지낸 한 지도자가 1인당 GDP가 2만 달러를 넘는 지금 민생이 무슨 걱정이냐는 식의 인식을 드러내는 것을 직접 본 적이 있다. 그때 한 나라의 최고 지도자가 이렇게까지 현실을 모른다는 사실에 적잖이 당황했다.

그러나 민생 문제 해결은 서구 선진국에서도 가장 중요한 국가 목표로 인식되고 있다. 1인당 국민소득이 2만 달러, 아니 3만 달러를 넘는다고 민생이 다 해결된 것처럼 여기는 것은 잘못이다. 새로운 사회경제 패러다임에 포함되어야 할 또 다른 가치는 성장이어야 한다. 이미 이룩한 성장의 결과로 쌓은 재원은 중산층 이하 계층의 민생 문제를 해결하는 데 투입된다. 앞으로 지속적인 성장을 추구해야 하는 것은 미래에 발생할 민생 문제를 해결할 재원을 마련하기 위해서이다.

지속적인 성장을 위해서는 기업에 생산의 자유를 보장해야 한다. 이는 자유주의라는 가치에 포함된다. 자유주의는 자유민주주의liberal democracy를 지탱하는 핵심 가치로서 타인뿐 아니라 공동체의 이익에 일체의 해를 입히지 않는다는 전제하에서 개인에게 모든 자유를 보장하는 것을 일컫는다. 문제는 자유주의라는 가치에 따른 기업 생산의 자유에 고용 형태의 자유가 포함되느냐 여부이다.

신자유주의 발전 모델은 기업에 정리해고뿐만 아니라 파견 근로제를 비롯해서 그보다 유연한 근로 형태도 적극적으로 추구해왔다.

여기서 핵심은 고용 형태의 유연성을 보장하지 않으면 기업 생산의 자유가 저해되고 그 결과 성장도 타격을 받느냐는 것이다. 기업들은 그렇다고 주장한다. 과연 지금처럼 고용의 유연성이 확보되지 않으면 기업으로서는 생산의 자유가 침해되어 경쟁력 있는 제품을 생산하기 어려운가? 기업인들은 '절대적으로 그렇다'는 입장을 갖고 있다. 그러다 보니 한번 도입된 정리해고와 비정규직 제도가 많은 우려와 비판을 받았음에도 존속하고 있는 것이다.

그러나 고용의 유연성이 보장되어야 기업의 생산의 자유가 지켜진다는 명제는 두 가지 심각한 문제를 안고 있다. 첫 번째, 기업이 간과하고 있는 중요한 점이 있는데 그것은 기업의 고용 인력은 모두 가정과 사회와 국가가 막대한 정성과 비용을 들여 키웠다는 점이다. 따라서 기업은 고용한 인력에 임금만 주면서 정성과 비용을 갚는다고 인식해서는 옳지 않다. 고용 인력을 언제든지 기업의 내부 상황에 따라 정리해고 할 수 있는 대상으로 생각해서는 안

되는 것이다. 라이시 교수도 지적하는 바와 같이 임금을 주는 것은 물론, 고용의 안정성도 어느 선까지 제도적으로 보장하는 것이 그 인력을 키운 가정과 사회와 국가에 보답하는 길이다.

만약 기업이 고용의 안정성은 자신들과 관련이 없다고 주장한다면 문제는 간단하다. 기업 스스로 미래 고용 인력의 생산을 책임지면 된다. 즉, 앞으로 고용이 될 유아의 출산부터 시작해서, 유치원과 초중고 교육을 거쳐 군대에 입대함으로써 지게 되는 국방의 의무와 대학 교육 등 그 아이의 모든 성장 과정을 가정과 사회와 국가를 대신해서 기업이 직접 담당하면 되는 것이다. 그것이 불가능하다면 기업들은 자신들이 고용하는 인력에 가정과 사회와 국가가 쏟은 유형 및 무형의 정성과 비용을 고용의 안정성으로 보답해야 한다.

두 번째, 기업이 고용의 안정성을 보장할 수 있는 수준의 충분한 이윤을 지속적으로 내는 상황에서도 정리해고를 하고 비정규직 제도를 운영하는 것은 도덕적 해이에 해당한다는 것이다.

기업이 고용의 안정성을 보장하지 않아도 사회적 공감을 얻을 수 있는 상황은, 해당 기업이 모든 인력의 고용 안정성을 이룰 만한 충분한 이윤을 내지 못하거나 적자를 보는 상황에 제한될 수밖에 없다. 따라서 기업은 고용의 안정성 문제를 인력을 키워준 가정과 사회와 국가에 대한 보답 차원에서 고민해야 한다.

정부 관련 부처는 기업들이 얼마만큼의 이윤을 확보했을 때 고용의 안정성을 유지할 수 있는지 판단할 수 있는 기준을 마련해야 한다. 그 기준의 만족 정도에 따라 고용의 안정성을 준수해야 할 기업들과 준수하지 않더라도 양해를 받을 수 있는 기업들로 분류한 다음 세제 혜택 등 지원 수단들을 통해 관리해야 한다. 일시적으로 위의 기준을 준수하지 않아도 양해를 받는 기업들의 경우 적정 수준의 이윤을 회복하면 관리를 담당한 정부 부처의 재평가에 따라 고용의 안정성 유지 기업으로 다시 분류해서 관리되어야 한다.

만약 이같은 관리 시스템이 기업들의 자율성에 지나치게 부담을 주는 것으로 확인될 경우 기업들 스스로 고용의 안정성이 곧 민생이라는 가치에 공감하는 방향에서 고용의 유연성 정도를 자제할 수 있도록 유도하는 것도 한 방법이다.

민생주의가 자유라는 가치를 구현하는 차원에서 기업의 생산과 고용의 자유를 존중하며 이 같이 고용의 유연성을 기업 스스로 자제하도록 설득하는 것은 공정도 정의도 아니다.

그것은 함께 공존하고 공생해야 하는 이 나라 공동체 구성원들에 대한 공감과 배려라고 봐야 한다. 2010년 8.15 광복절 경축사에서 이명박 대통령이 제시한 공정사회 담론은 국민의 공감을 얻는 데 실패했다. 그 까닭은 국민이 절실하게 원하는 것이 민생이라는 사실을 공정이라는 가치가 제대로 담아낼 수 없었기 때문이다.

민생주의 패러다임에서는 이와 같이 민생과 성장이 공감과 배려라는 가치를 통해 구현되어야 한다. 민생주의를 바탕으로 크루그먼과 후쿠야마가 제시하는 네 가지 정책을 강력하게 추구한다면 중산층 사회를 복원하고 민생·공감 강국 도약의 기반을 마련할 수 있을 것이다. 전 세계 국가들이 민생주의를 수용할 경우 세계 경제도 맬서스적 사회로 내동댕이쳐지지 않을 수 있다. 신자유주의에서 민생주의로 진화한다는 것은 약육강식의 경제에서 공존·공생·공감의 경제로 발전함을 의미하는 것이다.

그러나 앞에서도 지적했듯이 한 국가를 넘어선, 즉 국제 관계에서 발생하는 신자유주의 모델의 문제를 공감과 배려에만 기대해서는 풀 수 없다.

이 점에서 민생주의가 글로벌 차원에서도 신자유주의의 대안 모델이 되도록 노력할 필요가 있다. 민생주의는 21세기 대한민국의 민생·공감 강국 도약을 위한 경제모델이지만 그것을 넘어서서 글로벌 경제 거버넌스에 대한 대안 모델로 확장될 수 있는 충분한 가치를 안고 있는 비전인 것이다. 민생주의가 글로벌 모델로 발전할 경우 그것이 추구해야 하는 목표는 무엇보다도 글로벌 무역 및 금융 거버넌스가 각국의 민생 경제 발전에 도움이 되도록 개혁하는 데 있다. 국경 간 자본의 자유를 인정하면서도 이 같은 자유가 각국의 경제에 타격을 주어 해당국의 민생 악화로 이어지지 않도록 G-20 정상회의와 재무 및 통상장관회의 등 국제 논의의 장에서 국제 무역 및 금융자본 시장의 거버넌스 개혁 방안이 도출될 수 있도록 하는 것이다.

물론 월스트리트를 중심으로 한 전 세계 초국적 금융자본들이 자신들의 국경 간 자유로운 이동을 제한하는 거버넌스가 수립되는 것을 가만히 지켜볼 가능성은 낮다. 특히 이들 초국적 자본은 미국 정치권을 상대로 강력하게 로비를 함으로써 미 행정부가 그 같은 거버넌스의 창출을 늦추게끔 만들고자 할 것이다.

그럼에도 전 세계 경제 담론 시장에서 민생주의에 대한 공감대가 확산되어 나갈 경우 민생주의를 내건 우리의 민생·공감 강국 도약을 위한 국제 경제 환경은 한층 더 나아질 것이다.

제6장

'전략국민'과 '전략리더'의
탄생

21_ 전략국민이 전략리더를 만든다

'전략국민'과 '전략리더' 중 누가 먼저인가?

이 물음에 답하기 전에 앞에서 언급한 나폴레옹의 전략에 대한 철학을 다시 살펴보자. 그의 전략 개념은 전략국민과 전략리더의 정의를 내리는 데 유용하다. 나폴레옹에 따르면 전략이란 군사적·외교적으로 시간과 공간을 활용하는 예술이다. 그렇다면 전략국민과 전략리더란 시간과 공간을 군사적·외교적으로 활용해 국가 목표를 달성하는 국민과 리더를 의미한다고 정의할 수 있다.

누가 먼저 나타나는 것인가? 순서상 국민이 전략적 사고를 하는 전략국민으로 진화하는 것이 먼저이다. 그런 다음 그 전략국민의 선택을 받아 전략국민을 이끌고 민족과 국가를 한 단계 더 발전시키는 리더, 즉 전략리더가 출현한다고 볼 수 있다.

이는 앞에서 이미 언급한 바 있는 미국의 응용수학자인 캐스티에 의해 뒷받침된다. 캐스티는 그의 저서 『대중의 직관』에서 이렇게 말했다. "사람들이 생각하는 방향이 사건을 만드는 것이지 어떤 사회적 사건 때문에 사람들이 일정한 방향으로 생각하는 것은 아니다."

캐스티의 통찰은 이렇게 바꿔 이해할 수 있다. 민생·공감 강국으로의 도약은 우리 국민이 전략국민으로 재탄생해서 그 같은 목표를 생각할 때 가능한 것이지 어떤 사건이 계기가 되거나 어떤 리더가 리더십을 발휘한다고 해서 달성되는 것은 아니라는 것이다.

따라서 국민이 전략적 사고를 하는 것은 그 나라와 민족의 운명을 가르는 분기점이다. 국민의 전략 마인드가 도도한 흐름으로 나타날 때 국민은 전략국민으로 진화하게 되고 그때 비로소 전략국민의 뒷받침을 받아 한국을 민생·공감 강국으로 이끌어갈 전략리더가 출현할 수 있는 것이다.

그러므로 전략국민이 형성되어 있지 않으면 전략리더가 출현하기 어렵다는 결론이 나온다. 한 명의 리더가 제아무리 탁월한 전략리더일지라도 국민 다수가 전략 마인드를 갖추지 못할 경우 그로서는 자신의 자질과 잠재력을 제대로 평가받을 수 없기 때문이다.

전략국민이 존재하는지 여부는 어떻게 알 수 있는가? 그것은 시대정신으로 설정된 국가적 의제가 존재하느냐에 맞닿아 있다. 즉, 시대정신으로서의 국가 목표에 대한 국민적 합의가 존재한다면 그것은 국민이 전략국민으로서 그 시대정신의 형성을 주도하고 있다는 것을 의미한다.

전략국민의 선택을 받는 전략리더의 자격은 무엇인가? 전략리더는 시대정신을 읽을 수 있어야 한다. 시대정신에 따른 국가적 의제와 목표를 단순화하고 집약하는 통찰력이 있어야 하고, 진정성 있는 설득력을 갖추어 국민을 이해시킬 수 있어야 한다.

류성룡과 비스마르크가 재상으로 발탁되던 군주제 시기와 달리 민주주의 시대인 오늘날에는 선거라는 제도를 통해 리더를 결정한다.

에이브러햄 링컨Abraham Lincoln, 처칠, 레이건이라는 전략리더들의 출현이 가능했던 것은 당시 미국과 영국 국민이 그들을 리더로 선택할 만한 전략 마인드를 어떤 형태로든 갖추었기 때문이라고 볼 수 있다.

대한민국 정부 수립 이후 역대 대통령 중 전략리더가 아닌 대통령이 있다면 그 당시 우리 국민의 과반수가 전략국민이 아니었다고 봐야 한다. 이는 지역에서 선출되지만 국가 전체의 의제를 다루어야 하는 국회의원에게도 해당된다. 만약 어느 지역 국회의원이 지역 내 사소한 의제에만 매달리고 국가 단위의 의제엔 관심이 없거나 그 같은 의제를 다룰 자질과 능력이 안 되는 사람이라면 그것은 그 지역 유권자들의 과반수가 전략 마인드를 갖추지 못한 탓이다.

그렇다면 민생주의가 민생·공감 강국으로의 도약과 같은 국가적 전략 목표를 달성하기 위해서는 한 가지 결론에 도달한다. 그것은 바로 국민의 과반수가 전략 마인드를 갖춘 전략국민으로 탈바꿈해야만 한다는 것이다. 전략리더의 출현은 그다음 차례이다.

문제는 민생주의가 어떻게 해야만 우리 국민의 전략 마인드를 제고할 수 있느냐이다. 유일한 방법은 현재 이루어지고 있는 기능 중심의 교육에서 가치와 전략 중심의 교육으로 교육혁명을 이루는 것이다.

민생·공감 강국으로의 도약을 꿈꾸는 전략국민을 기르기 위해서는 초중등교육 및 대학 교육이 지금처럼 국어, 영어, 수학 등 기능 중심으로만 이루어져서는 안 된다. 가정과 사회 그리고 국가 단위에서 추구되어야 할 21세기 지구 보편적 가치 교육이 국어, 영어, 수학만큼 중요성을 갖고 이루어지는 가치 중심 교육으로의 대전환이 필요하다.

유치원부터 대학교에 이르기까지 자신과 가정, 사회와 민족과 국가, 그리고 세계에 대한 가치와 안목과 비전을 길러주는 교육이 체계적으로 이루어지지 않는 한 전략국민이 길러지는 길은 요원하다. 아니 불가능할 것이다.

국어와 영어, 수학이 중요하지 않다는 이야기가 아니다. 이들 과목을 가르치는 데만 전념하는 초중등 교육과, 대학교 입학 후에는 취업을 위해 외국어와 상식 공부에만 몰입하는 현 교육 시스템에서는 기껏해야 기능적인 인재만을 길러낼 수 있다.

이 때문에 이 같은 초중등 교육 및 대학 교육 환경이 유지될 경우 발전적이고 창의적인 미래를 열어나갈 수 있는 전략국민을 양성하기 어렵다.

미래 지향적인 교육은 왜 이루어지지 못하고 있는가? 그것은 결국 미래세대에 대한 교육을 담당하는 현재 기성세대의 전략적 마인드가 부족하기 때문이다.

정부 부처들과 민간 기업들이 새로운 인력 선발 기준을 영어 등 외국어와 시사 뉴스 같은 상식의 유무에 두어온 것도 창조적인 교육을 저해하는 요인이다. 그 결과 대학마저 기능 중심 교육으로 퇴화해버렸다.

그렇다면 우리 국민들 간에 민족 내부의 협력인 아사비야를 고양시킬 수 있는 가치 교육은 무엇인가?

효와 어른에 대한 공경, 타인에 대한 배려, 국가와 민족에 대한 헌신과 봉사 등 동양적 가치와 자유민주주의와 자유시장경제 등 서구적 가치가 현명하게 결합된 교육만이 전략국민을 길러낼 수 있다. 동서양의 가치들이 균형적으로 교육될 때 민족 내부 구성원에 대한 상호 공감과 배려가 높아지면서 자연스럽게 아사비야도 고양될 수 있다. 아사비야가 높아지면 이는 전략국민의 탄생으로 이어진다. 대한민국의 더 나은 미래와 세계무대에서 대한민국의 역할에 대한 안목을 갖춘 국민, 즉 전략국민이 탄생하는 것이다.

가치와 전략 중심 교육으로의 혁명은 국가가 어떻게 운영되어야 민생이 살

찌고 번영할 수 있으며 각급 단위의 공동체와 가정이 화목할 수 있는지에 대한 교육과 함께 이루어져야 한다.

이를 위해 자유민주주의와 자유시장경제 등의 글로벌 문명 표준global standards에 대한 철저한 교육과 함께 초등학교 과정에서부터 우리 역사와 사서삼경 등 고전 교육이 이루어질 필요가 있다.

세계무대에서 통하는 인재를 길러내려면 민족에 대한 자존심을 가지면서 타 국가와 국민에 대한 존중과 배려의 마음을 잃지 않도록 하는 교육이 이루어져야 한다. 동시에 세계의 평화와 번영을 주도하겠다는 의지를 품을 수 있도록 해주는 교육이 이루어져야 한다.

그 같은 교육의 핵심은 동서양 역사와 철학 고전 교육을 어릴 때부터 시키는 것이다. 가장 먼저 교육해야 할 고전은 한민족의 역사와 사상이다. 『삼국사기』와 『삼국유사』, 『동사강목』, 『해동역사』, 『연려실기술』, 『조선상고사』 등을 통한 한민족의 역사와 함께 이이의 『성학집요』와 퇴계退溪 이황의 『성학십도聖學十圖』, 서애 류성룡의 『징비록』 등 조선시대 유학자들의 사상을 먼저 배울 수 있도록 가르쳐야 한다.

한민족의 역사와 사상을 배우기 시작한 다음에는 중국의 유학 고전들을 함께 읽히는 것이 좋다. 중국의 오서오경五書五經(『소학小學』, 『대학大學』, 『논어』, 『맹자』, 『중용中庸』, 『시경』, 『예경禮經』, 『서경』, 『역경易經』, 『춘추春秋』)과 진덕수의 『대학연의』 등 유학의 정수가 담긴 고전들을 차근차근 읽어나가도록 도울 필요가 있다.

한민족의 역사와 사상에 이어 중국 고전 읽기가 조금씩 자리가 잡히면 서구의 문명 표준이 되는 가치들을 담고 있는 서양의 고전들에 대한 교육도 시작해야 한다. 어릴 때부터 가까이해야 하는 서양 고전들은 다음의 20권 정도를 꼽을 수 있다. 플라톤Platon의 『국가The Republic』, 크세노폰Xenophon의 『키루스의 교육Cyropaedia』, 아리스토텔레스의 『정치학』과 『니코마코스 윤리학Ethika Nikomacheia』, 리비우스의 『로마사』, 폴리비우스의 『로마제국의 융성The Rise of the Roman Empire』, 마키아벨리의 『군주론』과 『로마사 논고』, 홉스의 『리바이어던』, 로크의 『통치론』, 장 자크 루소Jean Jacques Rousseau의 『사회계약론Du Contrat Social』, 밀의 『자유론On Liberty』, 헤겔의 『법철학』과 『역사철학강의』, 카를 폰 클라우제비츠Karl von Clausewitz의 『전쟁론Vom Kriege』, 에드워드 기번Edward Gibbon 의 『로마제국 쇠망사The History of the Decline and Fall of the Roman Empire』, 비코의 『새로운 학문New Science』, 애덤 스미스의 『국부론』, 알렉시스 드 토크빌Alexis de Tocqueville의 『미국의 민주주의De la Democratie en Amerique』, 토인비의 『역사의 연구』 등이다.

이처럼 동서양 고전을 중심으로 한 역사와 가치 교육이 초중등 및 대학 교육 과정에서 이루어질 때 비로소 전략국민이 탄생하고 그중에서 전략리더가 출현할 수 있다. 미국 정치철학자 앨런 블룸Allan Bloom은 『미국 정신의 종말 Closing of the American Mind』에서 젊은이들이 대학에서 서양 고전을 통해 고대 정신을 배울 때 자신들의 불완전함을 깨닫고 보완할 수 있다고 말한다. 이러한 점에서 어린이와 청소년에게 영어와 수학 공부만을 강조하는 한 전략국민과 전략리더의 탄생은 요원할 수밖에 없다.

22_ 조선과 근대 서구의 전략리더: 류성룡, 이순신, 비스마르크, 링컨

왜 지금 전략리더가 요청되는가?

"정치가 끝나는 지점에서 전략이 시작된다"라는 말은 존스홉킨스대학교의 국제정치학자 엘리엇 코헨Eliot Cohen이 그의 책 『최고 사령관Supreme Commander』 에서 내놓은 견해이다.

대한민국이 국내외적으로 직면한 상황은 더 이상 정치로 해결할 수 없는 도전과 위기의 국면이다.

코헨의 말대로 전략이 요청되는 시기인 것이다. 이는 어떤 리더가 출현하 느냐에 국가의 성패가 달려 있음을 의미한다. 전략이 요구되는 전쟁 상황이 라면 전쟁을 승리로 이끌 전략리더가 요청된다.

조선의 전략리더 모델

근대 이전의 한민족 역사에서 전략리더의 모델을 찾는다면 누구를 꼽을 수 있을까?

한민족의 역사를 조선시대로 한정해서 본다면 전략리더의 전범典範으로 삼을 수 있는 리더로는 단연 류성룡과 이순신을 꼽을 수 있다.

앞에서 여러 차례 언급했지만 전략리더로서의 류성룡의 리더십은 대한민국이 21세기 현재 직면한 도전과 위기를 극복하는 데 가장 절실하게 요구되는 요소들을 두루 갖추고 있다.

어떤 점에서 류성룡이 민생·공감 강국 도약이라는 21세기 국가 전략 목표 달성에 적합한 전략리더의 모델이라고 평가할 수 있는가?

1592년 발발한 임진왜란은 한민족 역사에서 가장 규모가 큰 외침에 의한 국난이었다. 류성룡은 명이라는 외세를 참전시켜 임진왜란을 명과 왜 간의 전쟁으로 전환시키는 외교적 성과를 거두었다.

그뿐만 아니라 류성룡은 왕인 선조조차 의주로 몽진 중에 끼니를 거르는 일이 다반사였을 만큼 식량이 부족한 상황에서도 수만 명에 달하는 명군의 군량을 책임지고 동원했다. 송복 연세대학교 명예교수는 『서애 류성룡 위대한 만남』에서 군량을 대주지 않으면 돌아가겠다고 버티는 명군에 차질 없이 군량을 제공한 것은 왜와의 전쟁을 승리로 이끄는 데 중요한 의미가 있었다고 평가한다.

만약 명군이 군량 조달 문제로 돌아갔거나 전투에 나서지 않았다면 조선의 육군과 수군만으로는 왜적을 막아내지 못했을 것이기 때문이다. 당시 왜적이 침입하자 고을 수령들은 도망가기에 급급했고 남겨진 곡식 창고는 백성들에게 털려 바닥을 드러냈다. 농민들이 피난을 떠나면서 대부분의 논밭은 버려졌다. 이런 상황에서 명군의 군량을 조달한다는 것은 사실상 불가능에 가까웠다. 그럼에도 류성룡은 식량을 제공하는 것이 전란 극복에 기여하는 것이고 제공한 식량은 전란 후에 조정에서 갚는다고 백성들을 설득해 군량 조달에 성공했다.

류성룡은 또 이순신과 권율 등의 인재를 적재적소에 배치하는 등 전쟁을 전체적인 국면에서 통찰하고 지휘했다. 특히 이순신을 정읍현감에서 전라좌수사로 몇 계단 승진시켜서 조만간 닥칠 왜의 침략에 대비하도록 했다. 이순신이 왜군에 맞서 싸우기 위해 판옥선과 거북선을 비롯한 함선과 천자총통 등 대포를 혁신해서 전쟁에 대비할 수 있었던 것은 류성룡의 인재 등용 전략에 힘입은 것이다. 이런 사실은 전략리더로서의 류성룡의 선견지명이 어느 정도였는지를 보여준다. 이는 왜의 침략 전쟁을 끝낸 장수가 이순신이라는 데서도 증명된다.

1598년 말 왜군은 육군이 북상해 올라갈 때 서해상으로 따라 올라가 지원하려던 수군이 조선 수군에 패해 남해에서 발목이 잡혔기 때문에 최종적으로 철수했다.

앞에서 살펴본 대로 전라, 충청, 경상 3도 수군통제사인 이순신이 이끄는 조선 수군은 함선과 병력의 수적 열세에도 한산대첩과 명량대첩 등을 통해 일본 수군을 막아내는 데 성공했다. 그 결과 서해상을 통해 왜 수군으로부터 군량미를 공급받지 못하게 된 왜 육군은 철수할 수밖에 없었던 것이다.

이순신의 발탁과 관련해 류성룡이 전략리더로서 탁월한 이유는 그를 다른 지역 책임자가 아닌 전라좌수사로 배치했다는 데서 찾아야 한다. 왜가 침략할 것이라고 판단한 류성룡은 이순신을 발탁한다면 어디를 맡게 하는 것이 최선인지를 가늠했을 것이다. 그에겐 세 가지 선택지가 있었다.

첫째는 왜군이 공격해 들어오는 경상좌도의 남해안과 동해안을 관할하는 경상좌수사를 맡기는 방안이다. 둘째는 경상우도 남해안을 맡는 경상우수사로 배치하는 방안이다. 셋째는 전라좌도의 남해안을 지키는 전라좌수사이다.

류성룡이 이들 선택지 중 세 번째를 선택한 이유가 그의 전략리더로서의 면모를 보여준다. 류성룡은 이순신에게 경상좌수사를 맡길 경우 개전 초기 그가 왜 수군 함선 전체에 맞서 살아남기가 어려울 것으로 판단했을 가능성이 있다. 실제 경상좌수사 박홍이 도망을 친 상태에서 동래부사 송상현과 부산진 첨절제사 정발은 왜군의 침략에 맞선 첫 전투가 벌어진 1592년 4월 14일과 15일 각각 임전무퇴의 정신으로 싸우다 장렬히 전사했다.

물론 이순신이 경상좌수사를 맡아 왜군의 침략에 대비했다면 전쟁 국면이 완전히 다르게 전개됐을 수 있다. 그러나 당시 쳐들어 온 왜군의 규모가 16만여 명이고 함선 수가 500여 척이었다는 점에서 어떤 방어도 중과부적의 한계에 직면했을 가능성이 높다. 그렇다고 본다면 제아무리 이순신이라 하더라도 경상좌수사를 맡았다면 전사했을 확률이 적지 않았을 것이다.

따라서 류성룡은 개전 초 왜군의 상륙 저지라는 불가능한 임무를 이순신에게 맡기는 것은 옳은 판단이 아니라고 생각했던 것으로 보인다. 이순신에게 전쟁을 결정짓는 역할을 맡긴다면 그것이 무엇일까를 류성룡은 고민했을 것이다. 그 고민의 결과가 전라좌수사 임명이었다. 전라좌수사로서 전쟁 기간 곡창 지대인 호남이 백성들의 마지막 식량 조달처로서 기능할 수 있도록 지키는 것과 동시에 왜 수군의 서해로의 북상을 저지하는 것이 이순신의 천명임을 류성룡은 깨달았던 것이다. 임진왜란에서 조선을 구한 것은 류성룡의 이 같은 심모원려深謀遠慮라고 해도 지나치지 않다. 류성룡의 또 다른 공로는 선조가 명으로 내부하려던 시도를 목숨을 걸고 막은 것이다.

민생·공감 강국 도약은 임진왜란을 극복하는 것만큼이나 어려운 일이다. 그러한 국가 전략 목표를 달성해내는 일은 류성룡과 같은 전략과 리더십을 요구한다.

인재의 적재적소 등용과 민심 안정 그리고 21세기 동맹구도 짜기 등의 외교에서 류성룡의 전략과 리더십이 재현될 수 있을 때 민생·공감 강국 도약이라는 국가 전략 목표가 달성될 수 있다.

더군다나 북한 상황이 급변하게 되는 유사시에는 우려대로 중국에 의한 한반도 분할 전략이 추진될 개연성이 적지 않다. 임진왜란 시기와 19세기 말, 우리는 각각 명나라와 청나라의 중간 관리들에 의해 분할당할 뻔하고 근대화 개혁이 무산되어야 했던 아픔을 안고 있다. 바로 이 같은 비극을 되풀이하지 않기 위해서라도 우리는 하드 파워와 소프트 파워를 함께 길러서 중국과 일본이 넘볼 수 없는 민생·공감 강국으로 도약해야 하는 것이다.

한반도 분할 우려가 클수록 명과 왜의 조선 분할 야욕을 무산시킨 류성룡의 리더십이 재현되어야 한다. 임진왜란 중에 명나라의 경락인 송응창과 왜군 사령관인 고니시 사이에 조선 남부 지역의 할지, 즉 조선 분할 합의가 있었다. 그러나 그 같은 합의는 영의정으로 복귀한 류성룡에 의해 무산됐다. 송응창이 추진했던 명나라에 의한 선조 퇴위 및 조선 국왕 임명권 장악 시도 또한 류성룡에 의해 좌절됐다.

전략리더로서 류성룡의 평가는 처칠 전 영국 총리와 비교하면 쉽게 이해할 수 있다. 류성룡과 영국 역사상 최고의 전략리더로 꼽히고 있는 처칠 사이에는 네 가지 공통점이 발견된다. 첫째, 두 사람 모두 임진왜란과 2차 세계대전 발발 직후라는 국가 비상시기에 각각 도체찰사都體察使와 총리로 임명돼 전시 수상으로서 전쟁의 총지휘를 맡았다. 둘째, 각각 왜와 독일의 공격을 예상하고 대비할 것을 주창해 전시 내각의 적임자로 평가받았다.

류성룡은 왜의 침략을 예견하고 전략적 준비를 했다. 이는 앞서 살펴본 대로 선조에게 강력하게 건의해 이순신이 전라좌수사에 임명받게 한 데서 알 수 있다. 류성룡이 이렇게 예견할 수 있었던 것은 일본에 다녀와 선조 앞에서 왜가 쳐들어오지 않을 것이라고 주장한 김성일로부터 그렇게 주장한 이유를 들었기 때문이다. 『징비록』에 의하면 류성룡은 김성일에게 왜가 쳐들어오면 어떻게 하려고 그렇게 말했느냐고 물었다. 그러자 김성일은 "왜가 전쟁을 일으키지 않을 것이라고 어떻게 확실하게 말할 수 있겠느냐?"며 "다만 황윤길의 말에 온 나라가 놀라고 백성들의 마음이 크게 흔들릴까 봐 이를 막으려고" 그렇게 말했다고 대답했다.

동인의 영수인 류성룡은 서인도 인정한 전략리더였다. 선조가 자신의 명으로의 내부를 막은 그를 내쳤을 때 서인인 도승지 이항복은 그의 중용을 건의했다. 류성룡이 명의 참전을 가능하게 하고 전쟁을 지휘할 수 있는 인물이라는 것이었다. 그가 평안도 도체찰사로 복귀해 명군 식량을 마련할 수 있었던 것은 이 때문이다. 그가 전쟁을 총지휘하는 직책인 충청·전라·경상 삼도 도체찰사에 임명된 것은 이듬해인 1593년이었다.

처칠은 영국에서 히틀러의 위험성을 가장 먼저, 그리고 일관되게 주장한 유일한 정치인이었다. 그는 1920년대 말부터 줄곧 히틀러의 위험성을 경계해야 한다는 의제를 의회와 신문 칼럼을 통해 제기했다. 그런 상황에서 히틀러가 1939년 3월 체코를 합병한 데 이어 9월에는 폴란드마저 침공하자, 1938년 9월 뮌헨에서 체결된 영국, 프랑스, 독일, 이탈리아 간 뮌헨 안전보장협정은 파기되었다. 아서 네빌 체임벌린Arthur Neville Chamberlain 수상이 책임을 지고 물러났을 때 영국 정치권과 국민은 히틀러에 맞설 만한 전략리더가 처칠 외에는 없다는 점을 인정했다.

셋째, 두 사람 모두 군사 전략의 대가라는 점이다. 류성룡은 전쟁 전체를 지휘했을 뿐만 아니라 이순신에게 자신이 쓴 병법서를 읽게 할 정도로 군사 전략의 전문가였다. 류성룡은 임진왜란 기간 중에 제승방략制勝方略 방어 체제에서 진관鎭管 체제로 돌아가야 한다고 주장했다. '유사시 각 지방의 수령이 군사를 이끌고 방어 지역으로 가도록 하는' 제승방략 체제는 1차 방어선에 모든 군사를 투입한 탓에 이 선이 무너지면 그 뒤에는 더 이상의 방어선이 있을 수 없다는 한계가 있다고 봤기 때문이다. 임진왜란 초기에 왜군이 부산에서 평양까지 제대로 된 저항을 받지 않고 짧은 시간에 북상할 수 있었던 것은 제승방략 체제의 이 같은 문제점 때문이었다. 따라서 류성룡은 한시바삐 전국 방어 체제를 '각 지방 수령이 각자 맡은 지역에서 방어하도록 하는' 진관 체제로 복귀해야 한다고 주장한 것이다. 조선의 방어 체제는 초기에는 진관 체제였으나 중종 때 삼포왜란과 명종 때의 을묘왜란을 거치면서 제승방략 체제로 바뀌었다가 임진왜란 때 류성룡의 건의에 의해 다시 진관체제로 복귀했다.

처칠 역시 2차 세계대전 기간 모든 육해공 작전에 관여할 정도로 군사 전략에 일가견이 있었다. 더군다나 과학보좌관의 도움을 받아 새로운 무기 개발에도 적극적이었다.

넷째, 두 사람 모두 전쟁 후 각자 전쟁에서 배운 교훈을 담은 회고록을 썼다는 점이다. 류성룡은 훗날 국보 132호로 지정되는 『징비록』을 남겼고, 처칠은 『2차 세계대전The Second World War』이라는 회고록을 집필해 노벨문학상을 수상했다.

이순신의 리더십은 앞의 장에서 충분히 다루었으므로 이 장에서는 전략리더십이 갖춰야 할 가장 중요한 자질 한 가지만 살펴보고자 한다.

어느 날 류성룡은 어릴 때 한양 건천동(오늘날 충정로 일대)에서 함께 어울려 지냈던 친구의 동생인 이순신에게 당시 이조판서로 있던 이이에게 말을 해 놓았다며 그를 찾아가볼 것을 권한다. 아울러 이이도 이순신을 보고 싶다며 한번 들러달라고 했다는 말도 덧붙였다.

이이는 덕수 이씨로 이순신의 먼 친족이다. 한 집안인지라 그에 대한 많은 이야기를 접했고 이순신으로서는 한 번쯤 만나고 싶었던 사람이었지만 그럼에도 류성룡의 권유를 거절한다. 조정 인사를 총괄하는 이조판서를 찾아가는 것 자체가 인사를 청탁하는 것과 다를 바 없고, 그럴 마음이 없다면 더욱이 인사 청탁의 오명을 입을 수 있는 자리를 만들어서는 안 된다고 생각했기 때문이었다.

벼슬자리를 구하러 다니는 엽관 행위는 결단코 하지 않겠다는 의지를 철저하게 지킬 정도로 이순신의 수양은 깊었다.

어느 시대 어느 자리에서든 이 같은 가치관을 실천하기란 쉽지 않다. 세상은 입신출세와 영달을 위해라면 뭐든지 하겠다는 출세 지상주의자로 넘쳐난다. 더군다나 류성룡을 통해 이순신의 사람됨과 능력을 충분히 알고 있는 이이가 앞서 찾아오라고 청했는데도 끝내 가지 않은 것은 이순신의 경지가 남다르다는 것을 보여준다. 그는 선비로서 해서는 안 될 일은 죽더라도 삼가는 경敬의 정신을 갈고닦은 사람이었다. 유혹에 흔들리지 않는 높은 정신의 소유자였던 것이다.

공자는 『논어』「위정」 편에서 시경에 나오는 삼백편의 시의 뜻을 한마디로 말한다면 그것은 바로 '사무사思無邪', 즉 생각에 간사한 것이 없는 것이라고 했는데 이순신이 이때 보여준 정신이 그 예다.

전략리더는 국가적 도전과 위기에서 민족과 국가를 구할 수 있는 전략과 지혜를 갖춰야 한다. 그러나 그 전에 전략리더가 반드시 거쳐야 할 테스트는 온갖 형태의 유혹과 위협이 다가오더라도 사무사 정신으로 흔들리지 않는 '참된 나'를 발견할 수 있느냐이다. 이홍규 카이스트 경영학과 교수는 "언제 어디서건 날카로운 칼이 되어 들어오는, 참된 나의 정체성이 무엇인지를 묻는 영성靈性적인 질문에 대답할 수 있어야 올바로 살 수 있고 리더도 될 수 있다"라고 말한다. 이순신은 그 테스트를 이겨냈기에 갖은 유혹과 위협에도 자신만의 페이스를 지켜낼 수 있었고 그 결과 전쟁에서 승리를 거둘 수 있었던 것이다.

전라좌수사와 수군통제사로서 전쟁의 승리를 통해 민족과 국가를 구한다는 목표 외에 그에게는 어떠한 간사한 목표도 없었다. 그랬기에 그는 이길 수 있는 전투를 참고 기다릴 수 있었다. 선조의 출전 재촉의 압박에도 병사를 사지로 내모는 소모적 전투를 꿋꿋이 피할 수 있었던 것이다. 함선과 병사 수에서 압도적인 우세를 차지하고 있던 왜 수군을 맞아 43전 38승 5무라는 세계 해전사에 빛나는 전과를 올릴 수 있었던 원동력은 민족과 국가의 안위만 생각하는 그의 사무사 정신에서 말미암는다.

만약 이순신이 임금에게 잘 보여 더 높은 자리로 출세하겠다는 간사한 목표를 갖고 있었다면 선조의 출전 재촉을 거부하지 못하고 패할 것이 분명한 전투에 나섰을 것이고 연이은 패배로 적에게 전쟁의 승리를 내줘야 했을 것이다.

참된 나를 찾는 영성 시험은 '거울 테스트Mirror Test'와 비슷하다. '경영학의 아버지'로 불리는 드러커는 『클래식 드러커Classic Drucker』에 실린 '자신을 관리하기Managing Oneself'라는 제목의 글에서 1906년 런던 주재 독일 대사의 일화를 전한다. 당시 대사는 장차 독일 수상이 되거나 그렇지 못하더라도 최소한 외무장관은 될 것이라는 평가를 받는 사람이었다. 그랬던 그가 어느 날 갑작스럽게 자신의 자리에서 물러난다. 영국 국왕 에드워드 7세를 위한 외교사절 만찬을 총괄하는 책임을 맡게 되었던 것이다. 악명 높은 바람둥이인 에드워드 7

세가 어떤 종류의 만찬을 원하는지 알았던 그는 대사직을 그만두는 것 외에 그 일을 피할 도리가 없다고 판단했다. 그는 "아침에 면도를 하면서 포주로 변한 내 자신을 거울에서 발견하기 싫었다"라고 말했다고 한다.

이 이야기는 전략리더의 윤리 의식이 어떠해야 하는지를 보여준다. 이 독일 대사는 윤리적으로 옳지 못한 일을 절대 하지 않는 참된 나를 지키기 위해 수상을 바라보는 커리어를 과감하게 포기한 것이다.

근대 서구의 전략리더 모델

21세기 한반도와 동아시아 상황에서 우리가 배워야 할 서구의 대표적인 근대 전략리더로는 비스마르크를 꼽을 수 있다.

19세기 중반에 안으로는 분열된 독일 민족을 통합하고 밖으로는 독일 통일을 간섭하려는 프랑스와 오스트리아 등을 제압해 프러시아 주도의 독일 통일을 이룸과 동시에 유럽을 제패하는 강국의 꿈을 실현한 리더가 바로 비스마르크이다.

물론 21세기 두 번째 10년을 지나는 대한민국과 19세기 중반의 프러시아의 처지를 동일시할 수는 없다.

그러나 우리의 상황이 비스마르크 시대의 프러시아와 닮아 있다. 안으로는 남과 북의 분단, 밖으로는 통일에 긍정적인 협력자가 될지 알 수 없는 중국과 일본이라는 강대국의 안보상 도전을 비롯해서 여러 악조건이 산재해 있지만 민생·공감 강국으로 도약함과 동시에 통일을 이루어야 하기 때문이다.

비스마르크는 1857년 프랑스 외상 알렉상드르 왈레브스키Alexandre Colonna-Walewski가 그에게 "외교관의 임무란 자국의 이익에 세계적 정의라는 이름의 옷을 입히는 것"이라고 한 충고를 성실히 따랐다.

한국이 민생·공감 강국으로 도약하기 위해서는 민생·공감 강국의 비전을 국민과 공유해야 한다. 그렇게 해서 탄생한 전략국민의 뒷받침을 받아 그 꿈을 이루기 위해서는 국익에 세계적 정의라는 이름의 옷을 입힐 수 있는, 비스마르크 같은 전략리더가 나와야 한다.

비스마르크는 군소 독일 왕국들과 통일을 이루기 위해 강대국인 오스트리아와 프랑스를 상대로 전쟁을 치러 승리를 거두었다. 프러시아 주도의 독일 통일이 가능했던 것은 이 때문이다.

그러나 비스마르크는 항상 전쟁과 거리를 두고자 했다. 어떤 전쟁도 승리가 보장되어 있지 않다는 것을 깨닫고 있었기 때문이다. 그래서 그는 전쟁을 할 수밖에 없다고 판단되었을 때면 승리를 위한 여러 보장insurance과 재보장re-insurance 정책을 추진한 뒤에야 전쟁을 감행했다. 전쟁에 대한 그의 신중한 태도는 그가 메테르니히의 현실주의 외교정책을 좇았다는 것을 보여준다. 이 때문에 팽창적인 성향의 전략가들로 이루어진 프러시아 군부를 중심으로 한 독일 군부는 늘 불만이 많았다. 그러나 비스마르크는 군권을 확고하게 장악했다. 만약 비스마르크의 군사 노선이 그의 사퇴 이후에도 계속 이어졌다면, 그를 쫓아낸 빌헬름 2세가 군부 지휘관들에 휘둘린 나머지 1914년 1차 세계대전을 일으키는 비극은 없었을 것이다. 이 점에서 비스마르크의 리더십은 군에 대한 문민통제의 중요성을 새삼 상기하게 해준다.

비스마르크의 이 같은 외교정책과 군사 노선을 한국도 배워야 한다. 민생·공감 강국으로 도약하는 과정에서 충분한 군사력을 갖추었더라도 중국과 일본 등과 함부로 군사적인 대립이나 전쟁을 추구해서는 안 되는 것이다. 대신 민생·공감 강국으로 도약할 만한 충분한 역량과 조건을 갖춘 시기가 도래했을 때 군사적 대립이나 전쟁이 아닌 방식으로 한민족의 융성과 민족 통일을 방해하는 주변국들에게 우리의 힘을 보여줄 필요가 있다.

그럼에도 국제 관계의 힘을 가름하는 최종 수단이 전쟁일 수밖에 없다는 점에서, 주변 강대국들과의 군사적 충돌 같은 유사시를 대비해 만반의 준비를 해놓아야 한다. 비스마르크가 그랬던 것처럼 그 같은 준비에는 상대 국가를 제압할 수 있는 군사력뿐만 아니라 승리를 위한 보장 및 재보장 체제를 갖추는 것이 모두 포함된다.

비스마르크는 근대 서구 국가에서 처음으로 사회안전보장 시스템을 구축한 장본인이다. 그는 항상 공인으로서는 국가의 독립을, 사적으로는 개인의 독립을 추구했다. 그런데 개인의 경우 사고나 고령으로 안전이 위협받는데, 그렇게 되면 독립이 어렵다는 것이 그의 걱정이었다. 그는 실직했을 때도 개인의 안전이 불안정해진다고 생각했다. 그가 1881년부터 1889년까지 사회안전보장 체제를 수립하게 된 것은 근로자들에 대한 남다른 애정 때문이 아니라 개인의 독립과 안전에 대한 문제의식에서 비롯된 것이라고 영국의 역사가 테일러는 자신의 저서 『비스마르크』에서 말한다.

사회안전보장 체제에 대한 비스마르크의 철학은 다음과 같이 정리할 수 있다. 개인의 안전이 위협받으면 국민의 삶이 불안정해지고 이는 곧 국가의 안전이 위협당하는 사태로 발전할 수 있다. 한마디로 민생이 안정되어야 국가가 발전할 수 있다는 것이다. 바로 이 점에서 사회안전보장 체제의 수립으로 대표되는 비스마르크의 민생 철학은 민생주의가 추구하는 민생·공감 강국 도약이라는 국가 전략 목표 달성에 중요한 밑거름이 된다.

비스마르크에게서 민생주의가 배워야 할 하나의 미시적인 교훈이 있다. 1851년부터 프랑크푸르트 독일 연방 의회에서 프러시아 대사로 활동하던 그는, 회의석상에서는 당시 연방에서 최강국이던 오스트리아 대사만이 담배를 피우던 관례를 깨고 어느 날 맞담배를 피우기 시작한다. 강미현의 『비스마르크 평전』에 의하면, 오스트리아가 프러시아의 대등한 관계 설정 요구를 거부하고 있던 상황에서 비스마르크의 맞담배는 프랑크푸르트 의회에서 일대 사건으로 큰 파장을 일으켰다. 이는 애연가였던 비스마르크의 전임자도 시도하지 못한 일이었다. 그동안 담배를 좋아하지만 오스트리아가 두려워 회의에서 담배를 피우지 못하던 다른 나라들의 대사들은 저마다 본국에 전문을 띄워 대응 방침을 구하는 소동을 벌였다. 그러나 그 후 6개월간 회의에서 담배를 피운 대사는 비스마르크와 오스트리아 대사 둘뿐이었다. 다른 나라들은 감히 오스트리아를 상대로 위신 투쟁을 벌일 만한 용기가 없었다. 비스마르크가 피운 담배 한 개비는 프러시아가 오스트리아를 상대로 벌여온 위신 투쟁에서 일대 전환이었다. 오스트리아는 이 일로 프러시아와의 관계를 긴장으로 몰고 갔다. 그러나 이 맞담배는 비스마르크에게 프러시아가 오스트리아를 제치고 통일의 주역이 될 수 있다는 확신을 주는 데 큰 영향을 미쳤을 가능성이 높다. 비스마르크는 이 맞담배 사건을 계기로, 프러시아 민족주의자로서 국력을 길러 통일을 달성하고 유럽의 질서를 새로 수립하는 꿈을 꾸는 전략가로서 거듭날 수 있었을 것이다.

비스마르크의 맞담배 위신 투쟁이 주는 교훈은 바로 민생·공감 강국 도약을 이루어내기 위해서는 그 과정에서 중국과 일본을 상대로 적절한 수위의 위신 투쟁을 해내야 한다는 것이다. 그래야만 국민들은 국가가 국력에 걸맞는 위신을 지켜내는 것에 민족주의적 자존감을 가질 수 있기 때문이다. 그 같은 자존감은 경제 발전과 군사력 확보에 핵심적인 원동력이 될 수 있다. 그동안 한국의 대중 외교와 대일 외교에서는 국민의 자존감을 높여주는 위신 투쟁은 물론 동아시아 질서를 주도하고자 하는 전략도 부재했다.

그러므로 민생주의를 통해 민생·공감 강국으로 도약하는 과정에서 그런 위신 투쟁을 합리적으로 해내면서 동아시아 미래 질서를 주도할 수 있는 전략리더의 탄생이 요구된다.

그렇다면 링컨의 리더십이 요청되는 지점은 어디인가?

구체제로 평가받는 제도나 관행 등을 개혁하고 철폐해야 할 때 링컨의 리더십은 그 힘을 발휘한다. 링컨은 당시 미국이 글로벌 문명국으로의 지도적 위치를 차지하는 데 가장 큰 걸림돌이었던 노예제를 남부 주들의 반대에도 폐지하는 강력한 리더십을 보였다.

링컨의 리더십이 주는 또 다른 가르침은 통합일 것이다. 도리스 컨스 굿윈 Doris Kearns Goodwin은 『권력의 조건Team of Rivals』에서, 링컨이 에드윈 스탠턴 Edwin Stanton 같은 정적을 국무장관으로 기용하는 등 통합의 정신을 발휘해 정치를 안정시키는 데 성공했다고 평가했다.

이 점에서 한국도 링컨 재임 시 미국에 존재했던 노예제와 같은 구체제들을 개혁할 수 있는 전략리더가 요구된다.

링컨의 리더십은 글의 리더십이라고 할 수 있을 만큼, 링컨은 직접 쓴 글을 연설을 통해 전달함으로써 국민과 소통하려고 노력했다.

프레드 캐플런Fred Kaplan이 쓴 링컨 평전인 『링컨Lincoln』에 따르면, 링컨은 과거에도 말이 필수 불가결했고 지금도 마찬가지지만, 글이야말로 세상 최고의 발명품이라고 극찬했다. 전략리더로서의 링컨의 리더십은 책 읽기와 글쓰기에서 나왔다고 해도 지나치지 않다. 실제 링컨은 셰익스피어와 바이런을 자신이 사용하는 언어에까지 흡수할 정도로 많이 읽었다고 한다. 그는 부정과 독재에 맞서는 모든 노력은 타인과의 싸움일 뿐만 아니라 자신과의 싸움이라 여겼다고 한다.

프레드 캐플런에 따르면 링컨은 그러한 싸움에서는 언어가 최고의 무기임을 셰익스피어를 비롯한 문학의 거장들로부터 배웠다. 일시적이라 해도 승리는 이야기를 가장 잘 만들어서 들려주는 사람에게 돌아간다는 것을 그가 알았다는 것이다.

링컨이 정치지도자로서 성공할 수 있었던 배경으로 경제적 독립을 빼놓을 수 없을 것이다. 정치가의 경제적 자립이 얼마나 중요한지 깨달은 그는 정치에 참여하면서도 변호사 업무를 게을리하지 않았다. 정치인으로서 성장할수록 변호사로서 더 많은 사건을 수임해 경제적으로 여유를 갖게 되었고 이것이 정치지도자로서의 성공을 뒷받침했다.

링컨에게서 배워야 할 교훈은 여기에 있다. 교양과 지식, 안목을 갖추는 독서와 자신의 생각을 정리하고 전달하는 글쓰기, 그리고 각종 이해 세력의 유혹으로부터 자신을 지킬 수 있는 경제적 자립이 정치인의 중요한 덕목이라는 점이다. 다른 시대, 다른 국가라고 해서 예외는 아니다. 민생·공감 강국으로의 도약을 이끌 전략리더는 이런 기준을 만족해야 한다.

23_ 의제의 힘으로 역사를 바꾼 20세기 전략리더: 처칠, 이승만, 레이건

처칠과 이승만 그리고 레이건의 공통점은 무엇일까?

이들 리더의 공통점은 각자가 활동하던 동시대의 어떤 정치가보다도 의제의 힘에 주목하고 이를 자신의 역사적 소명을 수행하는 데 적극 활용해 성공을 거두었다는 것이다.

또 다른 공통점은 이들 세 사람 모두 파시즘 또는 공산주의라는 전체주의와 싸워 승리하거나 그 위험성을 널리 알린 전사들이라는 것이다.

처칠: 고전 공부와 과학적 정보의 힘으로 악을 물리친 전략리더

이들 가운데서 처칠의 위치는 특별하다. 그는 이승만이나 레이건과 달리 나치라는 파시즘을 상대로 한 세계대전에서 사즉생의 정신으로 최종 승리를 거둔 리더이기 때문이다. 이승만도 일제의 군국주의라는 파시즘과 싸워 이기긴 했으나 실제로 일제를 굴복시킨 것은 미국이었다. 레이건의 경우 공산주의를 상대로 한 냉전에서 승리할 수 있는 기반을 마련했을 뿐 처칠처럼 세계대전을 실제로 치른 지도자는 아니다.

처칠은 영국에서 누구보다도 빨리, 정확하고 일관되게 히틀러의 위험성을 예상하고 이에 대비할 것을 주창했다. 앞장에서 살펴본 것처럼 처칠은 1920~1930년대에 낙선하거나 정부 직책을 맡지 않은 상태에서도 변함없이 히틀러의 위험성을 인식하고 그에 대비하자는 의제를 제기했다. 1939년 9월 뮌헨 안전보장협정이 파기되고 체임벌린이 물러날 수밖에 없는 상황에서 내각을 이끌 만한 보수당 정치인은 해군성 장관이던 처칠밖에 없다는 데 영국 정치권의 합의가 이루어졌다. 그가 전쟁 리더가 되는 데 결정적인 기여를 한 것은 바로 평소 갈고닦은 의제의 힘이었다.

처칠이 제기한 의제의 힘은 히틀러의 압도적인 무력 공세 앞에서 전의를 상실한 영국 국민들의 희망을 되살리는 데 극적인 역할을 했다. 그는 영국 상공을 뒤덮은 독일 나치 공군기들의 엄청난 폭탄 투하로 희망이 꺾일 때마다 승리할 수 있다는 연설로 국민들에게 용기를 불어넣었다. 처칠의 의제의 힘은 히틀러를 공포에 몰아넣었다. 그는 히틀러를 향해 절대 항복하지 않고 끝까지 싸울 것이라는 점을 분명히 했다. 처칠이 이 같은 불퇴전의 의지를 천명하자 오히려 전면전의 불리함을 알고 빨리 휴전하고 싶어 했던 히틀러는 절대적인 위기감을 느껴야 했던 것이다.

처칠이 보여준 가장 상징적인 의제의 힘은 전시 수상으로 취임한 지 사흘 만에 행한 의회 연설에서 나타난다. "여러분은 우리의 정책이 무엇이냐고 묻습니다. 그것은 신이 우리에게 준 모든 힘과 무력으로 바다, 육지 그리고 공중에서 전쟁을 벌이는 것입니다. 여러분은 우리의 목적이 무엇이냐고 묻습니다. 한마디로 말한다면 승리입니다. 어떤 대가를 치러서라도 승리하고 어떤 공포를 무릅쓰고라도 승리하고 그 길이 제아무리 멀고 힘들더라도 승리하는 것이 우리의 목적입니다. 승리 없이 생존은 없습니다." 역사상 전쟁을 앞두고 행해진 많은 연설이 있지만 이처럼 지도자가 국민들에게 전쟁에서 승리할 수 있을 것이라는 믿음을 갖게 한 연설은 없었다.

처칠은 목표로 삼은 일이 무엇이든 절대로 포기하지 않는 리더십의 화신으로 평가받는다. 포기하지 않는 리더십으로 유명한 연설은 그가 자신이 졸업한 사립학교를 찾아 어린 후배들에게 행한 것이었는데 단 한마디였다. "절대로 포기하지 말라Never give in."

처칠은 어떤 수양을 쌓았기에 거대한 악과의 전쟁에서 두려움을 갖지 않고 절대로 포기하지 않는 리더십으로 서구 문명을 구할 수 있었을까?

그를 연구한 대다수의 전문가들이 내놓은 답은 역시 고전이다. 처칠은 청년 시절부터 고전을 정독했다. 기번의 『로마제국 쇠망사』와 같은 고전들을 읽으면서 독재는 반드시 멸망한다는 역사의 교훈을 깊이 인식하고 역사적 인물들의 영감에 찬 웅변을 자신의 것으로 만들기 위해 애썼다. 그 같은 노력 덕분에 그는 어려운 상황에서도 국민들의 마음을 두드리는 훌륭한 연설을 할 수 있었다.

처칠이 히틀러의 압도적인 공군력으로 런던이 초토화되는 상황에서도 당당하게 맞설 수 있는 힘을 고전에서 얻은 것을 기번의 책만으로는 설명하기는 부족하다. 처칠에게 사즉생의 정신을 가르쳐준 고전은 폴리비우스의 『로마제국의 융성』과 리비우스의 『로마사』였던 것이 분명하다.

이들 두 고전이 전하는, 카르타고의 한니발 군대에 1만 5000명의 로마군이 몰살당하는 트라시메누스 호수 전투와 5만 6000명이 전사하는 칸나이 전투의 교훈은 청년 처칠에게 리더가 어떠해야 하는지를 가르쳤을 것이다. 특히 이들 두 전투에서 연거푸 최고 선출직인 전·현직 집정관 등의 리더들이 도망

가지 않고 기꺼이 로마 시민으로서 목숨을 바치는 사즉생 정신이 로마가 끝내 카르타고를 물리치고 강대국으로 발전할 수 있었던 원동력이었다는 것을 처칠은 가슴 깊이 깨달았을 것이다.

만약 그랬다면 처칠이 전시 수상이 되었을 때 자신을 한니발에게 연전연패하면서 위기에 처한 로마의 집정관으로 여기고 승리의 의지를 다졌을지도 모를 일이다. 그로서는 히틀러가 한니발로 여겨졌을 것이다.

정확한 정보는 처칠이 의제의 힘을 갖게 된 또 하나의 근간이다. 정보의 중요성을 잘 알았던 그의 곁에는 고급 정보를 수집하고 분석해주는 정보 보좌관이 늘 함께 있었다.

오늘날의 정치인들처럼 신문이나 방송에서 보고 들은 것을 바탕으로 의제를 제기한 것이 아니다. 베스트는 그가 쓴 처칠 평전인 『절대 포기하지 않겠다』에서 처칠이 독일에 직접 정보 보좌관을 보내 히틀러에 관한 정보를 수집하고 이를 토대로 의제를 설정했다고 말한다.

처칠의 의제 설정 능력은 2차 세계대전 후에도 지속됐다. 그는 1946년 3월 5일 미국 미주리주 풀턴에서 저 유명한 '철의 장막Iron Curtain'이란 의제가 담긴 연설을 했다. 이 연설에서 그는 "발트해의 슈제친에서 아드리아해의 트리에스테까지 유럽 대륙을 가로질러 철의 장막이 드리워졌다"고 말함으로써 소련의 폐쇄적이고 비밀주의적인 긴장 정책과 동유럽의 경찰국가들을 격렬히 비난했다. 이 연설은 그 후 40여 년간 서구인의 머릿속에 확고히 자리 잡아 소련의 팽창주의에 대한 첫 경고로서 서구의 대소 봉쇄 정책의 기원이 되었다는 평가를 받는다. 처칠의 이 연설에는 또 다른 의미가 있다. 그것은 바로 나치라는 파시즘과의 전쟁에서 이기기 위해 또 다른 전체주의인 공산주의 지도국가 소련과 협력해야 했던 자신의 결정을 뉘우치는 것일 수 있다는 것이다.

유럽연합이란 의제도 처칠이 설정했다고 말하면 믿기 어려울지 모른다. 그러나 그는 1946년 9월 스위스 취리히에서 행한 연설에서 유럽합중국의 구도 안에서 유럽 가족을 재창조해야 하며 이를 위한 첫 단계는 바로 몇 년 전까지만 해도 불구대천의 원수였던 프랑스와 독일의 협력이어야 한다고 천명했다. 이 때문에 당시 전 유럽은 경악했는데, 후에 유럽연합이 현실화되면서 그의 구상은 예언자적인 선견지명과 도덕적 용기가 훌륭하게 결합된 것이라는 평가를 받았다.

처칠은 또 20세기 초 전쟁의 신무기였던 비행기와 탱크를 군사적으로 개발하는 데도 성공했는데, 이는 그가 평소 과학기술 보좌관을 곁에 두고 끊임없이 자신의 아이디어를 구현하고자 애쓴 결과이다.

비록 처칠은 보수 정치인이었지만 그의 정치적 성공을 가능하게 한 요인 중 하나는 빈민에 대한 연민이었다고 베스트는 말한다. 그는 인도에 있던 시절부터 들인 습관대로 새로운 분야에 관심이 생기면 관련 도서를 독파하며 취해야 할 입장을 정리했다. 당시 그는 사회개혁의 핵심적인 책인 벤자민 시봄 라운트리Benjamin Seebohm Rowntree의 『빈곤, 도시생활 연구 Poverty, A Study of Town Life』를 읽게 되었는데, 그 후 평생 동안 빈민에 대한 연민을 품었다.

이승만: 봉건제, 파시즘, 공산주의와 싸워 이긴 세계 유일의 리더

이승만은 봉건제와 파시즘과 공산주의와 싸워 모두 이겼다. 이들 3대 반인간주의anti-humanism 체제가 동시에 존재한 시기는 20세기 상반기였다. 그는 이들 인류의 거대한 적들을 상대로 각각 젊은 유생으로서, 식민지 출신의 망명객으로서, 신생 독립국의 지도자로서 당당하게 싸워 승리했다. 이 점에서 인류 역사에서 유일한 정치가라고 해도 지나치지 않다.

이승만이 반봉건주의 근대화를 위한 개화 운동에 헌신한 것은 배재학당을 졸업한 뒤 서재필 등과 함께 독립협회와 만민공동회를 만들어 활동하면서부터였다. 그러다가 그는 입헌군주제 정부 수립을 도모한 박영효 등과 함께 1899년 투옥됐다. 이때 그는 앞의 3대 적들 중 처음 맞닥뜨린 봉건이라는 거악에 의해 종신형 선고를 받았다. 그를 구원한 것은 기독교였다. 감옥에서 기독교에 귀의해 외국인 선교사들과 기도 모임에 참석하면서 50여 명의 간수와 죄수를 전도한 데 이어 영한사전을 편찬하고 『독립정신』이라는 책을 저술했다. 그는 봉건제의 마지막 영수인 고종의 특별 사면을 받고 1904년 8월에 석방됐다.

그는 고종의 요청을 받아 1904년 11월 미국으로 건너가 미국 조야를 상대로 1882년 체결된 조미수호통상조약에 따라 일본에 의해 합방 위기에 처한 조선을 도와줄 것을 호소했다. 그는 조지워싱턴대학교에 편입해 학사 학위를 받고, 하버드대학교에서 석사 학위를 받은 뒤 프린스턴대학교에서 「미국의 영향을 받은 영세중립론Neutrality as Influenced by the United States」이란 논문으로 국제정치학 박사학위를 받았다. 그는 1910년 귀국해 YMCA 전국 조직 구축 운동에 깊숙이 관여했다. 그러나 일본 총독부가 이를 독립운동으로 간주하면서 그를 체포하려 하자 1913년 선교사들의 도움으로 피신해 미국으로 망명했다. 그 후 그는 미국에 구미위원회를 설치하고 외교 차원의 독립운동을 벌였다. 미국 정부를 상대로 미국이 동아시아에서 손잡을 파트너는 군국주의의 일본이 아니라 한국이라는 의제를 광복 때까지 일관되게 제기했다.

상해 임시정부가 그를 초대 대통령으로 옹립한 데는 임정의 주도 세력이 독립협회와 만민공동회에서 이승만의 주도하에 개화운동을 펼친 인사들이었다는 것이 주된 요인으로 작용했다. 이는 국망國亡 이후 임시정부로 다시금 국권 회복의 기반을 마련할 수 있었던 원천이 이승만의 개화 운동에서 비롯됐는 것을 의미한다.

미국, 영국, 중국, 소련 등 4개 강대국은 1943년 11월 카이로 선언에서 "현재 한국민이 노예 상태 아래 놓여 있음을 유의하여 앞으로 한국을 자유독립 국가로 할 결의를 가진다"라는 특별 조항을 명시해 처음으로 한국의 독립을 국제적으로 보장했다. 이 같은 외교적 성과는 수십 년에 걸친 이승만의 의제 외교가 있었기에 가능했다.

이승만이 미국의 지원으로 초대 대통령이 됐다는 것은 명백한 오해로서 미 국무부는 해방 후에는 그의 귀국마저 방해했다. 이승만은 미국 망명 기간 내내 일본과 협력해 동아시아를 경영한다는 미국의 정책에 비판을 제기했다. 이 때문에 미국은 늘 그런 그를 부담스러워했다. 광복 후에는 그가 귀국을 빨리 할 경우 미 군정 체제가 정착하는 데 적지 않은 방해가 될 것이라고 판단하고 미 국무부는 그의 귀국을 돕기는커녕 오히려 훼방을 놓았다. 그럼에도 그가 그나마 너무 늦지 않게 서울에 돌아올 수 있었던 것은 맥아더 장군이 비공식적으로 귀국 비행기 편을 알아봐 주었기 때문이다. 로버트 올리버Robert Oliver는 그가 쓴 이승만 평전인 『이승만Syngman Rhee』에서 존 하지John Reed Hodge 중장의 미 군정도 군정 기간 이승만과 긴장 관계에 있었다고 증언한다. 그 때문에 이승만은 미국의 간섭에 자율적으로 행동했다.

만약 당시 미 국무부와 미 군정의 정세 인식에 따라 모든 것이 진행됐다면 남한의 단독정부 수립도 어려웠을 것이다. 소련이 북한에 사실상의 정부 조직인 북조선임시인민위원회를 설립한 것은 1946년 2월이었다. 그러나 미 군정은 이를 모른 채 소련과 함께 1946년 3월 미소공동위원회 1차 회의를 갖고 남북한 단일 정부 구성과 신탁통치 문제 등을 논의하기 시작했다. 이런 상황에서 이승만은 그해 6월 3일 전라북도 정읍에서 남한만이라도 단독정부를 구성해야 한다는 의제를 내놓았다. 이때 소련의 전략은 남북한 모두를 자신들의 수중에 넣는 것이었다. 이를 위해 1단계로 북한에 북조선임시인민위원회라는 사실상의 단독정부를 수립해 놓은 소련은 2단계로 미소공동위원회를 통해 북한 주도의 남북한 단일 정부를 출범시키기 위한 그림을 그려가고 있었다. 이 점에서 정읍에서의 이승만의 발언은 소련의 대 한반도 전략을 정확하게 꿰뚫어 보는 의제였다. 미소공동위원회에서 남북한 단일 정부 구성 문제에 대한 합의가 이루어질 때까지 기다렸다가는, 자칫 잘못하면 남한마저 공산화돼 한반도 전체가 소련의 위성국으로 전락할 수 있다는 것이 이승만의 우려였던 것이다.

실제로 소련은 1947년 2월 북조선임시인민위원회를 '임시'자를 뺀 북조선인민위원회로 바꿔 이전보다 공식적인 정부 조직으로 탈바꿈시켰다. 이는 소련이 미소공동위원회에서 미 군정과 함께 남북한 단일 정부 구성을 논의해온 것이 얼마나 기만적이었는가를 보여준다. 이때까지 남한에서는 미 군정 이외에 어떠한 정부 조직도 설립되지 않았다. 소련은 1947년 5월 미소공동위원회 2차 회의 때 북한 주도의 남북한 단일 정부 구성을 위한 카드를 내놓았다. 신탁통치를 반대하는 남한의 보수 사회단체들은 남북한 단일 정부 구성에서 제외시키자는 제안이었다. 당시 북조선인민위원회라는 정부를 중심으로 소련의 통치를 받고 있던 북한은 찬탁 입장을 견지하고 있었던 반면, 남한에서는 우파 성향의 사회단체들이 반탁 시위에 격렬하게 나서고 있었다. 올리버에 의하면 1945년 12월 모스크바 삼상회의에서 한국에 대한 5년간의 신탁통치가 결정되자 이승만은 김구, 김규식 등과의 회합을 마친 뒤 이듬해 2월 전국

비상긴급회의를 소집해 남조선대표민주의원을 발족하는 등 반탁 운동을 이끌었다. 미 군정은 의사 표시의 자유 원칙을 들어서 소련의 제안에 반대했다. 이를 계기로 미소공동위원회는 휴회에 들어갔다. 소련은 1948년 2월 6일 사실상의 북한의 정부로 기능해온 북조선인민위원회의 명칭을 북조선민주주의 인민공화국으로 변경하고 헌법도 제정함으로써 북한에 명실상부한 단독정부를 출범시켰다. 그 후 유엔에서 선거가 가능한 남한에서만 총선거를 실시한다는 결정이 이루어짐에 따라 1948년 5월 10일 총선거가 실시되었다. 인구 비례에 의거해서 북한 지역의 몫인 100명의 국회의원을 남겨두고 남한 지역의 몫인 200명의 국회의원 선출이 이루어진 것이다. 이들 200명의 제헌의원들은 5월 31일 국회를 개원한 뒤 헌법을 제정해 7월 17일 공표했다. 이어서 7월 20일 제헌의원들 간에 호선으로 정·부통령 선거가 실시돼 이승만이 대통령으로 선출됐다. 이런 일련의 과정을 살펴보면 남북 분단이 마치 이승만의 '남한 단독정부 구성'이라는 의제에 기인한 것처럼 주장하는 것이 얼마나 역사를 왜곡하는 것인가를 알 수 있다. 오히려 이승만의 그 같은 의제가 계기가 되어 남한 국민들과 미국이 소련의 숨은 의도를 정확하게 인식하게 되었다고 평가할 수 있다. 평가는 여기서 그치지 않는다. 대한민국이 자유민주주의와 시장경제의 길을 걷게 된 연원을 이승만의 단독정부 노선에서 찾는 연구가 갈수록 공감을 얻고 있다. 해방 공간에 대한 많은 연구 업적을 남긴 고故 김일영 전 성균관대학교 교수는 그의 명저 『건국과 부국』에서 "우리가 누리는 민주주의와 시장경제는 이승만의 단정 노선에서 출발하고 있다고 할 수 있다"라고 말한다.

이승만은 6.25 전쟁이 발발하자 대미 외교를 전략적으로 추진함으로써 미국의 강력한 지원을 확보해 김일성의 적화 야욕을 막아냈다. 공산주의와의 싸움에서 이긴 것이다. 특히 그가 이끌어낸 한미상호방위조약은 미국이 전 세계에서 유일하게 한국에만 허용한 상호방위조약이라는 점에서 빛을 발한다. 이승만의 철저한 국익 우선의 대미 자세에서 비롯된 결실이었다. 한미상호방위조약은 1904년 첫 방미 때 미국 조야에 요구했던, 조미수호통상조약에 따라 조선을 일본의 합방 위기로부터 벗어날 수 있도록 도와달라고 한 청년 이승만이 꾸었던 꿈이 실현된 것이다. 이 점에서 한미상호방위조약은 50년 만에 실현된 조미수호통상조약의 결론으로 볼 수 있을 것이다.

처칠은 영국이라는 강대국의 지도자였고 이승만은 일제 식민지인 한국이라는 약소국 출신의 지도자였다.

식민지 지식인의 신분이었던 이승만은 막강한 일제 군국주의에 맞서 전 세계를 상대로 한 외교전을 벌여 독립에 큰 기여를 했다. 또 광복 후 신생국인 대한민국의 초대 대통령으로서 북한의 남침을 물리치고 북한에 의한 지속적인 공산화 위협을 극복했다. 이 같은 업적은 처칠이 히틀러라는 나치 독일에 대항해 치른 싸움과 비교했을 때 결코 낮게 평가할 수 없다.

그러나 이승만은 친일 관료들을 기용한 것으로 비난을 받는다. 친일 관료의 기용은 오늘날까지도 친일 인사들에 대한 단죄를 통한 민족정기의 바로 세우기를 어렵게 만들었다는 일각의 비판이 있다. 분명 1948년 단독정부 수립 시 친일 관료의 기용은 잘못된 조치였다. 그러나 이승만 정부의 내각에 각료로 참여한 인사들은 모두 독립지사들이었다. 기용된 친일 관료들에게는 대부분 중하위 직책이 맡겨졌다.

이승만은 일본을 불구대천의 원수로 여겼는데, 그가 대통령이 된 후 미국 방문길에서 연료 보급차 잠시 도쿄에 기착했을 때 일본 땅을 밟고 싶지 않아 비행기에만 머물렀다는 일화는 유명하다. 그런 그가 친일 관료를 기용하게 된 배경은 무엇이었을까?

그로서는 국가 건설state building을 위한 불가피한 선택이었다는 점을 이해해야 한다. 당시 국제 정세는 자유민주주의와 공산주의 간에 갈등과 대립이 냉전으로 비화되는 상황이었다. 이 때문에 그는 북한의 공산주의화 위협을 막아내고 국가 건설을 이루기 위해 친일 관료들의 경험을 사려고 그들을 기용한 것으로 평가받는다. 국가 건설과 친일 관료 등용을 맞바꾼 것이다. 북한의 김일성 정권도 국가 건설 과정에서 친일 관료의 경험을 이용했다. 김일성 정권은 이승만 정부보다 훨씬 많은 친일 관료를 기용했다는 평가를 받는다.

국가 건설을 이룩하고 산업화와 민주화에도 성공한 지금, 이승만의 친일 관료 기용으로 지연된 '민족정기 바로 세우기'는 언제든 가능하다. 국가 건설 과정에 참여해 살아남은 친일 관료들의 명단만 공개하는 것은 반쪽짜리 친일 잔재 청산이 될 것이다. 온전하고 미래지향적인 민족정기 바로 세우기는 친일파들을 지목하고 비난하는 것만으로는 이룰 수 없다. 독립투사들과 그들의 후손들이 친일파들과 그들의 후손들보다 더 잘 교육받고 잘살 수 있도록 국가가 체계적인 보상을 제공할 때 비로소 가능하게 될 것이다. 그래야만 오늘을 살아가는 국민들과 다음 세대들이 나라가 국난에 직면할 때 가족과 후손의 삶을 걱정하지 않고 나라를 위해 헌신을 할 것이기 때문이다.

레이건: 독서와 글쓰기로 의제의 힘을 키워 승리를 견인한 전략리더

"공산주의와의 싸움에서는 권총이 아닌 라이플을 들어야 한다."
의제의 힘을 누구보다 더 잘 인식한 전략리더였던 레이건이 1950년대 초 매카시즘이 미국을 휩쓸 때 한 말이다.

누가 공산주의자인가를 폭로하는 방식은 사거리가 짧은 권총short gun에 불과하므로 국민에게 자유민주주의와 시장경제의 가치를 알려 그들의 동의를 구함으로써 공산주의자들의 공간을 좁혀나가는, 사거리가 긴 장총rifle과 같은 방식을 선택해야 한다는 것이 레이건의 인식이었다.

요컨대 그의 지론은 상이한 이데올로기인 공산주의와의 사상전을 승리로 이끌기 위해서는, 매카시가 선택한 방식이 아니라 자유민주주의와 시장경제의 장점을 널리 확산시키는 방식을 택해야 한다는 것이다.

그는 평생 세 가지 주요 의제를 일관되게 제기해 모두 현실화하는 데 성공한 것으로 평가받는다. 첫 번째 의제는 반공이었다. 레이건은 인간의 자유가 없는 공산주의와는 공존할 수 없다는 신념을 갖고 대통령 재임 기간 경제 및 군사 부문에서 모든 수단을 통해 소련을 압박했다. 1990년 동구의 붕괴와 구소련의 해체에 의한 냉전 종식은 레이건의 경제적·군사적 대소 압박에서 말미암았다는 역사적 평가가 나오는 것은 이 때문이다.

스탠퍼드대학교 후버연구소의 피터 슈바이처Peter Schweizer는 『레이건의 전쟁Reagan's War』에서, 콘스탄틴 체르넨코Konstantin Chernenko 서기장 사망 후 소련 공산당이 보수파 대신 개혁파인 미하일 고르바초프Mikhail Gorbachev를 후임 서기장으로 선출한 것은 레이건의 압박을 의식한 결정이었다고 말한다. 나중에 고르바초프가 페레스트로이카Perestroika(개혁)와 글라스노스트Glasnost(개방) 정책을 추진하게 된 것 역시 레이건의 압박이 워낙 거세서 뭔가 개혁하지 않으면 안 될 것 같은 불안감을 느꼈기 때문이라는 것이 슈바이처의 평가이다.

특히 고르바초프가 개혁·개방에 나선 계기는 1983년 당시 레이건이 서독 베를린을 방문해 베를린장벽 앞에서 가진 연설에 있다. 이 연설에서 레이건은 "고르바초프 씨! 이 문을 여십시오! 이 문을 부숴버리십시오!Mr. Gorbachev!

Open this gate! Tear down this gate!"라고 말했다.

이를 전해들은 서유럽은 레이건이 소련을 자극해 전쟁 위험을 증가시켰다고 비난했다. 그러나 정작 고르바초프는 '개혁·개방을 하지 않으면 안 되겠구나'라는 두려움을 느끼게 됐고, 이에 따라 페레스트로이카와 글라스노스트를 추진하게 되었다. 슈바이처에 따르면 이 같은 사실은 소련 해체 후 공개된 소련 정부 문서들에서 확인된다.

두 번째와 세 번째 의제는 각각 작은 정부와 자유시장경제인데 이들 의제는 그가 8년 임기 내내 시장경제의 자율성을 제고하기 위해 정부의 개입을 최소화하는 레이거노믹스를 통해 실현됐다. 이 때문에 레이건은 오늘날 양극화의 주범으로 비판받는 신자유주의 경제 모델을 대처 영국 수상과 함께 주도한 서구 지도자라는 부정적인 평가도 받는다.

레이건에게 붙은 영화배우 출신의 정치인이라는 수식어는 그에 대한 정확한 평가를 방해하기도 한다. 레이건은 많이 읽고 공부했던 지도자였다.

로버트 캐플런은 『승자학Warrior Politics』에서 레이건은 대다수 사람들이 생각하는 것보다 많은 책을 읽었다고 전했다. 함께 대학을 다녔던 지인들은 유레카대학교 시절 그가 프랭클린 루스벨트 대통령의 1933년 취임 연설을 외우는 등 명연설 메시지를 색인 카드로 정리해서 들고 다니며 암기했다고 기억한다. 프랭클린 루스벨트의 취임 연설은 "우리가 두려워해야 하는 것은 두려움 그 자체입니다"라는 말로 유명하다. 레이건은 연설을 통해 자신만의 의제를 확산시킴으로써 세상을 바꿀 수 있다는 것을 일찍부터 알았다.

레이건은 정치에 입문하기 전인 1950년대에 미국의 대기업인 제너럴 일렉트릭GE사의 홍보대사를 맡았다. 이때 그는 미국 전역을 누비며 공장 노동자들에게 강연했는데 성공적이었다는 평가를 받았다. 당시 그는 수십 장의 카드에 꼼꼼하게 연설문을 적고 이를 외웠던 것으로 유명하다. 닉 래곤Nick Ragone은 그의 저서 『대통령의 결단Presidential Leadership』에서 레이건은 캘리포니아 주지사 때는 물론 백악관 시절에도 연설문을 직접 썼다고 말했다. 20세기 대통령 가운데 레이건만큼 글쓰기에 시간을 할애한 대통령은 없다는 것이 래곤의 주장이다. 이 같은 일화는 레이건이 B급 영화배우 출신으로서 지성과는 거리가 먼 정치인이라는 많은 사람들의 통념을 여지없이 깨뜨린다. 대다수 사람들은 레이건이 링컨처럼 글쓰기의 중요성을 인식하고 실천한 매우 드문 정치가statesman였다는 사실을 모르고 있는 것이다.

레이건은 명연설 공부와 많은 독서를 통해 근본적인 문명 가치에 대해 믿음을 가졌으므로 옳다고 확신한 가치에 대해서는 어떤 도전에도 타협하지 않았다. 그가 반공과 작은 정부 등 큰 의제들을 실현하고자 애쓴 것도 이들 의제의 가치에 대한 그의 확신에서 비롯된다. 어떤 의제가 제아무리 중요하다고 해도 리더가 그 의제를 정책적으로 추진하기 위해서는 직접 공부해서 그 의제의 중요성에 대한 확신을 가져야 한다. 그렇지 않으면 추진할 결심을 하지 않거나 추진하더라도 중도에 그만둘 가능성이 높다.

영국의 역사가로서 『모던 타임스Modern Times』로 유명한 폴 존슨Paul Johnson은 『영웅들의 세계사Heroes』에서 레이건의 성공을 이렇게 평가했다. "정권의 성공은 정보와 지식보다는 (레이건이 대통령으로서 보여준 것처럼) 가능하고 합리적이고 소통할 수 있는 3~4개의 중요 과제들로 정권의 목표를 좁힐 수 있는 능력에 달려 있다."

민생·공감 강국으로의 도약을 위해 요구되는 전략리더는 처칠, 이승만, 그리고 레이건처럼 당대의 글로벌 문명 표준과 가치에 대한 확신을 가지고 중요한 의제 몇 개에 집중하는 능력을 갖춘 리더인 것이다.

| 제7장 |

민주화 이후 한국정치의
위기와 대안

24_ 수정주의 영합게임 정치의 정체

　민주화 이후 한국정치가 직면해온 불안정성 또는 위기의 기원은 어디이고 그것을 극복하는 방안은 무엇인가?

　보수 진영과 진보 진영이 제시한 두 개의 답 가운데 국민이 어느 쪽을 선택하느냐에 따라 향후 국가경영을 둘러싼 경쟁 구도가 달라진다. 1987년 민주화 이후 출범한 역대 정부는 두 개의 형태다. 하나는 단점 정부單占 政府(집권 정당이 의회를 지배하는 여대야소 상황하의 정부)이고 다른 하나는 분점 정부分占 政府(집권 정당이 의회에서 소수인 여소야대 상황하의 정부)이다. 이 두 가지 형태의 정부는 속성은 다르지만 불안정성을 보여왔다는 점에서는 같다.

　문제는 불안정성을 보이는 이유인데, 이는 '수정주의 영합게임 정치revisionist zero-sum game politics' 때문인 것으로 보인다.

　수정주의 영합게임 정치는 보수 정당과 진보 정당 간에 국회를 중심으로 국가 경영의 기회를 서로 독점하려는 '전쟁'을 벌인다는 것을 의미한다. 다시 말해서 보수 정당과 진보 정당이 어떻게든 서로의 이념과 지역 기반을 비하하거나 제도를 변경하는 시도들을 통해 상대방을 약화시킴으로써 오로지 자신만이 집권 기회를 독점하려고 하는 배타적인 정치가 수정주의 영합게임 정치의 개념인 것이다.

수정주의revisionism는 어느 일방이 현존 질서와 구조를 자신에게 유리한 방향으로 변화시키는 것으로서 국제정치에서 자주 사용되는 개념이다. 영합게임zero-sum game은 득실의 합계가 항시 제로가 되는 것과 같은 게임을 가리킨다. 어느 일방이 제한된 이익을 전부 갖고 다른 일방은 전혀 갖지 못하는 공정하지 못한 게임을 의미한다. 비영합게임non zero-sum game은, 영합게임의 반대개념으로서 득실의 합계가 항시 제로가 되지 않는 게임을 가리킨다. 즉, 어느 한쪽이 이익을 독차지하거나 무조건 손실을 보는 것이 아니라 참가자들이 이익을 나누어 갖는 게임을 지칭한다.

'수정주의 정치'는 추진자initiator가 특정 정책상의 정치적 이익을 획득하기보다는 장기적으로 자신에 유리한 방향으로의 정치 구조 변화를 추구하는 것을 의미하고, '영합게임 정치'는 구조적 변화를 야기하지 않지만 단기적으로 특정 정책에서 어느 일방이 이익을 독점하는 것을 가리킨다.

그러므로 '수정주의 정치'와 '영합게임 정치'의 개념을 조합한 수정주의 영합게임 정치란 이렇게 정의할 수 있다. "어느 일방이 자신의 장기집권을 목표로 삼아 자신에게만 전적으로 유리한 정책이나 의제로 현 정치 질서와 구조를 바꾸는 정치이다."

군사정권의 권위주의 기간에 정치 분야의 주요 균열cleavage은 '독재 대 반독재' 또는 '민주 대 반민주'였다. 독재·반민주 세력이 워낙 강력했던 탓에 민주화를 열망하는 모든 정치 세력은 반독재와 민주화를 위해 대동단결했다. 따라서 권위주의 시기에는 지역주의나 대한민국 건국을 비롯한 근현대사, 혹은 남북관계를 둘러싼 인식 차이에서 나타나는 갈등과 대립이 정치적 균열로서 부상하지 못했다.

지역주의가 권위주의 시기에 주요 정치 균열로 부상하지 못했다는 것은 집권당의 지역별 의석 분포에서 알 수 있다. 3공 시기 집권 여당인 민주공화당과 5공 시기 집권 여당인 민주정의당이 모두 권력 기반으로 삼고 있는 지역이 대구·경북TK임에도 호남을 비롯한 전 지역에서 고른 의석 분포를 보였다. 당시 공화당과 민정당이 호남에서 의석을 골고루 얻을 수 있었던 것은 한 지역구에서 2명의 국회의원을 뽑는 중대선거구제의 덕을 봤기 때문이다. 그럼에도 이러한 결과는 그 시기에 지역주의가 주요 정치 균열로 작동할 만큼 심각하지 않았다는 것을 방증한다고 할 수 있다.

그러나 민주화 이후 이 같은 상황은 급변했다. 원형 생물인 아메바가 분열하듯 보수 진영과 진보 진영은 지역주의를 기준으로 분열하기 시작했고, 이어서 근현대사와 북한에 대한 인식 차이를 중심으로 극단적인 갈등과 대립을 벌이기 시작한 것이다. 이 중에서 북한 문제를 둘러싼 인식 차이가 가장 중대한 정치 균열로 등장했다. 원인은 종북 성향의 세력들이 정치권에 수혈된 데서 찾을 수 있다. 종북 세력은 북한이 대학을 중심으로 한국의 각계각층에 통일전선 전술이라는 이름의 포섭을 강하게 추진한 결과였다.

현재 진보 진영 정치권에 수혈된 종북 성향 세력의 다수는 1980년대 전후 대학가 운동권에 몸담았을 때 북한의 주체사상을 학습한 것으로 공안당국은 파악하고 있다. 이 때문에 오늘날 한국 정치의 불안정성 심화는 이른바 '주사파'로 일컬어지는 운동권 출신 인사들이 오늘날 진보 진영의 주류 정당과 비주류 정당에 대거 진출해온 데 따른 결과로 평가된다.

민주화 이후 진보 진영 정당들은 시간이 갈수록 자유민주주의와 시장경제라는 의제로부터 거리를 두면서 냉전의 종식으로 이미 역사적인 판정을 받은 담론들에 비정상적으로 집착하는 모습을 보였다. 경제적으로는 사회민주주의적인 분배 지상주의 담론을, 외교안보적으로는 북한은 무조건 지원하고 미국과 관련된 일이라면 반대로 일관하는 담론을 제기해온 것이다.

진보좌파 진영의 정당과 시민사회가 이명박 정부가 추진했던 미국산 쇠고기 수입 확대와 한미자유무역협정FTA을 반대했던 이유는 이들 사안이 미국과 관련된 데서 찾을 수 있다.

그렇다면 왜 진보좌파 진영의 정당과 시민사회는 미국과 관련된 일이라면 무조건 반대하고 나서는가? 그 근본적인 원인은 진보좌파 진영 일부 정당과 시민사회가 북한과 맺어온 연계성에서 찾을 수 있을 것이다. 북한의 공산주의자들은 자신들의 대남 혁명이 미 제국주의를 한국으로부터 몰아내야만 이루어질 수 있다고 믿는다. 한국은 미 제국주의의 식민지라는 것이다. 이 때문에 공안 분야의 전문가들은 북한이 친북 또는 종북 성향의 정치인들과 시민사회 단체들에 어떻게 해서든 한국과 미국이 가까워지는 것을 반대하라는 메시지를 은밀히 보내오고 있는 것이 아니냐는 의혹을 제기하고 있다.

진보좌파 진영 정당들이 주류건 비주류건 앞서의 시대착오적인 담론을 추구하게 된 것은 주사파로 불리는 대학 운동권 출신 인사들이 이들 정당의 핵심적 위치를 차지했기 때문이다. 진보좌파 진영 정당들은 친사회주의 경제 의제와 친북 및 반미 외교안보 의제 등 왜곡된 담론을 제기하는 선에서 그치지 않고, 이 같은 담론을 국가 경영을 통해 직접 구현하기 위한 정치에 나서기 시작했다. 그래서 시작된 것이 바로 수정주의 영합게임 정치인 것이다. 진보좌파 진영의 정당은 보수우파 진영의 정당이 국가 경영 기회를 잡지 못하게끔 제도적 변경이나 사상 투쟁 등 수단과 방법을 가리지 않는 정치에 나선 것이다.

이러한 사실은 2014년 12월 19일 헌법재판소가 내린 통합진보당 해산 결정문에서도 확인된다. 헌법재판소 결정문은 통합진보당 주도 세력은 북한을 추종하고 있으며 이들 세력이 주장하는 진보적 민주주의는 북한의 대남 혁명 전략과 거의 모든 점에서 같거나 매우 유사하다고 지적했다. 이어서 결정문은 이들이 대한민국의 정통성을 부정하면서 최종적으로 북한식 사회주의 실현을 목표로 하고 있다고 부연했다.

그러나 통합진보당 외에도 북한의 대남 혁명 전략을 추종하는 많은 주사파들이 정치권에 활동하고 있다. 이 때문에 통합진보당의 해산에도 수정주의 영합게임 정치는 그다지 영향받지 않을 것이다. 더군다나 통합진보당을 만들었던 세력이 또 다른 진보 정당을 창당할 가능성이 있다.

수정주의 영합게임 정치는 이처럼 보수우파 진영 정당이 아닌 진보좌파 진영 정당들에 의해 더 주도되어왔고 앞으로도 그럴 것이다. 보수우파 진영 정당은 단지 진보좌파 진영 정당들의 수정주의 영합게임 정치를 견제하는 데 주력해왔을 뿐이다. 결국 수정주의 영합게임 정치의 근원 중 하나는 한국 내에 종북 세력을 지원하는 대남 혁명노선을 포기하지 않는 북한에 있다.

어떻게든 남북통일을 앞당기는 것이 한국 정치의 안정성을 회복하는 첩경이다. 통일이 요원하다고 본다면 현실적인 방안은 북한 체제가 대남 혁명 노선을 포기하고 국제사회의 책임 있는 일원으로 나아가도록 유도하는 것이다. 문제는 가까운 시일 내에 남북통일을 이루기가 어렵다는 점에서 어떻게 해야만 종북 세력이 지배하는 진보좌파 진영 정당들의 수정주의 영합게임 정치를 근본적으로 척결할 수 있느냐는 것이다.

그러나 이 과제는 그동안 보수 진영을 대표해온 20세기 보수 세력이 해결하기는 어렵다. 20세기 보수 세력은 소득 상위 계층 출신이 대부분인 데다 안락함well-being만 추구하는 이미지마저 강한 탓에 진보 진영에 의해 이기적이고 수구적인 세력으로 낙인찍혀 있다. 따라서 진보 정당의 수정주의 영합게임 정치가 현실에 발을 붙이지 못하도록 하는 정치혁명의 구현은 20세기 보수가 아니라 21세기 민생주의의 소명인 것이다.

25_ 수정주의 영합게임 정치의 역사적 기원

수정주의 영합게임 정치revisionist zero-sum game politics에는 세 가지 역사적 기원이 있다.

첫 번째 기원은 민주화 이후 영남과 호남 간 갈등과 반목에 따른 지역주의 심화를 꼽을 수 있다. 지역주의는 한국 정치의 최대 균열 가운데 하나다. 한국 정치에서 지역주의는 특정 지역 출신의 지도자나 주류 세력이 이끄는 정당이나 정치 세력이 대통령 선거와 국회의원 선거에서 장기간에 걸쳐 해당 지역에서 압도적으로 득표하는 현상을 가리킨다. 반면 그 지역에서 지도자나 주류 세력과 다른 지역 출신인 정당이나 정치 세력이 보여온 득표는 늘 미미한 수준에 머무르는 것도 지역주의의 결과이다.

이 같은 지역주의가 각종 선거에서 가장 큰 변수로 작용해온 대표적인 지역들은 광주와 전라남북도를 합친 호남과 부산·대구·울산·경상남북도를 합친 영남이다. 지난 1987년 민주화 이후 10여 년간 대통령 선거와 총선거에서 목포 출신인 김대중 씨가 이끌어온 정당(평화민주당 → 새정치국민회의 → 새천년민주당)은 호남에서, 거제 출신인 김영삼 씨가 이끌어온 정당(통일민주당→ 민주자유당 → 신한국당)은 처음엔 영남 일부(부산·경남)와 나중엔 영남 전체에서 압도적인 지지를 받았다.

문제는 이 같은 지역주의가 한국 정치에서 출현하기 시작한 시기는 언제로 볼 수 있으며 그 원인은 어디에서 비롯되었다고 봐야 하느냐는 것이다. 역사적으로 지역주의의 기원은 삼국시대에 영남을 기반으로 한 신라가 통일을 이루면서 그 후부터 백제의 기반인 호남 출신들이 정치적으로 유무형의 차별을 받았다는 데까지 거슬러 올라가서 찾아야 할지 모른다.

그러나 1945년 건국 직후부터 1961년 5.16 쿠데타로 박정희 군사정부가 출범하기 전까지는 어느 특정 지역이 장기간 권력을 독차지하는 패권을 차지하거나 어느 특정 지역이 정치적·경제적으로 차별받는 지역주의는 나타나지 않았다. 그러다가 호남 지역이 영남 지역에 비해 경제 발전 과정에서 차별받는다는 내용의 '호남 차별론'이 지난 1970년대 중반부터 나타나기 시작했다.

당시 박정희 정부는 일본과 미국 시장을 겨냥한 수출 산업 육성을 위해 제철과 전자와 중화학 공업단지를 영남 지역에 집중적으로 건설했다. 이에 대해 호남 지역 출신 정치인들은 박정희 대통령이 대구·경북 출신이기 때문에 정부가 그 같은 수출 산업 단지들을 호남에는 건설하지 않았다는 식의 호남 차별론을 제기하기 시작했다.

호남 차별론이 지역주의로까지 발전하게 된 데는 1971년 대선에서 근소한 차이로 패배한 호남 출신의 김대중 씨에 대한 탄압이 계기가 되었다는 평가가 많다. 경제 발전 과정에서 차별을 받고 있다는 호남 사람들의 감정이 호남 지역 출신의 정치지도자가 납치 사건을 겪는 등 영남 출신 정부에 의해 정치적 억압을 받는다는 사실을 계기로 지역주의로 변화하기 시작한 것이다.

그러나 1987년 민주화 이전까지 호남 지역주의가 대통령 선거와 국회의원 선거에서 주요 변수로 작동되지 못했다. 그 까닭은 김대중 씨가 5공 주도 세력인 신군부에 의해 정치활동 금지 대상으로 묶여 있었기 때문이다. 김대중 씨가 이처럼 자신의 정당이나 정치 세력을 결성해 호남 지역주의를 활용하지 못했기 때문에 5공 때까지 영남 지역 출신인 전두환과 노태우를 중심으로 한 신군부가 주도하는 민주정의당은 영남 지역에서 압도적인 의석수를 확보한 데 이어 호남 지역에서도 안정적인 의석수를 얻을 수 있었다.

그러다가 호남 지역주의와 영남 지역주의가 심화하게 된 계기는 지난 1987 년 6월 대통령 직선제 관철에 따라 이루어진 민주화였다. 민주화에 따라 정치 활동 금지 대상에서 해금이 된 두 야당 지도자들인 김대중과 김영삼은 서로 먼저 집권하기 위해 각자 자신만의 정당을 결성해 1988년 대선에 출마했고 신군부는 대구·경북 출신인 노태우를 후보로 출마시켰다. 이에 따라 호남 전체는 김대중과 평화민주당을, 대구·경북 지역은 노태우와 민정당을, 부산·경남PK은 김영삼과 통일민주당을 각각 압도적으로 지지하면서 호남과 TK, PK 지역주의가 본격화하기 시작했다.

1988년 대선에서 노태우 후보가 승리할 수 있었던 것은 이처럼 호남과 부산·경남 표가 김대중과 김영삼의 분열로 갈라졌기 때문이다. 김영삼이 지난 1992년 대선에서 승리할 수 있었던 것은 3당 합당에 힘입어서였다. 부산·경남에 영향력이 큰 그의 통일민주당이 대구·경북을 기반으로 하는 노태우 정부의 민정당, 충청 지역 출신인 김종필의 신민주공화당과 1990년 전격 합의를 통해 영남과 충청 간 지역 연합을 구축하는 데 성공했기 때문이다. 김대중이 1997년 대선에서 이길 수 있었던 것도 김종필의 자유민주연합과의 연대, 이른바 DJP 연대를 통해 호남과 충청 간 지역 연합을 이뤘기 때문이다.

이와 같이 민주화 이후 지역주의에 의존한 특정 정당이 그 정당의 영수領袖를 배출한 지역에서 압도적인 지지를 획득하는 현상이 고착화되었다. 이에 따라 이 같은 현상이 나타나는 지역들 간에 배타적인 연합을 통해 대선 승리를 도모하는 시도가 한국 정치에서 반복되어왔다. 그러나 동쪽인 영남 지역을 기반으로 하는 정당과 서쪽인 호남 지역을 기반으로 하는 정당 간에는 한 번도 연합하지 않았다. 이들 정당은 어떻게든 수도권 등 여타 지역에서 의석 수를 늘림으로써 집권 기회를 사실상 독점하기 위한 수정주의 영합게임 정치를 벌여오면서 동서 지역주의 간 갈등과 대립이 심화해왔다.

두 번째 역사적 기원은 해방 공간과 건국 등 현대사에 대한 인식 차이이다. 특히 1948년 대한민국 단독정부 수립을 둘러싼 인식 차이가 꼽힌다.

2003년 노무현 정부의 출범 이후 노무현 대통령은 대한민국은 태어나지 말았어야 했다고 말했다. 그의 이 같은 언급이 핵심적으로 의미하는 바는 대한민국 단독정부 수립에 의한 건국에 분단의 책임이 있다는 것이다. 그 후 우리 정치사회와 시민사회의 분위기는 노무현의 이 같은 역사관에 동의하는 진영과 동의하지 않는 진영으로 나뉘었다.

동의하지 않는 사람들은 주로 정치적으로는 보수우파 진영에 속해 있다. 이들은 북한이 그 전에 단독정부를 수립했던 만큼 이승만 박사 주도의 남한만의 단독정부 수립은 불가피했다는 인식을 갖고 있다. 이승만 박사가 지난 1946년 6월 정읍에서 남한만의 단독정부를 구성할 필요가 있다고 언급하기 전인 그해 2월 북한에는 김일성을 수반으로 하는 사실상의 정부라고 할 수 있는 북조선임시인민위원회가 수립됐다. 1946년 3월 북한의 토지개혁이 소련 군정이 아니라 북조선임시인민위원회에 의해 실시됐다는 사실은 이 기구가 북한의 공식 정부였다는 것을 뒷받침해준다. 이는 소련이 1945년 8월 북한에 군대를 진주시킨 뒤 얼마 지나지 않아 북한을 소련의 사회주의 위성국가로 만들기 위해 김일성 세력으로 하여금 북한의 공식 정부를 구성하게 만들었음을 보여준다.

남한이 유엔 감시하의 5.10 총선거를 통해 단독정부를 출범시킨 시기는 1948년 8월 15일이었다. 그로부터 한 달 만인 9월 19일 북한이 뒤늦게 조선민주주의인민공화국이라는 이름의 정부를 구성했다고 발표했다. 이미 토지개혁을 실시한 북조선임시인민위원회가 정부로서 기능하고 있는 상황에서 이 같은 발표는 명백한 허위였다. 이는 북한이 분단의 책임을 대한민국에 떠넘기려는 술책에 불과한 것이었다.

그러나 대한민국 단독정부 수립 이후 지금까지 민족 분단이 남한만의 단독정부 수립 때문이라고 보는 진보좌파 세력은 자신들의 인식을 뒷받침하는 근거로서 이승만 박사의 정읍 발언을 들어왔다. 이들의 주장은 한마디로 이승만 박사의 단독정부수립론이 민족 분단을 초래했다는 것으로 정리할 수 있다. 물론 북한에서도 이 같은 주장을 펴왔다. 이 때문에 이 같은 인식을 갖고 있는 정치 세력이 해방 정국(1945~1948) 남한에서 활동한 정치인들 중에서 가장 높이 평가하는 인사 중에 이승만 박사는 포함되지 않는다. 그들은 대신 이미 북조선임시인민위원회 위원장으로서 사실상 정부 수반으로 활동하던 김일성과 만나 남북한 통일 작업에 노력을 폈던 김구와 김규식 등 중도 성향의 정치인들을 높게 평가한다.

이 때문에 진보좌파 진영이 친일인사 명단 공개 등 과거사 진상 조사를 통해 노리는 것은 보수우파 진영을 반통일적이고 친일적인 세력이라고 규정함으로써 도덕적으로 타격을 가하는 데 그 목적이 있는 것이 아니냐는 의혹이 꾸준히 일각에서 제기되어왔다.

세 번째 역사적 기원은 북한에 대한 인식을 둘러싼 갈등과 대립이다. 대한민국 건국을 둘러싼 보수우파 진영과 진보좌파 진영 간의 인식 차이는 북한에 대한 인식 차이로도 이어져 온 것이다. 단독정부 수립이 민족 분단에 책임이 있다는 식의 인식을 갖고 있는 진보좌파 진영은 북한에 대한 인식을 민족통일의 관점에서 발전시켜왔다. 남북한 간 정치 및 경제 체제가 상이하지만 양측이 동족이라는 사실을 이념적 차이보다 더 우선시하는 대북 정책을 추구해온 것이다.

단독정부 수립의 정당성을 인정하는 보수우파 진영은 북한에 대한 인식을 통일의 관점보다는 체제의 관점에서 발전시켜왔다. 북한이 '수령제 사회주의'와 계획경제 체제를 고수해 오면서 대남 혁명을 통해 이 같은 정치 및 경제 체제를 남한 지역까지 확산시키고자 해온 만큼 이에 대응하는 대북 정책이 필요하다는 것이 보수우파 진영의 인식인 것이다. 그 결과 대북 인식 및 정책을 둘러싸고도 보수우파 진영과 진보좌파 진영의 정당들 간에 수정주의 영합 게임 정치가 치열하게 전개되어 왔다.

진보좌파 진영은 북한은 동족인 만큼 대남 혁명 노선 고수 여부와 핵 문제 등을 떠나 지원을 통해 공존해야 한다는 입장을 견지해오고 있다. 김대중 정부와 노무현 정부는 대북 지원과 남북 교류협력을 통해 북한을 개혁·개방으로 유도한다는 목적을 가진 햇볕정책을 추진했다. 햇볕정책은 우리가 지원과 교류협력을 확대해 북한이 잘살게 되면 핵과 미사일을 포기할 것이라는 환상에 기초한 정책이다. 그 결과 김대중 정부와 노무현 정부에서 각각의 임기를 합친 10년 동안 북한이 핵과 미사일을 개발하기 위한 실험을 했음에도 연간 8000억 원이 넘는 대북 지원이 이루어졌다. 새누리당 진영 의원실이 발표한 자료에 따르면 김대중 정부와 노무현 정부의 지원액은 각각 2조 7028억 원과 5조 6777억 원에 달한다.

이에 반해 보수우파 진영은 북한이 대남 혁명을 관철시키고자 하는 만큼 철저한 상호주의하에 남북한 관계를 개선시켜야 한다는 입장을 고수해오고 있다. 이명박 정부가 김대중-노무현 정부의 햇볕정책에 대해 실패했다고 규정하고 북한이 핵 폐기와 장거리 미사일 개발 포기에 나서야만 대북 지원을 할 것을 요구한 것은 이 같은 상호주의 입장에 기초한다.

26_ 국가 경영을 독점하기 위해 보수와 진보가 동원해온 의제들

　지역주의의 심화, 해방과 건국에 대한 인식 차이, 그리고 북한에 대한 인식 차이 등 세 가지 역사적 기원별로 그동안 추진되어온 수정주의 영합게임 정치 의제는 무엇인가?

　지역주의에 기초한 수정주의 영합게임 정치 의제로는 먼저 국회의원 소선구제(선거구당 1인의 국회의원 선출)의 중대선거구제(선거구 당 복수의 의원 선출)로의 개편 시도를 꼽을 수 있을 것이다. 호남을 기반으로 삼고 대한민국 단독정부 수립에 비판적이면서 북한에 대한 무조건적 지원을 지지하는 진보좌파 진영은 1997년과 2002년 등 두 번의 대선 승리에도 국회에서 안정적 의석을 확보하지 못한 원인을 소선거구제에서 찾는다. 따라서 이들은 소선거구제를 중대선거구제로 바꿔야 한다고 본다. 진보좌파 진영은 이 같은 인식에 따라 김대중 정부 출범 이후 여러 차례 소선구제를 중대선거구제로 바꾸기 위한 시도를 했다. 김대중 정부 때는 여당인 새천년민주당을 중심으로 그 같은 시도가 이루어졌으나 노무현 정부 때는 노무현 전 대통령이 직접 나섰다. 노무현 정부의 임기 중반쯤인 2006년 노무현 대통령은 당시 야당이었던 한나라당

(현 새누리당)에 중대선거구제로 바꾸자고 제안하기도 했다.

그러나 보수우파 진영은 중대선거구제가 진보좌파 진영에만 유리한 수정주의 영합게임 정치 의제로 판단하고 강력하게 반대해왔다. 그 이유는, 영남 지역을 기반으로 삼는 보수우파 진영이 호남 지역에 기반을 마련하기 어렵다고 판단했기 때문이다. 실제로 소선거구제가 중대선거구제로 바뀔 경우 진보좌파 진영은 영남과 호남 두 지역 모두에서 의석을 확보할 수 있을 것으로 예상하고 있다. 그러나 보수우파 진영은 호남 지역에서 한 석도 확보하지 못할 것으로 우려한다. 이 같은 우려를 뒷받침하는 근거는 김대중 정부 이후 대선과 총선에서 진보좌파 진영이 영남에서 올린 평균 득표율이 40% 안팎에 달한다는 사실이다. 반면 보수우파 진영이 호남에서 올린 평균 득표율은 10%도 채 안 된다. 진보좌파 진영의 입장에서 보면 중대선거구제가 채택될 경우 잘만 하면 영남에서 대선과 총선에서 각각 이기거나 의석을 확보할 수 있다는 희망을 가질 수 있다. 그러나 보수우파 진영은 아무리 잘해도 호남 지역에서는 대선과 총선에서 의미 있는 득표율을 올릴 수 없다고 비판한다.

2012년 12월 18대 대선에서도 보수우파 진영의 우려는 확인됐다. 박근혜 새누리당 후보는 호남에서 10%를 약간 상회하는 표를 얻었다. 야권의 문재인 민주통합당 후보는 부산·경남 지역에서 40%를 훨씬 넘는 표를 획득했다.

지역주의라는 균열에 기초해 추진된 또 다른 수정주의 영합게임 의제로는 수도 분할을 통한 행정중심복합도시 건설을 들 수 있다. 호남을 기반으로 삼아 2002년 대선에 집권당인 새천년민주당 후보로 나선 노무현은 충청 표를 확보할 경우 승리할 것으로 판단해서 충청으로의 수도 이전을 공약했는데, 그 공약이 주효해 대통령에 당선됐다. 노무현 후보는 2003년 대통령에 취임한 뒤 이 공약의 실천에 나섰다. 제1당이자 야당인 한나라당은 2002년 대선

때 노무현 후보의 수도 이전 공약에 반대했다. 그러나 한나라당은 노무현 대통령과 집권당의 입법화 시도를 계속 반대할 경우 충청 지역의 민심 이반을 우려한 나머지 입법에 합의해주었다. 전형적인 편승band-wagoning 전략이었다.

그러나 보수우파 진영의 시민단체들이 2004년 7월 이 같은 입법의 위헌 소송을 제기한 데 대해 헌법재판소가 그해 10월 위헌 판결을 내림으로써 수도 이전 문제는 원점으로 돌아가고 말았다. 이에 당시 노무현 정부와 집권 여당인 열린우리당은 다시 청와대와 국회, 외교통상부와 국방부, 통일부 등 외교 안보 부처들만 서울에 남기고 나머지 행정 부처들은 연기와 공주로 옮기는 수도 분할에 해당하는 '행정중심복합도시 건설 계획안'을 만들어 국회에 제출했다. 이에 당시 한나라당도 동조해 입법이 이루어졌다.

이 같은 수도 분할 입법이 이루어지자 보수우파 진영의 시민단체들이 또다시 위헌소송을 제기했으나 헌재는 합헌 판결을 내렸다. 이에 따라 정부는 충청남도 연기와 공주 지역에 토지를 수용해서 세종시라는 행정중심복합도시 건설에 착수했다. 정부는 2012년 말부터 총리실을 중심으로 세종시 정부청사로 이전하기 시작했다. 수도 이전안이나 수도 분할안 모두 수정주의 영합게임 정치 의제인 까닭은 간단하다. 당시 노무현 정부와 집권 여당인 열린우리당이 이들 의제를 입법화함으로써 충청 지역에서 안정적인 지지 기반을 구축해 연속적인 정권 창출을 모색했다고 볼 수 있기 때문이다.

그렇다면 당시 한나라당은 왜 집권 여당이 추진하는 수도 분할이라는 수정주의 영합게임 의제에 동조해주었느냐는 문제가 남는다. 한나라당으로서는 수도 이전이나 수도 분할에 동조하지 않으면 충청권으로부터 장기간 외면당할 수도 있다고 우려했기 때문이라고 분석할 수 있다. 다시 말해서 한나라당으로서는 수도 이전이나 수도 분할 입법에 동조해 이들 의제로 한나라당이 충청권에서 완전히 밀려나는 것을 막고자 했다고 볼 수 있다는 것이다.

한나라당의 이 같은 편승 전략은 2007년 대선보다는 2012년 대선에서 성과를 거두었다고 평가할 수 있다. 2007년 대선에서는 한나라당 이명박 후보가 민주당 정동영 후보에게 500만 표라는 큰 차이로 승리했기 때문에 충청 민심이 결정적인 역할을 하기는 힘든 구도였다. 반면 2012년 대선은 박근혜 새누리당 후보가 문재인 민주통합당 후보에게 이긴 표차가 100만 표 정도이기 때문에 충청 민심이 대선 승패의 중요한 향배를 결정하는 위치에 있었다고 볼 수 있다.

그런데 왜 충청도 유권자들은 수도 이전 또는 수도 분할 의제를 제일 먼저 꺼내들었던 노무현 전 대통령의 후계자 격인 문재인 후보가 아닌 박근혜 후보에게 더 많은 표를 주었을까? 이는 박근혜 후보가 세종시를 행정중심복합도시에서 교육과학중심경제도시로 바꾸려던 이명박 전 대통령의 시도를 무산시켜 충청도 유권자들의 신뢰를 얻었기 때문이다. 박근혜 후보는 '약속한 것은 지켜져야 한다'는 신뢰 정치를 주장하면서 이명박 전 대통령에 강하게 맞섰는데 이는 충청도 유권자들에게 깊은 인상을 주었다는 평가를 받는다.

헌법개정 시도를 통한 수정주의 영합게임 정치 의제로는 대선과 총선 주기 일치 시도를 꼽을 수 있다.

진보 진영은 중대선거구제로의 개편이 여의치 않자 어떻게든 국회 내 구조적인 안정 의석을 확보하기 위한 방안으로서 대통령 선거와 국회의원 선거 주기를 헌법개정을 통해 일치시키는 시도에 나섰다. 2007년 초 당시 노무현 대통령은 대선과 총선 시기를 일치시킬 수 있는 방향으로 개헌을 하자는 제안을 했다. 노무현 전 대통령이 개헌의 필요성으로 제기한 사유는 대선과 총선 시기의 불일치로 국력 낭비가 크다는 것이었다. 대선과 총선 주기를 일치시키자는 노 전 대통령의 개헌 제안은 수정주의 영합게임 정치 의제로 볼 수 있다. 1997년과 2002년 등 두 번의 대선에서 승리했던 진보 진영으로서는 향후 대선에서도 충분히 승리할 수 있다고 봤다. 따라서 진보 진영은 대선과 총선에서 모두 승리하기 위해서는 대선과 총선을 동시에 치르는 길 이외에는 없다고 판단했다. 노무현 전 대통령의 개헌 제안은 이 같은 판단에 따른 것이다. 당시 한나라당을 중심으로 한 보수 진영은 노 대통령의 개헌 제안에 반대했다. 반대 이유는 두 가지였다. 하나는, 공감은 하지만 시기가 부적절한 만큼 다음 정부 출범 이후로 개헌을 연기하자는 것이다. 다른 하나는, 대선과 총선 주기를 일치시키는 것은 국력 낭비를 줄일 수는 있으나 행정부에 대한 중간 평가로서의 총선 기능이 약화되는 단점도 있다는 것이다.

한국 근현대사에 대한 인식 차이에 따른 수정주의 영합게임 정치 의제로는 국가보안법 개폐改廢와 과거사 청산이 있다.

진보좌파 진영에서 국가보안법 개정 또는 폐지를 시도해오고 있는 배경에는 국내적으로 근현대사와 북한에 대한 인식을 공유하는 자신들 세력의 활동 기반을 강화하려는 의도가 크게 작용했을 것이라는 평가를 받는다. 이와 함께 국가보안법 개폐에 반대하는 보수우파 진영을 시대에 뒤떨어진 냉전 세력으로 비판함으로써 집권 가능성을 더욱 높이려는 의도가 숨어 있을 가능성도 있다.

남북한 관계의 차원에서는 국가보안법 폐지를 통해 북한으로 하여금 남북 연합이나 낮은 단계 연방제로 나오게 유도함으로써, 남북한 관계의 급격한 변화를 통해 보수우파 진영을 완전히 소수로 만들어버리려는 계산을 진보 진영에서 했을 가능성이 큰 것으로 볼 수 있을 것이다.

그렇다고 국가보안법에 들어 있는 비인권적 조항들을 삭제하고 바로잡거나, 형법으로 대체하는 등의 노력을 무조건 진보 진영의 수정주의 영합게임 정치 의제라고 규정할 수는 없다. 그만큼 국가보안법이 군사 정권 시기에 민주 인사들에 대한 탄압 수단으로서 체제 유지에 악용된 측면이 있다. 진보 진영이 과거사 청산 의제를 통해 수정주의 영합게임 정치를 시도한 시기는 노무현 정부 출범 초기였다. 물론 진보 진영이 과거사 청산 과정을 통해 보수 진영을 약화시키려는 전략적인 의도가 있었는지는 확인하기 어렵다.

그러나 적어도 당시 열린우리당 지도부 인사들은 친일 인사 명단 공개 등을 통해 한나라당 지도부 인사들의 부친들이 일제 때 친일 활동을 했다는 점을 부각시켜 보수 진영의 도덕성을 훼손시키려고 했던 것은 분명해 보인다. 예를 들어 박정희 전 대통령이 만주군관학교와 일본 육사를 나와 일본군에서 근무했다는 점을 밝힘으로써 박정희 전 대통령의 큰딸이며 당시 한나라당 대표였던 박근혜 후보에 타격을 주고자 했다는 것이다. 그러나 열린우리당의 의장을 맡고 있던 정치인의 부친이 일제 때 헌병 오장을 지냈다는 사실이 밝혀져 거꾸로 그 정치인이 사퇴하는 일이 벌어졌다. 과거사 청산 의제가 예기치 못한 방향으로 전개된 탓에 진보 진영도 적지 않은 피해를 입었다.

그럼에도 과거사 청산 의제는 보수우파 진영에 대한 진보좌파 진영의 수정주의 영합게임 정치 의제로 볼 수 있다. 진보좌파 진영은, 일제 때 친일파 또는 지주 계층의 후손들이 적지 않고 이승만 박사의 단독정부 수립을 옹호하는 보수우파 진영에 민족 분단의 책임이 있다고 비판한다. 따라서 진보좌파 진영이 보수우파 진영을 정치적 소수로 만들기 위해 과거사 청산이라는 의제를 활용하려 했다는 평가를 받는 것이다. 그러나 진보좌파 진영의 과거사 청산 의제는 소기의 성과를 거두는 데 실패했다. 김대중 정부와 노무현 정부가 친일인사 명단 공개 작업과 함께 국가정보원이 군사 독재 정부하에서 다루었던 주요 공안 사건들의 진실을 재조사하는 과거사 진실규명 작업에 착수했으나 보수우파 진영에 타격을 줄 만한 결과를 도출하지 못했던 것이다.

진보좌파 진영이 남북관계를 활용한 수정주의 영합게임 정치 의제로 추진했다는 의혹을 받는 대표적인 사례는 두 가지가 있다. 하나는 김대중 정부의 1차 남북 정상회담과 6.15 공동선언이고 다른 하나는 노무현 정부의 2차 남북 정상회담과 10.4 공동선언이다.

2003년 노무현 정부 출범 초에 이루어진 김대중 정부의 대북 송금 의혹에 대한 특별검사의 수사 결과에 따르면 김대중 정부는 남북 정상회담 성사를 위해 현대그룹을 통해 현물 5000만 달러를 포함해 모두 5억 달러를 북한에 건넨 사실이 확인됐다. 2000년 6월 15일 남북 정상회담을 앞두고 이루어진 박지원 당시 문화관광부 장관과 송호경 북한 아시아태평양평화위원회 부위원장의 사전 접촉 과정에서 북한이 거액을 요구한 것으로 드러났다.

김대중 정부가 이같이 5억 달러를 북한에 송금하면서까지 2000년 6월 12~15일 평양에서 1차 남북 정상회담 개최를 성사시킨 데는 단기적으로 그해 4월 총선에서 과반수 의석을 확보하기 위한 목적도 있었던 것이 아니냐는 의혹을 받았다. 김대중 정부는 남북한 간 1차 정상회담 합의 사실을 같은 해 4월 초에 전격 발표함으로써 4.13 총선에서 첫 남북한 정상회담이 야당에 비해 원내 의석이 훨씬 적은 여당인 새천년민주당에 유리하게 작용할 것으로 기대했다고 볼 수 있다. 전격적인 남북 정상회담 개최 합의 발표는 총선에서 새천년민주당의 의석을 늘리는 데 기여한 것으로 평가받는데 실제 70여 석에서 90여 석으로 의석수가 증가한 것으로 나타난다.

김대중 대통령과 김정일 국방위원장은 1차 남북 정상회담에서 민족 문제의 자주적 해결과 낮은 단계 연방제 또는 남북 연합제에 합의한 6.15 공동선언을 발표했다. 김대중 대통령이 6.15 선언을 통해 남북한 관계의 개선이라는 큰 대의를 추구하고자 했다는 것은 부인할 수 없다. 하지만 김대중 전 대통령이 당시 남북한 관계를 연합제 또는 낮은 단계 연방제로 변화시키는 과정의 주도권을 장악함으로써 자신의 정치 세력을 비롯한 진보진영이 정권을 지속적으로 창출할 수 있는 구조적 환경을 만들고자 했을 개연성도 배제할 수 없다.

이 같은 개연성을 뒷받침해주는 의혹은 6.15 선언 2항에 들어 있는 남측의 연합제가 우리 정부의 공식 대북 정책인 민족공동체 통일 방안에 나오는 연합제와 다를 수 있다는 것이다. 다시 말해서 6.15 선언 2항의 남측 연합제와 1993년 김영삼 정부 때 공식 채택했던 민족공동체 통일 방안의 연합제가 같은 것이 아닐 수 있다는 의혹이 제기됐던 것이다. 물론 당시 청와대와 통일부 모두 남측의 연합제가 민족공동체 통일 방안의 두 번째 단계인 연합제라고 밝혔다. 그러나 6.15 선언에 나와 있는 연합제는 낮은 단계 연방제처럼 곧바로 실행에 들어가는 연합제의 의미를 갖는다. 그렇다면 문제의 연합제는 민족공동체 통일 방안의 연합제가 아니라 김대중 대통령이 개인적으로 발표한 3단계 통일 방안의 첫 번째 단계인 연합제일 가능성이 높다는 것이 많은 전문가가 제기한 의혹의 핵심이다. 민족공동체 통일 방안의 연합제는 화해와 협력을 거친 다음 단계에 가서야 할 수 있는 연합제인 것이다.

노무현 전 대통령이 임기를 5개월밖에 남기지 않은 2007년 10월 4일 2차 남북 정상회담을 개최한 것도 수정주의 영합게임 의제라는 비판에서 자유롭지 않다. 일반적으로 대선이 있는 해의 10월이면 차기 정부를 배려해 동맹국들과의 정상회담도 자제하는 것이 관례다. 비판적인 여론에도 노무현 정부는 임기 5개월을 남겨둔 시점에 2차 남북 정상회담을 추진했다. 노무현 전 대통령이 이같이 무리한 남북 정상회담을 개최한 데는 참여정부와 집권 여당의 실정으로 국민 지지도가 곤두박질치고 있는 상황에서 다시금 지지도를 회복해 12월 대선에서 정권을 재창출하려는 목적이 있었던 게 아니냐는 의견이 많이 제기되었다.

이것이 사실이라면 2차 남북 정상회담 개최는 노무현 정부가 어떻게든 보수 진영의 집권을 막기 위해 남북한 관계를 정치적으로 이용하는 수정주의 영합게임 의제일 개연성이 적지 않다는 의혹을 결코 피해 갈 수 없다. 그러나 이 같은 의혹의 진실 여부와 관계없이 2차 남북 정상회담은 진보 진영의 3연속 집권에 도움을 주지 못했다. 한나라당 이명박 후보가 대통합민주신당 정동영 후보에게 500만 표라는 압도적인 차이로 승리를 거둔 것이다.

문제는 진보진영이 이와 같이 무리하게 남북관계를 활용한 수정주의 영합게임 정치 의제를 추진한 데 따른 폐해가 그로부터 5년 뒤에도 진보좌파 진영의 대선에 큰 타격을 주었다는 사실이다. 2012년 12월 대선을 3개월 앞둔 9월 제1야당인 민주통합당이 노무현 전 대통령 때 청와대 비서실장을 지낸 문재인 후보를 대선 후보로 선출하자 새누리당은 2차 남북 정상회담 당시 노무현 전 대통령이 서해북방한계선NLL 포기 발언을 했다는 의혹을 제기한 것이다. 이와 함께 새누리당은 문재인 후보가 당시 청와대 비서실장으로서 책임이 있다는 공세를 폈다. 그 후 국가정보원에 노무현 전 대통령과 김정일 전 북한 국방위원장 간 대화록이 보관되어 있다는 사실이 알려지면서 이 대화록의 공개 여부를 두고 공개하라는 보수 진영과 절대 공개해서는 안 된다는 진보 진영 간에 극단적인 갈등과 대립이 반복됐다. 대선 기간에는 새누리당이 제기한 노무현 전 대통령의 NLL 포기 의혹이 문 후보에게 어느 정도 불리한지 정확하게 파악되지는 않았다. 그러나 대선에서 50대 유권자층은 박근혜 새누리당 후보를 문재인 후보보다 더 많이 지지했다. 이것으로 미루어볼 때 NLL 논란은 문재인 후보에게 결정적으로 불리하게 작용한 것으로 보인다. NLL 논란이라는 변수가 발생하기 전 문재인 후보가 50대 유권자 층에서 더 많은 지지를 받고 있었다는 평가가 많았기 때문이다.

보수우파 진영과 진보좌파 진영 간의 수정주의 영합게임 정치가 계속된 결과 중의 하나는 이른바 '정치의 사법화'의 심화다. 타협에 의한 정치가 실종되고 검찰이나 헌법재판소 등 사법 기관에 정치적 진실 여부를 가름해달라고 요청하는 일이 갈수록 잦아지고 있는 것이다.

최근 발생한 대표적인 정치의 사법화 사례로는 바로 앞서 살펴본 노무현 전 대통령의 서해 NLL 포기 의혹 사건을 들 수 있다. 새누리당과 민주통합당이 앞서거니 뒤서거니 하면서 사건을 검찰로 가져간 것이다. 민주통합당은 이 의혹을 제기한 새누리당 인사들을 검찰에 고발했고, 새누리당은 노무현-김정일 비공개 대화록을 공개하지 않는다는 이유로 국가정보원장을 검찰에 고발한 것이다.

또 다른 정치의 사법화 사례로는 1차 남북 정상회담 대가성 5억 달러 대북 송금에 대한 특검이 있다. 2003년 노무현 정부 출범 직후 김대중 정부가 1차 남북 정상회담을 성사시키기 위해 북한에 5억 달러를 제공한 사실이 드러났다. 당시 보수 진영의 야당과 언론의 집요한 추적 끝에 5억 달러 제공을 뒷받침하는 단서들이 하나둘 드러나면서 이 사건은 특별검사를 통해 수사되기에 이르렀다. 당시 한나라당을 비롯한 야당들은 5억 달러 제공에 직접 관여한 박지원 전 대통령 비서실장과 임동원 전 국가정보원장 등 김대중 정부의 1차 정상회담 성사 및 진행 주역들에 대한 특검 수사를 요구했다.

이 요구를 외면할 수 없었던 노무현 정부는 특별검사를 임명해 수사에 착수했다. 그 결과 박지원 전 대통령 비서실장과 임동원 전 국정원장에 대한 사법 처리가 이루어졌다. 이 사건의 의미는 남북관계를 이용한 수정주의 영합 게임 정치 의제의 하나로 볼 수 있는 1차 남북 정상회담이 사법 처리로 이어졌다는 것이다.

정치의 사법화 심화를 뒷받침하는 세 번째 사례는 수도 이전과 수도 분할 입법에 대한 위헌 소송이다. 수도 이전과 수도 분할 의제는 하나같이 헌법재판소의 위헌 여부 판결 대상이 되는 운명을 피하지 못한 것이다. 노무현 정부 시기 국회에서 여야 합의로 입법이 되자 시민사회의 일부 보수우파 진영에서 헌법재판소에 위헌 소송을 제기함으로써 위헌 판결을 끌어냈다. 그러나 여야가 수도 분할인 행정중심복합도시 건설을 입법화하자 시민사회의 보수우파 진영에서 또다시 위헌 소송을 제기했으나 헌법재판소는 합헌으로 판정했다. 오늘날 행정중심복합도시인 세종시는 정치의 사법화가 낳은 산물인 것이다.

검찰과 헌법재판소는 이처럼 본의 아니게 보수 진영과 진보 진영이 타협과 합의로 해결할 수 있는 사안들을 사법적 판단이나 위헌 여부 판단을 구하면서 정치 사법화의 중심에 위치해 있다. 그러나 검찰과 헌법재판소가 정치 사법화의 중심 역할을 맡을수록 우리 정치는 타협과 합의라는 본연의 역할에서 멀어질 우려가 크다. 보수 진영과 진보 진영은 조금이라도 타협하기가 어렵다고 생각되면 검찰이나 헌법재판소에 판단을 구하려 할 것이기 때문이다.

27_ 개헌 그리고 행정구역·정치시스템 개혁의 방향

국내 전 분야에서의 대대적인 개혁이 없으면 민생·공감 강국으로의 도약은 생각할 수 없다.

새로운 사회경제 패러다임으로서 민생주의가 컴퓨터 운영체제의 소프트웨어라면, 국내 행정·정치 체제 개혁은 컴퓨터의 하드웨어에 해당한다. 하드웨어가 286급인 낡은 컴퓨터에 최신 사양의 운영체제를 실을 수 없다. 마찬가지로 시대적으로 뒤처진 헌법과 권력 구조, 행정구역 체계를 가지고서는 민생주의라는 새로운 패러다임을 추진할 수 없는 것이다.

그러나 국내 개혁의 핵심 의제들을 살펴보기 전에 반드시 이루어져야 할 것이 있다. 그것은 '경장更張(부패하고 낡은 제도 개혁)의 정치'에 대한 보수와 진보 진영의 주요 정당들 간의 합의다. 북한을 둘러싼 인식의 차이와 지역주의는 갑자기 해소되기 어렵다. 그렇다면 이 같은 요인들에서 비롯되는 수정주의 영합게임 정치는 중단하라고 해서 쉽사리 중단될 성질의 것이 아니다.

그렇기 때문에 '전략국민'이 바라는 것은 한 가지다. 대한민국이 직면한 위기와 도전을 극복하기 위한 경장의 정치를 해나간다는 데 보수와 진보 진영이 합의하는 것이다. 수정주의 영합게임 정치를 경장의 정치를 둘러싼 경쟁으로 전환하라는 것이 국민의 명령인 것이다. 전략국민이 경장의 정치를 통해 바라는 것은 다음과 같이 두 가지로 정리할 수 있다. 하나는 부의 불평등 심화와 중국의 부상에 따른 핀란드화 위기, 북한 핵 위협의 현실화 등의 위기와 도전을 이겨내고 민생·공감 강국으로 도약할 수 있는 국가 전략을 마련하는 것이다. 다른 하나는 이들 목표를 달성하는 데 걸림돌이 되는 각 분야의 낡고 부패한 제도들을 개혁하는 것이다.

정치권이 명심해야 할 것은 국민의 명령을 가벼이 여겨서는 안 된다는 사실이다. 국민이 모두 모여서 한목소리를 내지 않는다고 해서 그런 명령이 실재實在하지 않는 것으로 오해해서는 안 된다. 영국의 보수주의 정치가인 버크는 "수풀 속에서 여치 여섯 마리가 울고 있다고 해서 그 수풀 속에 여치가 여섯 마리밖에 없다고 생각해서는 안 된다"라고 했다. 울지 않고 있는 여치가 더 많이 있을 수 있는데 이들이 울지 않는다는 이유만으로 없는 것으로 여기지 말라는 것이다. 국민들의 마음도 마찬가지다. 다시 말해서 지금 많은 국민이 경장의 정치를 촉구하는 목소리를 내지 않는다고 해서 그들의 마음속에 경장의 정치에 대한 바람이 없는 것으로 오해해서는 안 되는 것이다.

문제는 입법부와 행정부를 포함한 정치권이 국민의 명령을 따르지 않을 경우 어떤 일이 벌어지느냐는 것이다. 이에 대해서는 1688년 영국 명예혁명의 이론을 제공한 로크와 그의 철학을 바탕으로 1776년 미국 독립선언서를 기초한 제퍼슨의 말에 귀를 기울여야 한다. 로크에 의하면 국민은 평등하게 태어났으며 생명과 자유와 재산이라는 떼어놓을 수 없는 권리를 양도받았다. 제퍼슨은 미국 독립선언서에 '재산' 대신 '행복추구'를 넣었다. 이들에 의하면 통치가 사람들 사이에서 수립되는 목적은 바로 그 생명과 자유와 재산, 행복추구라는 권리를 보호하기 위해서다. 그런데 통치가 그 같은 목표를 파괴할 경우에는 어떻게 해야 할까? 다시 말해서 통치를 담당하는 사람들이 자신들의 이익만 챙기고 국민의 권리들을 지키는 데 실패할 경우 국민은 어떻게 대응해야 할까? 로크는 "군주나 입법부가 신탁에 위배해 행동하고 있는가에 관해서는 대체 누가 그 재판관이 되어야 하는가 하는 의문이 생길 수 있다"며 "이런 의문에 대해 나는 인민이 그 재판관이 되어야 한다고 대답하려 한다"라고 했다. 제퍼슨은 거기서 한발 더 나아가 이렇게 말했다. "그런 통치를 바꾸거나 폐지하고 새로운 통치를 수립하는 것은 국민의 권리다." 입법부와 행정부가 경장의 정치라는 국민의 명령을 외면할 경우 궁극적으로 국민에 의해 소환당해 교체될 수 있다는 것이 로크와 제퍼슨의 주장에서 읽을 수 있는 경고인 것이다.

전략국민이 요구하는 경장의 정치를 위한 국내 개혁은 세 가지다. 첫 번째는 22세기를 대비한 21세기 시대정신의 헌법 반영이다. 두 번째는 권력 구조 개편이고, 세 번째는 19세기 행정구역의 22세기적 개편이다.

먼저 헌법의 시대정신 반영이 가장 중요하다. 그 까닭은 21세기적인 새로운 가치와 시대정신을 담지 않은 헌법은 한민족의 21세기 항해를 뒷받침할 나침반이 될 수 없기 때문이다. 문제는 1988년 개정된 이후 한 번도 개정된 바 없는 헌법에 반영해야 할 21세기적인 새로운 가치와 시대정신이 무엇이냐는 것이다. 무엇보다도 새 헌법에 우선적으로 담아야 할 가치와 정신은 민생주의가 추구해야 할 새로운 경제 패러다임의 주요 가치들인 민생과 성장의 균형 추진이다. 이와 함께 국민들 간 공감과 배려로 한민족의 아사비야를 제고하는 가치도 담겨야 한다.

아울러 각 계층과 성, 세대별로 향후 100년간 요구될 것으로 예상되는 가치들이 무엇인지 파악해서 새로운 헌법에 반영해야 한다. 이를 위해서는 국민헌법개정위원회를 설치해 지속적으로 의견을 수렴하는 과정이 필요하다.

현재까지 국내 헌법 전문가들 사이에서 모이고 있는 향후 헌법개정의 가장 중요한 방향은 국민이 천부적으로 갖는 인권인 기본권을 21세기 시대 변화에 맞게 어떻게 잘 보장하느냐 하는 것이다. 특히 헌법학의 권위자인 김철수 서울대학교 법과대학 명예교수는 저서『헌법개정, 과거와 미래』에서 새 헌법에는 기본권에 관한 규정을 지금보다 상세하게 규정해서 새로운 기본권을 추가하자고 제안한다. 새로운 기본권에는 '민생권'이 들어가야 한다. 20~30대의 취업과 40~50대의 재취업, 수명 연장 시대를 사는 60~70대의 근로 기회 확보 등에 대한 국가 지원을 헌법에 보장하는 방안을 검토할 필요가 있는 것이다.

국민교육과 관련해서, 현재는 헌법 제2장 31조에 따라 모든 국민은 그 보호하는 자녀에게 적어도 초등교육과 법률이 정하는 교육을 받게 할 의무를 지닌다고 정하고 있다. 이 조항에 따라 제정된 교육기본권법은 중학교 교육까지 수업료를 면제하는 의무교육으로 정하고 있다. 그러나 이 정도의 의무교육만으로는 민생·공감 강국을 꿈꾸고 실현할 수 있는 전략국민을 양성하기 어렵다. 더군다나 그 같은 목표 달성을 국민과 함께 이끌 전략리더를 배출하기란 요원하다.

따라서 고등학교 교육까지 무상 의무교육 범위를 확대시키고 대학 교육은 학업능력의 성취 수준이 남다른 학생들에 한해 지원하는 방안을 새로운 헌법에 포함할지 여부를 검토하는 것도 필요하다.

국민의 기본권 보장 확대 방향으로의 헌법을 개정하기 위해서는 개헌이 국회의원과 관료에 의해 독점되지 않도록 국민이 주도할 필요가 있다는 김철수 교수의 주장은 설득력을 갖는다. 이 같은 맥락에서 보면 1988년 개정 헌법은 '20세기 헌법'이며, 정치인들이 주도한 '권력헌법'이라고 말할 수 있다. 21세기 가치를 반영하고 22세기를 대비하는 진정한 '21세기 헌법'은 국민이 주도해서 개정하는 '국민헌법'으로 환골탈태해야 한다는 데 국민적 공감이 이루어져야 한다.

헌법개정이 '21세기 국민헌법'으로서의 가치와 시대정신을 담아낸다면 권력 구조의 개편 방향은 무엇이어야 하는가? 먼저 대통령 단임제에 대해 짚어봐야 한다. 결론부터 말하자면 대통령 단임제는 개정할 필요가 있다. 민생, 성장, 안보 등 민생주의가 지향하는 세 가지 국가 역할을 바탕으로 민생·공감 강국으로 도약하는 데 걸림돌이 되기 때문이다. 가장 큰 폐해는 임기 5년 내에 국가 장래를 좌우하는 개혁을 추진하기가 어렵다는 것이다. 임기 첫 해나 적어도 이듬해 정도에는 개혁에 착수해야 하는데, 모든 여건이 그 시기에 맞춰 준비되기 어렵기 때문이다. 설령 개혁을 추진할 수 있다 하더라도 이를 기반으로 국민적인 신임을 얻고 연임을 할 수 있어야 책임감 있는 관리가 가능할 텐데 단임으로 끝나는 현 상황에서는 자신의 임기 내에 끝낼 수 있는 개혁 프로젝트에만 집중하게 되는 것이다.

그렇다면 4년 중임제가 이상적인 권력 구조인가? 대통령제 그 자체는 여전히 유효한가? 내각제는 아직도 우리의 현실에는 맞지 않은 것인가?

조선시대를 돌아보면 서인과 동인, 노론과 남인 등으로 나뉘어 치열한 당쟁이 벌어졌지만, 사실상 신하들이 임금을 견인하는 내각제를 구현했다. 노론의 '내각제'와 남인의 '대통령제'가 대결했으나 전자가 승리한 것이다. 그 결과 왕권이 약화하고 신권이 강화되었다. 정조가 채제공과 정약용 등 남인들의 도움을 얻어 노론을 견제하는 등 왕권 강화를 시도했으나 실패했다. 신권이 더 강한 군주제하에서는 유학자들인 대소 신료들의 이상적 세계관이 더 많이 국정에 반영될 수 있었다. 그러나 아쉽게도 당쟁이 격화함에 따라 그 의미가 퇴색되는 등 단점이 노정되기도 했다. 왕들이 당쟁을 유도함으로써 취약한 왕권을 지키고자 했기 때문이다.

반면 오늘날의 대통령제는 대통령의 제왕적인 권위를 견제할 수 있는 테크노크랫technocrat*의 부재로, 역설적으로 신권이 강한 군주제보다 국정 운영에 잠재적인 위험 인자가 더 많다고 볼 수 있다. 봉건 왕조 체제였던 조선시대에 왕에 대한 신료들의 언로가 자유로웠던 것은 사실상 내각제의 성격을 지닌 국정 운영이 이루어졌기 때문이다. 반면 자유민주주의 공화국인 대한민국에서 대통령에 대한 각료들의 언로가 대단히 제한된 것은 절대군주제의 측면이 적지 않기 때문이다.

권력 구조의 개편 방향이 무엇이든 간에 최고 권력자에 대한 언로가 보장되어야 국정 운영이 투명하게 이루어지고 나라가 안정될 수 있다. 민심이 바로 전달될 수 있기 때문이다. 결국 권력 구조 개혁의 근본은 4년 중임의 대통령제이든 이원집정부제 또는 내각제든 간에 대통령이나 수상을 중심으로 한 정치권력이 국민의 공복이라는 것을 법적·제도적으로 분명히 하는 것이다. 그렇기 때문에 김철수 교수를 비롯한 헌법 전문가들은 앞으로의 헌법개정은 권위주의 헌법을 민주주의 헌법으로 환골탈태하는 것이어야 한다고 주장한다. 특히 대통령에게 집중되어 있는 권력을 입법부, 행정부, 사법부가 각기의 기능을 다할 수 있도록 분산할 필요가 있다는 것이다. 제왕적 대통령제를 청산하고 권력분점형 대통령제나 의원내각제를 도입해야 한다는 주장이다.

마지막으로 민생·공감 강국의 달성을 위해 반드시 새로운 행정구역 체계가 요청되는 까닭은 무엇인가?

---

* 깊은 전문성과 강한 도덕성을 겸비해 정치인들이 빠질 수 있는 불합리하거나 인기 영합적인 정책들을 견제하고 국가가 올바로 운영되도록 헌신하는 정신을 지닌 관료 집단을 가리킨다.

그 이유는 단순히 현재의 행정구역 체계의 큰 틀이 19세기 말에 만들어졌다는 데 있는 것이 아니다. 그보다는 비슷한 위도와 지리적 조건을 가진 시市들과 도道들이 중복 투자를 하는 등의 부작용이 크기 때문이다.

그렇다면 중복 투자 및 외자유치 경쟁 폐해를 해소하기 위한 22세기형 행정구역 체계는 무엇인가? 크게 8도를 합쳐 4개의 주를 만드는 것이 바람직한 것인가? 그게 아니면 시군구라는 단위의 자치제만 남기고 도를 없애는 것이 나은가? 후자의 경우 투자와 외자유치가 중복되지 않도록 중앙정부의 관여를 허용하는 방안을 검토해야 한다.

미국의 주州나 중국의 성省 다수가 한국보다 영토가 크고 인구도 많지만, 그 나라들은 우리처럼 도를 두지 않고 주와 성 정부에서 직접 모든 개발 및 외자유치 계획을 총괄한다. 이 점에서 우리도 도는 물론 주도 두지 않을 수 있다.

일본은 수년 전부터 국가정책으로 현 47개의 광역 단체를 약 12개의 도주로 묶는 '도주제' 도입을 추진하고 있다. 아베가 처음 총리로 재임할 때 앞으로 10년 내에 사실상 경제적 연방제인 도주제 도입을 완료하겠다고 나선 적이 있다. 이 점에서 2012년 말 두 번째 총리직에 오른 아베가 재임 기간 내에 도주제 도입에 나설 가능성이 있다.

중국도 최근 10개의 거대도시집중지역megalopolis을 단위로 광역지역경제권을 구상하고 있다. 미국 역시 "미국은 사실 대도시국가metropolitan nation이다. 미국 발전의 동력은 대도시에서 온다"라고 주장하면서 100개 대도시 지역의 발전 동력을 활성화시키는 청사진을 수립해 추진하고 있다.

요컨대 미·중·일의 이런 움직임에서 우리는 21세기 세계화 시대가 대도시에 의한 국가 발전 선도의 시대라는 것을 알 수 있다. 일각에서는 대도시가 국제경쟁력이 있어야만 투자와 생산, 연구 등 경제 활동을 유치할 수 있고 그래야 발전할 수 있다는 주장이 제기된다. 대도시가 발전해야 도시의 외연이 확대되고 이웃의 중소도시와 다른 지역에 발전효과가 퍼져나간다는 것이다. 노무현 정부 때 균형 발전이라는 이름 아래 서울과 수도권 등의 대도시 발전을 억제한 것은 잘못이라는 비판이다.

랜더스는 『더 나은 미래는 쉽게 오지 않는다』에서 기후변화에 따른 위기로 도시화를 향한 추세가 더욱 강화되었다고 주장한다. 그는 두 가지 요인을 꼽는다. 첫째, 대도시 주변 거주자보다 대도시 거주자들이 개인적으로 이동할 필요성이 줄어 1인당 온실가스 배출량이 낮다. 둘째, 극심한 기후 변덕으로부터 농촌 지역에 흩어진 수많은 개별 주거지를 보호하는 것보다 하나의 대도시를 보호하는 것이 1인당 기준으로 비용이 적게 든다. 그는 이 두 가지 요인 외에도 인류의 삶이 도시로 후퇴할 수밖에 없는 네 가지 이유가 있다고 말한다. 첫째, 인류는 조용한 농촌 생활보다 대도시 생활을 선호한다는 것이다. 둘째, 도시가 적대적인 인간과 자연으로부터 자신을 방어하기에 더 용이하다는 것이다. 셋째, 외딴 지역은 기후변화로 피해를 보거나 최소한 불편을 겪는다는 점이다. 넷째, 일부 지역은 건조화되고 또 일부 지역은 자주 홍수 피해를 당한다는 것이다. 이처럼 미래 세계는 더 많은 도시적 가치 및 관점을 지닌 도시화한 세계가 될 것으로 보인다.

그러나 대도시의 발전을 추구하는 것이 시대적 방향에 맞는다고 하더라도 현재 행정중심복합도시와 혁신도시 등 이미 취한 결정들을 무효화할 수는 없다. 여야 정치권이 합의해서 수도권 과밀화 방지를 위해 수도 분할과 공기업 본사들의 분산 배치라는 고육책을 편 이상 이를 되돌릴 수는 없는 것이다. 그렇다면 서울은 그 자체로 더욱 발전시키는 노력을 하면서 동시에 수도 분할에 따른 부작용이 발생하지 않는 방향으로 행정중심복합도시인 세종시도 더 발전해나갈 필요가 있다. 이와 함께 각 지방도 서울시, 세종시와 함께 균형적으로 발전하도록 지원하는 노력이 필요하다. '혁신도시'라는 이름 아래 추진된 주요 공기업들의 지방 이전만으로는 지방의 균형 발전을 이루기 어렵다. 미국의 대도시 중심의 발전 전략을 모델로 삼아서 한국도 서울과 부산 같은 대도시를 각 지방별로 하나씩 육성하는 전략을 추진해야 한다.

결국 권력헌법을 국민헌법으로 개혁하고, 언로가 개방되고 민심 전달이 가능한 방향으로의 권력 구조를 개편하며, 행정구역을 21세기적으로 재조정하고, 각 지방별로 대도시 육성 전략을 세우는 등 국내 개혁을 위한 현명한 전략이 민생주의를 중심으로 수립되어 추진될 때 민생·공감 강국 도약의 가능성은 한층 더 높아질 것이다.

제8장

강대국 도약을 위한
외교안보 비전

28_ 대북 정책과 외교안보, 제3의 길을 찾는다

21세기 민생·공감 강국으로 도약하기 위해서는 어떤 외교안보 전략이 필요한가?

이 같은 질문에 그냥 열심히 경제력과 군사력을 키우면 되지 외교안보 전략까지 수립해야 하느냐고 반문할지 모른다.

순수 진공 상태에서는 그럴 수 있다. 그러나 현실 세계는 이념과 가치를 기준으로 동맹이 형성되고 어떤 동맹에 참여하느냐에 따라 국가의 운명이 달라지는 공간이다.

국제관계는 늘 각국의 국익이 첨예하게 부딪히는 무정부 상태라는 점에서 대화와 타협이 가능한 정치가 쉽사리 작동되지 않는다. 전략을 가지고 주요 강대국들과 동맹 또는 협력 관계를 만들어야 한다. 코헨이 "정치가 끝난 곳에서 전략이 시작된다"라고 했는데 그 지점은 바로 국제관계이고 전략은 외교안보 전략이다. 나폴레옹이 정의한 대로 군사적으로, 외교적으로 시간과 공간을 활용하는 종합예술인 전략이 요구되는 것이다.

세계무대에서는 물론 동아시아에서도 어떤 강대국과 동맹 또는 전략적 협력 관계를 맺고 경제 및 안보 협력을 하느냐에 따라 경제력과 군사력에서 보일 결과가 천양지차로 달라질 수 있다.

한국이 그 대표적인 사례라고 할 수 있다. 먼저 경제력의 경우 오늘날 한국이 세계 9위의 교역국가가 될 수 있었던 것은 미국과의 경제 협력을 통해 자유민주주의와 시장경제 체제를 발전시켜왔기 때문이다.

군사력도 마찬가지다. 6.25 동란 직후인 1953년 한미 간에 한미상호방위조약이라는 정치군사동맹을 맺고 군사력을 지속적으로 업그레이드해온 덕택에 자주적인 국방력을 갖게 된 것이다.

미국이 주한미군을 주둔시켜 북한으로부터의 군사적 위협을 막아준 결과 우리는 그만큼 군사비를 아껴서 경제 발전에 더 많은 자원을 투입할 수 있었다. 동맹 질서의 중요성을 이보다 더 잘 보여주는 것도 없을 것이다.

그렇다면 한국이 중견국가middle power에서 민생·공감 강국으로 도약하겠다는 국가 목표를 설정할 경우 어떤 동맹 전략이 필요한 것인가? 이 질문은 세 가지 구체적인 질문으로 나누어 던질 수 있다. 첫째, 상대적으로 쇠퇴하고 있는 미국과의 한미동맹을 계속 발전시켜나가야 하는가 아니면 급부상하는 중국과의 관계에 맞춰 조정해야 하는가? 둘째, 2010년 국내총생산에서 세계 2위를 차지하면서 G2의 지위에 오른 중국과의 관계를 현재 한중 전략적 협력 동반자 관계에서 한층 더 업그레이드해야 할 것인가? 셋째, 앞으로 한미동맹과 한중 전략적 협력 동반자 관계를 어떻게 조화시켜나가는 것이 우리의 국익에 맞는 것인가?

현재 우리가 풀어야 할 외교 전략의 의제는 이들 세 가지 질문에 대한 답이 나와야 설정할 수 있다.

세 가지 질문에 대한 원론적인 답은 "국가 전략이란 잠재적인 파트너를 즐겁게 해주고 현재의 파트너를 만족시켜주어야 한다"라는 월츠의 통찰일 것이다. 세계 패권이 이행하고 있다면 그 정확한 이행 시점을 전후로 쇠퇴하는 강대국과 부상하는 강대국과의 협력을 동시에 '복합적으로' 추진해야만 국익을 지킬 수 있다는 의미이다. 월츠의 통찰을 이들 세 가지 질문에 적용해본다면 잠재적인 파트너는 중국이 될 것이고 현재의 파트너는 미국일 것이다.

미국이 쇠퇴하더라도 그 쇠퇴 속도가 예상보다 더딜 가능성이 있다면 당분간 계속해서 '현재의 파트너'로 남을 수밖에 없다. 현재로선 그 가능성이 높아지고 있다. 2009년 오바마 행정부가 출범한 이후 제조업 회복과 중상주의를 추구함으로써 경제가 다시 살아나면서 국력의 쇠퇴 속도가 늦춰지고 있는 것이다. 그렇다면 미국이 현재의 파트너로 남아 있을 때까지 우리의 대미 전략은 미국을 충분히 만족시켜주어야 할 것이다. 만족시켜주지 않고 잠재적인 파트너에게만 눈을 돌릴 경우 현재의 파트너가 지배하는 경제와 군사 등 주요 국익 분야에서 막대한 불이익을 받을 것이기 때문이다.

더군다나 설령 중국이 미국을 경제력과 군사력에서 앞지른다고 하더라도 그 즉시 현재의 파트너를 중국으로 바꿔서 안 되고 바꿀 수도 없다. 중국이 잠재적인 파트너에서 현재의 파트너로 오를 수 있는 때는 중국이 경제력과 군사력에서 미국을 현격한 차이로 따돌리기 시작해 우리로서는 미국을 현재의 파트너로 삼아서는 더 이상 국익을 지키기 어렵다고 판단될 때일 것이다. 우리는 그때까지 중국이라는 잠재적인 파트너를 어떻게든 즐겁게 해주어야 한다는 것이 월츠의 견해다. 그래야만 세계 패권의 이행 시기에 도전 국가인 중국으로부터 '유탄'을 맞는 사태를 피할 수 있다는 것이다. 그러나 우리가 중국을 잠재적인 파트너에서 현재의 파트너로 삼을 수밖에 없는 상황이 오더라도 한중 관계가 한미 동맹관계와 같은 협력 관계가 될 수는 없다. 정치와 경제 체제가 다르기 때문이다. 중국이 잠재적 파트너가 되든 현재의 파트너가 되든 간에 한중 관계의 목표는 중국의 위협으로부터 우리를 지켜내는 데 있다. 대한민국이 자유민주주의와 자유시장경제를 유지하고 독립과 안보를 지켜낼 수 있도록 협력하는 관계라야 한다는 것이다.

그러나 월츠의 주장은 한 국가의 국력을 정태적으로 바라보고 있다는 결정적인 약점을 안고 있다. 그 국가의 국력이 변화할 수 있는데 그것을 고려하지 않은 것이다. 즉, 한국이 향후 수십 년 내에 경제 강국으로 올라설 수 있다면 민생주의가 지향하는 민생·공감 강국에 어느 정도 근접한 것인 만큼, 우리로서는 월츠의 통찰에서 좀 더 자유로워질 수 있다.

현재와 같은 중견국의 위치에서는 미국을 만족시켜주고 중국을 즐겁게 해주는 데 집중해야 하지만, 민생·공감 강국으로 올라서면 현재 일본이 누리고 있는 바와 같이 어느 정도 미중과 대등한 관계를 유지할 수 있기 때문이다.

어쨌든 현재 우리는 중견국인 만큼 민생·공감 강국으로의 도약을 위해 미국과의 한미동맹 관계를 강화하면서 동시에 중국과의 한중 전략적 협력 동반자 관계를 더욱 공고히 함으로써 경제와 군사 등 하드 파워는 물론 문화와 담론 등 소프트 파워를 키워나가야 하는 당위적 과제를 안고 있다.

그렇다면 미중에 어떻게 관여해야 미중 패권 경쟁 기간에 민생·공감 강국이라는 우리의 목표를 달성해 나갈 수 있는가? 쇠퇴하는 강대국과 부상하는 강대국과의 협력을 동시에 '복합적으로' 추진해야 한다고 앞에서 언급했는데, 답은 바로 여기에 있다. 즉 복합complexity이 정답인 것이다.

미국과 중국은 모두 동시에 복합적으로 관여해야 할 강대국들이고 주요 전략 지역과 국가의 행정부와 민간 부문도 모두 복합적으로 관여해야만 우리의 국익을 제고할 수 있다고 본다면, 복합외교가 21세기 외교 전략으로 등장하는 것은 당연한 결과일 것이다. 2010년 10월 당시 외교통상부 장관으로 취임한 김성환 전 장관은 외교 전략으로 '복합외교complex diplomacy'와 '총력외교total diplomacy'를 선언했다. 중견국가와 강대국을 통틀어서 복합이라는 외교의 시대정신을 외교 전략으로 채택한 나라는 한국이 처음이었다는 것이 당시 학계의 전반적인 평가였다.

그만큼 우리의 외교 환경은 복합적으로 대응하지 않으면 풀리지 않는다. 외교관들이 외교를 독점하는 시대는 지났다. 정부와 민간 부문이 외교를 분담하는 시대가 도래한 것이다. 힐러리 클린턴 미 국무장관은 2010년에 국무부의 외교 독점이 끝났다면서 '외교의 민주화democratization of diplomacy'를 선언했다.

이뿐만이 아니다. 외교에 필요한 국내외에서의 소통 수단도 복합인 시대이다. 라디오로 대표되는 아날로그 매체와 트위터와 페이스북 등 소셜네트워크 서비스 같은 디지털 매체를 복합적으로 활용해야만 국내는 물론 국외와 소통할 수 있는 것이다. 오바마 행정부의 국무부 정책기획국장을 지낸 슬로터 프린스턴대학교 교수는 21세기에는 세계와 가장 잘 연결된 국가가 최강의 파워가 될 수 있다고 했다.

이명박 정부의 3년 차에 외교 전략으로 추진됐던 복합외교도 학계에서 한국의 외교 환경을 둘러싼 복합이라는 흐름을 포착해 그 결과를 담론 시장에서 널리 확산시켜온 결과이다. 특히 하영선 서울대학교 정치외교학부 명예교수는 2000년대 들어서면서 한국 외교의 21세기 비전으로서 복합과 그물망network 등의 키워드를 담은 네트워크복합외교와 같은 의제를 제기해왔다. 김성환 전 외교통상부 장관이 복합외교를 이명박 정부의 외교 전략으로 추진하게 된 데는 하영선 교수의 이 같은 의제 설정 노력이 큰 기여를 했다.

김성환 장관이 처음 복합외교를 외교 전략으로 추진하는 방안을 이명박 대통령에게 건의한 시기는 2009년 말이다. 당시 청와대 외교안보수석실에서 외교선임국장 겸 전략홍보팀장으로 있던 필자는 한국도 미국의 '변환외교 transformational diplomacy'와 같은 외교 전략을 수립해 전략적인 외교를 해나가야 한다고 생각했다. 주먹구구식 외교로는 급변하는 동아시아의 외교안보 질서에 더 이상 제대로 대응하기 어려울 뿐만 아니라 전 세계를 상대로 한 체계적인 국익 외교를 추진하기 어렵다고 판단했다. 변환외교의 핵심 내용은 주요 국가의 정책이 여론에 영향을 받고 있는 만큼 그 나라 시민 사회의 주요 행위자들과 친분을 쌓는 외교를 해야 한다는 것으로 콘돌리자 라이스Condoleezza Rice 전 미 국무장관이 주도해서 수립한 외교 전략이었다.

필자는 이 같은 고민을 당시 외교안보수석이던 김성환 장관과 논의했다. 김성환 수석은 공감을 표하며 전문가들과 함께 초안을 만들어줄 것을 요청했다. 필자는 전재성 서울대학교 외교학과 교수와 함께 몇 개월에 걸쳐 작업을 하면서 많은 개념과 자료를 검토한 결과 하영선 교수의 '네트워크복합외교'가 가장 적합하다고 결론을 내렸다. 검토 과정에서 계속 함께 고민을 나누어온 김성환 수석도 네트워크복합외교로 정하는 것 외에 대안이 없다고 생각했다. 그러나 명칭이 너무 길다고 생각한 그는 내게 '복합외교'로 간명하게 줄이자고 한 뒤 '총력외교'와 함께 제시하자고 했다.

필자는 김성환 수석이 앞으로의 외교 전략을 복합외교라는 명칭으로 단순화하자고 할 때 잘 맞는 이름이라고 생각됐다. 그렇게 해서 김성환 수석이 대통령에게 보고한 것이 그해 말이었다. 그러나 이명박 전 대통령이 복합외교를 외교 전략으로 밝힐지 여부는 코펜하겐 기후환경 정상회의 참석 등의 이유로 결정되지 않은 채 차일피일 미루어졌다. 2010년 초 대통령 업무 보고 때 대통령의 메시지에 복합외교의 의미를 담은 '향후 외교는 다층적이고 복합적으로 추진한다'는 문구가 포함되는 일만 있었다. 그러나 그 메시지를 외교통상부가 외교 전략으로 비중 있게 받아들일 리가 만무했고 청와대도 마찬가지로 담론 정도의 이해로 그쳤다.

그렇게 시간은 흘러갔고 2010년 들어 3월에 천안함 폭침 사태가 발발하면서 더 이상 외교 전략 수립 문제에 신경 쓸 여유가 없었다. 천안함 사건이라는 돌발사태를 해결해야 하는 상황에서 필자로서는 2010년에 반드시 정해야 할 의제가 있었다. 그해 광복절 대통령 기념사를 통해 21세기 통일 방안을 제시하는 것이었다. 김영삼 정부 때 발표된 민족공동체 통일 방안은 20세기 남북한 관계와 동북아 정세에 기초해 만든 것이었다. 따라서 21세기 변화한 남북한 관계와 동북아 질서 변화에 부합하는 새로운 통일 방안을 마련하는 것이 이명박 정부의 과제라고 생각했다. 필자는 김성환 수석을 도와 천안함 문제를 다루는 한편 상반기 내내 전재성 교수를 비롯해 여러 학자들과 21세기 통일 방안을 마련하는 일에 전념했다.

그해 10월 김성환 수석이 신임 외교통상부 장관으로 지명됐다. 그는 대통령과 만난 후 수석실로 돌아와 이제 무엇을 어떻게 준비하는 것이 좋을지 필자에게 의견을 구했고, 필자는 두 가지를 건의했다. 하나는 전임 장관이 딸 특혜 의혹으로 물러난 만큼 '공정 외교통상부'를 제시하라는 것이었다. 대통령이 그해 광복절 기념사를 통해 밝힌 공정사회 구현의 맥락에서 제시한 의제였다. 다른 하나는 역대 외교통상부 장관으로서는 처음으로 외교 전략을 제시하라는 것이었다. 마침 지난해 준비해놓은 복합외교와 총력외교라는 훌륭한 외교 전략이 있었으므로 이를 국회 청문회 때 밝히고, 장관 취임 후 본격적으로 추진할 것을 건의했다. 김성환 수석은 흔쾌히 동의했다. 그래서 필자는 국회에서 발표할 후보자 연설문에 복합외교를 비롯한 외교 전략의 비전을 담아 작성하는 등 청문회 준비를 도왔다. 이렇게 해서 김성환 수석은 국회

청문회를 성공적으로 통과한 뒤 외교통상부 장관으로 취임해 복합외교를 정부의 공식 외교 전략으로 선언하고 추진했다. 복합외교가 정부의 외교 전략으로 채택되어 추진된 데는 이런 배경이 있었다.

대한민국의 외교가 추구해야 할 또 다른 전략은 소프트 파워 외교일 것이다. 김성환 전 외교통상부 장관은 2010년 취임 시 복합외교와 총력외교뿐 아니라 소프트 파워 외교soft power diplomacy도 전면에 내걸었다.

슬로터 교수는 저서 『새로운 세계 질서A New World Order』에서 "하드 파워의 사용 능력이 자주 제한되는 현재의 세계에서 정부는 설득과 정보의 힘인 소프트 파워를 활용할 수 있어야 한다"라고 말했다. 하버드대학교 교수 나이는 저서 『권력의 미래』에서 "소프트 파워는 의제의 형성, 설득하기, 긍정적인 매력의 과시 같은 수단들을 통해 원하는 것을 얻는 능력"이라고 정의했다. 슬로터와 나이의 말을 종합해보면 하드 파워의 사용이 제한되고 있는 오늘날 상대 국가를 설득해 자국의 국익에 유리한 방향으로 리드하기 위한 효과적인 힘이 바로 소프트 파워라는 것이다.

소프트 파워는 강대국보다도 중견국가에서 강대국으로 발돋움을 하고자 하는 나라에 더 필요한 힘이다. 한국은 기존의 강대국인 미국과 이제 부상하는 강대국인 중국이 패권을 놓고 부딪치는 동아시아를 공생의 질서로 이행할 수 있도록 이들 두 강대국에 관여해야 하는 위치에 있다. 그렇기 때문에 한국으로서는 미국과 중국을 설득해 모두가 공생할 수 있는 동아시아 질서를 건설하기 위한 매력적인 소프트 파워를 갖춰야 하는 것이다.

동아시아 미래 아키텍처

앞으로 동아시아 질서가 어떻게 바뀌어야만 민생·공감 강국이라는 국가 전략 목표의 이상을 달성할 수 있는가?

최대 과제는 2010년 국내총생산 기준으로 세계 2위에 올라서면서 G2로 급부상한 중국이 동아시아와 서태평양 지역에서 경제와 군사 분야의 패권을 추구하지 않고 주변국들과 공생하는 방향으로 나아가게끔 동아시아의 담론 시장을 통해 지속적으로 관여하는 것이다. 중국이 패권이 아닌 공생을 추구하는 것이 우리가 경제 강국의 지위를 달성하는 데 우호적인 환경을 조성할 수 있다고 보기 때문이다. 따라서 하드 파워가 약한 우리로서는 슬로터의 주장대로 설득과 정보의 힘인 소프트 파워를 활용해야 한다. 그래서 패도覇道가 아니라 왕도王道를 추구하는 것이 중국 스스로에게도 이익이라는 점을 인식하게 만들어야 한다.

이와 함께 동아시아 국가 모두가 21세기에 평화와 번영을 이룰 수 있도록 강대국과 중견국, 약소국이 더불어 공생하는 이른바 공생복합체로 동아시아를 발전시켜나가야 하는 것이 우리의 외교 전략이어야 한다. 공생복합체라는 동아시아의 미래 아키텍처는 한일 양국 전문가들 간에 합의된 비전이다. 2010년 대통령 직속의 민간 성격의 한일신시대공동연구위원회 한국 측 위원회(위원장 하영선 서울대학교 정치외교학부 명예교수, 일본 측 위원장 오코노기 마사오 小此木政夫 전 게이오대학교 교수)가 일본 측 위원회와 합의를 이끌어낸 비전이다.

당시 하토야마 유키오鳩山由紀夫 총리가 이끌던 일본 민주당 정부는 동아시아 공동체라는 비전을 제시해놓고 있었다. 그러나 한국 측 위원회는 한국 영토인 독도를 자신들의 영토라고 납득할 수 없는 입장을 계속 고수하고 있는 일본이 동아시아 공동체를 주창하는 것은 모순이라고 판단했다. 이에 따라 우선적으로 공생복합체라는 질서로의 이행이 필요하다고 설득했고 일본 측 위원회도 이에 동의했던 것이다.

그 결과 한국은 일본의 동의를 바탕으로 나중에 중국까지 참여할 수 있는 동아시아 미래 아키텍처로서 공생복합체라는 소프트 파워로 동아시아를 리드할 수 있는 언덕을 마련했다. 동아시아와 서태평양 지역 전반에 걸쳐서 공생복합체라는 미래 아키텍처에 대해 중국이 동의하도록 설득할 수 있는 소프트 파워를 보유한 국가는 현재 대한민국뿐이다.

일본은 경제력 같은 하드 파워가 세계 정상임에도 주변국들의 공감과 동의를 얻는 외교에 실패하고 있다. 이는 일본 정부가 식민지배와 위안부 보상 문제 등 과거사에 대한 반성을 하지 않고, 교과서 왜곡과 독도 영유권의 지속적인 제기를 반복하고 있는 데서 확인된다. 일본 정부의 이 같은 대외 정책은 동아시아 국가들의 실망을 불러올 뿐 아니라 일본 학계의 담론 능력까지 함께 쇠락하게 만드는 결과를 낳고 있다. 이는 한일신시대공동연구위원회에서 일본 측이 우리 측의 공생복합체라는 비전에 대응해 자신들만의 비전을 제시하지 못한 데서도 알 수 있다.

일본의 소프트 파워 부재는 한국과 중국에서 반일 정서를 초래하고 있다. 2012년 7월 3일 우리 정부가 비공개 국무회의를 통해 비정상적으로 추진하려던 한일 군사정보협정은 국회 여야의 요청으로 무산됐다. 그 원인은 독도 문제와 위안부 보상 문제에서 일본이 전향적인 모습을 보이지 않아 우리 국민의 대일 정서가 악화된 데서 찾을 수 있다. 이런 상황을 미루어보면 일본은 당분간 동아시아 미래 아키텍처의 비전을 주도하기 어렵다.

중국의 경우 일본과는 다르지만 갑작스럽게 G2 지위에 오르면서, 동아시아 질서는 물론 글로벌 질서가 앞으로 어떻게 변화하는 것이 바람직한 것인지에 대한 준비가 부족한 상황이다. 공생이나 공동체 같은 미래 아키텍처는 아직 구상조차 하지 못하고 있는 것이다. 더군다나 전 세계 국가들의 대중 인식이 G2로의 급부상에 모아지면서 중국 정부나 학계는 오히려 이같이 향상된 지위를 누리려는 모습을 더 많이 내비치고 있다. 중국은 또한 2010년 이후 동중국해와 남중국해의 서사군도와 남사군도 영유권을 주장하고 있다. 이들 군도의 영유권을 갖고 있는 베트남과 필리핀 등 주변국들은 중국의 군사적 위협을 피부로 느끼고 있다. 이 때문에 중국이 드디어 대외 관계에서 군사력을 행사하는 패도로 나아가는 것이 아니냐는 우려가 동아시아와 서태평양 지역 국가들 사이에서 높아지고 있다.

중국 공산당의 1당 독재에 대한 정당성을 둘러싼 불만 확산과 급속한 성장에 따른 부의 불평등과 양극화의 심화, 그리고 연해지역과 내륙지역 간 발전 정도의 격차 확대 등으로 커져가는 대내적 위기를 중국 정부가 민족주의로 돌파하면서 그 같은 우려는 더 심화하고 있다.

이와 같이 동아시아와 서태평양 지역을 관통하는 공동의 미래 아키텍처를 구축하기에 중국과 일본은 너무나 자국 중심주의적인 대외 정책을 추진하고 있다. 그 결과 이들 두 나라의 정부와 학계 모두 주변국들을 이끌어갈 수 있는 소프트 파워를 기르거나 갖추지 못하고 있다는 평가가 지배적이다.

바로 이 지점에서 기회는 한국에 있다. 한국의 경우 학계 중심으로 동아시아와 서태평양 지역의 미래 질서에 대한 비전과 담론이 활발하게 논의되어왔다. 특히 한일신시대공동위원회의 한국 측 위원회가 제시한 '공생복합체'는 지역 내 모든 국가들이 평화와 번영을 이루는 동아시아와 서태평양의 미래 질서에 대한 청사진으로서 중국의 공감을 받을 수 있을 것으로 평가받는다. 한국은 중견국가이기 때문에 동아시아와 서태평양의 미래 질서에 대해 중국과 일본보다 훨씬 더 유연한 비전을 창조해낼 수 있는 장점을 갖고 있다. 더군다나 한국의 정부와 학계가 중국과 일본을 상대로 양자 및 삼자 간의 민관 또는 순수 민간 전략대화를 적극적으로 이끌고 있다는 것도 또 다른 장점이다.

동아시아와 서태평양 지역을 위한 공생복합체라는 담론의 제도적 형태는 동아시아연합East Asian Union이 아닐까 한다. 유럽 국가들이 오늘날 유럽연합이라는 공동체를 건설한 것처럼 동아시아 국가들 간에 화폐와 재정 통합을 이루어 모든 구성 국가들이 평화와 번영을 누릴 수 있도록 우리가 동아시아연합이라는 비전을 주도해나가야 한다. 외교권과 국방권은 각국이 갖고 경제 분야만 통합해 '동아시아 드림'을 구현하는 방안을 적극 검토할 때가 온 것이다. 통합 화폐는 새벽이란 의미를 지닌 '아시아'의 첫 두 자를 따서 '아시Asi'라는 명칭을 제안하고 싶다.

이를 위해서는 두 가지 선행 조건이 있다. 첫 번째는 한중일 간에 '역사 대화해大和解'가 이루어져야 한다는 것이다. 물론 그 전제는, 일본이 군국주의시기에 한국과 중국을 침탈해 식민화함으로써 양국 국민에게 큰 상처를 준 역사에 대해 독일이 주변국들에게 보여준 사과와 반성 수준의 참회를 하는 것이다. 어느 정도 사과와 반성이 필요한가에 대해서는 한중일 3국간에 정부 관료와 전문가들이 참여하는 반관반민 성격의 공동연구위원회를 설립해 합의하는 방식이 바람직하다. 이 공동 위원회에서 역사 화해 방안이 합의되면 각국 위원회 측이 각자 자국 정부에 건의하고 언론 등 담론 시장을 통해 국민들을 설득하는 순서로 역사 대화해가 가능할 수 있다.

두 번째는 한·미·중·일 간 동아시아와 서태평양 지역의 미래 질서에 대한 '담론 동맹'이 이루어져야 한다. 이는 한중일 3국 및 미국 전문가들 간에 공동

연구위원회를 설립해 논의해야 실현할 수 있는 목표이다. 논의되어야 할 핵심 의제는 역시 중국이 미국과의 패권 경쟁을 자제하고 한국과 일본 그리고 태평양 국가인 미국과의 공존과 공생을 추구하도록 하는 것이다. 이를 위해서는 미국이 중국의 현실적인 힘을 인정하고 동아시아와 서태평양 지역의 경제 및 안보 질서의 규범과 규칙 제정 시 중국의 목소리를 균형 있게 반영하는 중국과의 협력 체계를 구축해야 한다. 중국이 동중국해와 남중국해에서 일본, 베트남, 필리핀, 인도네시아 등과 벌이는 영토 분쟁은 날로 심각해지고 있다. 미국이 중국에 제기하는 이 지역에서의 항해의 자유 보장 촉구는 두 나라 간 긴장을 고조시키고 있다. 이런 상황에서 한국은 동아시아와 서태평양의 공생과 공존의 평화 체제를 위한 미·중·일과 담론 동맹 구축 노력을 주도해야 한다.

대북 및 통일 전략

대북 전략의 핵심이 북한으로 하여금 핵무기 개발을 포기하게 한 뒤 개혁과 개방을 통해 국제사회의 책임 있는 일원이 되도록 유도하는 것이라면, 그동안의 햇볕정책과 강압정책은 모두 실패로 봐야한다.

그렇다면, 이제부터 요구되는 제3의 대북 정책 방향은 무엇인가? 앞서 살펴본 대로 민생주의의 국가 전략 목표는 북한 문제에만 골몰하는 20세기적인 외교 전략에서 벗어나는 민생·공감 강국 도약에 있다.

북한 문제가 민생·공감 강국 달성 전략에 걸림돌이 되지 않도록 하는 스마트한 관여 트랙으로의 대북 정책이 요구된다고 볼 수 있다.

만약 제재와 압박으로 북한 상황이 조기에 급변할 경우 큰 부담이 될 수 있다. 물론 그 같은 사태가 자연스레 온다면 피하지 말고 적극적으로 대응함으로써 주변 강국들의 방해나 간섭을 극복하고 한국 주도의 평화통일을 이루어야 한다. 그러나 북한의 급변을 의도하는 정책을 추진할 필요는 없다.

문제는 스마트한 관여 정책으로서 '전략적 관여strategic engagement'를 어떻게 추진할 것이냐 하는 것이다. 북한의 김정은 정권이 선군先軍 노선에서 경제 발전을 우선으로 삼는 선경先經 노선 또는 국제사회의 책임 있는 문명국가를 지향하는 선문先文 노선으로 정책을 전환하도록 유도하기 위해서는 어떤 수단과 방법을 쓸 것이냐는 이야기다.

먼저 북한이 핵무기 개발을 고집하는 이유가 무엇인지 냉정하게 분석해야 한다. 미국의 대북 정책이 자신들의 정권과 체제를 무너뜨리기 위한 것이라고 오해해 이에 따른 안보와 체제 불안감으로 핵무기를 포기하지 못하는 것이라면, 이를 정확하게 인식하는 것이 전략적 관여 정책의 출발점이 되어야하는 것이다.

이와 관련해 귀를 기울일 필요가 있는 얘기가 있다. 바로 하영선 교수가 공식 심포지엄이나 사석에서 북핵 문제와 관련해 늘 하는 언급이다. 북한의 관영 통신사인 조선중앙통신사의 웹 사이트에 북한 외무성의 성명이 늘 떠 있는데, 그 내용인즉 북한이 핵무기를 개발하는 목적은 경제적 지원과 맞바꾸는 데 있는 것이 아니라 미국의 적대시 정책에 맞서 체제를 유지하는 데 있다고 적혀 있다며 이를 주목하자는 것이다. 그가 늘 이 얘기를 하는 까닭은 북한의 공식 성명이 이와 같을진대 경제적 지원을 하면 북핵 문제가 해결될 것처럼 인식하는 전문가들이 많기 때문이다.

북한이 미국의 대북 정책을 자신들의 정권과 체제 붕괴를 목표로 한 적대시 정책으로 이해하고 핵무기를 개발하고 있다면 우리가 북핵 문제 해결을 위해 어떤 노력을 해야 하는 것인가? 무엇보다 중요한 것은 북한이 정권과 체제의 불안감을 가지지 않도록 우리 주도로 미국과 중국을 설득해 다자多者, multi-lateral 및 소자少者, mini-lateral 안전보장 시스템을 만드는 것이다. 다자 안전보장 체제로서 가장 유력하게 검토할 수 있는 방안은 6자회담 참가국들인 남·북·미·중·일·러 간 안전보장협정과 함께 남·북·미·중 4개국 간 안전보장협정 등일 것이다. 소자 안전보장체제로는 남·북·미, 남·북·중, 남·북·러, 남·북·일 등 다양한 3개국 간 안전보장협정을 검토할 수 있다.

그러나 여기서 한 가지 분명히 해두어야 할 것이 있다. 그것은 바로 어떠한 다자 및 소자 안전보장체제가 추진되더라도 한미 전략동맹과 이에 따른 미군의 한국 주둔이라는 체제가 확고하게 유지되어야 한다는 것이다. 만에 하나 북한의 노림수가 핵 포기와 주한미군 철수를 맞바꾸는 데 있을 수 있기 때문이다.

다자 및 소자 안전보장협정 방안들이 마련되는 과정에서 우리는 미중과 함께 북한이 체제 유지에 안심하게 함으로써 핵을 포기하도록 유도해야 한다. 만약 북한이 핵 폐기를 수용한다면 우리는 국제사회와 논의해 국제협력개발 지원을 제공하고 개방으로 유도하는 노력을 해야 하는데 이것이 전략적 관여의 핵심 로드맵인 것이다. 이 같은 관여가 성공하면 북한은 선군체제에서 선경과 선문 체제로 이행할 수 있을 것이다. 그럴 경우 북한은 중국이나 베트남과 같은 정치 및 경제 개혁 과정에 들어서면서 이전보다 책임 있는 국제사회 일원이 될 수 있다. 북한이 점차 경제개발을 통해 소득 수준을 높여나가고 정치에서 집단 지도체제 등 다원주의로 이행하게 되면 남북한 간 교류도 더욱 본격화할 것이다.

이 같은 교류와 협력이 이루어지면 북한의 정치와 경제 체제가 우리와 같은 자유민주주의와 시장경제로 진화할 것이고 우리는 그 진화 과정에 전략적으로 관여할 필요가 있을 것이다. 결국 통일은 북한을 자유민주주의와 시장경제로 이행하게 함으로써 남북한 간에 소득차가 많이 줄었을 때 자연스럽게 이루어지는 것이 가장 바람직하다.

전략적 관여가 필요한 또 다른 이유는 북한의 엘리트와 주민이 한국과의 통일에 공감할 수 있도록 평소 그들의 마음을 사는 데 있다. 우리는 북한에 급변 사태가 발발하거나 장기적으로 남북한 체제가 수렴되어 통일이 임박했을 때 북한의 엘리트와 주민은 통일에 반대하지 않을 것이라고 생각하는 경향이 있다.

그러나 우리가 북한에 대해 경제 제재를 중심으로 한 압박만 추구하고 인도적 지원과 다양한 교류협력 사업을 통해 북한의 엘리트와 주민의 마음을 사는 노력을 하지 않는다면 그들은 결코 한국과의 통일을 바라지 않을 것이다. 한국이 전략적 관여에 나서지 않고 압박 정책만 고수할 경우 그들은 김정은 체제가 붕괴하더라도 한국과의 통일을 거부하고 중국과의 협력을 통해 독자 생존을 추구하는 중국의 위성국가로서의 길을 선택할 가능성이 높다. 따라서 핵을 비롯한 북한 문제를 해결하기 위해서건 우리 주도의 통일을 실현하기 위해서건 우리의 대북 전략 방향은 전략적 관여 외에는 대안이 없다고 볼 수 있다.

전략적 관여는 '공존共存-공변共變-공진共進의 3단계 남북관계 정상화 정책'으로 정리할 수 있다. 단기적으로 남북한은 평화적으로 공존한다는 데 합의하는 것이 필요하다. 중기적으로는 북한이 핵 폐기와 개방으로 변화할 경우 우리도 북한에 다자 안전보장 체제를 제공하고, 함께 북한의 경제 개발을 해 국제협력을 지원하는 방향으로 공변, 즉 함께 변화해야 한다. 장기적으로는 본격적인 교류협력을 통한 평화통일 기반을 다지는 방향으로 남북한이 함께 진화해나간다는 의미의 공진을 해나가야 한다. 이는 간략하게 줄여서 '삼공三共 남북한 정상화 정책' 또는 '삼공 전략'으로 호칭할 수 있을 것이다.

큰 틀에서 이러한 전략적 관여를 통한 공존-공변-공진의 남북한 정상화는 '통일화統一化(unification process, 또는 'unifization'이라는 신조어로 표현할 수 있다)'로 명명할 수 있다.

통일은 단순히 영토와 국민이 물리적으로 통합된다고 이루어지는 것이 아니다. 진정한 통일은 영토와 국민의 물리적 통합 이전과 이후 장기간에 걸쳐 남북한 주민 간에 공감과 배려가 충분히 이루어져 마음으로 서로를 받아들일 때 이루어지는 것이다. 1990년 독일 통일 이후 사반세기가 지났는데도 여전히 구서독 지역과 구동독 지역 주민들은 서로를 '오시Ossi(동쪽 사람)'와 '베시Wessi(서쪽 사람)'라고 경멸적으로 부르는 등 진정한 마음의 통일을 이루지 못하고 있다. 마음의 통일이 얼마나 어렵고 긴 시간을 요하는 것인지를 알 수 있는 대목이다.

따라서 우리도 영토적 통일이라는 1차원적 통일 목표를 넘어서 전략적 관여의 정신에 기초한 삼공 전략을 통해 마음의 통일이라는 고차원적 통일을 향한 통일화의 시대를 열어나가야 한다.

군 개혁 및 국방 전략

우리 군은 어떻게 개혁해야 하는가? 그리고 어떤 국방 전략을 수립하는 것이 민생·공감 강국이라는 국가 발전 전략 목표를 달성하는 데 도움이 될 수 있는가?

먼저 알아야 할 것은 우리 군의 문제점이 무엇인가 하는 점이다. 2010년 11월 북한의 연평도 포격 도발 사태 당시에 드러난 문제는 우리 군의 지휘부가 전쟁을 두려워하는 것이 아니냐 하는 의구심을 샀다는 것이다. 북한에 공대지, 지대지 미사일로 보복 공격을 감행하길 우리 군이 꺼리는 모습을 보였다면 그것은 확전에 대한 우려 때문이었다.

그 같은 우려는 '확전우위' 전략에 대한 확신을 갖고 평소 북한 도발에 대처하겠다는 사고가 우리 군 리더십의 내면에 확고하게 자리 잡고 있지 않은 데서 말미암는다. 확전우위 전략은 확전을 두려워 않고 즉각 보복해야만 적의 도발을 근본적으로 예방할 수 있다는 전략이다.

이 전략에 내재한 근본적인 철학은 16세기 이탈리아 피렌체 외교관 출신의 현실주의 사상가인 마키아벨리와 관련이 있다. 마키아벨리에 의하면 기독교의 가르침이 온순함을 찬미해온 탓에 세계가 사악한 자들에 의해 지배당할 위기들이 발발한다. 그래서 그는 희생이라는 기독교 윤리보다는 자기보존self-preservation을 고양시키는 이교도적 윤리를 선호했다고 미국의 저널리스트 출신 국제안보 전략가 로버트 캐플런은 그의 저서 『승자학』에서 말한다.

로버트 캐플런은 이 책에서 마키아벨리의 인간 본성을 꿰뚫는 통찰을 실천한 대표적인 정치가 중 하나로 이츠하크 라빈Yitzhak Rabin 전 이스라엘 총리를 꼽는다. 1988년 팔레스타인 주민들의 인티파다Intifada(봉기)가 발생했을 때 이스라엘은 덜 폭력적인 수단으로 대처하는 바람에 시위를 진압하는 데 계속 실패했다. 그러자 당시 국방장관으로 있던 라빈은 이스라엘 군인들에게 팔레스타인 자치구에 들어가서 시위자들의 뼈를 부숴버리라고 지시했고, 그 결과 마침내 봉기를 잠재우는 데 성공했다. 당시 전 세계는 이스라엘에 팔레스타인과 합의하라고 압력을 넣었다. 그러나 라빈은 그 같은 압력을 무시했다. 대신 그는 길거리 무정부주의자들과 타협하는 일은 오로지 이란의 전 모하마드 팔레비Mohammad Reza Shah Pahlevi 국왕처럼 한낱 약하고 형편없는 정권들이나 하는 일이라는 확신 아래 무자비하게 팔레스타인 주민들의 봉기를 제압했다. 이 때문에 그는 미국의 민주당 등으로부터 비난을 받아야 했다. 그러나 그때부터 그의 지지도가 오르기 시작했다. 1992년 총선에서 강경 성향의 이스라엘 유권자들이 온건한 노동당을 선택한 것은 라빈이 노동당을 이끌고 있었기 때문이었다는 것이 로버트 캐플런의 설명이다. 총리가 된 라빈이 팔레스타인과 요르단을 상대로 평화협상을 추진할 수 있었던 것은 이스라엘인들이 그가 마키아벨리의 통찰에 기초해 팔레스타인들의 봉기를 단호하게 제압하는 '덕목virtue'을 갖춰 안보를 지켜낼 것이라고 신뢰했기 때문이다. 그러나 그는 1995년에 암살당했다.

　북한에 의한 도발 시 우리 군이 확전우위 전략을 실행하기 위해서는 라빈 전 총리처럼 마키아벨리의 통찰에 대한 확신을 가져야 한다. 북한의 사악한 행위를 철저하게 응징함으로써 국가 보존을 해내는 것이야말로 우리 군이 갖춰야 할 철학인 것이다. 앞으로 북한이 또다시 도발을 가해올 경우 필요한 것은 타협이 아니다. 확전을 두려워하는 자세는 결국 패배를 부를 뿐이다. 폭력적인 수단을 불사하고 단호하게 응징하는 마키아벨리적 덕목을 실천하는 것이 중요하다. 그럴 경우 북한은 다시는 도발할 엄두를 내기 어려울 것이다. 라빈 전 총리의 사례가 보여주는 또 다른 의미는 그가 팔레스타인 주민의 봉기에 대해 단호하게 대처했기 때문에 팔레스타인이 그와 평화협상에 나섰다는 데서 찾을 수 있다. 이 점에서 우리 군이 확전우위 전략에 따라 북한의 도발들을 철저하게 응징하면 북한은 도발을 자제하면서 우리와의 대화에 나올 것이라고 예상할 수 있다.

어쨌든 확전우위 전략과 마키아벨리적 통찰에 정통한 군 전략가들이 눈에 잘 띄지 않는 것은 군 리더십의 재생산 구조가 전략적 사고로 무장한 고급 장교 중심으로 시스템화하지 못한 데 기인한다. 국가 안보를 위한 전략적 사고는 '군은 무엇을 준비하고 있어야만 하는가?'와 같은 전제 아래 있어야 한다.

전략적 사고로 무장한 군의 배출이 미흡한 것은 지연地緣 또는 인사人事 라인과의 친소 등 지엽적 기준들이 고급 장교의 인사에서 관행적으로 자리 잡았기 때문이라는 우려가 많다. 따라서 군 인사 시스템에 대한 근본적인 개혁이 이루어져야만 민생·공감 강국으로 도약하는 데 필요한 국방 전략을 군에서 주도할 수 있을 것이다.

국방 전략은 그동안 통일 이후의 대비라는 장기적인 시각에서 논의되기보다는 북한의 군사도발에 우선적으로 잘 대응하느냐는 단기적인 시각에서 다뤄져왔다. 2010년 3월 26일 백령도 인근 해역에서 북한의 잠수함 어뢰 공격에 의한 우리 해군의 경비함 천안함 격침 도발이 발발한 직후 학계와 언론 등에서 대양 해군이라는 비전에 대한 비판이 제기된 것은 이 같은 맥락이다.

민생·공감 강국 도약이라는 국가 발전 전략 목표를 실현하기 위해 하드 파워와 소프트 파워를 배양해야 한다고 주창한 바와 같이 북한 문제와 통일 문제를 우리 주도로 해결하려면 국방 전략을 북한의 도발에만 맞추는 것은 위험한 일이다. 통일 전후 중국과 일본에 의한 안보 위협까지 대비해나가야 한다는 비전에 따라 논의되어야 한다. 이를 위해서는 2020년까지 우리 군이 동아시아의 제해권制海權과 제공권制空權 경쟁에서 치열하게 맞붙을 수 있을 정도로 해군과 공군을 발전시켜야 하는 것이다.

이와 관련해 우리는 두 가지 중요한 의문을 가져야 한다.

미국의 군사적 우월 체제가 지속될지 여부가 갈수록 불투명해지고 중국이 동중국해와 남중국해의 영유권을 주장하며 서태평양 국가들이 핀란드화되고 있는 상황에서 우리는 자력으로 대중동 원유 수송로와 유럽과의 해상 교역로의 안정을 지켜낼 수 있는가? 만약 자력으로 어렵다면 동맹들과의 연합을 통한 전략을 추진하고 있는가?

로버트 캐플런에 의하면 오늘날 미국의 해군력은 백 년 전 미국에 글로벌 패권국의 지위를 넘겨야 했던 영국의 해군과 비슷한 처지에 있다. 미 해군 군함의 수가 점점 줄어들고 있다는 것이다. 냉전 동안 600여 척에 달했던 군함의 수가 1990년대에는 350척으로 감소했고 지금은 280척으로 더 줄어들었다. 로버트 캐플런은 『지리의 복수』에서, 향후 수십 년에 걸쳐 이 숫자는 예산 삭감으로 250척까지 내려갈 가능성이 있다고 전망한다. 그는 미국이 이 같은 해군력 하락을 상쇄하기 위해 인도, 일본, 호주, 그리고 싱가포르 같은 해양 동맹국들과의 협력을 강화하고 있다고 지적한다. 미국은 군함 수의 감소에도 이 같은 해양 동맹국들과의 협력 강화를 통해 그간 해온 대로 앞으로도 상당 기간 서태평양의 원유 수송로와 해상 교역로의 안정이라는 공공재public goods를 성공적으로 제공할 수 있을 것이란 전망이 우세하다.

하지만 우리는 유사시 미국이 그 같은 역할을 담당하는 데 역부족일 상황에 대비해 해군력 증강에 힘써야 한다.

이와 관련해 우리는 미국 대통령인 윌리엄 매킨리William McKinley와 시어도어 루스벨트Theodore Roosevelt, 그리고 1차 세계대전을 일으킨 독일 황제 빌헬름 2세의 생각에 큰 영향을 끼친 19세기 말 미국의 해양 전략가 머핸의 통찰에 주목할 필요가 있다. 머핸은 저서 『해양력이 역사에 미치는 영향』에서 이렇게 말했다. "바다는 문명의 위대한 고속도로이기 때문에 상선들을 보호하기 위한 힘인 해군력은, 물을 이용한 여행과 교통이 언제나 육지를 이용한 것보다

쉽고 비용이 덜 드는 것과 마찬가지로 항상 세계 정치 투쟁들에서 결정적인 요소가 되어왔다."

머핸의 통찰에 우리가 더욱 귀를 기울여야 하는 또 다른 이유는 그의 생각이 오늘날 중국의 전략가들에게 큰 영향을 미치고 있다는 데서 찾을 수 있다. 로버트 캐플런에 의하면 현재 중국 전략가들이 미국 전략가들보다 훨씬 더 머핸의 생각을 잘 따르고 있다. 중국은 바다에서 일어날 군사적 충돌에 대비해 군함들을 건조하고 있다는 것이다. 2004년 베이징에서 열린 한 심포지엄에서 중국 전략가들은 앞다투어 머핸을 인용했는데, 이는 그의 영향력을 입증하는 것이었다고 로버트 캐플런은 당시 서구 참석자들의 인상을 전한다. 그 후 중국의 해군은 규모가 커지고 더 폭넓은 영역을 커버하기 시작했다고 그는 지적한다. 머핸으로의 경도는 베이징에서 더욱 심화되고 있는 것이다. 시카고대학교에서 강대국 정치를 가르치고 있는 미어샤이머는 "헤게모니가 주는 안보 혜택들이 엄청나기 때문에 강대국들은 예외 없이 미국을 모방하면서 자신들이 있는 지역을 지배하려고 시도할 것"이라고 말한다. 로버트 캐플런은 머핸에 대한 평판이 계속되는 한 그의 통찰의 전성기가 다가올지도 모른다고 전망한다.

미국은 쇠락하는 경제력으로 냉전 때의 군함 수를 감당하지 못하는 만큼 동맹들과의 협력 강화로 아프리카에서 동아시아에 이르는 바다에서 통행의 안전이라는 공공재를 제공하려고 애쓰고 있다. 로버트 캐플런은 미국의 이 전략이 머핸이 아니라 머핸과 동시대의 영국 역사가인 코빗의 전략을 따르고 있다고 말한다. 코빗은 1911년 출간된 저서 『해양전략론』에서 적은 수의 군함으로 바다에서 더 많은 것을 할 수 있는 해군력 전략을 제창하면서 "약하고 분산된 것으로 보일지도 모르는 해군력 연합이 올바로 구성되면 힘의 현실성을 가질 수 있다"라고 말한다.

　그렇다면 우리는 해군력 전략과 관련해 머핸과 코빗 중 누구의 전략을 따라야 하는가? 한편으로는 머핸의 전략을 추구하면서 다른 한편으로는 코빗의 전략도 따라야 한다는 것이 필자의 생각이다.

　머핸의 통찰대로 해군력의 중요성을 인식하고 우리의 국력에 걸맞은 해군 군함과 잠수함을 건조해나가야 한다. 이와 함께 한미 동맹을 중심으로 자유민주주의와 자유시장경제의 가치와 덕목을 공유하는 국가들과의 해군력 연합을 더욱 강화해야 한다. 더군다나 모겐소가 『국가 간의 정치』에서 한, "동맹은 정교함을 요구한다"라는 말에 귀를 기울여야 한다. 우리의 최대 동맹국인 미국은 국력 쇠퇴로 해군력이 떨어지고 있고, 동아시아와 서태평양의 군사적 우위를 유지하기 위해 동맹국들과의 연합 함대를 추구하고 있는 상황이다. 이 같은 국면에서 우리는 머핸의 전략에 따라 해군력을 강화하고 코빗의 전략과 모르소의 조언에 따라 미국과 해군 연합을 구축하는 노력이 요구되는 것이다.

29_ '전략적 관여'가 시대정신이다

2차 세계대전 이후 출범한 미국의 모든 행정부는 예외 없이 현실주의realism와 이상주의idealism 가운데 하나를 외교정책foreign policy의 중심 노선으로 선택해왔다.

현실주의 노선의 목표는 압박과 관여를 통해 전쟁을 예방함으로써 안정과 평화를 구축하는 데 있다. 현실주의의 대가인 키신저는 현실주의의 원칙에 입각해서 다음과 같이 외교를 정리한다. 첫째, 외교란 국가의 군사력, 경제력과 분리될 수 없다. 둘째, 외교는 다른 나라 내부의 정치적 도덕성에 간섭하고 그것을 우려하는 것과는 분리되어야 한다. 이 원칙의 뿌리는 1648년 30년 종교전쟁을 종식시킨 베스트팔렌조약에 있다. 이 조약에서 근대 국가체제의 초석이 된 국가 주권state sovereignty의 존중이 탄생한 것이다.

반면 이상주의 노선은 자유민주주의와 자유시장경제, 인권, 법질서 등 서구the West(미국과 서유럽을 중심으로 한 자유민주주의 진영)의 핵심 가치를 확산시키는 데 중심 목표를 두는 정책이다.

현실주의 노선의 대표적인 전략가는 두 사람이다. 공화당 닉슨 행정부 때 국무장관과 국가안보보좌관을 지낸 키신저와 포드 행정부와 조지 허버트 워커 부시George H. W. Bush 행정부에서 국가안보보좌관을 역임한 브렌트 스코크로프트Brent Scowcroft다. 1차 세계대전 후 국제연맹을 만든 우드로 윌슨Woodrow Wilson 대통령의 이상주의 노선을 대표해온 전략가는, 하버드대학교 정부학과 시절부터 키신저의 라이벌로서 민주당 카터 행정부 때 국가안보보좌관을 지낸 즈비그뉴 브레진스키Zbigniew Brzezinski다.

키신저와 스코크로프트, 브레진스키는 현직을 떠난 후에도 외교정책 담론 시장에서 각각 현실주의와 이상주의 노선을 반영하는 견해를 적극 표명해왔다. 특히 키신저와 브레진스키 두 사람은 주요 시기마다 국제 현안과 이슈에 대한 자신의 생각을 담은 책을 출간하며 외교정책에 영향을 미쳐왔다. 최근 몇 년 사이 키신저는 『헨리 키신저의 중국 이야기On China』와 『세계 질서』를, 브레진스키는 『전략 비전Strategic Vision』을 내놓았다. 스코크로프트는 1998년에 H. W. 부시와 공저한 『변환된 세계A World Transformed』와 2008년에 브레진스키, 데이비드 이그나티우스David Ignatius와 함께 쓴 『미국과 세계America and the World』 등 두 권을 출간했다.

문제는 키신저와 스코크로프트가 브레진스키와 벌여온 외교정책 노선 경쟁의 결과가 어떻게 나왔느냐는 것이다. 이들이 현직에 있을 때와 현직을 떠난 후, 출범한 행정부들의 외교 성과를 살펴봄으로써 어느 노선이 승리해왔는지를 냉정하게 평가할 필요가 있다는 얘기다. 왜 이것이 중요한 것인가? 그 까닭은 우리 시각에서 미국이 현재 펴고 있는 대 동아시아와 한반도 정책의 타당성 여부를 가늠하도록 해줄 뿐만 아니라 향후 등장할 행정부의 정책도 전망할 수 있게 해주기 때문이다. 그리고 더 중요한 점이 있다. 바로 우리의 대북 정책과 대중 및 대일 정책의 노선을 어떻게 정해야 할지를 알 수 있게 해준다는 것이다.

전후 미국에서 현실주의 노선과 이상주의 노선 간 경쟁의 결과를 가늠할 수 있는 지점은 두 개다. 첫 번째는 냉전의 종식에 어느 노선이 가장 많이 기여했느냐는 것이다. 두 번째는 9.11 테러 사태 이후의 세계 질서를 낳은 노선이 무엇이었느냐는 것이다.

먼저 냉전의 종식을 가져온 외교 노선은 무엇인가? 냉전 종식은 닉슨, 포드, 레이건 공화당 행정부의 현실주의 노선이 낳은 세계적 평화와 안정이 있었기에 가능했다. 특히 닉슨은 1970년 2월 괌에서 '아시아의 방위는 아시아인의 힘으로 한다'는 이른바 '닉슨독트린'을 발표했다. 닉슨독트린의 기조는 베트남전과 같은 군사적 개입을 피하며 강대국의 핵 위협을 제외한 내란이나 침략의 경우 아시아 국가들이 스스로 협력해서 대처하도록 한다는 것이다. 이에 따라 닉슨 행정부는 베트남에서 철군한 데 이어 한국에서도 2만 명의 미군을 감축했다. 대對 강대국 외교의 경우 닉슨은 세력 균형을 추구했다. 대표적인 예가 1971년 키신저에 이어 1972년 닉슨의 방중으로 이루어진 미중 데탕트다. 키신저는 자신의 회고록인 『백악관 시절The White House Years』에서 이렇게 말했다. "닉슨은 당시 8억 인구의 강대국인 중국의 고립에 종지부를 찍음으로써 세계 평화의 큰 위협을 제거했다. 닉슨과 나는 미국이 소련과 중국 양국과의 관계를 동시에 발전시켜나감에 따라 구축되는 미·소·중 3자 관계가 세계 평화에 더 큰 기회를 가져올 것이라고 믿었다." 미중 관계가 소련에 대한 견제가 된 것이다. 이 같은 견제 속에서 소련은 사회주의 계획경제의 모순으로 인해 약화되어갔다. 1976년 당시 소련 공산당 서기장이었던 레오니트 브레주네프Leonid Brezhnev는 프랑스 대통령에게 1995년에는 공산주의가 세계를 지배할 것이라고 큰소리쳤다. 하지만 1950~1970년 사이 5~6%로 고도의 경제 성장을 한 소련은 이후 장기침체가 계속되었다. 미국은 닉슨 행정부에 이어 포드 행정부까지 현실주의 노선을 추구함으로써 중국과 인도와의 화해와 협력 체제를 구축해 세계적 차원의 대규모 전쟁을 예방하고 평화 유지에 성공했다.

그러나 닉슨과 포드 행정부의 현실주의 외교 노선이 성공적이었다고만 평가하기는 힘들다. 1973년 1월27일 당시 키신저 미 국무장관과 월맹 정치국원 레둑토黎德壽는 파리평화협상에서 월남전의 휴전에 합의했으나 월맹측은 이를 뒤집었다. 1974년 월맹 지도부는 월남에서 미군을 철수시킨 미국이 다시 개입할 가능성이 낮다고 판단해서 2년 기한의 총공세를 펴기로 결정하고 다시금 월남을 침공하기 시작한 것이다. 김종필 전 총리의 ≪중앙일보≫ 회고록(2015년 7월 15일)에 의하면 월맹의 총공세가 시작되기 전인 1973년 11월 16일 방한한 키신저가 박정희 대통령을 만난 자리에서 이렇게 말했다고 한다. "앞으로 월남엔 물자와 장비를 지원해서 단단하게 만들어줄 겁니다. 이제 월남과 월맹은 평화적으로 대치하게 됐습니다." 그러자 잠시 무언가를 생각하던 박정희 대통령이 "이보시오, 미스터 키신저. 잘된 거라고 생각합니까?"라고 물었는데 질문의 의미를 알아듣지 못한 키신저가 대통령 얼굴만 멀뚱히 쳐다봤다고 한다. 그러자 박정희 대통령이 냉정한 어투로 딱 잘라 말했다는 것이다. "이제 월남은 끝났구먼. 끝의 시작이오." 이에 키신저가 놀란 눈으로 "끝나다니 무슨 뜻입니까?"라고 물으니 박 대통령은 이렇게 답했다고 한다. "정전 협정을 했다고 하지만, 공산주의자들은 가만히 있을 족속들이 아닙니다. 미군이 다 철수했으니 월맹이 본격적으로 침공을 시작할 겁니다. 월남군은 막지 못합니다. 남쪽은 이제 평화가 왔다고 민주주의 운운하면서 미국 원조나 기다리고 있겠지만, 월맹에선 이제 월남 통일이 눈앞에 보인다고 할 거요." 이에 키신저는 자신이 이룬 성과를 박정희 대통령이 일언지하에 꺾어버리자 기분이 상한 듯 "그런 염려는 마시라"면서 언급을 피했다는 것이 그 자리에 배석했던 김종필 전 총리의 회고다. 그러나 박정희 대통령의 예견은 정확하게 들어맞았다. 월맹은 그로부터 1년도 지나지 않아 총공세를 시작했다. 그러나 '월남화Vietnamization'를 통해 월남의 전력을 강화시켜 독자적으로 방어하게 한다는 명분으로 이미 철군한 미국은 자신들을 지원해달라는 응우옌반티에우Nguyen Van Thieu 대통령의 간절한 호소에도 월남의 몰락을 막지 못했다. 김종필 전 총리가 회고한 대로 월맹 정부가 1보 전진을 위한 2보 후퇴 차원에서 평화협상에 임한 것을 간파하지 못한 채 무능한 월남 정부에만 방어를 맡기고 철군했다는 사실은 닉슨과 키신저가 얼마나 공산주의자들을 몰랐는지를 보여준다.

레이건 행정부는 스타워즈 계획으로 알려진 우주 무기 경쟁과 소련의 대서유럽 천연가스 수출 금지 등 강력한 대소 정책을 추진했다. 이 때문에 레이건 행정부가 이상주의 노선으로 일관한 것으로 오해할 수 있다. 그러나 레이건 대통령은 압박과 관여를 균형적으로 추진함으로써 소련이 전쟁으로 이어질 수 있는 군사 도발을 중단하고 평화에 기여할 수 있도록 유도하는 현실주의 노선을 견지했다. 이는 레이건 대통령이 고르바초프 소련 공산당 서기장과 여러 차례 정상회담을 갖고 그때마다 개혁할 것을 촉구한 데서 알 수 있다. 만약 레이건이 이상주의 노선을 선호했다면 압박과 대화를 통한 관여보다는 경제 제재와 군비 경쟁을 통한 압박과 제재에만 집중했을 것이다. 당시 소련은 사회주의 경제의 모순으로 이미 내부적으로 몹시 어려운 상황에 직면해 있었다. 고르바초프가 1985년에 "매우 혼란스러운 상태"라고 묘사할 정도로 소련 경제는 어려움을 겪고 있었다. 대화보다는 무조건적인 압박을 통해 소련 붕괴를 추구하고 싶은 유혹이 들 수 있는 때였던 것이다. 그러나 레이건은 소련이 자체적으로 개혁하도록 촉구했다. 물론 그는 소련이 개혁하지 않으면 그때는 가만히 있지 않을 수 있다는 메시지를 보냈다. 안드레이 그로미코Andrei Gromyko 외상을 비롯한 소련 지도부가, 사망한 유리 안드로포프Yuri Andropov 서기장의 후임으로 강경파로 분류되던 정치국원 대신 지방에 있던 개혁 성향의 고르바초프를 선출한 것은 이 때문이다. 이처럼 레이건은 소련이 개혁과 개방에 나설 수 있도록 전략적으로 유도했다.

그러나 레이건이 냉전 종식을 위한 사회간접시설을 깔았다면, 그 인프라를 활용해 1980년대 말의 결코 녹록치 않은 정세 속에서 승리를 견인해낸 건 온전히 당시 미국 대통령 조지 H. W. 부시와 그의 국가안보보좌관을 맡았던 스코크로프트라는 데 주목해야 한다.

중유럽과 동유럽 정세가 베를린 장벽 붕괴와 독일 통일로 이어질 것이냐를 결정하는 중대한 고비가 1989년 전후로 형성되고 있었다. 고르바초프가 제창한 의제들인 '페레스트로이카(개혁)'와 '글라스노스트(개방)'가 중유럽과 동유럽 공산국가들에게 매력적으로 받아들여지는 상황에서 H. W. 부시와 스코크로프트 팀으로서는 미국이 동유럽의 담론 시장을 주도할 의제를 내놓을 필요성이 절실했던 것이다. 그렇지 않으면 동유럽 국가들이 고르바초프의 의제에 푹 빠져 자칫하면 냉전 종식의 호기를 놓칠 수 있었다. 그래서 H. W. 부시와 스코크로프트 팀이 마련한 의제가 SALT(전략무기제한협정) II와 재래식 무력 감축 등의 제안들이었다고 이들 두 사람은 공저한 회고록인 『변환된 세계』에서 말한다. 이들 의제는 소련과 동유럽 국가들이 개혁에 나설 수 있도록 유도하기 위한 전략이었다. 당시 국방장관이었던 리처드 체니Richard Cheney와 합참의장이었던 콜린 파월Colin Powell 등은 이에 반대했다. 그럼에도 H. W. 부시와 스코크로프트는 이들 의제를 제안함으로써 고르바초프의 의제들로 빠져들어가던 동유럽의 담론 시장을 다시금 미국의 주도하에 놓고자 했다. 회고록에 의하면 1989년 5월 26일 열린 북대서양조약기구NATO(미국과 서유럽 국가들 간 안보협력 기구) 정상회의에서 H. W. 부시는 네 가지 제안을 담은 연설을 했다. 첫째, 나토와 바르샤바조약기구(소련과 동유럽 국가들 간 안보협력 기구) 양측의 탱크들과 무장된 병력 수송차들 그리고 대포들에 대해서 나토가 제안한 한도를 바르샤바조약기구 측에서 받아들이기를 촉구했다. 둘째, 현재 나토가 보유한 다양한 수준의 헬기와 전투기를 15% 감축하겠다는 나토의 계획을 확대한다는 구상을 밝혔다. 셋째, 미소 양측 모두 각자 유럽 내 27만 5000명의 한도를 설정하기 위해 전투 병력 수를 낮추자고 제안했다. 넷째, 6개월에서 1년 안에 합의에 도달하기 위한 시간표를 가속화시키고 1992년이나 1993년까지 감축을 완료하자고 제의했다. 1989년 11월 10일 베를린 장벽 붕괴는 이처럼 H. W. 부시와 스코크로프트 팀의 유연한 전략 변화에 힘입은 것이다. 베를린 장벽 이후 독일 통일이 가능했던 것도 당시 반대 노선을 걷고 있던 영국 수상과 프랑스 대통령을 H. W. 부시가 설득했기 때문이었다. H. W. 부시와 스코크로프트에 대한 재평가는 그래서 필요하다. 미국 텍사스대학교 교수 바살러뮤 스패로Bartholomew Sparrow는 2015년에 펴낸 스코크로프트 평전 『전략가The Strategist』에서 이들을 이렇게 재평가한다. "H. W. 부시와 스코크로프트는 철학자들보다 철학을 더 행동으로 실천하는 사람들이다. 그들을 선지자先知者가 아닌 관리자로, 철학자가 아닌 전문 관료로 부른다면 실수가 될 것이다." 미국 보스턴대학교 교수로서 미국의 외교정책에 비판적인 앤드류 바세비치 Andrew Bacevich도 2002년 출간된 그의 저서 『아메리카 제국American Empire』에서 스패로와 같은 평가를 내렸다. "틀림없이 한 시대로부터 다음 시대로의 이행을 촉진하는 것은 필요하면서도 어려운 과제이다. 어려운 미소 관계가 조용한 결말을 볼 수 있도록 당시 정국을 잘 이끌었다는 점에서 H. W. 부시와 그의 보좌관들은 정당한 자긍심을 가질 수 있을 것이다."

냉전은 1989년 베를린 장벽 붕괴에 이어 1991년 소련 해체로 마침내 종식됐다. 냉전 종식은 우리에게 현실주의 노선의 위대한 교훈을 전한다. 전쟁 예방을 통한 안정과 평화 유지에 모든 노력을 기울여야 한다는 것이다. 안정과 평화에 위협적인 세력이 도발하지 못하도록 일관적으로 압박하고 대화하는 관여 노력을 계속해야 한다. 그러다 보면 그 세력은 언젠가 자체 모순에 의해 무너진다.

걸프전Gulf War도 H. W. 부시와 스코크로프트 팀의 현실주의 노선을 바탕으로 치러진 전쟁으로 평가받는다. 미국은 이라크가 쿠웨이트를 점령하자 동맹국들과 함께 다국적군을 편성해 1991년 1월 17일 이라크 전역에 공습을 감행해서 쿠웨이트로 진격해 이라크군을 몰아내고 그해 2월 28일 전쟁을 종료했다. 하지만 미국과 다국적군은 이라크를 침공해 사담 후세인Sadam Hussein을 축출하고자 시도하지는 않았다. 이는 H. W. 부시-스코크로프트 팀의 현실주의 노선이 불량국가가 국제 규범과 규칙을 어기면 그것을 즉각 바로잡는 데는 작동했지만, 그 불량국가의 내부 문제에는 일체 관여하지 않았다는 것을 보여준다.

이상주의 노선은 냉전 종식 과정에서 그다지 힘을 발휘하지 못했다. 스티븐 세스타노비치Stephen Sestanovich가 그의 저서 『최대 목표를 추구하는 사람Maximalist』에서 내놓은 설명에 의하면, 브레진스키가 1970년대 후반 카터 대통령의 국가안보보좌관으로 재직했을 때 이상주의를 제대로 펴지 못한 까닭은 카터 외교 노선의 모호성에 있다. 한 번은 카터가 브레진스키의 조언에 따라 제3세계 국가의 공산 혁명을 지원하는 소련의 행태를 강력하게 비난하는 연설을 했다. 그러자 소련은 항의 차원에서 주미 대사를 모스크바로 소환했다.

이에 브레진스키는 소련이 마침내 연설을 제대로 들었다고 대통령에게 보고했다. 그러나 이를 들은 카터는 소련의 반응이 자신의 의도와 다르다는 예상 밖의 태도를 보였다. 소련을 비난하기는 했으나 그가 이 연설을 진짜 들어주기 원한 대상은 소련이 아니라 미국 국내의 여론 주도층이었기 때문이다. 카터의 목적은 소련을 압박하고 소련과 대화해서 소련의 세계 평화 위협을 막는 것이 아니라 단지 그렇게 하고 있다는 인상을 주는 데 있었다는 주장이다. 스탠퍼드대학교 후버연구소의 슈바이처도 『레이건의 전쟁』에서 비슷한 비판을 제기한다.

그러나 이상주의 노선의 시대는 탈냉전 이후에 온다. 현실주의는 힘의 사용을 절제하면서 상대를 코너에 몰지 않고 대화를 통해 자신이 안고 있는 문제를 자발적으로 해결하도록 유도한다. 그렇게 함으로써 전쟁 예방을 통한 안정과 평화를 추구하는 것이다. 반면에 이상주의는 '내 가치가 최고'라는 오만함에 기초하기 때문에 힘의 사용을 절제하지 못하고 차이를 인정하는 여유를 갖지 못한다. 탈냉전 직후 클린턴 미 행정부는 자유민주의와 자유시장경제가 궁극적인 승리를 거두었다고 후쿠야마가 떠들어대던 '역사의 종말론'에 눈과 귀가 멀어버렸다. 1장에서 이미 살펴본 바와 같이 인간의 본성상 강대국 간의 권력정치가 국제무대에서 사라진다는 것은 환상이었다. 그러나 그 당시 이를 전혀 인식하지 못하던 클린턴 행정부는 월스트리트 초국적 자본들의 전위기관인 양 행세했다. 세계 곳곳에서 '워싱턴 컨센서스'를 앞세워 금융시장 개방을 중심으로 한 신자유주의 세계화를 마구 밀어붙였던 것이다. 신자유주의 세계화는 자유시장경제의 선진 제도들을 개발도상국들에 전파한다는 일종의 이상주의였다. 이 때문에 동아시아와 남미, 그리고 러시아 등지의 중산층이 궤멸되는 국가적 재난인 금융위기가 잇따랐다. 한국의 외환위기는 그

소용돌이의 중심에 있었다. 미국과 최상의 정치·군사동맹을 맺고 자유민주주의와 자유시장경제의 모범생으로 떠오르던 한국이 희생양이 된 것이다. 한국보다 못한 나라들은 말할 것도 없었다. 그 결과 전 세계적으로 빈부의 차이가 확대됐다. 신자유주의 세계화라는 옷을 입고 1990년대를 휩쓴 이상주의는 2000년대의 글로벌 불안의 씨앗을 잉태한 것이다.

그렇게 맞이한 2001년에는 전혀 예상하지 못한 비극이 발생했다. 그해 9월 11일 오사마 빈 라덴Osama Bin Laden이 이끄는 이슬람 근본주의 테러단체인 알 카에다가 공중 납치한 비행기들로 뉴욕 세계무역센터의 쌍둥이 빌딩을 들이받아 붕괴시키는 '9.11 사태'가 발발한 것이다. 워싱턴 D.C.의 펜타곤 건물도 테러리스트들이 납치한 비행기의 공격을 받아 일부 붕괴됐다. 수천 명의 희생자가 발생한 참사였다. 친親이스라엘 노선을 취하던 미국의 중동·아프리카 정책에 이슬람 국가들이 가진 불만을 이용해 알 카에다가 천인공노할 테러를 자행한 것이다.

9.11 사태로 W. 부시 공화당 행정부의 대외 전략이 현실주의에서 이상주의의 일종인 신보수주의neo-conservatism로 바뀐다. 신보수주의가 W. 부시 행정부의 중심 이념으로 채택된 데는 미국의 정치철학자 스트라우스와 언론인 어빙 크리스톨Irving Kristol의 철학과 사상이 큰 영향을 미쳤던 것으로 평가받는다. 이라크의 후세인 정권을 붕괴시켜야 한다는 주장을 처음 제기했던 당시 국방부 부장관 폴 월포위츠Paul Wolfowitz의 유토피아적 도덕주의는 그가 시카고대학교를 다닐 때 그의 스승이었던 스트라우스로부터 배운 것으로 알려졌다. ≪내셔널인터레스트≫ 등 여러 잡지를 창간하기도 했던 크리스톨은 오랫동안 각종 언론 기고를 통해 신보수주의 이념을 주창해온 대표적인 인물이다. W. 부시 대통령은 2002년 1월29일 국정 연설에서 이라크, 이란, 그리고 북한

을 테러 지원국이라며 '악의 축axis of evil'으로 규정했다. 이어 그는 2005년 1월 20일 2기 취임사에서 미국은 세계의 폭정을 종식시키고 자유와 민주주의를 확산시키는 정책을 취할 것이라고 천명했다. 이들 언급을 통해 W. 부시 행정부 1기, 2기의 외교정책 목표가 악의 축인 세 나라를 비롯한 폭정의 전초 기지들에 자유와 민주주의를 확산시키는 데 있었다는 걸 알 수 있다. 미국 언론들은 첫 임기든 재선 기간이든 공화당 대통령이 이처럼 이상주의적 목표를 제시한 적이 없었다고 평가했다.

W. 부시 행정부가 유토피아적인 세계관을 가진 신보수주의의 철학을 바탕으로 9.11 테러 사태에 대응하게 되면서 미국의 외교안보 전략은 억제 deterrence와 봉쇄containment에서 선제공격preemption으로 이행했다. 2002년 하반기에 발표된 국가안보전략National Security Strategy에서 미국은 냉전 때부터 유지해온 억제와 봉쇄에서 벗어나 위협 조짐을 보이는 국가에는 언제든 선제공격을 가할 수 있다고 선언한 것이다. 그 같은 이행이 현실화한 것이 아프가니스탄전쟁과 이라크전쟁이다.

미국은 이 두 전쟁에서 이겼다. 그러나 이겼다고만 평가하기에는 결정적인 뭔가가 부족하다. 왜냐하면 미군이 철수하면 이라크와 아프가니스탄이 언제든 전쟁 이전 상황으로 돌아갈 수 있다는 우려가 엄존하기 때문이다. 미국은 자유와 민주주의를 확산하기 위해 아프간과 이라크에서 각각 탈레반 정권과 후세인 정권을 무너뜨리고 민주적인 정권을 수립하고 지원해왔다. 국내적으로는 경제 악화에 따른 국방 예산 부족으로 이라크와 아프간에서의 미군 철수 압박 여론에 시달렸다. 그러나 철수했을 때 이들 두 나라에서 새로 수립된 정권들이 과연 자생할 수 있을 것인지에 대해 미국은 확신하지 못했다. 오바마 행정부 출범 이후 미국은 이라크에서 미군을 철수시켰다. 그러자 우려한 대로 이라크 국내 상황이 악화됐다. 2014년 6월 이라크에서 두 번째로 큰 도시인 모술 지역을 점령하면서 급부상한 이슬람 극단주의 테러 단체인 IS(이슬람국가)가 시리아의 일부 영토까지 포함한 하나의 국가를 수립했다고 주장하면서 중동뿐만 아니라 전 세계 안보의 불안 요인으로 떠오르고 있는 것이다.

IS는 이 같은 우려를 입증이라도 하듯이 2015년 11월 13일 프랑스 파리에서 129명의 사망자와 다수의 부상자를 발생시킨 극단적인 테러를 자행했다. 또한 파리 테러의 잔혹성과 야만성에 대한 전 세계적인 규탄이 고조되고 있는 상황에서도, 테러 직후 미국의 수도 워싱턴에 대한 테러를 예고했다. IS가 이같이 알 카에다에 버금가는 극단적인 테러 단체로서 급성장하게 된 계기는 2003년 미국의 이라크전쟁이다. 당시 미국의 공격에 의해 전복된 이라크 사담 후세인 정권의 잔당들이 극단적인 광기로 무장해 IS를 만들어 모술시를 장악한 것이다. 이때부터 IS는 알 카에다를 대체하는 테러 단체로서 급성장하기 시작했다. 요컨대 IS는 W. 부시 행정부의 신보수주의 외교안보노선에 기반을 두고 치러진 이라크전쟁이 낳은 괴물인 것이다. W. 부시와 그의 외교안보팀이 H. W. 부시와 스코크로프트의 현실주의 노선을 계승했다면 IS에 의한 파리 테러라는 비극은 물론이고 이슬람 극단주의 무장 테러단체들에 의한 공포가 전 세계로 확산되는 사태는 없었을 것이다. 미국은 아프가니스탄에서도 철수를 계획하고 있으나 새로 수립된 정권이 기존 탈레반 세력의 도전을 물리치고 권력을 유지할 수 있을지는 미지수다. 미군이 철수하자마자 탈레반 세력이 봉기해 민주정권을 탈취할지는 아무도 모른다. 미국의 고민은 이라크와 아프간에 자유와 민주주의를 이식하긴 했는데 그것들이 미국의 지원 없이 유지될지 알 수 없다는 데서 나온다.

이 같은 우려가 제기되고 있는 작금의 현실은 신보수주의의 유토피아적 전망이 신기루에 지나지 않는다는 것을 시사한다. 만약 미국이 키신저와 스코크로프트의 현실주의 노선을 바탕으로 한 외교정책을 통해 이라크와 아프간 문제에 접근했다면 어떻게 되었을까? 당시 이라크 전쟁에 근본적으로 반대한 현실주의 전략가는 스코크로프트였다. 현실주의 전략가인 키신저와 이상주의 전략가인 브레진스키는 전쟁 자체에 대해서는 반대하지 않고 어떻게 전쟁을 치를 것이냐에 대해서만 의견을 달리했다.

실제로 미국이 이라크 전쟁을 준비할 때 전쟁 반대 여론에 불을 지핀 인물은 스코크로프트였다. 그는 ≪월스트리트저널≫에 실린 기고문에서(2002년 8월 15일), 이라크를 공격할 경우 그 지역의 아랍 정권들을 불안정하게 할 것이기 때문에 공격하지 말자고 주창했는데, 스패로는 『전략가』에서 이라크 전쟁이 끝난 지 10여 년이 지난 오늘날 스코크로프트의 우려가 거의 대부분 현실화됐다고 지적한다. 스패로에 의하면 아랍 정권들의 불안정성은 후세인이 생전에 추구했던 목표였다. 스코크로프트의 반대 기고문이 나온 뒤 그와 함께 H. W. 부시 행정부 때 국무장관을 지낸 제임스 베이커James Baker를 비롯한 미 공화당의 외교안보 전략가들이 앞다투어 언론에 나와 이라크 전쟁에 대해 반대 입장을 표명했다. 만약 W. 부시 대통령이 자신의 아버지의 외교안보 라인이었던 스코크로프트와 베이커의 주장을 좇았다면 미국은 후세인과 물라 모함마드 오마르Mullah Mohammed Omar가 각자 지배하던 이라크와 아프가니스탄에서는 물론이고, 중동과 중앙아시아 지역에서 전쟁 예방과 안정 그리고 평화의 추구를 위해 압박과 제재를 가하는 전략을 구사했을 것이다. 그러면서 동시에 대화를 통해 이들 정권이 개혁으로 나가도록 관여했을 것이다. 그랬다면 지금보다 훨씬 바람직한 결과를 낳았을지 모른다. 천문학적인 전쟁 비용을 절약할 수 있었을 것이고 수많은 고귀한 인명을 잃지 않았을 수도 있다.

미국 경제도 더 나아졌을 것이다. 그랬다면 중국은 미국의 슈퍼 파워 지위에 도전장을 내밀지 못했을 것이다.

W. 부시 행정부가 현실주의의 신중함을 발휘하지 못한 또 다른 전략 지점은 경제에서 찾을 수 있다. 미국은 신보수주의와 이상주의의 동맹으로 뭐든지 할 수 있을 것 같은 환상에 취한 나머지 신자유주의 세계화에 가속 페달을 밟아왔다. 1990년대 후반에는 한국과 태국 등 동아시아 국가와 러시아를 포함해 금융위기를 맞아 IMF 구제금융을 받는 조건으로 신자유주의 구조조정에 착수하는 나라들이 많았다. 2000년대 들어서서는 산업화 초기 단계에 진입했으나 세계은행이 리카도의 비교우위론에 입각한 정책 처방을 하는 바람에 졸지에 목축업으로 되돌아가면서 모든 산업 기반을 잃어버린 몽골 같은 나라들이 적지 않다. 2007년에는 급기야 신자유주의 세계화의 본산인 미국에서 초대형 모기지 대부업체들이 파산하는, 이른바 서브 프라임 모기지 사태의 여파로 금융위기가 발발했다. 직접적인 원인은 대출금을 갚지 못하는 저소득층에게까지 서브 프라임 모기지론을 계속 제공해온 금융시장의 탐욕에 있다. 서브 프라임 모기지 사태는 이듬해 월스트리트의 투자은행 리먼 브러더스가 파산하면서 본격적인 금융위기로 비화했다.

W. 부시 행정부에서 오바마 행정부로 넘어가는 과도기인 2007년과 2008년에 발생한 이 금융위기로 미국은 7000억 달러의 공적 자금을 투입해 이 위기에서 손실을 입은 월스트리트 초국적 금융자본을 구해야 했다. 그러나 여기서 살아남은 월스트리트의 초국적 금융자본들은 유럽의 금융자본들과 함께 새로운 이익을 창출하기 위한 차원에서 그리스를 공략했다. 이는 2010년 그리스 금융위기와 그 후 스페인을 비롯한 남유럽 국가들의 재정위기로 발전했다. 스티글리츠는 그해 출간한 그의 저서 『끝나지 않은 추락Free Fall』에서

이렇게 설명했다.

엄청난 적자를 낸 나라들에 자금이 필요한 걸 보면서 금융계는 이익을 낼 새로운 기회를 찾았다. 그리스가 차입금의 롤오버roll-over(만기 연장)를 위해, 또는 적자 때문에 모자라는 돈을 빌리기 위해 금융시장에 왔을 때 그리스가 높은 이자를 물지 않고는 자금을 조달하기 어려울 것이라는 걸 알아챈 금융계는 기존의 그리스 채권을 공매하기도 했다. 채권 값이 떨어지리라는 데 베팅한 것이다. 그들은 금융시장의 새로운 대량파괴무기인 신용부도 스와프를 이용해 공격을 시작했다.

그리스 금융위기는 스페인 등 남유럽 금융위기로 확산됐다. 남유럽 금융위기는 유럽연합의 재정 위기로 이어졌다. 그 결과 유럽연합 소비자들의 구매력이 하락했다. 이 때문에 미국을 비롯해 중국과 한국 등 주요 수출국들의 대EU 수출이 감소했고 그 결과 이들 나라의 시장이 위축됨과 동시에 금융이 불안해졌다. 수출 기업들이 수출을 많이 하지 못하게 되면서 이들 기업에 돈을 빌려준 금융기관들이 어려움에 처하게 된 것이다.

오늘날 미국과 세계가 겪고 있는 모든 문제점은 이와 같이 미국의 외교정책과 경제정책 모두가 현실주의로부터 이탈한 데서 시작되었다. 클린턴 행정부에서부터 W. 부시 행정부에 이르기까지 경제정책에서는 이상주의에 따른 신자유주의 세계화 노선을 추진해왔고 외교정책에서는 이상주의 노선(클린턴 행정부) 혹은 이상주의와 신보수주의가 결합된 노선(W. 부시 행정부)을 걸었다.

오바마 행정부가 2009년 출범하면서 외교정책에서 현실주의로 복귀하는 징후가 뚜렷하게 나타났다. ≪로스앤젤레스타임스≫에서 외교 전문 저널리스트로 일한 제임스 만James Mann은 2010년에 펴낸 저서 『오바마의 사람들The Obamians』에서, 오바마가 임기 초반 18개월 동안에는 현실주의 노선을 추구했다고 주장한다. 2008년 대선 캠페인 동안에 오바마는 자신이 추구하는 외교정책이 제럴드 포드 대통령과 H. W. 부시 대통령의 국가안보좌관이었던 스코크로프트가 추구했던 모델이라고 말했다. 베를린 장벽 붕괴에 따른 독일의 통일과 소련과 동구의 붕괴에 따른 냉전의 종식을 성공적으로 이끈 스코크로프트의 노련한 현실주의 노선이 자신이 따르고자 하는 외교정책 방향이라고 고백한 것이다. 현실주의 노선의 상징적인 전략가는 키신저다. 그러나 그는 모든 행정부와 잘 지내고자 했기 때문에 현실주의자로서의 명성은 이미 퇴락했다. 반면 스코크로프트는 현실주의 노선을 엄격하게 지켜오면서 클린턴 행정부와 W. 부시 행정부의 이상주의와 신보수주의 노선을 비판해왔다. 그의 철학은 어느 나라가 됐든 그 나라 내부에서 무슨 일이 일어나더라도 그 나라 정부가 자기네 국민을 다루는 방식에 일체 개입하지 말아야 한다는 것이다. 그 대신 그 나라가 해외에서, 그리고 이웃나라들과의 관계에서 추구하는 정책이 해당 지역과 세계의 평화에 위기를 가져온다면 그때 개입하라고 주장한다.

대선 때부터 오바마가 스코크로프트의 모델을 추구한다고 한 것은 W. 부시 행정부의 불안정한 신보수주의 노선은 절대 계승하지 않겠다는 의미였다. 오바마가 2009년 외교안보팀을 구성할 때 스코크로프트는 큰 도움을 주었다. 오바마는 스코크로프트의 추천을 받아 일면식도 없던 미 해병대 사령관 출신 예비역 4성 장군인 제임스 존스Jammes Jones를 국가안보보좌관에 임명한 데 이어 W. 부시 행정부의 마지막 국방장관인 게이츠를 유임시켰다. 게이츠는 H. W. 부시 행정부 시절 스코크로프트 밑에서 국가안보 부보좌관을 지냈는데,

그 생각이 스코크로프트와 똑같다고 평가받는다.

그러나 오바마의 현실주의 노선은 미국이 2010년 리비아 사태에 개입하면서 절반쯤 이상주의 노선으로 돌아선다. 이때 오바마의 리비아 사태 개입 결정에 큰 영향을 미친 전략가는 이상주의 노선의 대표적인 브랜드 '없어서는 안 될 국가indispensable nation'를 만든 브레진스키였다. 그때도 스코크로프트는 반대했다. 그의 논리는 사람이 죽는다고 미국이 어떻게 다 개입할 수 있느냐는 것이었다. 게이츠도 개입을 강력하게 반대했다. 그러나 브레진스키의 개입 옹호 논리는, 모든 곳에 개입할 수 없다고 해서 어떤 곳에도 간섭하지 않는다는 것은 아니라는 것이었다. 그런데 이때 오바마는 수전 라이스Susan E. Rice 국가안보보좌관, 서맨사 파워Samantha Power 유엔 대사, 데니스 맥도너휴Denis McDonough 국가안보 부보좌관, 벤 로즈Ben Rhodes 스피치라이터 등 젊은 측근들에 의해 자유와 민주주의 확산이라는 이상주의 노선으로 한 발짝 더 기운 상태였다. 이 때문에 오바마는 자신이 존경하는 스코크로프트의 현실주의 노선만 고집할 수가 없었다. 결국 오바마는 영국과 프랑스와 함께 하는 공습에 참여한 뒤 작전권을 나토에 넘기는 방식으로 리비아 사태에 개입하기로 결정했다. 지상군을 투입하지 않고 공습 작전도 서유럽 국가들과 공동으로 진행하는 군사적 개입은 오바마만의 현실주의를 가미한 이상주의 모델 실험이라는 평가를 받았다.

그 같은 평가를 하는 전문가 중 하나로는 리처드 하스Richard N. Haass 미국 외교협회CFR 회장을 꼽을 수 있다. 하스는 저서 『대외정책은 국내에서 시작한다Foreign Policy Begins at Home』에서 오바마 행정부가 현실주의의 전제하에서 외교정책을 추구하고 있다고 평가한다. 대표적인 예는 미군을 지상 투입하는 대신 공습을 통해 리비아 사태에 개입하고, 이라크에서의 미군을 완전히 철수했으며, 시리아 사태에 대한 군사적 개입을 제한하고, 아시아 재균형 정책을 펼친 사례 등이라고 부연한다. 오바마의 이 같은 외교정책 모델은 집권 2기에 들어서서도 일관되게 추진되고 있다. 군사적 개입을 자제하면서도 불가피한 경우에는 단독으로 하지 않고 영국과 프랑스, 독일 등 나토 회원국들과 협력해서 해오고 있는 것이다.

대중 관계의 경우 현실주의와 이상주의 간에 균형이 훨씬 더 잘 이루어져 왔다. 오바마 대통령은 W. 부시 대통령 때보다 더 높아진 중국의 위상을 인정하고 세계 주요 현안에서 중국의 역할을 존중한다는 평가를 받고 있다. 이는 그가, 새로운 형태의 강대국 관계로서 미중 관계를 만들어나가자며 시진핑 주석이 2013년 미중 정상회담에서 제안한 신형대국관계를 수용한 데서 확인된다. 중국의 신형대국관계 구축 제안은 미국이 아시아와 태평양 지역에서 경제적·군사적 영향력을 증대하기 위해 2011년부터 추진해온 '아시아 회귀'라는 아시아 재균형 전략에 대응하기 위한 것이다. 오바마와 시진핑은 불충돌, 불대립, 상호존중, 상생협력 등 신형대국관계의 네 가지 원칙에 합의했다. 오바마 행정부가 중국에 인권과 민주주의 문제를 제기하는 것을 포기한 것은 아니다. 그 같은 문제 제기는 미중 고위급 대화체인 전략·경제 대화 등에서 이루어져 왔다. 대중 정책에서는 현실주의가 중심 노선이 되고 이상주의가 보완되어온 것이다. 오바마의 현실주의 중심의 외교정책은 세계질서가 중국의 부상rise과 같은 변화들을 담아내지 못하면 붕괴된다는 키신저의 충고를 수용했다는 것을 의미한다.

오바마 행정부는 경제정책에서도 이상주의와 현실주의 사이의 균형을 추구해온 것으로 보인다. 첫 번째 임기 초에는 신자유주의 금융 세계화에 대해 비판적이었다. 그는 2009년 12월 중순 한 방송에 출연해 "내가 대통령이 된 것은 월스트리트의 살찐 고양이(대형 투자금융기관)들을 돕기 위해서가 아니다"라고 말했다. 크리스토퍼 메이어Christorpher Meyer와 줄리아 커비Julia Kirby가 공저한 『포스트 캐피털리즘Standing on the Sun』에 의하면 오바마는 월스트리트에 적대적이라는 이유로 극단적인 신보수주의 성향의 '폭스 뉴스Fox News'와 GE 회장 같은 자신에게 호의적인 기업인들로부터도 비난을 받았다. 오바마 행정부는 또 신흥국과 개도국의 입장을 더 감안한 현실주의적 경제정책을 어느 정도 추구해왔다고 평가 받는다. 미국이 2008년 리먼 브러더스 사태 이후 전 세계적으로 확산되어온 경제 위기를 수습하기 위해 개최한, 선진국들과 신흥국들이 모두 참여하는 G-20 정상회의가 바로 그 같은 평가를 뒷받침하는 대표적인 사례다. 미국이 G-7 정상회의 대신에 선진 7개국과 신흥국들을 포함한 G-20 정상회의를 선택했다는 것은 그만큼 미국이 월스트리트 초국적 자본들의 이해에만 충실할 수 없는 구조가 됐다는 것을 의미한다.

그러나 집권 2기 후반기에 접어들면서 오바마의 외교정책은 이상주의 노선에 한층 더 경도되어왔다. 러시아가 우크라이나의 영토적 주권을 침해했다고 규정하고 영국, 프랑스, 독일, 일본 등과 함께 강력한 대러 경제 제재를 가해온 것이 그 대표적인 경우다. 계기는 2014년 3월 우크라이나의 크림자치공화국이 주민투표를 실시해 압도적인 비율의 찬성으로 러시아와의 합병을 선언하면서부터다. 이와 함께 우크라이나 동부지역 주들에서 러시아계 주민들을 중심으로 분리주의 움직임이 거세게 나타난 것도 계기가 되었다. 크림공화국의 러시아와의 합병 선언과 우크라이나의 동부 주들의 분리 운동의 배후는 러시아라는 의혹이 설득력 있게 제기되어왔다. 의혹에 따르면 러시아가 그렇게 하게 된 것은 서유럽과 러시아 간 완충지대buffer-zone인 우크라이나가 유럽연합의 회원국이 되기 위해 서방과의 관계를 강화하면서 안보상의 불안감이 커졌기 때문이다. 우크라이나가 EU 회원국이 되면 러시아가 서유럽의 영향을 직접 받게 되기 때문에 안보에서는 물론이고 경제와 문화 분야에서도 서유럽에 종속될 수 있다는 우려감이 러시아에서 고조되어왔다는 것이다. 이 때문에 우크라이나가 서방으로 이탈하는 것을 막기 위해 크림공화국과 동부 주들의 러시아계 주민들을 자극해 러시아와의 합병 움직임을 부추겨왔다는 것이 의혹의 핵심이다. 그 같은 의혹의 옳고 그름을 떠나서 크림공화국 주민 투표 결과 절대다수가 러시아와의 합병을 원하는 것으로 확인되자 블라디미르 푸틴Vladimir Putin 러시아 대통령은 '감히 청하지는 못할 일이나 본래부터 간절히 바랐다不敢請 固所願'라며 전격적으로 크림공화국을 합병했다. 이를 계기로 우크라이나 동부 주들에서 러시아계 분리주의 세력들과 우크라이나 정부군 간 군사적 충돌이 더욱 격화됐다. 동부 주들의 분리 움직임에 러시아의 막후 지원을 막아달라는 우크라이나 정부의 요청을 받은 오바마 행정부는 러시아에 지원을 중단할 것을 요구했다. 그러나 러시아는 지원 의혹을 부인했고 동부 주들에서는 분리 세력과 정부군 간에 충돌이 지속됐다. 그러자 미국은 대러 경제 제재를 가하기 시작했다.

　문제는 왜 미국의 대러 경제 제재가 이상주의 노선의 전형적인 사례에 해당하느냐이다. 스코크로프트의 현실주의 철학에 의하면, 러시아가 내부적으로 문제를 일으키는 것이 아니라 이웃나라인 우크라이나의 동부 주들을 빼앗기 위해 이들 주의 러시아계 주민들을 자극해 분리주의 움직임을 벌이도록 하고 있다면 미국의 개입은 타당하다. 그러나 현실주의 대가인 키신저를 비롯한 많은 현실주의 전략가들은 미국의 대러 경제 제재는 이상주의 노선이라고 비판한다. 그 이유는 두 가지다. 우크라이나의 EU 가입이 이루어질 경우 러시아로서는 자신의 안보가 위기에 처할 것으로 인식하고 대응한 것이므로 자구self-help적 측면이 있다는 것이 그 하나다. 따라서 러시아가 크림공화국을 합병하고 우크라이나의 동부 주들에서 분리 움직임을 자극했다고 해서 이를 문제 삼아 러시아에 경제 제제를 가하는 것은 잘못이라는 것이 키신저 등의 생각이다. 애초부터 우크라이나를 EU에 가입시키고자 했던 것부터가 잘못된 전략이라는 비판이다. 다른 하나는 러시아의 영향력이 강한 시리아와 이란 문제를 해결하기 위해서는 러시아와의 협력이 절대적으로 필요한데 우크라이나 문제로 그 같은 협력을 얻지 못하는 것은 실수라는 지적이다.

그러나 현실주의자들의 우려와 달리 미국은 2015년 7월 14일 이란과의 핵 협상에서 타결을 이루는 데 성공했다. 오스트리아 빈에서 개최된 미국과 이란 간 협상에는 영국, 프랑스, 중국, 러시아 등 안보리 상임이사국 5개국과 함께 독일 등 5개 주요 강대국들도 참여했다. 미국이 이란 핵 협상을 성공시킬 수 있었던 데는 우크라이나 사태로 소원해진 러시아를 참여시켜 이란을 설득하게 하는 역할을 맡게 한 현실주의적 노선을 회복한 것이 큰 기여를 한 것으로 평가받는다.

우리에게 중요한 것은 대러 경제 제재로 북한 핵 문제 해결이 어려워지고 있다는 점이다. 북핵 해결을 위한 다자 회담인 6자회담의 한 축은 러시아다. 이 회담의 중심인 미국은 북핵 문제에서 진정성 있는 변화를 보여야만 회담을 재개하겠다며 북한을 압박해왔다. 미국의 이 전략이 효과를 내려면 나머지 국가인 4개국, 즉 한국, 중국, 일본, 러시아가 미국에 힘을 실어줘야 한다. 그런데 러시아가 미국의 경제 제재를 문제 삼아 북한의 숨통을 틔워주는 역할을 하면 미국의 압박 전략은 소용이 없게 된다. 실제로 러시아는 2015년 5월 9일 종전 70주년 기념식에 북한의 노동당 제1비서 김정은을 초청했다. 2011년 12월 19일 김정일 국방위원장이 사망하면서 권력을 승계한 김정은은 주변국 어디에서도 초청받지 못하는 등 대외적으로 주권을 인정받지 못하는 상태였다. 그래서 김정은이 그 기념식에 참석하는 형식으로 러시아를 방문했다면 그로서는 그렇게도 기다려온, 대외적으로 주권을 인정받는 계기가 됐을 터였다. 그러나 그런 일은 일어나지 않았다. 김정은이 '국내 문제'를 이유로 김영남 최고인민회의 상임위원장을 대신 러시아에 보낸 것이다. 그럼에도 러시아가 미국의 경제 제재에 불만을 품고 북한 숨통 틔어주기를 계속할 경우 미국이 압박을 하더라도 북한이 굴복할 가능성은 낮아진다.

오바마 행정부가 6자회담과 미북 양자 회담을 통해 적극적으로 북한 핵 문제를 해결하는 노력을 중단한 것은 2012년 4월 중순부터다. 그 이후 미국은 북한을 압박하는 데 정책의 초점을 맞춰왔다. 오바마의 대북 전략이 대화에서 압박으로 이행하게 된 원인은 북한의 '배신'에 있다. 미국은 2012년 2월 29일 베이징에서 북한과 회담을 갖고 장거리 미사일, 핵실험, 영변 핵시설의 핵활동과 우라늄 농축 프로그램 등을 중단하고 국제원자력기구IAEA 감시단을 다시 받아들이겠다고 합의했다. 그러나 북한은 2.29 합의를 한 지 두 달도 안 된 4월 13일에 합의를 뒤집고, 실패에 그치긴 했으나 장거리 미사일인 은하3호의 시험 발사를 감행했다. 북한은 그해 12월에 은하3호를 성공적으로 발사했다고 발표했다. 이어 북한은 2013년 4월 12일 3차 핵실험까지 강행했다. 북한이 2.29 합의의 핵심인 장거리 미사일 시험 발사와 핵실험의 중단 합의를 아무렇지 않게 위반하는 것을 목격한 오바마 행정부는 북한이 조금도 신뢰하기 어려운 상대라는 것을 새삼 인식했다. 이 때문에 오바마 행정부는 집권 2기 첫해인 2013년에 북한이 중국의 지원을 받아 6자회담 재개를 요구했으나 일체 수용하지 않았다. 북한이 2.29 합의를 이행하겠다는 진정성을 보여주지 않는 한 미국은 회담을 위한 회담은 절대 하지 않겠다는 입장을 분명히 했던 것이다. 오바마의 대북 정책은 집권 1기에는 압박과 대화의 병행을 통한 관여라는 현실주의 노선을 따랐다. 제임스 만은『오바마의 사람들』에서, 2008년 대선 캠페인 때부터 그가 선호한 관여 수단은 대화와 경제 제재를 통한 압박이었다고 평가했다. 압박과 대화를 병행해 정책 목표를 달성하는 것이라는 점에서 오바마의 관여 전략은 개념적으로는 정확한 것이었다.

그러나 오바마는 집권 2기에 들어서서 오로지 압박에 의해 북한의 붕괴를 추구하는 듯이 보이는 이상주의로 이행했다. 이 같은 이행의 직접적인 원인은 위에서 살펴본 것처럼 북한의 2.29 합의 위반에 있다. 그것은 불에 끼얹어진 기름이었다. 오바마의 외교 노선은 집권 1기를 마무리할 즈음 스코크로프트의 현실주의 노선에서 젊은 측근들이 신봉하는 이상주의 노선으로 좀 더 기운 상태였다. 스코크로프트가 추천했던 존스도 하차했고 게이츠도 떠났다. 이상주의 노선이 오바마의 외교정책을 장악하기 시작한 것이 불이라면 이 불을 더 키운 기름이 바로 북한의 배신이었던 것이다.

이상주의 노선에 경도되면서 성과 부재로 비판에 시달리던 오바마의 외교정책은 이란 핵 협상에서 성공하면서 다시금 평가받기 시작했다. 성공의 비결은 온전히 현실주의 노선으로의 복귀에서 찾아야 한다. 우크라이나 사태로 원수지간이 되었으나 이란에 영향력이 큰 러시아를 협상에 참여시키고 이란의 국내 문제와 대외 관계 문제는 일체 관여하지 않고 핵 포기에만 집중하는 등 현실주의 노선을 견지했기 때문에 협상이 성공할 수 있었던 것이다. 이는 오바마가 핵 협상 직후 ≪뉴욕타임스≫의 토머스 프리드먼Thomas Friedman과 한 인터뷰(2015년 7월 4일)에서 확인된다. "우리는 이번 협상에서 이란 정권을 교체한다든가 하는 의도를 갖고 접근하지 않았다. 우리는 또 이란과 관련된 모든 국지적 문제들을 해결하는 데 관점을 두지도 않았다. 우리는 오로지 이란

이 핵무기를 가질 수 없도록 하는 데 초점을 뒀다. 우리는 비록 적敵일지라도 때로 그들의 입장에 서보는 유연성을 가져야 한다." 이 같은 언급은 두 가지 측면을 보여준다. 하나는 오바마가 협상에서 스코크로프트의 현실주의 철학을 확고하게 추구했다는 것이다. 다른 하나는 북한에 대해서도 미국과 한국이 오로지 핵 포기에만 집중하는 현실주의 노선의 관여 정책을 추구한다면 성공할 가능성이 높다는 것이다.

미국의 외교정책은 이처럼 현실주의와 이상주의 간의 혈투로 점철되어왔다. 이 혈투에서 승자가 된 노선에 따라 세계정세가 결정되었다. 현실주의 노선을 채택한 행정부는 대개 대화와 압박이 결합된 관여를 추구한 결과 전쟁을 예방함으로써 이상주의 노선보다 안정과 평화를 이루는 데 기여해왔다는 평가를 받는다. 이상주의 노선을 선호하는 사람들은 스코크로프트가 1989년 6월 초 중국에서 천안문 사태가 발발한 직후 H. W. 부시 대통령의 특사 자격으로 7월 1일 베이징을 방문해 당시 최고지도자였던 덩샤오핑을 비롯한 중국 지도부와 대화를 가진 것을 비난한다. 당시 H. W. 부시 행정부는 미 의회보다 대중 제재에 온건한 노선을 취했는데, 이 때문에 H. W. 부시 대통령은 의회와 언론으로부터 집중적인 공격을 받고 있었다. 더 강력한 압박과 제재를 하지 않고 천안문 광장에서 시위하던 학생들을 죽인 중국 지도부와 대화한 것은 잘못됐다는 것이 이상주의 전략가들의 비판이다. 그러나 한 나라 내부에서 벌어진 일에는 신경 쓰지 말고 주변국들과 세계무대에서 그 나라가 무슨 위협을 가하는지에 대해 초점을 맞추라는 것이 스코크로프트의 현실주의 철학이다. 이 점에서 당시 H. W. 부시 행정부가 중국에 대한 압박과 제재를 미중 협력 관계에 손상이 가지 않도록 조율해내는 것은 스코크로프트의 입장에서는 당연한 일이었을 것이다. 그런데 당시 미국이 이상주의 노선을 선택해 중국과의 협력 관계를 중단하고 100억 달러 수준을 막 넘기고 있던 양국 간 교역을 중단하는 등의 압박과 제재를 추구했다면 어떻게 됐을까? 만약 그랬다면 미중 간에 심각한 갈등과 대립이 생겼을 테고 그것은 중국으로 하여금 미국의 압박과 제재에 맞서기 위해 다시금 소련과의 군사동맹을 추구하도록 몰아갔을 공산이 크다. 그랬을 경우 그해 가을 베를린 장벽이 무너진 뒤 급박하게 돌아가는 국제 정세 속에서, 미국으로서는 소련이 서독 주도의 독일 통일을 지지하도록 설득하기가 어려웠을 것이다. 그랬다면 독일 통일이 지연됐을 수 있고 그 때문에 소련은 해체하지 않았을 수 있다. 요컨대 독일 통일과 소련의 해체를 통한 냉전 종식은, 당시 H. W. 부시 대통령과 스코크로프트 국가안보보좌관이 중국 지도부와 대화를 갖고 천안문 사태가 더 악화되지 않도록 관리해냈기 때문에 가능했던 것이다. 당시 H. W. 부시와 스코크로프트의 고뇌는 함께 쓴 회고록인 『변환된 세계』에 잘 나타나 있다. 특히 스코크로프트는 1989년 7월 1일 베이징 도착 당일에 덩샤오핑과 인민대회당에서 회담을 했다. 이 자리에서 덩샤오핑은 외국의 어떠한 간섭도 허용할 수 없다는 단호한 입장을 고수하면서 중국은 소련과의 군사적 동맹 관계로 돌아가지 않을 것임을 강조했다. 이에 대해 스코크로프트는 미국 국민이 미중 관계를 지지한다는 점을 상기시킨 뒤 H. W. 부시 대통령은 의회가 요구하는 강력한 대중 제재를 수용하지 않는다는 입장을 갖고 있는 만큼 천안문 사태를 더 이상 악화시키지 말아줄 것을 요청했다. H. W. 부시-스코크로프트 팀은 소련 견제 차원의 미중 관계를 유지하면서 중국이 천안문 사태를 악화하지 않도록 관리해내는 데 성공했다.

반면 이상주의 노선의 결과는 어땠는가? 위에서 살펴본 것처럼 클린턴 행정부 때 경제정책의 이상주의 노선인 신자유주의 세계화는 남미, 동아시아,

그리고 러시아 등에서 금융위기를 초래해 오늘날의 불안한 세계 경제 체제의 틀을 만들었다. W. 부시 행정부는 외교정책과 경제정책 모두에서 이상주의 노선을 추구했다. 9.11 사태를 계기로 이슬람 근본주의 세력을 소탕한다는 명분하에 이라크전쟁과 아프가니스탄전쟁을 벌였다. 클린턴 행정부가 추진한 신자유주의 세계화는 1990년대 후반 일련의 금융위기를 유발한 데 이어 2000년대 들어 전 세계적인 부의 불평등 심화를 초래한 주범으로 지목됐다. 미국도 그 유탄에 맞았다. 2007년과 2008년 서브 프라임 모기지 사태와 리먼 브러더스 사태가 연이어 터지면서 미국에서도 금융위기가 발발했고 이것이 전 세계 경제 위기로 확산된 것이다. 오늘날 글로벌 경제 침체는 미국의 금융위기에서 시작되었다.

그렇다면 이 같은 미국의 외교정책과 경제정책을 둘러싼 현실주의와 이상주의의 치열한 경쟁에서, 한국이 대북 정책과 외교정책의 방향과 관련해 배울 수 있는 교훈은 무엇인가? 그것은 미국이 현실주의 노선에 따라 압박과 대화를 병행하는 관여 정책을 폈을 때 전 세계 주요 지역의 평화와 안정을 위협하는 국가들의 문제를 훨씬 더 잘 해결해왔다는 사실이다.

여기서 중요한 것은 관여 정책의 올바른 정의이다. 그것은 어떻게든 관계 개선을 이루고자 무작정 대화하는 것이 아니다. 그보다는 경제 제재 등을 통해 대상 국가를 압박해 대화에 나오도록 한 다음, 그 국가가 주변국들의 불안정을 야기해온 위협을 중단하고 철회하도록 만드는 것을 가리킨다. 그런데 만약 그 문제 국가의 위협이 그것에 가장 많이 노출된 어느 한 나라의 압박과 대화로만 해결할 수 없을 경우 그때 요구되는 관여 정책은 일반적인 관여가 아니라 '전략적 관여'다. 전략적 관여를 떠받치는 기둥은 두 개로 정리할 수 있다. 하나는 그 지역의 안보에 책임을 진 강대국들을 그 압박과 대화에 참여시키는 것이다. 다른 하나는 교류와 협력은 그 위협이 해소될 때까지 중단하는 것보다는 위협을 해결하기 위한 전략적 지렛대로 활용하는 것이다.

그렇다면 현실주의 노선에 기초한 전략적 관여라는 관점에서 보았을 때 한국의 대북 정책을 어떻게 평가할 수 있을까?

김대중 정부와 노무현 정부 10년 동안 추진된 햇볕정책은 이상주의 노선에 기초한 것이 아닌 것만은 분명하다. 이들 두 개의 정부가 언감생심 자유민주주의와 자유시장경제, 인권, 법질서 등의 서구적 가치들을 전쟁을 감수하면서까지 북한에 전파하겠다는 생각을 가진 적이 없기 때문이다. 그렇다고 현실주의 노선의 일반적인 관여로도 볼 수 없다. 북한의 핵 문제라는 위협을 남북관계와 한국의 안보를 위협하는 사안으로 분명하게 지목하지도 않았고 이 문제를 해결하기 위해 북한을 압박하면서 대화로 나오게끔 노력하지도 않았기 때문이다.

그러나 이명박 정부의 대북 정책은 김대중-노무현 정부와 달리 철저하게 이상주의 노선을 따랐다. 대선 캠페인 때는 '비핵개방3000'이라는 이상주의 정책을 제안했다. 비핵개방3000은 북한이 핵을 포기하고 개방하면 우리 정부는 북한 주민의 1인당 국민소득이 3000불이 될 수 있도록 지원하겠다는 것이다. 정부가 출범하자 북한은 온갖 비방을 퍼부었고 국내에서도 실효성에 대한 의문이 제기됐다. 이에 정부는 북한의 비핵과 개방이란 목표와 북한 주민의 1인당 국민소득 3000불은 어느 한 시점에 달성해야 하는 것이 아니라 그 같은 목표로 나아가는 과정이라고 설명했다.

그럼에도 비핵개방3000은 현실적인 정책으로 추진하기 어렵다는 것이 분명해졌다. 그런 상황에서 임기 1년 차 중반을 넘어가던 2008년 7월 11일 이명박 정부 남은 임기 전반의 대북 노선을 규정하게 되는 사건이 발생했다. 금강산 관광을 하던 우리 국민 박왕자 씨가 북한 경계병의 총격으로 사망하는 사건이 일어난 것이다. 정부는 즉각 사과하고 재발 방지를 약속할 것을 촉구했으나, 북한은 박왕자 씨가 관광 구역이 아닌 군사 보안 지역으로 들어와 빚어진 일이라고 반박했다.

이에 정부는 금강산 관광 중단 조치로 대응했다. 이를 계기로 대북 정책은 '원칙적 관여principled engagement'라는 이상주의 노선에 한층 더 가까워졌다. 원칙적 관여란, 북한이 박왕자 씨의 사망에 대한 사과와 재발 방지 약속을 해야만 금강산 관광 재개도 비핵개방3000의 실현을 위한 남북 간 대화도 하겠다는 정부의 조건부 관여 정책이었다. 이 같은 정책은 현실주의보다는 이상주의에 가까운 노선이었다. 현실주의 노선의 진정한 관여 정책은 상대를 굴복시키는 데 목표를 두지 않고 상대로 하여금 우리가 원하는 방향으로 양보해 문제 해결에 나서도록 유도하는 것이다. 하지만 이상주의 노선은 그 목표가 설득과 유도를 통해 상대를 변화시키는 데 있지 않고 상대를 굴복시켜 일방적으로 우리의 가치를 받아들이게 하는 데 있다. 우리가 제시한 원칙을 수용하지 않으면 어떤 교류나 대화도 않겠다는 것은 이상주의 노선이라고 볼 수 있는 것이다. 이 같은 노선이 추구되는 과정에서 남북한은 비공개로 제3국에서의 특사 접촉을 통해 정상회담의 성사 조건들을 협의했으나 합의에 실패했다. 겉으로 드러난 결렬 요인은 북한의 요구 조건이 너무 컸다는 것이다. 그러나 프랑스 후기구조주의자 자크 라캉Jacques Lacan에 의하면 무의식은 언어로 이루어져 있다. 발표된 언명을 통해서 보면, 원칙적 관여라는 노선이 추진될 때부터 북한이 요구하는 것을 조금이라도 들어주는 대신 북핵 문제에서 결정적인 양보를 끌어내보자는 유연성은 외교안보 정책 결정자들의 무의식에서조차 없었던 것이다.

박왕자 씨의 총격 사망은 천인공노할 만행이었다. 그럼에도 이명박 정부는 시간에 쫓기고 있었다. 당시는 김대중 정부와 노무현 정부의 10년 동안 추진된 햇볕정책으로 악화된 북한 핵 문제에 대해 빨리 관여해야 할 시점이었다. 이 시기를 놓치면 북핵 문제는 자칫 해결하기 어려운 상태로 악화할 수 있었다. 북한이 2차, 3차 핵실험을 하기라도 하면 북한의 핵무기 보유는 기정사실이 될 것이고 그렇게 되면 우리는 북한의 핵 공갈에 꼼짝없이 당하는 상황에 직면하지 않으리라는 보장이 없었다. 따라서 북핵 문제를 해결하기 위한 남북대화와 6자회담을 추진하면서, 동시에 박왕자 씨 사망에 대한 북한의 사과와 재발 방지 약속을 받아내는 유연성이 정부에 요구되었다. 그러나 대통령과 주요 외교안보 정책결정자들은 그렇게 하지 않았다. 두 가지 가능성이 있다. 첫 번째는 대통령과 대북 정책에 큰 영향력을 미치는 부처와 기관의 수장들이 북핵 문제의 심각성을 제대로 인식하지 못했을 가능성이다. 초대 외교안보수석인 김병국 수석과 2대 수석인 김성환 수석, 3대 수석인 천영우 수석 모두 북핵 문제를 해결할 수 있는 시간이 얼마 남지 않았다는 인식을 가졌다. 따라서 이들은 압박과 대화를 통한 북핵 문제 해결이라는 관여 정책을 옹호했다. 그러나 임기 내내 대통령에 가장 큰 영향력을 행사한 정부 부처와 기관의 수장들은 북핵 문제의 심각성을 정확하게 이해하기엔 경력과 사고 체계에서 그 문제와 거리가 먼 인사들이었다.

두 번째는 주요 외교안보 정책 결정자들 중 적지 않은 수가 W. 부시 미 행정부의 신보수주의라는 유토피아적 도덕주의 노선에 전염됐을 가능성이다. 이명박 정부의 외교안보 참모들은 박왕자 씨의 총격 사망에 대한 분노와 국민 전체가 북한의 핵 공갈 위협에 노출되는 사태를 막기 위한 대북 관여 정책을 추진해야 한다는 이성理性을 구별하지 못했다. 대북 정책은 한국처럼 분단

국가가 수행해야 하는 외교 중의 외교다. 그러나 안타깝게도 당시 주요 외교 안보 부처와 기관들, 그리고 제법 지위가 있다는 참모들을 지배한 분위기는 "외교는 도덕적 가치와 국내 정치로부터 분리되어야 하지만 무력과 권력으로부터 분리되어서는 안 된다"라는 키신저의 명제와는 거리가 멀었다. 이상주의에 사로잡히고 분노에 눈이 먼 일부 정책결정자들은 한국의 경제력과 군사력이 과연 북한을 굴복시킬 수 있을 정도로 충분한 것인지 제대로 가늠하지도 않은 채 당장 북한을 붕괴시킬 수 있다는 식의 언행을 했다.

그럼에도 6자회담이 한두 번 개최되는 등 가동되기는 됐다. 그리고 미국과 한국 모두 북핵 문제를 해결하기 위한 전략으로서 각각 '패키지 딜Package Deal'과 '그랜드 바겐Grand Bargain'을 내놓았다. 이 점에서 이명박 정부가 북핵 문제의 해결을 위해 제대로 노력하지 않았다는 일각의 평가는 잘못이라고 반박할 수 있다. 하지만 그랜드 바겐은 비핵개방3000이라는 이상주의 노선에 기초한 전략이었다. 북한이 핵을 포기하면 세계은행 등 국제금융기관들과 협력해 경제 개발을 위한 국제금융 지원을 제공한다는 내용이 핵심이었다. 그러나 그 같은 전략은 비핵개방3000과 마찬가지로 북한으로 하여금 핵을 포기하게 만들기는커녕 오히려 더 반발하게 만들기에 충분한 것이었다.

북한은 자신들이 핵무기 개발에 착수한 목적은 경제적 지원과 맞바꾸는 데 있는 것이 아니라 미국의 대북 적대시 정책으로 위기에 처한 자신들의 안보를 지키는 데 있다는 입장을 되풀이해서 밝혀왔다. 핵무기를 개발하는 실제 이유가 미국의 재래식 군사력과 핵 무력에 따른 자신들의 안보 불안 때문이라는 것이다. 하지만 이러한 명분은 모두 근거가 없다. 북핵 문제를 해결하기 위한 전략 선상에서 이러한 주장을 인정한다 하더라도 북한의 주한미군 철수 주장은 받아들일 수 없는 것이다. 그 주장은 북한이 한미동맹의 와해를 통한 대남 적화 통일이라는 목표를 염두에 두고 제기해온 것이다.

그러므로 북핵 문제를 해결하고자 진정성 있는 전략을 세운다면 북한이 주한미군의 주둔과 한미 군사훈련 등을 자신들의 핵무기 개발 명분으로 삼지 못하도록 만드는 방안을 그 전략에 담아야 한다. 6자회담 참가국 간 6자 안보 협력이나 남·북·미·중과 남·북·미·러, 남·북·미·일 같은 4자 안보협력 등 다자 안보체제와 함께 남·북·미와 남·북·중, 남·북·러, 남·북·일 같은 3자 안보 협력 등 소자 안보체제를 제공하는 것이 그 같은 방안이 될 수 있다. 하지만 그랜드 바겐은 이 같은 방안들을 제시하지 않았다.

2009년 들어 개성공단에서 근로자 유성진 씨의 억류 사태까지 발발하면서 원칙적 관여 노선은 대북 정책의 중심 방향으로서의 위치를 더욱 확고히 했다. 원칙적 관여와 그랜드 바겐 등 이상주의 노선이 득세하면서 2008년부터 2009년까지 남북관계는 더욱 불안정해졌다. 만약 전쟁 예방을 통한 안정과 평화를 추구하면서 압박과 대화를 병행하는 전략적 관여를 채택했다면 정반 대의 국면이 조성됐을 것이다. 한반도 정세는 안정되고 남북대화와 6자회담 에서 북핵 문제 해결의 전기가 마련됐을 가능성이 높았을 것이다.

2010년 들어 북한은 3월과 11월에 각각 천안함 폭침과 연평도 포격이라는 도발을 일으켰다. 북한의 잠수정에 의해 폭침된 것으로 밝혀진 천안함 사건 과 관련해서, 우리 정부는 원칙적 관여 노선에 기초해 북한에 사과와 함께 책 임자 처벌과 재발 방지 약속을 요구했다. 그러나 북한은 거부했다. 이에 따라 정부는 그해 5월 24일 남북교역과 북한에 대한 신규 투자와 교류를 전면 중 단하는 등의 제재를 담은 이른바 '5.24 조치'를 취했다. 북한의 연평도 포격에 대해서는 우리 해병대가 K9 자주포의 실시간 대응 공격에 의해 도발 원점인 북한의 황해도 해안 지대에 포격을 가했다. 비록 도발 원점인 북한의 방사포 진지를 타격하는 데 실패했으나 6.25 전쟁 종전 이후 처음으로 북한 내륙에 포격을 가했다는 의미를 둘 수 있다. 하지만 여기서도 남는 아쉬움이 크다. 이지스함과 전폭기에 의한 함대지sea-to-land와 공대지air-to-land 미사일 공격으로 북한의 방사포 진지를 초토화시켜 북한이 다시는 그 같은 도발을 하지 못하게끔 단단히 혼을 냈어야 했다. 대북 정책의 노선이 뭐든 간에 북한이 도발하면 확전을 각오하고 반격해야만 확전이 안 된다는 '확전우위 전략'을 우리 군은 다시금 되새겨야 한다.

박근혜 정부가 이명박 정부의 대북 정책 과정에서 참고해야 할 교훈은 이상주의 노선을 추구하면 북한 문제가 악화하기만 할 뿐 해결되는 것이 전혀 없다는 사실이다. 따라서 남북관계도 안정되고 북핵 문제도 해결하기 위한 정책 노선은 현실주의에 기초한 전략적 관여 외에는 찾기 어렵다. 전쟁 예방에 의한 안정과 평화를 다지면서 북핵 문제를 해결하기 위해 대화와 압박을 지속해야 한다. 한편으로는 6자회담과 남북대화를 통한 대화와 협상을, 다른 한편으로는 한미동맹의 강화와 한중 전략적 동반자 관계의 제고를 통한 대북 압박과 제재를 병행해야 한다. 대북 교류협력과 지원은 북한이 핵을 포기하도록 유도하기 위한 전략적 지렛대로 활용해야 한다.

이 대목에서 우리가 주의해야 하는 것은 관여는 포용과 동의어가 아니라는 사실이다. 영어 표현을 봐도 관여는 'engagement'이고 포용은 'embracement' 이다. 관여는 대한민국에 위협이나 도전이 되는 문제를 해결하기 위해 그 위협이나 도전을 가하는 상대국에 대해 압박과 대화를 병행하는 정책이다. 하지만 포용 정책은 그 같은 위협이나 도전은 아랑곳하지 않고 무조건 평화롭게 지내자면서 그 나라를 품겠다는 것이다. 포용정책의 경우 대화는 있지만 목표를 달성하기 위한 필수적인 수단으로 압박을 채택하지 않는다. 햇볕정책이 실패한 것은 이 때문이다. 그런데도 임동원 전 통일부 장관은 자신의 회고록인『피스메이커』에서 햇볕정책을 포용정책이라고 정의하면서 포용의 영어 표현으로 'engagement'를 썼다. 햇볕정책의 설계자가 관여와 포용을 혼동하고 있는 것이다.

북핵 문제는 한국의 관여만으로는 해결하기 어렵다. 6자회담과 같이 국제 협력에 의한 관여만으로도 안 된다. 남북대화와 6자회담을 병행하고 6자회담 참가국에 의한 압박이 동시에 이루어져야만 북핵 문제가 해결될 수 있다. 이것이 위에서 말한 전략적 관여다. 전략적 관여의 얼개는 다음과 같다. 먼저 미·중·일·러와 함께 치명적인 압박과 제재를 가해서 북한이 도발을 중단하고 진정성 있는 태도로 대화와 협상에 나오게 한다. 그런 다음, 핵 포기를 할 경우 안보 불안감을 없애줄 수 있는 다자 및 소자 안보 체제를 제공하고, 더불어 경제 개발을 위한 국제금융 및 기술 협력의 제공을 약속한다. 이 같은 과정을 거쳐 북한을 압박하고 설득해야만 핵과 장거리 미사일을 포기시킬 수 있다는 것이 전략적 관여의 비전이다.

문제는 북핵 문제 해결을 위한 전략적 관여의 시간이 소진되고 있다는 것이다. 북한은 벌써 세 차례 핵실험을 마친 상태다. 4차 핵실험까지 강행할 경우 핵무기 소형화와 경량화, 다종화에 성공할 것으로 예상된다. 그 전에 전략적 관여를 본격적으로 추진해야 한다. 이를 위해서 정부는 먼저 국가안전보장상임위원회NSC에서 전략적 관여의 비전과 로드맵을 논의해 수립해야 한다. 그런 다음 외교부를 통한 장관급 회담을 진행해서 미국에 이어 중국 측의 공감과 동의를 끌어내야 한다. 최종적으로 미중 정상들과의 개별 회담을 가져 전략적 관여의 비전과 로드맵에 대해 합의한 뒤 이를 남북대화와 6자회담을 통해 실행해야 한다.

시간은 이 시점에 우리의 편이 아니다. 그러나 늦었다고 생각할 때가 빠른 법이라는 격언이 있지 않은가. 지금이라도 전략적 관여의 비전과 로드맵을 만들어내야 한다. 국가안보실과 외교안보수석실을 중심으로 통일부, 외교부, 국방부, 그리고 국정원이 혼신의 힘을 다하면 불가능하지 않다.

우리가 주인의식ownership을 가지고 대북 정책에서 전략적 관여의 비전과 로드맵을 추진해야만 외교 문제에서도 새로운 지평이 열린다. 미국이 보기에 한국이 자신들의 의도와 달리 친親중국 경향을 보이게 된 원인은 따지고 보면 전략적 관여 노선을 추진하지 않은 데서 찾을 수 있다. 다시 말해서 전략적 관여 노선을 추진했다면 남북대화와 6자회담을 통해 북한이 4차 핵실험을 못 하도록 설득하거나 유예시킬 수 있었을 것이다. 그러나 안타깝게도 그렇지 못했고, 결국 대북 영향력이 큰 중국에 북한이 4차 핵실험을 못 하도록 압력을 넣어줄 것을 요청하게 됐다. 중국이 북한에 압박해 4차 핵실험을 못 하도록 만들긴 했으나 문제가 발생했다. 중국이 세 가지 계산서를 내밀며 비싼 대가를 요구한 것이다. 일본의 역사 왜곡에 대한 한중 공동 대응, 사드 배치 반대, 그리고 아시아인프라투자은행 가입이 그것이다. 이 중 세 번째만 우여곡절 끝에 들어주었다. 첫 번째는 거부했고, 두 번째는 미국과 아직 사드 배치에 대해 논의하지 않았다고 밝힘으로써 계산을 유예하고 있다. 문제는 수용 여부를 떠나 우리 정부가 중국의 요구들을 놓고 고민하는 모습을 보이면서부터 '한국이 친중국으로 흐르고 있다'는 인식이 워싱턴 조야에 형성되기 시작한 것이다. 이 같은 인식은 일본의 조장으로 더욱 확산됐다는 의혹도 제기되고 있다. 따라서 한국이 전략적 관여 노선으로 전환하면 중국에 지나친 의존을 하지 않게 될 것이다. 중국도 당연히 우리에게 무리한 계산서를 들이미는 일을 벌이지 못하게 된다. 그렇게 되면 미국도 더 이상 한국이 친중국 경향을 보인다고 의심할 근거가 없어진다. 요컨대 전략적 관여 노선을 추진하면 한미 관계와 한중 관계가 '정상화'되는 것이다.

일본 문제도 마찬가지다. 아베가 이끄는 자민당이 2012년 말 재집권에 성공할 수 있었던 것은 북한의 3차 핵실험과 은하3호 장거리 미사일 시험 발사로 일본 국민이 안보 위기감을 느꼈기 때문이다. 일본 국민은 북한의 핵실험과 장거리 미사일 발사에 대한 책임을 중도 개혁 성향의 민주당에 물은 것이다. 물론 한국이 이웃나라의 정치 구도를 좌지우지 할 수는 없다. 그러나 만약 우리 정부가 전략적 관여 노선을 추진함으로써 북한의 핵과 미사일 문제를 관리했다면 일본의 정치 구도가 바뀌었을 개연성은 있다. 다시 말해서 아베의 자민당이 북한 핵실험과 장거리 미사일 발사로 일본 국민의 불안감을 활용해 정권을 다시 잡는 상황은 피할 수 있었다는 것이다. 만약 이 같은 관측이 맞는다면 역의 상황도 가능하다. 즉 한국이 미중과 함께 전략적 관여를 추진해 북한 핵과 미사일 문제를 관리하는 데 성공하게 되면 아베 정권도 더 이상 북한 도발을 악용할 수 없게 될 것이다. 그렇게 되면 일본은 더 이상 군국주의와 역사 왜곡의 길을 걷기 힘들게 될 것이다.

전략적 관여는 일석이조의 전략이다. 대북 정책의 제3의 길이자 동아시아 미래 질서를 주도할 수 있도록 해주는 나침반 같은 외교 전략이기도 한 것이다. 북한 핵, 장거리 미사일 문제뿐 아니라 한미 전략동맹과 한중 전략적 동반자 관계, 한일관계를 각각 용미用美와 용중用中과 용일用日의 차원에서 균형적으로 발전시키는 데도 큰 도움이 되는 대 동아시아 전략이기도 하다. 주어진 시간 내에 전략적 관여를 추진할 수 있느냐는 이제 국가적 도전이 되고 있다.

참고문헌

강미현. 2010.『비스마르크 평전』. 에코리브르.

김일영. 2010.『건국과 부국』. 기파랑.

김종대. 2012.『이순신, 신은 이미 준비를 마치었나이다』. 시루.

김철수. 2008.『헌법개정 과거와 미래 제10차 헌법개정을 생각한다』. 진원사.

남덕우 외. 2003.『80년대 경제개혁과 김재익 수석』. 삼성경제연구소.

다윈, 찰스(Charles Darwin). 1990.『종의 기원』. 박만규 옮김. 삼성출판사.

다키자와 아타루(瀧澤中). 2011.『그들의 운명을 가른 건 정치력이었다』. 이서연 옮김. 사이.

도킨스, 리처드.『이기적 유전자』. 홍영남 옮김. 을유문화사.

드러커, 피터(Peter Drucker). 2007.『클래식 드러커』. 이재규 옮김. 한국경제신문.

디턴, 앵거스(Angus Deaton). 2014.『위대한 탈출』. 이현주 옮김. 한경BP.

라이너트, 에릭(Erik Reinert). 2012.『부자나라는 어떻게 부자가 되었고 가난한 나라는 왜 여전히
　　　가난한가』. 김병화 옮김. 부키.

라이시, 로버트(Robert Reich). 2011.『위기는 왜 반복되는가: 공황과 번영, 불황 그리고 제4의 시
　　　대』. 안진환·박슬라 옮김. 김영사.

래곤, 닉(Nick Ragone). 2012.『대통령의 결단』. 함규진 옮김. 미래의 창.

랜더스, 요르겐(Jorgen Randers). 2013.『더 나은 미래는 쉽게 오지 않는다: 성장이 멈춘 세계 나
　　　와 내 아이는 어떤 하루를 살고 있을까』. 김태훈 옮김. 생각연구소.

류성룡. 2003.『징비록』. 김흥식 옮김. 서해문집.

리, 프란체스카 도너(Francesca Donner Rhee). 2010.『6.25와 이승만: 프란체스카의 난중일기』.
　　　조혜자 옮김. 기파랑.

마르쿠제, 허버트(Herbert Marcuse). 2008.『이성과 혁명』. 김현일 옮김. 중원문화.

마쓰우라 레이(松浦玲). 2009.『사카모토 료마 평전』. 황선종 옮김. 더숲.

마키아벨리, 니콜로(Niccolo Machiavelli). 1990.『군주론』. 임명방 옮김. 삼성출판사.

＿＿＿. 2003.『로마사 논고』. 한길사.

머핸, 앨프리드(Alfred Thayer Mahan). 1999.『해양력이 역사에 미치는 영향』. 김주식 옮김. 책
　　세상.

매팅리, 개릿(Garrett Mattingly). 1997.『아르마다』. 박상이 옮김. 가지 않은 길.

맹자. 1990.『맹자』. 한상갑 옮김. 삼성출판사.

메이어(Christorpher Meyer)·커비(Julia Kirby). 2012.『포스트 캐피털리즘: 진화하는 자본주의
　　를 위한 다시 쓰는 경제학』. 오수원 옮김. 비지니스 맵.

박지원. 2009.『열하일기』. 김혈조 옮김. 돌베개.

베스트, 제프리(Geoffrey Best). 2010.『절대 포기하지 않겠다: 윈스턴 처칠 그 불굴의 초상』. 김
　　태훈 옮김. 21세기북스.

벨처, 하랄트(Harald Welzer). 2010.『기후전쟁: 기후변화가 불러온 사회문화적 결과들』. 윤종석
　　옮김. 영림카디널.

블룸, 앨런(Allan Bloom). 1997.『미국 정신의 종말』. 이원희 옮김. 범양사.

사이토 다카시(齋藤 孝). 2014.『내가 공부하는 이유』. 오근영 옮김. 걷는나무.

샌델, 마이클(Michael Sandel). 2005.『정의란 무엇인가』. 이창신 옮김. 김영사.

성백효. 1998.『서경』. 전통문화연구회.

송복. 2007.『서애 류성룡 위대한 만남』. 미래인력연구원.

스미스, 애덤(Adam Smith). 1996.『도덕감정론』. 박세일, 민병국 옮김. 비봉출판사.

스트라우스, 레오(Leo Strauss). 2006.『마키아벨리』. 함규진 옮김. 구운몽.

아리스토텔레스(Aristoteles). 2009.『정치학』. 천병희 옮김. 숲.

아우렐리우스, 마르쿠스(Marcus Aurelius). 2005.『명상록』. 천병희 옮김. 숲.

에얼릭(Paul R. Ehrlich)·온스타인(Robert Ornstein). 2012.『공감의 진화: '우리' 대 '타인'을 넘
　　어선 공감의 진화인류학』. 고기탁 옮김. 에이도스.

올리버, 로버트(Robert Oliver). 2002.『이승만: 신화에 가린 인물』. 황정일 옮김. 건국대학교출판부.

월츠, 케네스(Kenneth Waltz). 2013.『국제정치이론』. 박건영 옮김. 사회평론.

윌슨, 에드먼드(Edmund Wilson). 2007.『핀란드 역으로: 역사를 쓴 사람들, 역사를 실천한 사람
　　들에 관한 탐구』. 유강은 옮김. 이매진.

윌킨슨(Ricard Wilkinson)·피킷(Kate Pickett). 2012.『평등이 답이다: 왜 평등한 사회는 늘 바
　　람직한가』. 전재웅 옮김. 이후.

이교관. 1998.『누가 한국경제를 파탄으로 몰았는가』. 동녘.

_____. 2002.『김대중 정부의 위험한 거래: 남북정상회담 이후 한반도에는 무슨 일이 일어나고 있
　　는가』. 한울.

_____. 2005. 『레드 라인: 북핵 위기의 진실과 미국의 한반도 시나리오』. 한울.

이나모리 가즈오(稲盛和夫). 2011. 『좌절하지 않는 한 꿈은 이루어진다』. 홍성민 옮김. 더난출판사.

_____. 2012. 『난세의 혁신리더 유성룡: 임진왜란이라는 전대미문의 위기에서 조선을 어떻게 살
 아날 수 있었을까』. 역사의 아침.

이민웅. 2012. 『이순신 평전: 420년 만에 다시 본 이순신과 임진왜란』. 책문.

이순신. 2004. 『난중일기: 임진년 아침이 밝아오다』. 송찬섭 옮김. 서해문집.

이용희. 1962. 『일반 국제정치학 상』. 박영사.

이이. 2008. 『성학집요』. 고산 옮김. 동서문화사.

이정철. 2013. 『언제나 민생을 염려하노니』. 역사비평사.

자마니(Stefano Zamagni)·브루니(Luigino Bruni). 2015. 『21세기 시민경제학의 탄생』. 제현주
 옮김. 북돋움.

정운영. 1999. 『세기말의 질주』. 해냄출판사.

주희(朱熹). 1997. 『논어』. 한상갑 옮김. 삼성출판사.

제퍼스(H. Paul Jeffers)·액설로드(Alan Axelrod). 2011. 『마셜: 전쟁 영웅들의 멘토, 천재 전략가』.
 박희성·박동휘 옮김. 플래닛미디어.

조지, 헨리(Henry George). 2013. 『사회문제의 경제학』. 전강수 옮김. 돌베개.

진덕수. 2014. 『대학연의』. 이한우 옮김. 해냄출판사.

치폴라, 카를로(Carlo M. Cipolla). 2010. 『대포, 범선, 제국: 1400~1700년 유럽은 어떻게 세계의
 바다를 지배하게 되었는가』. 최파일 옮김. 미지북스.

카, 에드워드(E. H. Carr). 2000. 『20년의 위기』. 김태현 옮김. 녹문당.

캐스티, 존(John L. Casti). 2012. 『대중의 직관』. 이현주 옮김. 반비.

캐플런, 프레드(Fred Kaplan). 2010. 『링컨』. 허진 옮김. 열림원.

케넌, 조지(George Kennan). 2013. 『미국 외교 50년: 세계대전에서 냉전까지, 20세기 미국 외교
 전략의 불편한 진실』. 유강은 옮김. 가람기획.

코빗, 줄리언(Julian Corbett). 2009. 『해양전략론』. 김종민·정호섭 옮김. 한국해양연구소.

코스타, 레베카(Rebecca Costa). 2011. 『지금, 경계선에서: 오래된 믿음에 대한 낯선 통찰』. 장세
 현 옮김. 쌤앤파커스.

코제브, 알렉상드르(Alexandre Kojeve). 1981. 『역사와 현실 변증법』. 설헌영 옮김. 한벗.

코틀러, 필립(Philip Kotler). 2015. 『필립 코틀러의 다른 자본주의: 우리 삶이 직면한 위기를 해결
 하는 14가지 길』. 박준형 옮김. 더난출판.

크로포트킨, 표트르(Pyotr Kropotkin). 2005. 『만물은 서로 돕는다: 크로포트킨이 밝힌 자연의 법

칙과 진화의 요인』. 김영범 옮김. 르네상스.

크루그먼(Paul Krugman) 외 . 2015. 『부자가 천국 가는 법: 보수와 진보의 대표적인 거장들의 불
　　평등에 관한 논쟁』. 양상모 옮김. 오래된 생각.

크르즈나릭, 로먼(Roman Krznaric). 2014. 『공감하는 능력: 관계의 능력을 이끄는 당신 안의 힘』.
　　김병화 옮김. 더퀘스트.

터친, 피터(Peter Turchin). 2011. 『제국의 탄생: 제국은 어떻게 태어나고 지배하며 몰락하는가』.
　　윤길순 옮김. 웅진지식하우스.

토인비, 아널드(Arnold Toynbee). 1990. 『역사의 연구』. 노명식 옮김. 삼성출판사.

패디먼, 앤(Anne Fadiman). 2002. 『서재 결혼 시키기』. 정영목 옮김. 지호.

폴라니, 칼(Karl Polanyi). 2009. 『거대한 전환: 우리 시대의 정치 경제적 기원』. 홍기빈 옮김. 도
　　서출판 길.

하영선. 2011. 『역사 속의 젊은 그들: 18세기 북학파에서 21세기 복합파까지』. 을유문화사.

하트, 바실 리델(B. H. Liddell Hart). 2010. 박성식 옮김. 『스키피오 아프리카누스』. 사이.

한영우. 2013. 『율곡 이이 평전: 조선 중기 최고의 경세가이자 위대한 스승』. 민음사.

헤겔, 게오르그 W. F.(G. W. F. Hegel) 1995. 『역사철학강의』. 김종호 옮김. 삼성출판사.

홉스, 토머스(Thomas Hobbes). 1990. 『리바이어던』. 한승조 옮김. 삼성출판사.

Acemoglu, Daron and James A. Robinson. 2013. *Why Nations Fail*. Crown.

Allison, Graham. 2013. *Lee Kwan Yew: The Grand Master's Insights on China, the United
　　States, and the World*. The MIT Press.

Bacevich, Andrew J. 2002. *American Empire: The Realities and Consequences of U.S.
　　Diplomacy*. Harvard University Press.

Bremmer, Ian. 2013. *Every Nation for Itself: What Happens When No One Leads the World*.
　　Portfolio/Penguin.

Brzezinski, Zbigniew. 2013. *Strategic Vision: America and the Crisis of Global Power*. Basic
　　Books.

Burrows, Mathew.2014. *The Future, Declassified: Megatrends That Will Undo the World
　　Unless We Take Action*. Palgrave Macmillan.

Bush, George H. W. and Brent Scowcraft. 1999. *A World Transformed*. Knopf.

Cohen, Elliot. 2003. *Supreme Commander: Soldiers, Statesmen, and Leadership in Wartime*.

The Free Press.

Connell, Raewyn. 2010. "Understanding Neoliberalism." in Susan Braedley and Meg Luxton(eds.). *Neoliberalism and Everyday Life*. McGill-Queen's University Press.

Corbett, Julian. 1911. *Some Principles of Maritime Strategy*. Dover.

Chua, Amy. 2009. *Day of Empire: How Hyperpowers Rise to Global Dominance ─ and Why They Fall*. Anchor.

Dani Rodrik. 2011. *The Globalization Paradox: Democracy and the Future of the World Economy*. W. W. Norton & Company.

Diamond, Jared. 2005. *Collapse: How Societies Choose to Fail or Survive*. Penguin.

Dyer, Jeof. 2014. *The Contest of the Century*. Knopf.

Fukuyama, Francis. 2015. *Political Order and Political Decay*. Farrar, Straus and Giroux.

_____. 2006. *The End of History and the Last Man*. Avon Books.

Gates, Robert. 2014. *Duty*. Knopf.

Goodwin, Doris Kearns. 2005. *Team of Rivals: The Political Genius of Abraham Lincoln*. Simon & Schuster.

Grygiel, Yakub J. 2006. *Great Powers and Geopolitical Changes*. Johns Hopkins.

Haddick, Robert. 2014. *Fire on the Waters*. Naval Institute Press.

Haas, Richard. 2014. *Foreign Policy Begins At Home*. Basic Books.

Hayton, Bill. 2014. *The South China Sea*. Yale.

Hegel, G. W. F. 1976. *Phenomenology of Spirit*. Translated by A. V. Miller. Oxford.

James, Harold. 2009. *The Creation and Destruction of Value*. Harvard.

Johnson, Paul. 2008. *Heroes: From Alexander the Great and Julius Caesar to Churchill and de Gaulle*. Harper Perennial.

Kagan, Robert. 2013. *World America Made*. Knopf.

_____. 2009. *The Return of History and The End of Dreams*. Knopf.

Kaplan, Robert D. 2003. *Warrior Politics*. Random House.

_____. 2014. *Asia's Cauldron: The South China Sea and the End of a Stable Pacific*. Random House.

_____. 2014. *The Revenge of Geography*. Random House.

Kissinger, Henry. 1994. *Diplomacy*. Touchstone.

_____. 2011. *On China*. Allen Lane.

_____. 2014. *World Order*. Penguin Press.

Kojeve, Alexandre. 1980. *Introduction to the Reading of Hegel*. Edited by Allan Bloom. Translated by James H. Nichols, Jr. Basic Books.

Krugman, Paul. 2007. *A Conscience of A Liberal*. Norton.

Livy, Titus. 1965. *The War with Hannibal*. Translated by Aubrey de Selincourt. Penguin.

Machiavelli, Niccolo. 1980. *The Prince*. Translated by George Bull. Penguin.

Mahan, Alfred T. 1987. *The Influence of Sea Power on History 1660~1783*. Dover.

Mann, James. 2013. *The Obamians: The Struggle Inside the White House to Redefine American Power*. Viking.

Micklethwait, John and Adrian Wooldridge. 2014. *The Fourth Revolution*. Penguin.

Morgenthau, Hans. 2005. *Politics Among Nations*. McGraw-Hill Education.

Morris, Ian. 2011. *Why the West Rules —For Now: The Patterns of History, and What They Reveal About the Future*. Farrar, Straus and Giroux.

Nye, Jr, Joseph S. 2011. *The Future of Power*. PublicAffairs.

Piketty, Thomas. 2014. *Capital in the Twenty-First Century*. Balknap Harvard.

Polybius. 1979. *The Rise of the Roman Empire*. Translated by Ian Scott-Kilvert. Penguin.

Schweizer, Peter. *Reagan's War: The Epic Story of His Forty-Year Struggle and Final Triumph Over Communism*. DoubleDay.

Sestanovich, Stephen. 2014. *Maximalist*. Knopf.

Slaughter, Anne. 2005. *A New World Order*. Princeton.

Sparrow, Bartholomew. 2015. *The Strategist: Brent Scowcroft and the Call of National Security*. PublicAffairs.

Steinberg, James and Michael O'Hanlon. 2014. *Strategic Reassurance and Resolve: U.S.-China Relations in the Twenty-First Century*. Princeton.

Stiglitz, Joseph E. 2015. *The Great Divide: Unequal Societies and What We Can Do About Them*. Norton.

_____. 2013. *The Price of Inequality: How Today's Divided Society Endangers Our Future*. Norton.

Taylor, A. J. P. 1955. *Bismark: The Man and the Statesman*. Vintage.

Vico, Giambattista. 2000. *New Science*, Translated by Dave Marsh. Penguin.

Williamson, John. 1994. *The Political Economy of Policy Reform*. IIE.

후기

　'책을 쓰면서 누구나 많은 사람으로부터 빚을 지기 마련'이라는 ≪파이낸셜 타임스≫의 수석 논설위원 마틴 울프의 말이 생각난다. 맞다. 책을 쓴다는 것은 그들이 평생에 걸쳐 쌓아 온 지혜와 경험을 '세례받는' 것이다. 그 빚이 지인들에게서 얻은 것이든 먼 이국의 현자賢者가 쓴 책들에서 구한 것이든 그 같은 지혜의 보탬이 있기에 새로운 책은 태어날 수 있는 것이다.

　살아오면서 나도 이 세상과 사람들에게 빚을 졌다. 기자 시절 나를 도와준 분들은 내 전문 분야에 대한 그들의 이해와 관련해 두 그룹으로 나뉜다. 한 그룹은 대북 또는 외교 분야였고, 다른 그룹은 경제 분야였다. 그들 각각의 인식 속에서 나는 대북 문제 전문 기자였으며, 경제 전문 기자였다.

　저널리스트로서 운이 좋게도 내가 두 분야를 전공하게 된 것에는 사연이 있다. ≪코리아헤럴드≫의 경제부 기자로 사회생활을 시작했을 당시, 내가 배정되기로 한 부서는 외무부 출입을 담당하는 정치부였다. 그러나 당시 편집국장이었던 민병일 선배님은 경제부를 권유하셨다. 경제부 기자를 해보아야만 세상을 정확하게 이해할 수 있다는 이유에서였다. 긴 시간 경제부에 몸담아 경제부장직을 거쳐 정치부장으로 옮겨갔던 당신의 경험에서 비롯한 말씀이었기에 나는 감사하는 마음으로 권유를 받아들였다.

나는 통상과 산업을 중심으로 한 경제 기사를 써나가면서 남북경협 관련 기사를 다루기 시작했고 대북 문제에 대해 관심을 갖게 되었다. 한 나라를 움직이는 하부구조인 경제의 동학dynamics을 읽어낼 수 있는 눈은 이렇게 뜨일 수 있었다. '김우중 대우그룹 회장 방북' 특종 보도는 남북경협 문제에 대한 열정으로 이어졌고, 이는 점차 한반도와 동아시아의 외교안보 문제 전반을 공부하는 소중한 계기로 발전했다. 그 공부를 도와주신 은인은 북한의 개방을 위해 평양무역관을 개설하고자 노력했던 홍지선 전 KOTRA 북한실장이었다. 그는 당대 최고의 북한 전문가였다.

시사주간지 ≪시사저널≫로 옮긴 후에도 나는 거시 경제에 대한 공부를 계속하며 남북관계와 대북 문제, 더 나아가 외교안보 분야 전체로 관심 영역을 넓혀나갔다. 경제부 기자로서 남북관계와 외교안보 분야 사안들까지 다룰 수 있었던 것은 당시 편집국장으로 계시던 소설가 김훈 선배님의 도움으로 가능했다. 김 선배님은 남북관계에서 발생한 현안을 커버스토리로 다룰 때면 주저 않고 나를 메인 스토리의 필자로 선택하셨다. 또 ≪시사저널≫에는 편집국장이 고정적으로 맡고 있는 사설 성격의 〈주장〉이라는 무기명 코너가 있었는데, 대북이나 경제 분야의 주제를 다룰 경우 자주 내게 글을 쓸 수 있는 기회를 주셨다.

김영삼 정부 시절 '청와대가 100만 달러어치의 밀가루를 극비리에 북한에 보냈다'는 내용의 특종 보도를 쓴 것이 이때다. 청와대가 이 보도를 문제 삼아 김훈 선배님과 나를 고소했을 때, 선배님은 기자로서의 운명이 경각에 처한 나를 믿어주셨고 격려해주셨다. 청와대는 결국 고소를 철회했고 '진실의 힘'의 승리로 사건은 마무리되었다.

정치부로 소속을 바꾼 뒤 국회를 출입하며 정치 관련 기사를 쓰면서도 나는 경제와 외교안보에 관한 글쓰기를 중단하지 않았다.

1998년 김대중 정부 출범 직후, 'IMF 사태는 신의 선물'이라고까지 왜곡할 정도로 1997년 외환위기의 잘못을 오직 이전 정부와 기업들로 몰아가는 내인론內因論이 온 사회를 지배했다. 이에 나는 제도권 언론에서는 처음으로 IMF 발생은 초국적 금융자본들에 의한 금융 세계화 전략에서 비롯되었을 수도 있다는 외인론外因論에 주목할 것을 제기하는 기사들을 썼다. 그것은 용기가 없었으면 불가능한 일이었다. 미국의 탈냉전 시대 신자유주의 세계화 전략 로드맵인 '워싱턴 컨센서스'를 국내에서 처음으로 보도한 것도 역시 정치부에 있을 때의 일이다. 양심과 소명을 지키겠다는 의지는 기자생활 동안 어떤 경우에도 소홀히 하지 않은 나의 중심이었다.

이듬해 나는 ≪조선일보≫로 옮겼는데 그때부터는 전문 분야를 대북 및 외교안보 분야 하나로 집중하고자 했다. 『김대중 정부의 위험한 거래』를 출간하면서 한울과 인연을 맺은 데는 이런 배경이 있었다.

이 책에서 대한민국이 외교안보와 경제 분야에서 직면한 도전과 위기에 대한 복합적인 검토와 대안 제시를 부족하나마 할 수 있었던 힘은 민병일, 홍지선, 그리고 김훈 선배님 덕분에 길러졌음을 고백한다. 이들 선배님께 깊이 감사드린다. 아울러 나를 도와주었던 많은 취재원들께도 고마움을 전한다.

책을 쓰는 내내 가장 자주 떠올린 분은 유학자로서 한의사의 삶을 사신 조부 이봉록 선생이었다. 조부께서는 환자를 보실 때를 제외하고는 언제나 경서와 의서를 읽으며 글을 쓰셨다. 한지에 쓰인 글들은 한데 묶이고 기름을 먹여 만든 겉장에 싸여 책이 되었는데, 나는 조부의 책 만들기를 돕는 어린 편집자였다. 그 시절 진료실이자 서재였던 조부의 사랑채는 나의 경건한 사원이었다. 이 책을 쓰는 데 필요한 마중물이 있었다면 그것은 끊임없이 읽고 쓰시던 조부께 한문과 서예를 배우던 어린 시절이라는 샘에서 길어올린 것이다.

엄부 창해蒼海 이동희 선생은 20여 년간 계속해오신 한시漢詩 연구에 지금도 정성을 놓지 않으신다. 흐트러지지 않는 한결같은 모습에서 나는 내 다가올 시간들을 다짐한다. 아버지와 일찍 작고하신 어머니의 하늘 같은 은혜에 감사드리고, 모자란 효에 용서를 구한다. 그리고 지방 정치인으로서 주민을 위한 정치에 헌신하다 가신 김주철 선생께 감사드린다. 중위로 참전하셨던 6.25 동란에서 입은 총상으로 평생을 고생하셨는데 늘 내게 견문을 넓혀주시고자 애를 쓰셨다.

경제 관료로서 개발 연대 시기의 국가 발전에 일익을 담당하신 뒤 평생 공부하는 삶의 중요성을 일깨워주셨던 석암石巖 정왕선 선생의 정신은 언제나 죽비처럼 나를 일깨워주고 계신다. 통일부총리와 국가안전기획부장을 역임하신 후 현자의 노후를 보내며 국가의 장래를 기도하시는 대학 시절 은사 김덕 선생님의 변함없는 격려에 존경과 감사를 드린다. 독서와 사유만으로는 구하기 힘든 깨달음을 얻도록 도와주시는 서울대학교 정치외교학부 명예교수 하영선 선생님, 삶의 계기마다 지혜와 마음을 나누어주시는 고려대학교 정치외교학과 김병국 교수님께도 깊이 감사드린다. 제3의 대북 정책 비전과 21세기 통일 전략의 마련 등 많은 사안에서 노고를 마다 않고 도와주신 전재성 서울대학교 정치외교학부 교수님께 감사의 마음을 전한다. 국가 개혁 방향과 함께 삶을 대하는 자세에 대해서도 귀한 조언을 주시는 카이스트 경영학과 이홍규 교수님, 북한 내부 변화와 남북관계 방향 등과 관련한 연구에 큰 도움을 주시는 이종근 선배님과 통일연구원 박형중 연구위원님께도 감사드린다.

'서치書癡' 이필형 선배와 겪어온 시간들은 내게 소중한 자산이 되었다. 힘겨운 어떤 시기에도 함께 해주신 선배에게 감사를 돌릴 기회가 오기를 바란다. 중견기업인으로서 국가경제에 대해 같이 고민하고 조언해 주시는 신호철 선배는 나의 귀한 동행이다. 선배의 한결같은 격려에 감사드린다.

도서출판 한울과 김종수 사장님께 진심으로 감사드린다. 언론의 가장 중요한 본령 중 하나가 출판이다. 현직 대통령의 가장 민감한 문제인 대북 정책을 상대로 '위험한' 문제 제기를 했던 『김대중 정부의 위험한 거래』에서 『레드 라인』, 이번 책에 이르기까지 고난을 감수하는 언론적 소명감과 책임감이 없었다면 이 책의 출판은 어려웠을 것이라고 나는 이해한다. 윤순현 과장님과 최규선 팀장님, 하명성 편집자님을 비롯해 이 책을 위해 애써주신 한울 가족 모든 분들께 고마움을 전한다.

아내 정유정은 대한민국이 직면하고 있는 국내외 도전들의 진실을 좇는 탐험을 함께 하는 동지다. 아내가 나의 편집자가 되어주지 않았다면 이 책은 나오지 못했을 것이다. 외동딸인 '단짝 친구' 윤지의 격려는 언제나 큰 힘이 됐다. 존경하고 사랑하는 아내와 딸에게 이 책을 바친다.

찾아보기

【용어】

지은이

이교관

≪코리아헤럴드≫, ≪시사저널≫, ≪조선일보≫에서 기자생활을 했고, 청와대와 정부에서 일했다.

부당한 정·재계 권력에 맞서는 많은 특종, 남북관계와 관련한 정확한 예상 보도 등으로 이름을 알렸다. 1996년 11월 '청와대, 100만 달러어치 밀가루 극비 북송' 보도로 검찰에 긴급 구속되었다. 이 사건은 '변호인의 조력을 받을 권리' 침해에 대한 저자의 헌법 소원으로 이어져 대법원의 관련 형사소송 원칙을 개정하는 계기가 되었다. 1997년 동 기사가 진실임이 입증되었고, 비정부 국제기구인 '국경 없는 기자단'에 의해 한국의 대표적인 언론 탄압 사례로 지목됐다. 미국의 신자유주의 세계화 전략인 '워싱턴 컨센서스')를 IMF 사태 직후 처음으로 보도함으로써 IMF 사태의 외인론이 확산되는 도화선을 마련했다. 이어서 출간한『누가 한국경제를 파탄으로 몰았는가』(1998, 동녘)는 IMF 사태가 우리만의 잘못이 아니라 월스트리트의 초국적 금융자본이 계획한 신자유주의 금융세계화 전략에 의해 일어난 일이며, 신자유주의적 세계화로는 결코 우리가 원하는 경제발전을 이룰 수 없다는 점을 인식하게 하는 중요한 단서를 제공했다. 이 책의 선견은 지난 20년간 대부분 적중했다

공직자로서도 이념을 넘어 진실을 찾아내고 알리는 기자 시절의 원칙을 견지했다. 2010년 3월 천안함 사건 초기 "흰 물기둥이 높이 솟았다"라는 해병 경계병의 증언에 주목해 북한의 소행임을 청와대가 인지하도록 하는 데 기여했고, 그해 11월 연평도 포격전 당시 북한의 공격에 맞서 육·해·공을 총동원하는 적극적인 반격을 건의해서 확전우위 전략의 발판을 마련하도록 도왔다. 북한의 핵 문제를 해결하기 위해 압박과 제재만 가하는 것이 아니라 대화와 협상을 병행하는 전략적 관여가 추진되도록 힘써왔다.

저서『김대중 정부의 위험한 거래』(2002, 한울)는 당시 정권의 햇볕정책에 대해 비판한 유일한 간행물로 2009년 김대중 대통령 서거 후 그 의미가 재해석되었다. 『레드 라인』(2005, 한울)에서는 북한의 핵 개발 의도와 노무현 정부의 동북아 균형자론, 미국의 한반도 및 동아시아 전략을 짚어냈다.

전략국가의 탄생

새로운 역사를 위한 외교안보 비전과 민생주의 패러다임

ⓒ 이교관, 2016

지은이 **이교관** ㅣ 펴낸이 **김종수** ㅣ 펴낸곳 **한울엠플러스(주)** ㅣ 편집책임 **최규선** ㅣ 편집 **하명성**

초판 1쇄 인쇄 **2016년 1월 13일** ㅣ 초판 1쇄 발행 **2016년 1월 27일**

주소 **10881 경기도 파주시 광인사길 153 한울시소빌딩 3층** ㅣ 전화 **031-955-0655** ㅣ 팩스 **031-955-0656**
홈페이지 **www.hanulmplus.kr** ㅣ 등록번호 **제406-2015-000143호**

Printed in Korea.
ISBN 978-89-460-6107-1 03340 (양장)
ISBN 978-89-460-6108-8 03340 (반양장)
* 책값은 겉표지에 표시되어 있습니다.